图 1　村落剪影

图 2　新建的村部

图 3　古朴的民居

图 4　村中的新居

图 5　传统与现代相应

图 6　村中教堂

图 7　茶田采茶

图 8　恬静的小院

图 9　村居一隅

图 10　虹彩云厚

图 11　盛大的欢迎

图 12　隆重的见面会

图 13　教堂里的专注

图 14　多才多艺的牧师

图 15　认真的采访

图 16　村部中的采访

图 17　村民访谈

图 18　工作采访

图 19　与旧村部的合影

图 20　采访者

图 21　处理药材

图 22　满屋美衣

图 23　清澈的眼神

图 24　大组长的妻儿

图 25　忙碌的村医

图 26　外出的村长

图 27　收获的喜悦

图 28　修理摩托车的小伙子

图 29　田野归来

图 30　劳作回家的人们

图 31　吃菠萝蜜的孩子

图 32　躲闪的孩童

中国民族经济村庄调查丛书

多依树村调查

（佤族）

高韫芳　主编

中国经济出版社
CHINA ECONOMIC PUBLISHING HOUSE
北京

图书在版编目（CIP）数据

多依树村调查：佤族／高韫芳主编．

北京：中国经济出版社，2015.4

（中国民族经济村庄调查丛书）

ISBN 978－7－5136－3655－1

Ⅰ．①多…　Ⅱ．①高…　Ⅲ．①乡村—佤族—民族经济—社会调查—景谷傣族彝族自治县　Ⅳ．①F327.745

中国版本图书馆 CIP 数据核字（2015）第 003409 号

责任编辑　余静宜

责任审读　贺　静

责任印制　马小宾

封面设计　华子图文设计

出版发行　中国经济出版社

印 刷 者　北京艾普海德印刷有限公司

经 销 者　各地新华书店

开　　本　710mm×1000mm　1/16

印　　张　25　彩插　1

字　　数　375 千字

版　　次　2015 年 4 月第 1 版

印　　次　2015 年 4 月第 1 次

定　　价　58.00 元

广告经营许可证　京西工商广字第 8179 号

中国经济出版社　**网址** www.economyph.com　**社址** 北京市西城区百万庄北街 3 号　**邮编** 100037

本版图书如存在印装质量问题，请与本社发行中心联系调换（联系电话：010－68330607）

本书写作分工

高韫芳　前言、后记、全文统稿及文字修订；二（三）、（四）；三（三）；四（二）、（三）、四；六（二）；七（二）、（三）；八（二）、（四）、（五）、（五）；九（四）

王静涛　附录

李绪江　一（一）、（二）；三（四）；八（一）；九（三）；十一（六）；十二（三）；十七（四）；二十（二）

宗华荣　八（二）、（三）、（四）、（五）；十（一）；十一（十）；十三（一）；十六（一）；十七（一）

朱维思　四（一）、（二）、（三）、（四）、（五）；十二（一）；十三（二）；十四（一）；十九（二）

王　菊　三（三）；四（四）；五（三）；六（一）；十三（三）、（四）；十四（三）；十九（一）

李亚威　七（一）、（二）、（三）、（四）；十一（二）；十三（六）；十六（二）；十七（三）；十八（一）

黄荟宇　九（一）、（二）；十一（七）；十二（四）；十四（二）；二十（三）

赵琪琪　一（二）；三（一）、（二）、（三）、（四）；十一（一）、（八）、（九）；十五（二）

南　洋　六（二）；十（二）；十一（四）；十二（五）、（六）；十三（七）

陈婷婷　二（一）、（二）、（三）；十二（二）；十三（三）；十九（三）

杜建卿　五（一）、（二）、（三）；十（三）；十一（三）、（五）；十五（三）

缪林芳　十二（七）；十五（一）

玉万叫　十三（七）；十七（二）、（五）；十八（二）

赵　才　十三（八）；十九（四）

张国成　十五（四）；二十（一）

杨晓萌　全文格式及表格修订；五（一）、（三）

陈　雪　二（二）、（三）

总　序

村庄，是农民的聚居地，也是农民生产和生活的社会形式。村庄形成于农业文明时代，在中国最为典型和普遍，迄今依然是中国基本的社会单位。所有中国人，或是生于长于村庄，或是父祖辈来自村庄。村庄是中华民族的根基，是我们走向现代化的立脚点和必须改变其内容和形式的地方。认知中国的现实和历史，一个重要环节，就是了解村庄。

中国的民族经济，包括以下层次：一是以中华民族为主体的经济，二是中华民族五十六个支民族的经济，三是少数民族地区的经济。不论从哪个层次研究，都必须涉及村庄这个基本单位。以往的民族经济研究和行政管理研究，对于村庄的关注，主要是在总体性的统计及对策方面，鲜有对某一村庄的专注的系统调查。这种情况使我们所从事的理论探讨总显得有些飘浮，言不及意，大而不当。反思许久，不能不下决心从小处做起，将村庄调查作为根基，扎实做去。恰“985”项目实施，经费有所保障，故组织本创新基地近百名教师带二百余博士、硕士研究生和高年级本科生，结十五个调查组，计划用六七年的暑、寒假，从五十六个支民族中各选一二典型村庄，深入调查，总百余村，每村一书，为中国民族经济三个层次研究，为政府行政决策，提供基础资料。

百村，不及中国村庄万分之一。我们的村庄调查虽只是抽样性质，但却是探根摸底，力求深入、真实、详细。二〇〇八年夏各组分赴河北、内蒙古、宁夏、云南、广西调查点，历经一月左右，获初步资料。因为首次，困难颇多，思路和方法也要不断调整，秋、冬写作时又各自补充调查。时间虽短，但师生与村官、村民情谊颇深，既为调查提供条件，又为后续补充予以协助。各地党、政机构，对调查全力配合。无此，则调查难以进行。这套丛书，实为共同努力之成果，并赖中国经济出版社黄允成社长、孙岩主任鼎力支持，得以出版。本调查还要持续数年，望读者批评，我们再努力。

劉永佶

二〇〇九年三月十八日

前 言

云色倾心多依树

云·山行

根据各地佤族的经济发展与文化特色不同，人们习惯将佤族分布的地区分为三个类型，即阿佤山中心地区、阿佤山边缘地区和永德镇康地区。其中，永德镇康地区是最早与其他民族接触与交流的地区，经济发展水平相对比较好；阿佤山边缘地区包括沧源大部分，耿马、双江、澜沧、孟连的一部分，这些地区在新中国成立前已初步形成傣族土司直接统治或影响下的早期封建领主制，目前处于阿佤山区的快速上升时期；阿佤山中心地区除了境外缅甸佤邦以外，主要以我国境内的西盟县为主，还包括澜沧县、沧源县的部分地区，此区域的经济发展最落后。此次调查的地点最初选在阿佤山中心区西盟县，实因调研出行时突遭暴雨断道，不得不改道为邻县澜沧县。根据澜沧县民族宗教局钟局长的推荐我们选择文东佤族民族乡来调研，这里既不是那些“被”整成旅游样板村的地方，同时还满足民族村的调研要求。得知当地正在修路，我们必须绕行，原本三个小时的行程可能会增加到六个小时，我们不以为意。而且恰逢云南雨季，路上道路常被泥石流所阻，班车经常停运。钟局长很是热情，一直帮我们打听班车的情况。几日后，我们终于可以成行了。

出发当日预报还有雨，素来对自然心怀敬畏的我们心中颇有些忐忑。车中除了三个当地居民外，全是我们这些说着普通话的外乡人，浩浩荡荡的，颇具声势，倒有些“反客为主，占车为王”的嚣张味道。开车的是一名年轻司机，汉族男子，30 岁左右，但听说已有十几年驾龄，想必技术过硬，于是放下心来。江边的路很窄，据说是前国道，现已不大用。路面泥泞不堪，土路被过往车辆碾出几道深沟，小车根本无法通过。幸好班车底盘高，再加之司机技术好，路况熟，我们还是很顺利的通过。对于我不自禁的惊叫，司机只是很不屑地用余光扫了我一眼。即便如此让人不屑，坐在前排的我还是屡屡被险境惊吓到尖叫。一路下来，我们真正体验了山路的感觉。

我十分喜欢车行在路上的感觉，从澜沧到文东乡多依树村的路走了近十个小时，却是少有遇到的，虽然大家都十分劳顿，但是依然心怀“难得”之意，尤其那一路的云雾，更弥漫着流连的味道。刚出发不久，我们便看到曼妙山景。我们正在争论前端的雾色，司机说，那是云。我瞬间无语，云竟然是这般形态。翠色满山，云色变幻，有的如玉带般缠绕在山侧，有的如一片片棉絮撕了满处，有的就横卧在前路，当你过去时却又化成了层层薄雾散在身前……行至山顶，浓云遮山，压顶而来，四野青山便也如着了淡墨般黯淡下来，只在云隙间漏下的微光处，方才见夏山如滴。云雾丝丝缕缕迎面而来，掠车而过，有的从开着的窗子挤进来，清凉湿润。就这样，在随处可见似可触的云雾中，我们捉迷藏一样地翻山越岭了九个小时。有了这些云雾的陪伴，也让我们多了许多天马行空的遐想。之后，我看见“云色倾心”这个词，一下子就想到了多依树。

绿·言行

从澜沧到文东的近十个小时的车程，让我们细细体味了云南的绿。绿色是云南的标志性词汇。我们调研所在的普洱市森林覆盖率为62.9%，被称为云南的“绿海明珠”。一路行来，我们有1/4的时间在路上，让我们这些来自水泥城市的师生们无限感慨的就是扑面而来的“绿”，目之所及的“绿”，触手可及的“绿”。前往文东乡翻山越岭，时雨时晴的一路，闪过成片成片的树林，高大挺拔，由远及近，层次分明地列在山巅。司机说这是桉树，因为长得快、吸水能力强，被认为是“霸王树”。桉树一年成林，三四年成材，据说普洱市是云南桉树种植面积最大的区域。桉树引种试验基地、磨介造林基地和苗圃就在澜沧拉祜族自治县。桉树破坏了当地的环境，影响了当地的气候，司机的语气间有点恨恨的感觉。看到满山整齐划一的桉树林，那样傲然覆盖在山上，颇具势力的样子，心下也起了心思。或许人们真的为了经济利益，种了速成的桉树，而伐掉经年生长在山上的其他树木，而影响了当地植被的多样性，抑或影响了当地的气候吧！我不是农学家，只能这样不明就里地猜测。

恰逢云南50年不遇的大旱，这样的讨论还引发我事后去求证。经上网了解，我才知道网上正在热议这个话题。人民网上针对此事还专门刊发《云南干旱追踪：正确认识桉树需要科学理性精神》，还有网站《云南干旱，桉树躺着也中枪》的讨论专帖。随着2010年西南地区旱情的加重，桉树被安上了“致旱”的罪名。文章指出，对于“桉树像‘抽水机’一样，蒸腾旺盛、导致水库水位下降甚至造成当地小气候改变，从而带来土地干旱、水源枯竭等恶果”这种说法并没有得到数据上和实际案例上的支持，桉树被当作干旱气候的罪魁祸首确实有点冤。同时，因为桉树在云南的种植面积不大，根本谈不上是干旱气候的诱因。中国林业科学研究院博士后、西南林业大学教授董文渊分析，云南现有桉树人工林面积360万亩，占人工林面积的7.28%，仅占全省森林总面积的1.27%，云南森林资源的主体是森林生态系统服务功能较好的天然林，小规模的桉树人工林不可能对云南的干旱以至大气环流造成影响。从旱情分布和桉树种植的层面分析，不难看出云南省的普洱市桉树最多，近4.7万公顷，但本次普洱基本无旱情。旱情最严重的曲靖市，桉树面积只有1.7万公顷，主要集中在陆良县，但旱灾最严重的却是桉树零星分布的马龙县。不过，需要注意的是，随着气候变化和天然林资源减少，造纸产业发展的主要原料也从过去的依靠天然森林资源加速转向人工速生丰产林资源。面向未来，我们必须将森林资源作为战略资源来对待和重视，可持续的森林管理被视为林业发展的出路。但是，真正的问题是谁能向老百姓说出桉树的真相，又有谁能让老百姓相信这样的说法呢。除“绿”与桉树林以外，随处可见的滑坡也让人印象深刻。云南的交通发展很迅速，到处在修路。我们觉得是自然现象，但也有人说工程质量不靠谱。路上的一个小小的讨论，却引发出政府信息如何深入人心的思考。

一路上，整体路面还算平整，只是隔一段便出现一个滑坡所致的土坡。满目绿林还能看着此情此景，我才真正地意识到水土流失问题的严重性。在乘车从普洱市前往澜沧县的途中，经过一座桥，桥下正是澜沧江的一条支流，据客车司机介绍，国家级水电站糯扎渡水电站就在附近。笔者闻讯下桥参观时，却惊见桥下黄水滚滚，两岸更是裸土片片。调研时期恰逢云南雨季，路遇阴雨，云南澜沧江水流比往日湍急，泥沙也比往日要多，水色浑浊本是可以理解，但江面如泥浆一般就有点触目惊心了。云南森林覆盖率虽已达到发达国家的水平，但并不表示水土流失问题得到了很好的解决。据了解，在思茅、西双版纳这些地区，现在水土流失不严重，但是如果土地利用、资源开发不恰当也可能会引起比较严重的水土流失。2012年4月，由16位两院院士和中国知名生态专家组成的院士专家考察团，在对福建、江西进行“中国水土流失与生态安全综合科学考察”活动时，曾经提出一个全新的观点：高森林覆盖率并不能防止水土流失，生态安全问题在南方八省不同程度地存在甚至有恶化趋势。保护天然林和科学合理发展人工林已是云南环保的当务之急。汇报认为，大量存在的人工单一的纯林，必须慢慢恢复成亚热带长绿阔叶林，保证其成为一个有多重结构、功能并不单一的复杂森林生态系统。森林覆盖率居全国第一的福建在大暴雨、特大暴雨来临时出现重度洪灾的前车之鉴，可以给林业发展还在新兴阶段的云南起到一个警示作用。

苦·修行

以城市的标准来衡量，这里的生活条件是那么不方便。首先是食用水问题。农村的“自来水”大多数是村民们凑钱自铺水管从大山引来的山泉水。本来山泉水应该是更洁净清甜的，但这种“自来水”没经过过滤消毒，水池和水管设备简陋，加上近年山林开发普遍，深山储水能力越来越差，天旱时没水来，雨多时水带沙，还时不时坏水管。其次是用电的烦恼。农村电路设施落后、电压不够的问题至今还没解决。由于电压不够高、不稳定，看电视看得晕乎乎的，用电饭锅煮饭只能放热水煮，吃团圆饭时经常一堆人围着电磁炉慢慢地等。晚上想找点光亮看看书也是奢望，因为灯光都是朦朦胧胧的，高瓦数的光管简直就启动不着。其实，除了我们在外工作生活的人，村民们对这些生活条件也习以为常了，不过文化生活无聊，却是连村民们都难以忍受。山区经常出现信号不好的情况，电视节目时不时中断画面，真是折磨人。在城市，如果出现供水、供电问题，很快就会得到解决，电视信号中断一天的事情似乎少见，但是在农村却是家常便饭。在城市里会有很多人反映问题，媒体也会跟进。无奈的是在农村，大家都不知道该通过什么方式、向谁反映问题，只能是干等，无聊无奈才是最大的痛苦！因此有些人转而靠喝酒、打扑克、打麻将甚至赌博来消磨时间。

生活中的麻烦远超于此。调研中夜访，一间土房里，昏暗的灯光下，几个年轻人围坐着热烈地谈着。话酣之际，便听到年纪稍大的受访者嚷嚷：“帮我们这里的小伙相个媳妇嘛。”“帮你们干点什么都行，唯独这找媳妇你叫我怎么帮?”“你这队伍里这么多的好小伙和好姑娘，多好呀！我们这里也有好多不错的人哟!”此话一出，一下子得到热烈的响应。笑谈间，我才发现陪我们很多天的翻译都是未婚的年轻人。另外的一天，我们访谈一名50多岁的李姓贫困户生活上还有什么困难需要政府帮助解决的。老人沉默许久说:“给我找个媳妇嘛!”我们一阵愕然。听起来有点像笑话,但它却真实发生在我们的采访中。望着身后破落的黑屋子,我真不知如何应对这样的问话。告别的那个早上,车刚刚出乡,学生接到一个电话。话毕告知,是一个相亲电话,是受访的前村支书安排的。话音刚落,车子正好经过预约相亲女子的村落,于是,我们都在感慨错过了一个好机会。对于调研队伍的学生来说,几乎都在享受自由自在、无拘无束的单身生活,结婚还是比较遥远的未来,但是,这里的同年龄人却不再是快乐的单身汉,他们最大的愿望就是“找个暖床的媳妇”,让生活暖和起来。

待在一起时间长了,他们的故事也讲出来了,这着实让我们目瞪口呆。这里,有的人都是屡遭生活磨难……亲人病故,一辈子没人给钱,半辈子吃不饱饭,儿女找不到工作,女儿被骗两次后带回个孩子,而今空留下孩子又不见踪影,辛苦田间劳作却被一场大雨冲刷殆尽……家破人亡,多沉重的词啊,对这里有的人来说,已经习以为常了。在四周用塑料布搭成的家里,我看着那么坦然地接受访谈的抱着小孩的男人,我真的无语以对。他们平和地接受一切,努力而不强求。当我每天在听他们经历的时候,就觉得自己非常渺小。

乐·体行

200多户的东佤寨,座座木楼瓦舍,依傍分布在半面缓坡之上,山寨间簇拥着重重古树,每棵树树龄均在百年以上。木质结构吊脚楼鳞次栉比,错落有致。与寨舍连接的是梯田沃土,再往上便是郁郁葱葱的山林。凭栏眺望,远处的景色被缠腰的云朵保护着,让人一下子觉得如入天堂。寨子下面是一片肥美的稻田,山壁林木丰茂,遮天蔽日,成为东佤寨天然的绿色屏障。寨子里显得格外静寂。

这里美的不只是景色,最让人震撼的是这里的民风淳朴。最初进入东佤寨,我们被安排在教堂里与大家见面,我们以为是个简单的工作见面,但进去之后才发现更像是一个新年茶话会般热闹。等我们坐定,人们更是排队与我们一一行握手礼,更特别的是,到场的女性都以盛装出席,胸前的银饰与配器让人目眩。同行的乡长告诉我们这是对客人表达尊敬的待客之道,女性胸前的银饰与配器则向人透露出她的财富与社会地位。与会的人都是村里的有社会影响力的人。在这个传统社会中,与这些人的顺畅沟通可以保证工作更加顺利地进行。见面会后，我们还被邀请一起跳了传统的佤族舞蹈。在悠扬的芦笙中，姑娘小伙们一唱一和、一颦一顾、举手投足间，如行云流水、夜莺飞歌，仿佛一切原本来自天外。据悉，佤族人颇善歌舞，在迎接客人中，常以酒歌传情，表心达意，今日更是亲历其中，相形见绌。在教堂宽敞的场地上，在芦笙的相和下，我们这些笨手笨脚的外乡人，也被裹挟在其中，乐自陶陶。此前，我们一直以为，他们或许只是那样沉默地、勤劳地以劳作在换取生活的基本必需。而今天，我们真切地看到他们以自己的方式来抒怀。

老魏的邻居家孩子是一个精瘦的农村男孩，精力无穷。孩子上学之后，学校里没有零食，也吃不太饱，但一回到家，都是选择吃有城市象征的方便面和薯片，每天写完作业吃零食看电视，但母亲并不觉得怎样，对农村的人来说，“孩子能吃永远是好事，电视不看就浪费了”。她打量着儿子，挺满意，“他现在有点像城里孩子了”。在村长家里，我们曾遇见一位来办事的村民，村长告诉我们，他就是在教堂里看见的那片小组的组长。那是一片只有28户居民的小组，群山掩映，只隐约露出一片屋子的轮廓。我们惊异于有人选择在那里生活，更惊异于这里与那里竟然属于同一村落。但更令我们惊讶的是他讲的关于孩子教育的一段话。“我每天给我的孩子一元，但他们必须听我的话”。他说这话时，神情自豪语气坚决。他衣着破旧，每天忙于农活，常常帮人干活挣些钱，我觉得那一元也不是必要的支出，他却认为这是有权力的爱的表现。还有在一处人家门前避雨时，看到妇女给刚刚睡醒的不到两岁的孩子喝娃哈哈饮品。她向我抱怨，这东西一下子能喝两三瓶子，也不好好吃饭。我隐约觉得这样做对孩子并不健康，但她抱怨着却明显有着自豪感。我感慨，他们同时过着现代生活和传统生活，但有可能他们同时抓住了这两种生活里最糟糕的部分。我并不反对进步，我明白他们为什么那么急切地想摆脱贫困，也对这种适应变化的努力保持崇敬。但这个过程如果太快，是要付出代价的。是不是所有的乡村都只有这样的生活选择，我心存疑问。

在城市里，人们所经受的痛苦的绝望，来源于我们已经习惯了从乡村奔向城市文明的人生路径，更无力摆脱外界评判成功标准的世俗逻辑。曾有一个朋友不无沉重地感慨，她后悔忙碌于工作赚钱而无暇照顾自己的孩子，双方甚至于是一个不甚相干的存在。当发现保姆成了孩子最近的伙伴、依靠和模仿的对象时，她才出手干预，要改变孩子的许多生活习性已为时晚矣。而这成了她最痛的领悟。在农村，农村男人的最大痛苦和尴尬是什么？是花钱！

在某种意义上来说，这个问题威胁农村男人做人的完美，伤害着男人们的尊严。农村男人的花钱来源是不固定的、不稳定的，是间歇式的，主要是不定期地变卖农副产品和家畜家禽等。然而男人要花钱的地方很多，时时刻刻都需要花钱。农村男人是很外向的，一旦他们暴富之后，他们总是用钱来炫耀自己。为了怕别人说他没钱，他一定把钱贴到墙上给你看。到农村去看看，两层楼或者三层楼盖起来了，楼房的外观，绝对漂亮，不是琉璃瓦，就是瓷砖墙。如果要进了屋里一看，除了空荡荡，还是空荡荡！我以为努力赚钱是他们的全部，但并不是。工作，对他们来说，只是生活的陪衬。在这个传统的村落里，生活永远是自在的。我们可以看到他们畅快花钱的样子：和朋友喝酒，一辆摩托车丢了，笑笑又买一辆，吃着不太多的饭，却还给孩子买着解馋的零食。生活在农村的男人，从来对钱是很在乎的。但对于生活的意义，他们却有自己的理解。对比之下，很久以来，我们似乎都失去了缓慢地生活的条件，也迷失了慢的乐趣。

信 · 历行

我曾参加过一次在北京召开的同乡会。参会的同乡们，多半脸上写着毫不掩饰的焦灼和企盼。他们的焦灼，是在异乡谋生的困境和资源匮乏，他们的企盼，更多是如何从老乡身上获取可以提升的人脉。我无官无禄，没有什么可以利用的资源拿去互换，从此，宅在家中，不愿再去参加此类聚会。在剧烈动荡又希望渺茫的都市现实中，越是想守护什么的人，越是自绝于这个环境。从某种意义来说，我早已被这列飞速前进的时代列车远远地抛弃在不知身处何处的小站上。有时候，我不知道我能信什么。

我们进驻的东佤寨是个传统村落。十分重视家族与宗教关系，让我们能够感受到一种重亲情重乡情的“乡村生活共同体”的存在。现在，从表面上看，村寨还是那幢幢吊脚楼，但当你走进每家农舍，彩电、VCD、电话安放在干干净净的堂屋上，你会感到现在农村也开始步入现代化了。进来之后，你还是可以发现这里传统的心。村里的文化活动中心是新修的，篮球场也是近几年的作品，但村寨最宏伟的建筑还是教堂。调研期间，我们被安排住在村里的最好的人家，最好的房子里面，有的学生发现自己竟然住的是别人的婚房。他们努力地帮助我们，不遗余力地帮助我们，似乎我们本是应该享受这些的。他们看着我们，似乎也在看着外面的世界，他们热情地招呼着只是路过的我们，仿佛我们早是他们的朋友。小李村长说，这里居民向来热情好客，且家家迎客历来奉行“多多益善”的原则，特别是近几年来，县里来诸多调研队都会被推荐到此，都由农家安排来招待客人，因此，不论是官方民间客人莅临，东佤寨民都热情款待，努力使客人高兴而来，满意而去。每一个精彩的瞬间，都让人心生温暖。那份诚意让人久久挂怀。在访谈村户时，同村的翻译带领我们进入一家又一家的院落，一次又一次说着“这是我哥、嫂”“这是我叔、婶”。亲人、邻里的关系既是基于人群自然聚居形成的时空关系，又是一种在生活上互相关切、互相激励的道德关系。生活在其中的个体，个人的生老病死，在这个系统里都依照传统和习俗的惯性，被有序地安排。同时，也会依着传统伦理关系和约束，得到身心的安顿。在这里，他们信传统。

正在修建的新村完小是焕然一新三层小楼，寨子小学是一排简易平房，感觉是那么平实古朴。多依树历来尊师重教，崇尚读书，曾有几十人当中、小学教师、学校校长，也培养出好几个大学生，有的人毕业后还步入仕途。乡长之前做过教师，尤为重视与关注学校教育的发展。他说他最担心的是目前的农村教育的失落。他说，目前农村的现状是：爸爸妈妈打工，爷爷奶奶种地，孩子读书。乍看上去，这样也是为了家庭与孩子的未来而做的无奈选择，然而，更多的孩子，尤其是处于青春波动的孩子却任其自然发展，缺乏正确引导。而且，当地绝大多数人认为，孩子交了学费，管理孩子当然是学校与老师的事。可教师也难啊，尤其是初中教师，上课以后，与学生打交道的时间较少，即使是班主任，也难以进入学生的内心世界。目前多依树村学生，寄宿的极少①，放学以后，就是学生的自由空间了。一旦有事与学生家庭联系，不是家长没在家，就是爷爷奶奶管不了。没有了家庭配合的学校教育往往也不能起到实质效果，于是，只好就这样把未成年人推向社会，社会更是充满了无情的打击，由于社会风气的影响，这些孩子就难免走上歧途。村里的孩子被耽误了，村里的未来怎么办？有关教育的话题，我们总是有无尽的话可谈，但面对现状，我们似乎又无言以对。

相对这些建筑而言，乡镇大楼显得有点不值一提。乡镇的大楼就在集镇的核心区域。三层小楼的外层布满了青苔与藤蔓，只有旁边的篮球场上停满

---

① 由于本村还保留着三所自然寨子小学，所以小学几乎没有寄宿生，中学有少数人寄宿。

了车才暴露了它的身份。房间里只要有人，基本大开着门，办事的人方便地出来进去。星期一到星期五并不是政府工作人员的唯一记时标准。乡上的人说他们尽量保证在赶集的时候在办公室，以方便老百姓办事。乡政大楼楼下的平房就是政府工作人员的住处，因此，这里的办事的时间与地点又有了延伸。

目　录

第一部分　村庄

一、多依树村的行政与历史变迁

大多数人提到的多依树村常常是云南元阳梯田中那个最知名的景点，但我们所去的多依树村虽同在云南却远在高山之中云海深处。村里 86 岁的魏老汉给我们讲了村里的发展。大概一两百年前，一个佤族小村寨，随着人口的增长，村寨里的田地已经不能养活全村寨里的人了，为了解决这个问题，村寨头人便召集了全村寨里的人商讨对策，经过集体商议，最后决定迁出一部分人去其他地方，但在决定谁迁出的时候，却始终不能商讨出一个让所有人都同意的对策。最后，村寨头人决定抓阄，哪家抓着了，哪家就迁出村寨，搬去其他地方。最后，经过抓阄，一家姓魏的，一家姓田的一起抓到了阄，村寨送给两家一些粮食和一些用具，两家人便开始到处找寻可以居住安家的地方。经过半个多月的寻找，终于找到了一个相对平坦，可以开垦田地的山坡，于是，在村寨的帮助下，魏姓和田姓两家便在这个山坡上盖起来房子，房子建成之后，就开始开垦山坡，种植庄稼，而这个山坡所在地，就是现在的多依树村。经过一百多年的发展，曾经荒凉的山坡早已经变成了有将近 1000 多户，3000 多人的大村寨。同时，魏姓和田姓，也构成了多依树村的主要姓氏。

谈到这个多依树村名称的由来，据多依树村的几位老人介绍，在 1961 年之前，现在的多依树村是跟另外一个村即小寨村合在一起叫芒大乡，也就是 1961 年之前，多依树只是芒大乡下的生产小组。1961 年 5 月，澜沧拉祜族自治县决定在全县开展撤区建乡，按照澜沧县委要求，芒大乡所在的文东区撤区改为文东乡，芒大乡撤乡建村，即撤掉芒大乡，在原芒大乡行政区内，建立两个村，这两个村就是现在的多依树村和小寨村。在撤乡建村时，文东乡发出了通知要求全村村民一起商量给这个新建立起来的村寨取个名字，由于新建立起的村寨下辖十来个自然村寨，共二十几个生产小组，文东乡希望村民能取一个体现出这个村寨是十几个自然村寨、二十几个生产小组的中心，周围的自然村寨受其管辖，依靠这个村寨的意思。村民聚在了一起，商量了一个上午，也没有取出一个让大家都满意的名称。到下午的时候，一个老人见这个村寨数目众多，参天大树比比皆是，而大树周围一般都长着很多小树木，这些小树木紧紧依靠着大树，在大树的保护下茁壮成长。因此，老人就提议取名多依树，村民一听，这个名字既反映了这个村寨树木众多，又符合上级的要求，于是都同意了取这个名字。因此，这个村寨就此被称作多依树村，之后因各种原因，先后改名多依树乡、树新大队、多依树大队，直到1988年，又改回叫多依树村，延用至今。

（一）村情概况

多依树村隶属澜沧拉祜族自治县文东佤族乡，地处文东乡政府西边，距乡政府所在地11公里，距县城118公里。东邻小寨村，南邻小寨村，西邻上允镇，北邻芒糯村，地处北纬23°10′6.8″~23°15′、东经99°53′~100°15′。

1. 村落人口与自然资源

全村国土面积55.99平方公里，共辖9个自然村，36个村民小组。截至2011年，共有农户984户，有乡村人口3856人，包括男性2105人，女性1751人。其中农业人口3801人，劳动力2375人，从事第一产业人数2129人。民族人口中，佤族人占全村总人口的99.7%，是典型的少数民族聚居村落，同时也是文东乡最大的行政村。

多依树村海拔1610米，年平均气温20℃，年降水量1450毫米，由于气候较冷，霜期长，雨量充沛。境内适宜种植水稻、小麦、蚕豆、玉米、大豆、洋芋、荞子、油菜等粮食作物和经济作物。

2. 村落经济基本结构

多依树是一个典型的山地农业村，农民的生产以种植业为主。截至2011年底，全村有耕地总面积11672亩（其中：田1253亩，地10419亩），人均耕地3.02亩，主要种植粮食等作物。全村有效灌溉面积为10020亩，其中有高稳产农田地面积4260亩，人均高稳产农田地面积1.37亩。现拥有林地10219亩，自然资源丰富，有类型多样的土地资源，经济林果地630亩，人均经济林果地0.17亩，主要种植茶叶、橘子等经济林果；水面面积358亩；荒山荒地15470亩。

随着农业产业化的进一步发展，多依树村在其种植业的发展上也面临着如何实现农业产业化的问题。2009年经济总收入为8431987元，其中种植业收入6441046元，占该村经济总收入的76.4%。2011年全村经济总收入950.00万元，农民人均纯收入1506.00元。农民收入主要以粮食为主。其中：种植业收入713.00万元，畜牧业收入67.00万元（其中，年内出栏肉猪9185头，肉牛354头，肉羊0头）；林业收入4.00万元，第二、三产业收入27.00万元，工资性收入37.00万元。农民人均纯收入1506.00元，农民收入以粮食等为主。全村外出务工收入37.00万元，其中，常年外出务工人数130人，在省内务工97人，到省外务工33人。

多依树村的主要产业为种植业，主产甘蔗主要销往本县。结合实际，立足现有资源，乡党委、政府确立了“稳粮、兴畜、保蔗、升茶”的发展思路，并狠抓落实，促使全乡经济不断发展。在此基础上，该村坚持“稳粮食、保蔗糖、升茶叶、建蚕桑”的发展思路推动村寨经济发展。但目前主要的难点在于一方面农业的基础设施薄弱，人畜饮水困难，道路交通不便，晴通雨阻，另一方面，农业生产科技含量低，严重阻碍百姓增产增收。多依树村计划契合普洱古茶市场的火热以发展和保护古茶资源为主，提升茶叶产业化的升级，逐步推进蚕桑、咖啡、橡胶产业发展，加强基础设施的建设力度，加大科技培训力度，发展养殖业，促使农民增收。

3. 村落基础设施

多依树村进村道路为硬化水泥路，但村内道路多数为土路，距离最近的车站位于乡镇所在地。当地集贸市场是以赶集形式，每日轮流在乡镇之间，因此，最近的集贸市场也是在11公里之远的文东乡。截至2011年底，全村有984户通自来水但全部存在水质未达标的问题。近年来，云南遭遇60年不遇的大旱，多依树村还存在饮水困难的情况。306户家庭有自打井但业已不常用于居民饮用。全村有984户通电，但没有通有线电视，拥有电视机农户674户，安装固定电话或拥有移动电话的农户数483户。已完成“一池三改”农户数136户，建有沼气池的农户数136户，装有太阳能的农户数97户。村内未建有生活排水沟渠设施，也未建有垃圾集中堆放场地，却建有18个公厕。

全村农户住房以砖木结构住房为主，其中有37户居住砖混结构住房；有638户居住砖木结构住房；有248户居住于土木结构住房；还有61户居住于其他结构的住房。截至2011年底，全村有汽车7辆，没有专门从事外货运输的农用运输车，拥有拖拉机41辆，摩托车529辆。[①]

4. 教育与文化

村民的医疗主要依靠1个村卫生所（村卫生所面积只有80平方米），到2011年底，全村参加农村社会养老保险2686人，参加农村合作医疗3493人。享受低保人数1539人，五保户数24户。

2008年时，多依树村建有小学5所，校舍建筑面积2854平方米，拥有教师14人，在校学生930人，其中小学生794人，中学生136人。到2012年时，村里只剩下2所小学，校舍建筑面积650平方米，拥有教师12人，在校学生296人，中学生158人，义务教育入学率98%。多依树村小学生主要到多依树小学就读，中学生到文东乡中学就读。

（二）村落行政变迁历程

1. 多依树村的行政隶属变迁

多依树所在地澜沧拉祜族自治县县境，西汉属益州郡哀牢地，东汉至两晋属永昌郡，唐南诏时称“邛鹅川”，属银生节度辖境（银生府设在银生城，即今景东县城）。宋大理国时期属永昌府。元属木连路军民府（木连路即今孟连县城）。明永乐四年（1406年）置孟连长官司后，为该长官司辖地。清康熙四十八年（1709年）设孟连宣抚司，属孟连宣抚司管辖，上隶永昌府（乾隆二十九年改隶顺宁府）。清光绪十四年（1888年）设流官，置镇边直隶厅，厅属设于圈糯（即谦糯），隶云南省迤南道（驻普洱）。民国二年（1913年），改镇边直隶厅为镇边县，民国四年，依江更名为澜沧县，隶云南省普洱道。民国十八年，废普洱道，隶第二殖边督办公署，第二殖边督办公署撤销后，隶第四行政督察专员公署（驻普洱）。民国三十七年，隶云南省第九行政督察专员公署（驻缅宁）。

1949年2月澜沧解放，4月建立澜沧区行政专员公署，分原澜沧县为澜

---

① 整个村落深处山区，因此，摩托车是大家外出的最方便的选择，数量很多。

沧、东郎、上允、孟连4县，又划出雅口、新营盘两区与原宁江设治局辖境勐往、安康合置溯涛县，共辖5县。同年12月撤销澜沧专员公署，前4县复为澜沧县，隶云南省宁洱专员公署。1950年6月成立澜沧县人民政府，1953年4月7日建立澜沧拉祜族自治区（县级），1955年改称澜沧拉祜族自治县，隶云南省思茅专区（后改为思茅地区），2003年思茅地区撤销后，隶思茅市（现改称普洱市）。

多依树村所属的文东佤族乡于1988年成立。“文东”是佤、傣两种语言的名称，即取佤语地名“文达”的“文”字和傣语地名“曼东”的“东”字组成，其中佤语“文达”意为小寨，傣语“曼东”意为有小块平地的村庄。文东佤族乡于1949—1957年称文东区，1950年下辖6个行政村；到了1955年，文东区以下改建为乡，1956年又下辖13乡；1958年改为文东人民公社，辖5乡；1960年复为区；1969年，全县成立人民公社，实行“政社合一”，区改为公社，乡改为生产大队，村寨为生产队，文东佤族乡改为文东公社，辖包括树忠生产大队（多依树村）在内的13个生产大队；1984年，澜沧县恢复区、乡建制，文东佤族乡恢复为文东区，辖包括多依树佤族乡（多依树村）在内的13个乡；1988年，全县区乡体制改革，撤区建乡，文东佤族乡正式成立。

2. 多依树村的革命发展史

一两百年前，一个佤族小村寨，随着人口的增长，村寨里的田地已经不能养活全村寨里的人了。为了解决这个问题，寨里最后决定迁出一部分去其他地方。最后，经过抓阄，一家姓魏的，一家姓田的一起抓到了阄。经过半个多月的寻找，终于找到了一个相对平坦，可以开垦田地的山坡，这个山坡所在地，就是现在的多依树村。经过一百多年的发展，曾经荒凉的山坡早已经是变成了有1000多户，3000多人的大村寨。在魏姓和田姓两家搬迁到现在多依树村所在地时，正是清朝末年，社会动荡的年代，但多依树村由于地处中国云南边陲，交通不便，信息不通，所以，动荡的社会几乎一点也没有影响到这个才建成的小村寨。直到日本想以缅甸、老挝等为跳板，准备从中国西南地区侵略中国的时候，这个边陲小村寨才开始被战争裹挟。

日本侵略战争开始后，随着军事战争的节节胜利，日本很快就把战场推到了与中国接壤的缅甸、老挝。为了抗击日本侵略者，中国派出远征军入缅甸，协同盟军共同抗日。大量的年轻小伙子自愿参加了远征军，随远征军一起抗击日本侵略军。而紧挨着缅甸的多依树村寨，就变成了抗日战争最前线。随着战事的吃紧，远征军伤亡很大，因此，大量的受伤士兵从战场运往后方，由于人力不够，后勤部队就号召中国群众帮忙运送受伤士兵，于是，多依树村村民响应号召，自愿到前线运送士兵和战略物资。最后，中国终于取得了抗日战争的伟大胜利，多依树村村民也为抗日战争的胜利做出了极大的牺牲。

抗日战争胜利后，由于与外界大量信息的接触，多依树村村民对中国的社会现状开始有了一个大概的了解。多依树村的一些进步青年，开始思索着中国与村落的命运。1949 年 2 月，澜沧中国共产党地下组织领导的武工队起义推翻了国民党反动政府，多依树一些进步青年就响应中国共产党的号召，在多依树村中进行革命思想的宣传，使革命思想很快就被多依树村民接受。1949 年 4 月澜沧建立起临时政府后，随即派出了武工队进入各个村寨打击国民党反动残余势力，惩处地主恶霸。武工队到了多依树村时，受到了群众的热烈欢迎。进步青年积极响应武工队的号召，参加了民兵队，负责维护革命果实。1949 年 8 月，澜沧全县解放，1950 年 6 月，澜沧县人民政府成立，按照行政隶属关系，多依树村寨和另外一个村寨合在一起，一起并称为芒大乡。

1951 年 3 月，为加强民族团结，抗美援朝，多依树村寨村民积极踊跃地参加志愿军，同时，还筹备了大量物资给志愿军。1951 年 6 月 19 日，国民党反动派残余势力李弥率领残余部队进犯沧源，其中，有 600 多人进犯上允、文东地区。上允地区的同志坚持战斗一整天，终因敌人太多，只好撤出。李弥部队强占上允、文东地区后，大量搜刮村民的钱财。其中，多依树村的大量钱财被李弥部队搜刮一空。终于，1951 年 7 月底，中国人民解放军一〇七师一一五团到达澜沧。到达澜沧后，解放军日夜兼程围歼窜入澜沧的国民党残余部队，李弥部队很快就被解放军强大的攻势所击溃，纷纷逃亡缅甸。自此，多依树村不再遭受反动势力的骚扰。

1954 年，澜沧拉祜族自治区成立（后按照宪法的规定改为澜沧拉祜族自治县），在成立仪式上，多依树村经过选举和商量，派出了一个德高望重的老人作为芒大乡和佤族的代表。1954 年，文东区成立了贸易小组。贸易小组的成立，极大地促进了芒大乡的社会主义经济成分的增长。1955 年 2 月，澜沧边工委开展反对使用原子武器签名运动，芒大乡在全乡开展原子弹知识的讲授和签名活动，多依树村大概有 70% 的村民签名。1955 年 3 月，澜沧全县开展推广新的人民币，回收旧人民币，村民积极性特别高，芒大乡90%的村民都把手中的旧币换成了新发行的人民币。1956年4月中旬，澜沧拉祜族自治县人民政府派出了第三批土改工作队开始进入芒大乡，对芒大乡开始进行土地改革，经过半个月的工作就完成了芒大乡的土改工作，多依树村寨每家每户都分到了田地。1956年，芒大乡在澜沧边工委提出的“慎重稳进”“团结、生产、进步”的原则下，团结改造一切与群众有联系的民族公众领袖人物，力求稳妥和避免任何紧张、波动和混乱。1956年5月，澜沧边工委派出检查组到芒大乡进行深入检查并指导芒大乡的工作，提出了在芒大乡下再设两个党支部。这两个党支部也就是后来芒大乡撤乡时，建立起的小寨村和多依树村的村党支部的前身。1956年7月，澜沧边工委决定在文东、上允两区的直过乡和拉巴区的老营盘乡，糯福区南北乡的班美、戈底建立一个初级农业合作社。1956年底，文东区的农业初级合作社正式建成，芒大乡随即加入文东的初级农业合作社。1958年12月，文东区的初级合作社正式转为文东区农业高级合作社，建立起了公共食堂，宣布吃饭不要钱，于是，文东区下的整个村寨里的人开始了吃大锅饭，一起劳作，一起吃饭。

1958年6月，澜沧县开始推行反右运动，由于运动中混淆了两类不同性质的矛盾，扩大了打击面，错捕、错斗了一部分群众，使不少民族上层和群众产生了恐惧心理，再加上三年自然灾害和一些境内外敌对反动分子的造谣等各种原因，1958年12月，多依树村开始出现了群众外迁（大都迁到缅甸、老挝）现象。到1959年，外迁现象激增。针对外迁现象，澜沧边工委派出了工作组到多依树村做了仔细的调查，认为外迁现象产生的原因很多，情况也错综复杂，也对芒大乡的工作提出了“慎重稳进”的方针，加强宗教工作。芒大乡政府也采取了积极的措施，外迁现象及时得到了有效遏制。1961年5月，澜沧县决定撤销芒大乡，把芒大乡分为两个乡，即多依树乡和小寨乡。

“文化大革命”发动后，多依树村尽管地处祖国边陲，也受到了“文化大革命”的影响。1968年，为了表示对中国共产党的忠心，对毛主席的忠心，多依树决定改多依树乡为树新大队。1973年，经过上级决定，树新大队又改回成多依树大队，1984年，又重新改为多依树乡。1988年3月，经过澜沧县政府的决定，撤销文东区，建立文东乡，同时，改多依树乡、小寨乡等为多依树村、小寨村。当时多依树村下辖9个自然寨，共34个生产小组，分别是多依树6个生产小队，小芒堆7个生产小队，中寨2个生产小队，大芒堆6个生产小队，水塘1个生产小队，东佤5个生产小队，平掌3个生产小队，良子2个生产小队，瓦厂1个生产小队，棠梨湾1个生产小队，大队1个生产小队，厂上1个生产小队。1992年，改生产小队为生产小组，1998年，增加了多依树第7生产小组，减少了中寨第二小组，同时改中寨为中芒堆。2003年，增加小芒堆2个小组，增加了东佤一个小组，共37个生产小组。后又经过几次调整，截至2012年，辖9个自然村，36个村民小组。

二、多依树村的人口与家庭

（一）人口结构

多依树村现有农户984户，乡村人口共3856人，其中男性2105人，女性1751人。农业人口3801人，劳动力2375人。多依树村2009年数据表明，共有农户937户，乡村人口3835人，其中农业人口3784人，劳动力2356人。

1. 民族状况

佤族一直是多依树村的主体民族，人口数量占多依树村总人口的98%左右。多依树村虽然是佤族聚居地，但也呈现出典型的多民族混居的现象。澜沧拉祜族自治县是多民族县，世居民族有拉祜族、汉族、佤族、哈尼族、彝族、傣族、布朗族、回族等。多依树村自建村以来，共有佤族、汉族、拉祜族、哈尼族、傣族、彝族多个民族在此共同生活。

2011年，多依树村人口中佤族占绝大多数，其比例达到99.65%，而其他民族只占0.35%。由此可以看出，多依树村的民族构成中，佤族为主体民族，且占绝大多数，是典型的以佤族为主的少数民族聚居村。历史上，澜沧境内以佤族人口最多。明清时期，随着傣族、拉祜族的大量迁入和发展，佤族逐渐西移。据民国二十八年（1939年）粗略调查，拉祜族人口占第一位，傣族次之，佤族第三，哈尼族第四，其余有彝族、汉族等。1950年后，随着支边人员的大量进入，民族种类增多，加之区划变更、民族识别等原因，民族结构和比例不断变化。1990年第四次全国人口普查，共有28个民族，总人口450748人，其中佤族占11.5%。佤族人口与1982年第三次全国人口普查时相比较，增长16.66%。1990年，多依树村共有佤族人口3939人，到2009

年底，多依树村佤族人口 4388 人，增长 11.4%。由此可见，多依树村的人口增长较为迅速。

2. 性别构成

“民国”时期，澜沧“每年生男约在七百四五十名，生女约在八百一二十口，比较女多于男”。（《澜沧县造报征集云南通志资料》）民国二十一年（1932 年）户口调查，全县人口性别比为 101.4（男 = 100，女性对男性的比例，下同）。其中，19 岁以下年龄组的性别比为 97.9，20 ~ 49 岁年龄组为 102.7，50 ~ 69 岁以上为 113.5，残疾者的性别比为 61.1。1990 年第四次人口普查，性别比为 93.66。其中，19 岁以下年龄组的性别比为 94.8，20 ~ 49 岁年龄组的性别比为 89.8，50 ~ 69 岁年龄组的性别比为 97.17，70 岁以上年龄组的性别比为 129.38。在 1950—1979 年每年的年末人口统计中，除 1977 年女性略少于男性外，其他年份都是女性略多于男性。从 1980—1990 年，全县性别比例连续 11 年出现男性多于女性的状况。

截至 2009 年底，多依树村共有乡村人口 3856 人，其中男性 2105 人，女性 1751 人。

表 1 - 1　　多依树村性别比例一览表[①]

年份	1990	2000	2004	2009
男女比例	105:100	98:100	104:100	144:100

通过分析可以发现，2009 年多依树村的男女比例为 144:100，这个数据较之 1990 年变化较大。从 1990 年到 2009 年的 20 年间，多伊树村的男女比例不断上升（具体数据见表 1 - 1），1990 年，多依树村的男女比例基本持平，为 105:100，而到 2009 年，该比例已经上升到 144:100，甚至高于全国农村平均男女比例。多依树村的男女比例已经严重失调。组长告诉我们，佤族还是有重男轻女的传统的，但随后他又补充了一句，我们佤族也不算太重男轻女的。

① 资料来源：根据相应年份澜沧拉祜族自治县文东乡多依树村农村综合统计年报表整理。

（二）人口质量

1. 劳动力资源分布

佤族社会经济发展缓慢，绝大部分佤族人是农业人口。多依树村2009年总人口4388人，其中农业户1100户，农业人口4340人，占全村人口的98.9%。多依树村产业结构单一，除发展常规种养殖业外，主要发展甘蔗种植业。全村共有劳动力2387个，其中：男劳力1458个。劳动力资源分布较为单一，农林牧渔劳动力有2138人，占总劳动人口的89.6%。另外，村以下工业劳动力2人，交通邮电业劳动力42人，批发零售贸易餐饮业劳动力5人，卫生体育事业和福利2人，其他劳动力157人。（见表1－2）

表1－2　2009年多依树村劳动力资源及其主要行业分布情况表　单位：人

<table>
<tr><td colspan="2">劳动年龄内人口数</td><td>2377</td></tr>
<tr><td rowspan="2">其中</td><td>劳动年龄内上学人数</td><td>55</td></tr>
<tr><td>劳动年龄内失去劳动力人数</td><td>34</td></tr>
<tr><td colspan="2">不足或超过劳动年龄而实际参加劳动人数</td><td>99</td></tr>
<tr><td colspan="2">年内实有全半劳力合计</td><td>2387</td></tr>
<tr><td>其中</td><td>男劳力</td><td>1458</td></tr>
<tr><td colspan="2">1. 农林牧渔劳动力</td><td>2138</td></tr>
<tr><td rowspan="4">其中</td><td>农业劳动力</td><td>1968</td></tr>
<tr><td>林业劳动力</td><td>73</td></tr>
<tr><td>牧业劳动力</td><td>97</td></tr>
<tr><td>渔业劳动力</td><td>—</td></tr>
<tr><td colspan="2">2. 工业劳动力</td><td>43</td></tr>
<tr><td rowspan="3">其中</td><td>乡办工业劳动力</td><td>—</td></tr>
<tr><td>村办工业劳动力</td><td>—</td></tr>
<tr><td>村以下工业劳动力</td><td>43</td></tr>
<tr><td colspan="2">3. 建筑业劳动力</td><td>—</td></tr>
<tr><td colspan="2">4. 交通邮电业劳动力</td><td>42</td></tr>
</table>

续表

5. 批发零售贸易餐饮业		5
6. 金融保险业		—
7. 其他非农业行业劳动力		159
其中	外出合同临时工	—
卫生体育事业和福利		2
教育文化艺术广播电视业		—
房地产公用事业咨询服务业		—
乡经济组织管理		—
其他劳动力		157

2. 教育状况

2009 年多依树村教育基本情况为：学龄前人口 492 人，文盲、半文盲 121 人，小学文化 3616 人，初中文化 115 人，高中文化 16 人，中专文化 7 人，大专以上文化 21 人。到了 2012 年，本村人口中按教育程度分：大专及以上 48 人，中学 757 人，小学及以下 3051 人。

通过以上数据我们发现，多依树村的教育状况呈现两大特点：首先，多依树村的文盲、半文盲率相对全国农村平均水平较低，拥有小学、初中文化水平的人口占绝大多数，其比例占多依树村常住人口的 85%。处于文盲、半文盲文化水平的大多为村里的老人，20 世纪 60、70 年代出生的人口大多数为小学文化水平，而拥有初中文化水平的大多为 80 年代以后出生的村民，总的来说，九年义务教育的普及，优厚的教育政策使得村民的平均文化水平有所提高。但是，村民总体受教育水平仍然较低，整体素质显然与当今时代发展对公民素质要求相差甚远。其次，虽然多依树村佤族人受高等教育水平比该县一些其他少数民族高，但是儿童辍学现象仍大量存在。佤族人民由于长期处于贫困状态，教育资源严重缺乏，加之村民承担不起基本的学费，导致长期以来，在佤族地区儿童辍学率较之全国农村平均水平偏高。

进入 21 世纪以来，受经济、政治、社会、文化和环境等各个方面不同程度的影响，体现在佤族人口结构、人口素质、心理状况、社会地位等方面的不利影响和各种问题日益突出。如何通过提高佤族文化、教育水平，如何通过改进佤族人民的生活方式和人口状况，从而提高佤族素质技能和社会地位，将是值得我们思考的问题。

（三）家庭结构

佤族的家庭形式为一夫一妻制的小家庭，财产多由幼子继承，女儿没有继承权。佤族青年男女结婚前，男子要为女方家干一段时间的活，少则几个月，多则一两年，以作为对娶走女方姑娘的补偿。这种形式带有从妻居到从夫居过渡的痕迹。过去佤族有转房习俗，大哥去世，小弟未婚，可以继娶嫂子为妻，大姐去世，小妹未婚，可再嫁姐夫，但前提是双方自愿。青年男女择偶的主要条件是身强力壮、勤劳朴实、容貌相当，其次才是家庭经济条件。

在现代社会思潮的冲击下，佤族婚姻习俗也正在经历着一系列的变迁。①传统婚庆仪式的去繁求简。佤族婚姻一般要经过串姑娘、自由恋爱、订婚送酒、结婚四个阶段。多依树村的传统婚礼很隆重，总共要花四天来办。但随着年轻人外出打工，人们回来办婚礼的时间是有限的，也就相应地对传统婚庆仪式去繁求简。②通婚半径变大。婚姻选择对象由族内婚姻向族际通婚过渡。越来越多的佤族年轻人不再囿于民族成分的限制。在访谈过程中，有许多被访者都表示可以考虑汉族或者其他民族。有些小伙子还把娶回汉族姑娘当成一种荣誉。随着打工潮的深入，佤族青年通婚的半径呈扩大化。③离婚率上升。随着一系列的社会环境的变化，老人常常向我们发出“孩子们不好管了”感叹。细问之下，老人们主要是针对现在离婚率上升等现象而说的。虽然佤族社会的离婚率远低于汉族社会，但老人们已经感到“今不如古”。

另外，在调研过程中我们发现，佤族传统的生育观是多子多福。回答希望要 4 个以上孩子的，占总问卷人数的 90%，10% 的人希望 2～3 个孩子，可见佤族人多子女生育观的流行。这与多年前的一项对佤族人生育子女数量要求的调查统计①相一致。这也与佤族传统文化认知是有很大关系的。在传统社会中，亲属关系是最易接近、最为可靠的社会关系，而亲属关系又是从生育和婚姻中发展出来的一种社会关系。没有生育子女，就意味着亲属关系的不完整，与社会的交往也必然失去机会，在传统的日常生活中也将逐渐陷于相

① 杨筑慧．从田野调查看佤族传统生育文化存在的问题［J］．中央民族大学学报（社会科学版），1999（2）．

对孤立的境地，当遇到困难时，自然少了支持的力量。再加之，多一个孩子，特别是多一个男丁就多了一个劳动力，于是，多子多福的生育观难免不产生。

根据2002年9月1日实施的《云南省人口与计划生育条例（修订）》第十九条，规定“提倡农业人口一对夫妻生育一个子女。确有实际困难要求生育第二个子女的，由夫妻双方申请，经县级计划生育行政部门审查批准，可以生育第二个子女。”同时第二十条规定：“少数民族农业人口在执行本条例第十九条规定的基础上，有下列情形之一的，夫妻双方可以提出申请，经县级计划生育行政部门批准，可以再生育一个子女：①夫妻双方都是居住在边境村民委员会辖区内的少数民族；②夫妻双方或者一方是独龙族、德昂族、基诺族、阿昌族、怒族、普米族、布朗族的。”云南省政府从各少数民族地区现实出发，制定了符合各民族实际的生育政策。可以说，政府在一定程度上放宽了对少数民族地区，特别是少数民族农村地区的生育政策限制。

新时期以来，多依树村佤族人的生育观念发生巨大变化，其原因主要在于：首先，生育不再是婚姻的主要目的，男女缔结婚姻不仅是为了延续祖宗的血脉、保持香火不断，而是更注重满足个人的情欲需要，享受两情相悦相守的愉悦。其次，人口的数量不再是影响生产力发展水平的主要因素。佤族生产方式的改变，人均土地占有量的减少使得对劳动力数量需求下降。再次，多依树村妇女的文化水平有所提高，有利于计划生育工作的开展。基于以上原因，多依树村佤族人的生育观念发生改变，更有利于人口健康的发展。

总的来说，影响一个国家或地区人口出生率有很多因素，包括社会文化和宗教信仰，现有的年龄性别组成结构，贫困程度，经济发展水平，等等。从贫困程度来分析，在贫困地区，儿童因为可以劳动赚钱而被视为一个经济收入的来源，因而出生率较高；从经济发展水平来看，经济发展得好，家庭应该可以负担养育更多的孩子，但是世界上大多数国家的情况却是，经济发展水平越高，出生率越低。按照以上的分析，多依树村的人口出生率应该保持在一个相对高的水平，但是实际情况却并非如此，究其原因，可能与近年来计划生育政策的普及有关，村民的生育观发生改变。据调查，近20年来，多依树村的新出生人口变化幅度不大，20世纪90年代每年新出生人口在30~80名之间，进入21世纪之后，每年的新生儿都在30名左右。2009年，多依树村年内出生人口32名，人口出生率为7.3‰，年内死亡人口12人，死亡率为2.8‰，因此，2009年多依树村的人口自然增长率为4.5‰。由此可见，

20 世纪 90 年代以后，多依树村的人口出生率和自然增长率基本处于稳定的低增长状态。

（四）多依树村的人口问题

新中国成立 60 年以来，佤族人民在党和国家的带领下生活越来越美好，佤族人口素质不断地提高，人口结构不断改善。但是在调研过程中，我们发现，目前多依树村的人口状况仍存在一些有待解决的问题。

1. 男女比例严重失调

大量的统计资料表明，在不受干扰的情况下，世界各国出生婴儿性别比是基本一致的，一般在 102～107 的范围内，即每出生 100 个女婴时，男婴出生数为 102～107 个。人口学家把这个指标称为出生婴儿性别比的恒定值。由于男婴死亡率略高于女婴，这样到婚龄期时男女性别比例就基本持平。然而，根据中国政府于 2000 年进行的第五次全国人口普查，全国出生人口性别比为 117，即在出生的婴儿中，男女比率达到 117∶100，比正常值 102～107 高出很多。另据中国统计局最新调查显示，我国城市男女婴的性别比为 112.8∶100、镇为 116.5∶100、乡村为 118.1∶100。男女比例失调是中国在进入 21 世纪以后所面临的一个严峻的人口问题，尤其在广大农村地区，这一现象更加严重。2009 年多依树村的男女比例为 144∶100，这一数据已经高于全国农村地区平均水平。

男女比例失调，对未来社会的良性稳定运行、社会伦理道德体系会造成一定冲击。改革开放之后，随着佤族人口流动逐渐频繁和大量佤族女性的婚姻迁移，从 20 世纪 80 年代佤族的婚姻市场已经出现一定程度的男性婚姻挤压。如婚配失当、人口拐卖、性行为错乱等，影响和谐社会的构建尤其是婚姻的稳定。据文东乡派出所工作人员统计，多依树村目前存在大约 300 多个大龄未婚男青年，一小部分男青年为了组成家庭，甚至花钱购买缅甸媳妇，这些从缅甸“嫁”过来的妇女，大部分属于“三非人员”，夫妻年龄差扩大，对当地的人口管理和社会发展产生了许多不良影响。我们访谈过程中，文东乡派出所所长谈及这一问题时说道：“按照国家政策规定应该把这些缅甸媳妇驱逐出境。但是目前在整个云南边境，这种情况十分普遍。并且从另一个角度来说，从缅甸来的这些女性可以一定程度上缓和当地‘光棍’问题。她们虽然是外国人，但是已经与中国人构成了事实婚姻，有些还有了孩子，一些农民和村干部也来反映，是不是应该把这些人纳入文东乡的实有人口。但我们作为地方管理人员，只能按照国家的法规政策和当地的实际情况来进行管理。所以这一问题对我们的工作也造成了一定的困难和挑战。”

2. 佤族家庭贫困问题突出

中国是一个农业大国，城乡二元结构使得中国长期饱受农村贫困问题的困扰。毋庸置疑，中国农村贫困人口减少的规模和速度，以及中国的减贫成果对世界反贫困的贡献都是令世人瞩目的。但是，我们也必须正视，农村贫困仍然是当代中国的一个十分严峻的现实问题。2000 年人口普查资料显示，佤族总人口为 39.66 万人，其中：城镇人口有 3.88 万人，占总人口的 9.77%；乡村人口 35.79 万人，占总人口的 90.23%。96.57% 的佤族人聚居在云南边境县，并且生活贫困。尽管国家在政策和财政上给予少数民族地区很多优惠，譬如在多依树村，村民修新房会有一定的补贴。但是佤族社会经济发展非常缓慢。“兴边富民”行动实施以来，佤族山区的公路通了，电通了，自来水也接到了村民家里，在一些经济条件稍好的地方，政府还帮助村民盖起了砖瓦楼。但是，多依树村土地资源贫乏，再加上技术落后，农业发展较为缓慢，导致人们长期以来无法摆脱贫困。

造成这一情况的主要原因在于城乡二元结构的政策体系派生出一系列不合理的制度安排，为农村发展创造了一个不公平的起点。制度缺陷使农民失去了与城市居民平等发展的机会，导致经济贫困、文化贫困与生态贫困并存且相互影响并“循环积累”，形成一系列恶性循环过程。所以说，多依树村难以脱贫与以上原因密不可分，而从另一现实角度来说，多依树村土地资源贫瘠，劳动力少，使得村民收入上不去。在调查中我们还发现，很多贫困家庭劳动力不足，年轻人有些外出打工，老人无法进行生产性劳动，导致土地荒废。另外，还有一些贫困家庭是“因病致贫、因病返贫”，疾病也是造成农民无法脱贫的原因之一。

3. 村民受教育现实困难多

1949 年前，佤族对青年一代的教育基本只贯穿在生产、宗教等社会生活活动中，未形成专一的学校教育体系，极少的私塾或学校也未形成正规教育，学校教育机构和人员奇缺。新中国成立后，佤族地区的民族教育事业逐渐兴起和发展。现在佤族人民不仅有了自己成千上万的中、小学毕业生，而且有了本民族一定数量大学本科生和研究生，甚至也拥有了博士研究生。

在调查中我们发现，由于地理条件限制，阿佤山区的交通、信息都很闭塞，多依树村村民整体受教育有许多的实际困难。在多依树村大多数佤族家庭经济生活中，子女上学的费用确实是一笔不小的开支。有的家长认为教育是一种应付政府罚款的对策，因为乡政府规定如果不送子女上学每年就要罚款，但送一个孩子上学每年的书本费加上生活费还不到罚款的数目，所以在罚款和上学之间家长还是选择上学。2005 年开始，国家、政府和教育部门也开始关心失学儿童的问题，对九年制义务教育学生实行两免政策，也就是免除课本费和学杂费。整个东佤寨虽有一所小学，三间瓦房，孩子只能在这里上到小学四年级，如果要想继续上学，就必须到十几公里外的乡上住宿学校，条件十分艰苦。还有的学生家所在的自然村寨离学校更远，有的寨子到村小学所在地就有二三十公里山路，要读书只能在学校里寄宿。在调研中我们发现很多孩子从学前班时候就开始寄宿生活了，这对于城市里的孩子来说简直是不可思议的，五六岁的孩子就要在生活上自理。学校里面教师力量本来就少，还有很多只是一个月领 100 多元津贴的代课教师，平时在上课之余还要自己种田种地维持生活，根本不可能有过多的时间和精力去照顾寄宿的孩子。另外，村民成家之后，有的会直接回到原打工地继续打工，有的则选择在家里生了孩子，等孩子略微长大一点，年轻的夫妇就会把孩子放在家里，继续出去打工。现在乡村留守儿童面临的许多情况让这些年轻的夫妇很是为难，现实的打工条件中能带老婆，兼顾孩子教育和成长的机会往往太少。

4. 年轻人渴望得到更多的技能培训

在多依树村，不重视知识的仍然不算少数，有些村民往往急功近利，忽视在培养人才上的物质投入。在调查中我们发现，一部分佤族孩子还未读完初中就辍学回家，是应其家长的要求。家长认为孩子成绩不好，考不上大学也没有什么用，倒不如外出打工。另外一部分辍学回家的孩子则是自己不愿再继续上学，宁愿回家务农、赋闲、或外出打工。许多农户对知识、科技的重视在很大程度上还只是源于直观的感受，而非对科技、知识在经济和社会发展作用中的深刻认识。由于历史、社会等多方面原因，佤族人普遍缺乏劳动技能。在多依树村，村民大多没有农牧业技能，缺乏经商头脑，对现代化科学技术的掌握和应用更是低而少。目前，多依树村村民提升劳动技能的途径主要有两个：一是外出打工者基于打工的经验在原有的技能基础上的知识再学习过程；二是在生产中通过劳动实践和技术培训获得。但是多依树村科教培训人员缺乏，以甘蔗种植为例，整个村子只有一个甘蔗种植辅导员，无法满足整个村庄的技术培训要求。另外，乡上的科教培训对象主要集中在当地经济发展的领导阶层，这就使得作为直接劳动者的村民知识技能培训等待时间和周期较长，一定程度上不利于村民劳动技能的提高。

三、多依树村经济制度与经济关系的变迁

多依树村地处我国云南省西南边陲，地理位置偏僻，交通不便，自古以来经济水平相当落后。当前，在国家对少数民族偏远地区经济发展的大力重视和扶持下，多依树村经济水平较新中国成立前有了较大的提高。

（一）新中国成立前的变迁

多依树村在新中国成立前社会经济发展极为落后。作为典型的佤族村寨，多依树村长期处于原始的部落社会制，一个村落有一个小头人，几个村落又有一个大头人，即酋长，大酋长又称“召法”，总揽全部落的军政事务，但重大事项须与各大小头人商定。村中设一个管木鼓的人，专司集队外出作战等。土地划归小家庭耕种，但所有权属于部落公有。粮食除少数上贡给头人外，大部分归小家庭所有。从唐代以后的记载可以看出，佤族主要从事狩猎、采集、饲养家畜，有的已经是初期的农业经济。明清以来，佤族的社会经济又有了较大的发展，当时的佤族社会已从原始的采集、狩猎过渡到以农业为主，并从原始氏族公社过渡到以地缘为基础的农村公社。这个时候，多依树村第一批村民开始对多依树村寨周围的山地进行开垦，种植玉米、土豆等农作物，日常生活逐渐形成以农业生产为主，然而与其他较先进的氏族比较，多依树村的社会发展仍较缓慢。他们居山岭，种杂粮，耕作方法“不用牛耕，惟妇人用镬锄之”。虽有寨落，但“迁徙无常，不留余粟”，捕猎仍占重要地位。

到了19世纪，佤族社会发生了很大变化。这是由于民族间经济文化关系的加强和商品交换关系的发展引起的。同时，佤族原有的社会发展不平衡也更明显了。到新中国成立以前，居镇康、永德、腾冲、昌宁、景东等地的佤族，因受当地主要居民汉族影响较深，已与当地汉族一样属于封建地主经济

了。居阿佤山边缘区的孟连、澜沧、双江、耿马和沧源大部分佤族，因受傣族影响较深和受傣族土司某种程度的统治，基本上属于封建领主经济。阿佤山中心地区的西盟及沧源部分佤族，则较多地保持着本民族发展的特点，处于原始社会末期或从原始社会向阶级社会过渡的阶段。而此时，多依树村的社会特点，则正好介于前面几种形式的中间状态。农业已经成为多依树村的主要经济产业，农作物主要以种旱谷为主，耕种方法处于从"刀耕火种"向"挖犁撒种"的演变过程中。社会组织是原始的农村公社和部落，从经济关系上看，村社成员之间已发生了贫富和阶级分化，并存在着占总人口约4%的奴隶，但阶级分化的程度和阶级关系还没有最后形成阶级社会，奴隶占有关系也是一种在原始社会母体中孕育的家长奴隶制。直到1949年前夕，佤族内部普遍存在着两种所有制形式，即私有制和原始公有制，部分较好的耕地和牲畜、工具、房屋、生活用具属于私有，较差的耕地、森林、河流、公共场所属于公有。

多依树村经济状况，尤其是新中国成立前的经济状况，跟整个佤族的经济状况差不多相同，村民生活普遍比较贫困。多依树村由于是山地，所以以旱稻种植为主，而山地基本上属于山坡轮歇地，固定耕地少，水田少，复种少。水田、园圃、肥地，一般已固定到户耕种。大片山地一般为多依树村村寨全体村民公有。村民可以游耕，谁家想种就可以去种。耕种粗放，一般三、五年轮种一次，广种薄收。同时，跟内地其他地区相比，多依树村村民在耕种中，不施肥，耕种作物多使用草木灰，很少使用畜粪，加上生产方式落后，再加之旱、涝、虫、风、雹、病等灾害，因而产量低收入少，据多依树村统计资料记载：1949年多依树村水稻平均亩产量只有119公斤，旱稻51公斤，玉米37.5公斤，杂粮30.5公斤，薯类55.5公斤，全村人均占有粮食160公斤，人均纯收入不到30元，而且占有不平衡，村民大部分还要支付田租、债务，一部分村民刚刚收完粮食不到两个月就无粮食可吃了，可以看出，一年所产粮食不够吃半年，如果生产上无垫本，粮荒严重的时候，村民只好到山上去采集野菜度日，或只能靠种罂粟和出卖短工换取不足的粮食、盐、布和生活用品。在农业方面，其耕地以山地为主，水田极少，生产技术落后，一般多见山地耕种。山地耕作方法是先将大片树木砍倒晒干，放火燃尽，再凿穴点种或挖犁撒播。农业生产内部的农、林、牧、副、渔五业生产，多依树村民基本上只从事种植业生产，渔业生产基本没有。更重要的是，多依树村村民生产方式原始落后，从事生产的生产工具既原始又紧缺，多依树村的铁制农具虽已普遍使用，但其成品或原料均从内地或境外运入，因交通闭塞，运距远，多依树村村民一是价高买不起，二是有钱也买不到。

除农业外，畜牧业和狩猎是当时佤族主要的副业。养牛、养猪、养鸡虽很普遍，但数量少、质量差，多用于自用，极少用于交换。多依树村村民还有季节性的狩猎、养蜂和采集，在经济生活中起到了重要的辅助作用，但规模都很小。而同一时期，多依树村的商业情况也很滞后。到 1949 年新中国成立前夕，多依树村没有一家店铺，村民购买货物需要走着去十几公里的集市上去买，而集市上的货物也不多，差不多都是农家自产的粮食、烟草、茶叶、辣椒、酒、猪、牛、禽、蛋和一些土陶器。多依树村及其周边的村寨都没有工厂，工业品和副食品都是一些商人由外地运来，卖价特别高。日用工业品多由缅甸流入到集市上，而生活用品多从内地运来。另外，在新中国成立前，多依树村民和周边的村寨村民所使用的货币大都是铜钱，如清朝的铜钱，国民党政府的纸币没有在多依树村及其周边村寨通行。现在多依树村老人回忆新中国成立前多依树村集市的状况是：集市少，不繁荣；工业品少，价格高；农产品多，价格低。

此外，手工业主要是男子以打制长刀、镰刀、砍刀等工具的铁匠和制作简单农具的木匠为主，也会编织较粗糙的篾器。女子能用原始的腰织机纺线、织布。一个纺织技术最好的妇女，一天最多能织 2 ~ 3 市尺长、1.5 市尺宽的布。[①] 这些织布多用于自用，少数用来交换日用品。总的看来，这些织品既原始又粗糙，且原料紧缺，尚未离开农业而独立，一般农闲时自制自用，或帮助他人修补。同时，尽管每月都会去赶集，但都还未形成市场，商品匮乏，一般都是一些农家种植的农产品，工业产品没有或者很少，并且物价波动大。

总之，新中国成立前的多依树村，由于单一的农业生产，生产工具既原始又紧缺，农业生产内部的农、林、牧、副、渔五业生产，基本上只从事种植业生产，生产方式原始落后，生产无垫本，生活无保障，再加上商品经济匮乏，多依树村经济极其落后和不发达。

---

① 现在，还经常在村里可以看到妇女在以传统的方式来织布。

（二）改革开放前的沿革

新中国成立后，佤族人民获得了新生。1954 年 6 月成立了孟连傣族拉祜族佤族自治县，1955 年 10 月成立了耿马傣族佤族自治县，1964 年 2 月成立了沧源佤族自治县，1965 年 3 月成立了西盟佤族自治县，保障了他们的民族平等和当家做主的权利。翻身做了主人后，多依树村民通过治山治水，大力修筑水田，改变原始耕作方法，使农业生产迅速发展，粮食产量大幅度增加。

1. 新中国成立之初

1949—1953 年，澜沧经过平息叛乱、剿匪和镇压反革命运动，社会秩序日益稳定。1953 年 4 月，成立澜沧拉祜族自治区（县级），实现了民族区域自治。经过几年的工作，群众的觉悟有了提高，少数民族上层对党的政策逐步了解，全县生产逐年得到恢复和发展。

（1）多依树的土地改革

新中国成立初期，多依树村的社会经济发展正处于从封建领主制向封建地主制转化时期，封建领主制虽已瓦解，但尚遗留着不少残余，地主经济虽已初步形成，但所占比重不大，土地集中程度也不高。同时，较之和平协商土地改革地区，多依树村生产生活更为落后，山地多水田少，加之地处边境一线，民族关系复杂，群众基础薄弱，易受敌人挑拨。故中央政府针对这样的民族地区采用和平协商土地改革的办法直接过渡到社会主义①。1954 年春，中共澜沧边工委开始进行土改准备工作，首先在各族各阶层中进行酝酿，广泛听取各方面的意见。同年底，成立边工委土改工作委员会。1950—1958 年上半年，在恢复生产、土地改革和试办互助合作这三个时期，芒大乡政府②按

---

① 直接过渡的方针和做法是，坚持中央“慎重稳进”的总方针，按照云南省委“坚决依靠贫苦农民，团结一切劳动人民，团结和改造一切与群众有联系的民族公众领袖人物，在国家大力扶持下，通过互助合作，发展生产，以及加强与生产有关的各方面的工作，提高人民的生活水平和政治觉悟，逐步克服不利于生产和民族发展的落后因素，逐步过渡到社会主义”的指示开展工作，经过大力扶持新生的事物，促成封建制度的直接灭亡。

② 1950—1961 年 5 月，多依树大寨和小寨合在一起组成芒大乡，1961 年 5 月之后，撤销芒大乡，建立了多依树乡和小寨乡，1988 年改为多依树村。

照澜沧县委的“团结对敌、团结生产、团结进步”和“慎重稳进”的指导方针，领导多依树大寨村民以生产为中心，多依树大寨经济取得了较快的发展。1956年4月，中共澜沧边工委成立“直接过渡”办公室，5月初，派出工作队到“直过”地区开展工作。工作队进驻多依树村等村寨后，第一步是疏通民族关系，召开上层人士会议，稳定各阶层的思想情绪，和他们诚恳协商，取得他们的同意和支持，变阻力为助力。同时，广泛与群众交朋友，为群众做好事，启发他们的积极性，培养骨干队伍。第二步是大力领导和组织生产，建立爱国生产运动委员会，带领群众开展爱国生产运动，同时搞好救济贷放、文教卫生和贸易等工作。至6月底，全县共建立爱国生产运动委员会41个，在区级政权组织中安置上层人士50人。5月至8月，共给“直过”地区贷放耕牛437头，农具5169件，籽种2.7万公斤，口粮21.2万公斤，副业贷款4500元，同时，在“直过”地区组织贸易小组16个，组织供应食盐6.85万公斤，布匹1.4万尺，农具5073件，收购土产价值2万余元。第三步是建立党团妇女组织，建立乡人民委员会，整顿民兵组织，树立群众优势，并在组织互助组的基础上逐步发展农业生产合作社。在“直接过渡”工作中，对多依树村上层人士实行政治上适当安置，经济上给予补贴的办法，尽量缩小打击面。对领主、地主的土地一律不予没收，如种不完，仍暂时允许出租，租额由双方商定，组织农业合作社后由合作社租种，然后采取逐步取消土地分红的办法取消地租剥削；还暂时允许雇工，但要双方自愿，工资要合理。原有的债务不作统一规定，主要采取由政府大力贷放和补贴农民等办法逐步抵制、取消高利贷剥削。另外，对领主的封建特权，则通过发动群众对上层人士进行团结、教育、改造，使之逐步废除。

(2) *多依树村的农业互助合作运动*

土改结束后，我国农村经济关系出现了新的特点，以土地所有制为基础的小农经济成为农村经济结构的基本形式。为了克服小农经济日益暴露出的弱点和局限性，按照社会主义的道路改造小农经济，党中央根据马克思主义关于农业社会主义改造的理论，吸取苏联农业集体化的经验，结合我国的具体情况，制定了农业发展要走合作化的道路，力图通过互相合作的道路实现对小农经济的改造。互助合作运动是继土改之后进行的农村生产关系变革，即变农民土地私有制为集体所有制的社会革命。[1] 从1956年开始，中共澜沧边工委按照“慎重稳进”的方针和自愿互利、民主管理的原则，在包括多依树村在内的直接过渡地区组织群众建立互助组。土地、耕畜及大农具等生产资料仍保持农民所有，收益归各户所得。互助组分为临时互助组和常年互助组。临时互助组只是在农忙季节开展互助，农民之间互相以工换工，以人工换牛工，使缺乏劳力、耕牛的农民能保证按季节生产。常年互助组的入组农户较为固定，主要农活实行集体作业，评工记分。农民之间余缺调剂，互相补充，增强了抗灾的能力，推动了生产的发展。1956年底，在直接过渡地区建立互助组358个，入组农户3469户，占直接过渡地区总农户的31.9%，其中有常年互助组265个。以“自愿结合、等价交换和民主管理”为宗旨的互助合作运动对当时贫穷落后、生产力极不发达的农村起了一定的促进作用，也为后来兴起的初级农业合作化提供了一定的经验、人才和物质基础。

(3) 多依树村农业生产合作社运动

1952年党中央提出了过渡时期的总路线，同时提出，要适当加快农业合作化的速度。这样，原来的互助组很快变成了以土地入股、统一经营为特征的初级农业生产合作社。根据《关于农村合作化问题》的报告，这一制度的基本内容可以描述为：按自愿互利的原则，社员将土地、耕畜、大型农具等主要生产资料折价入股成为全体社员的共同财产，社员对入社的资产不再享有直接的支配权、使用权和占有处分权，但并没有丧失财产的所有权。1956年7—8月，边工委派出的生产工作队在多依树村等直接过渡地区试办了9个初级农业生产合作社，入社农户238户、1099人，占直接过渡地区总户数的2%。为鼓励社员，县政府送给“直过区”合作社耕牛22头，打谷机4台，步犁4张。至此，全县共试办农业生产合作社38个，入社农户占全县总农户的3.12%。初级农业社把农民群众组织起来，提高了生产力，增强了抵抗自然灾害的能力，粮食产量比办社前大幅度增长。1955年7月，毛泽东发表《关于农业合作化问题》的报告。10月，中共中央七届六中全会通过了《关于农业合作化问题的决议》，此后，全国的农业合作化运动急速发展。从1956

① 贾果衰．从土改到农业互助合作运动中的山西农村［J］．文史月刊，2005（1）：56.

年开始，澜沧县也进入了高级合作化[①]时期。至1965年底，全县农业合作社发展到1733个，入社农户26786户，占全县总农户的52.5%。其中，边沿一线地区157个社，入社农户2955户，合作化程度为25.7%；二线地区1576个社，入社农户23831户，合作化程度为61.5%。

在1950—1954年的5年恢复生产时期里，多依树村粮食总产量由1949年的341579公斤增加到1954年的483334.3公斤，增长了41.5%，年均增长8.3%；经济总收入由1950年的62769元增加到85020.6元，增长了35.45%，年均增长8.86%；大牲畜由1949年的112头增加到1954年的136头，增长21.5%，年均增长4.3%；生猪由1949年的13头增加到1954年的79头，增长507.7%，年均增长101.5%。[②] 1955—1956年为澜沧县民主改革时期，多依树村实行了和平协商土地改革，农业生产在前五年增长的基础上，又连续两年持续增长，1956年比1954年的粮食增长了15.65%，达到了558976.1公斤，年平均增长7.83%；经济总收入增长17.65%，达到100026.7元，年平均增长8.8%；大牲畜增长了10.1%，达到了150头，年平均增长5.1%；生猪存栏增长了31.1%，达到104头，年平均增长达到15.6%。1957—1958年上半年为多依树村农业社会主义改造时期，大量发展互助组，多依树大寨全体村民参加了芒大乡合作社，大力发展生产。这一时期，多依树大寨在国家大力扶持下，在文东区的领导支持下，依靠多依树大寨的力量，克服了耕牛、农具、籽种、口粮等困难，继续推动了多依树村的农业生产的发展。在多依树村七年连续增长的基础上，又获得了增长，1958年比1956年粮食增产121179公斤，增长21.7%，达到680155公斤，年平均增长10.8%；经济总收入增加了12315元，增长了12.3%，达到112341.7元，年均增长6.2%；大牲畜增加了25头，增长16.7%，达到175头，年平均增长8.4%；生猪增加37头，增长35.6%，达到141头，年平均增长17.8%。

同一时期，多依树村的商业也获得了较大的发展。新中国成立后，澜沧边工委和县人民政府十分注意保护和发展澜沧全县的商业，一方面在私人商

---

① 按当时颁布的《农业合作社示范章程》，高级农业生产合作社的基本内容可描述为：农民的土地、农具等生产资料被强制集体化，财产的个人股权无偿地转让给集体，完全取消个人财产主权。高级社实际上是一种强制性的制度安排，在这种制度下，公有产权成了唯一的产权类型，农民只有名义上的生产资料，农民的退出权大受限制。

② 数据来源：澜沧拉祜族自治县文东乡多依树村农村综合统计年报表。

业中广泛宣传党的工商业政策，鼓励和支持他们为发展澜沧的民族经济，促进和沟通城乡的物资交流做出贡献。另一方面，发动上层头人和人民群众集资入股，成立供销商店。同时，建立了国营贸易公司，逐步形成以国营为主的商业体制。在以上一系列的政策和措施下，多依树村的商业贸易得到了逐步的发展。①私营商业。新中国成立前，多依树村没有一家私营商店，到1956年，多依树村一共有三家私营商店。1956年以后，经过“对私改造”，多依树村的私营商店全归并到供销合作社。②集体商业。到1958年，多依树村的私营商店经过“对私改造”，三家私营商店全部合并成为文东区供销社在芒大乡的分社，由多依树大寨和小寨集体管理和经营。在这八年时间，全村商业销售总值从1950年的2100元增长到1958年的7160元，增长了240.1%。供销社中商品品种众多，有化肥、农药、铁农具、煤油、食盐、食糖、茶叶、棉布、棉花、棉毯、胶鞋、火柴等物资，完全能够满足多依树大寨全体村民生活的需要。同时，在农副产品采购中，从新中国成立初期只收购棉花、茶叶、生猪几个品种，发展到收购副食品、工业原料、皮革、药材、竹木等200多个品种。村民出售农副产品量得到了较大的发展。

（4）多依树村的人民公社化运动

人民公社既是政权组织，又是经济组织，实行政社合一，工农商学兵为一体。1958年5月，中共中央公布“鼓足干劲，力争上游，多快好省地建设社会主义”的总路线。8月又发出了《关于在农村建立人民公社问题的决议》。中共澜沧边工委贯彻中央文件后，在全县掀起了“大跃进”和“人民公社化”的热潮。11月，边工委发出《关于实现人民公社化的初步意见》，拟在全县进行撤区并乡后建立12个人民公社，并冠以新的名称。其中，多依树村所在的文东佤族乡拟建立英雄公社。多依树村按照上级要求，多依树村全体村民加入了文东区农业高级合作社。加入文东区农业高级社后，多依树村所有耕地，全部交给公社；耕牛等大牲畜，羊、猪、大小农具等，全部折价归公社；原初级社的财物全部交给高级社统一管理使用；村民自留地，以及房前屋后的茶树、果树、竹棚、芭蕉等，一律交公社经营。鉴于县境内各地的实际，1958—1959年，全县实际只办了上游公社一个，其余仅搭了公社架子，但在“大跃进”和人民公社“一大二公”的影响下，全县大办集体食堂，将粮食、炊具、猪鸡都入社，社员吃饭实行粮食供给制，吃饭不要钱，不久便把几年的家底吃光。由于不尊重经济发展规律，急于求成，导致多依树村农业减产，同时，村民由于思想上并没有入社，生产的多或少，生产质量的好与坏，集体财物的有或无，村民都认为与自己无关，认为与自己的关系不大，集体的农具做到哪里丢到哪里，牛吃田马吃地无人过问或者向队长报告了事。集体的大牲畜生的少，死的多，被偷的多，宰杀的多，以至于到国家取消合作社时，多依树全寨大牲畜总共不到 30 头。加入高级社后，大办食堂吃饭不要钱，伙食实行供给制，按人打饭，吃药不要钱，不记账，即使是来往村民中非多依树村民吃了也不收钱不收粮票，粮食浪费很大。在村民生产积极性受到压抑，分配方式不合理的情况下，多依树村种植面积越种越少，生产质量越来越差，粮食产量逐年下降，经济收入逐年减少，畜牧业发展缓慢。1960 年发生严重粮荒，人民生活困难，严重挫伤了广大群众的积极性，极大地破坏了农村生产力。不少地区发生干肿病和人员死亡、外迁等情况。三年自然灾害和困难时期，多依树村粮食产量 1959 年比 1958 年减产 112225.6 公斤，减产 16.5%，1960 年又比 1959 年减产 42197.2 公斤，减少 7.43%，只有 525732.3 公斤；农村经济总收入 1959 年比 1958 年减收 8290.8 元，减少 7.38%，1960 年又比 1959 年减收 7346 元，减收 7.06%，只有 96705 元；大牲畜 1960 年比 1959 年减少 70 头，减少 51%，生猪年末存栏由 1958 年 141 头减少了 24.74%，只有 106 头。

1960 年底，刚到任的县委书记刘树生带领县委、县人委领导干部深入灾区，采取各种措施控制干肿病，帮助群众开展生产自救。与此同时，县委认真贯彻中共中央《关于农村人民公社当前政策问题的紧急指示信》，开始纠正“大跃进”和公社化带来的“左”的错误，特别是平调错误。1961 年 2 月，县委召开扩大会议，以整风的形式对前 3 年的错误进行总结检查，并重点批判了“五风”①，接着，停办农村食堂，调整农业社规模，国家拨出专款对“一平二调”的财物进行退赔。至 1961 年 10 月止，全县共退赔 185 万元，占平调总数的 37%。其中，农业社内平调部分退赔 134 万元，县、区各部门平调部分退赔 51 万元。到 1962 年，已退赔大部分。

2. “文革”时期

经过纠正错误，农民得到休养生息，从 1963 年起，遵照中央“调整、巩

① “五风”是指当时盛行的共产风、浮夸风、干部特殊风、强迫命令风、生产瞎指挥风。

固、充实、提高”的八字方针，以及省、地委、县委的指示精神，多依树村经过群众充分酝酿讨论，决定不再强行要求村民加入文东区高级社，办社按照自愿的原则。经过调整，多依树村农业生产得到了迅速的恢复和发展：①粮食产量连续大幅度增长。生产关系调整后的第一年（即1962年），粮食产量恢复到621678公斤，1963年上升到641789公斤，1964年670876公斤，1965年达到705671公斤，人均357.5公斤，1965年比调整前的1961年增长125938.7公斤，比历史最高的1958年增加了25516公斤，增长了3.75%。②农村经济总收入有较快的恢复和发展。1965年总收入128047.1元，比1961年增加27676.6元，增长31.6%，年平均增长7.9%，比最高的1958年增加15705.4元，增长13.98%。③大牲畜发展出现了好势头。生产关系调整后，多依树村将入社的大牲畜退还社员私有，实行私有租用，允许社员发展大牲畜。这使多依树村村民饲养大牲畜积极性大增，因此，大牲畜每年除销售、自食外，年末存栏逐年增加，1962年比1961年增加10头，1963年比1962年增加16头，1964年比1963年增加20头，1965年比1964年增加25头，达到172头，在1960年的基础上增加了66头，增长了62.3%。大牲畜的迅速发展，农民增添了生产资料，既促进了农业生产的发展，又增加了经济收入。④粮食自给有余。调整生产关系后，在很短时间内，多依树村粮食生产获得迅速恢复发展，村民手中粮食逐渐增多，卖给国家的粮食也逐渐增多起来。⑤村民生活改善，体质恢复。随着农业生产的全面增长，多依树村民用粮水平逐步提高，肉食增加。人均口粮1961年为73.5公斤，1962年211公斤，1964年231公斤，1965年262公斤。户均自宰、自食肥猪，1962年0.37头，1963年0.58头，1964年0.68头，1965年0.86头。

“文化大革命”中，1969年3月将区改为人民公社，乡改为生产大队，全县实现公社化。多依树村所在的文东佤族乡成立文东公社，多依树村成立树忠生产大队。各公社先是成立革命委员会，后又改为公社管理委员会，实行政社合一、三级所有、队为基础的体制。1974年以后公社采取“基本口粮加工分粮”的口粮分配方法。这一分配方法助长了平均主义，影响了群众“多劳多得”的积极性，阻碍了农业生产的发展，社员收入逐年减少，生活水平下降。每年年终分配时，很多生产队的1个劳动日（10分）仅值两三角钱，而且不少农户平时预支的粮食、现金早已超过分配数，造成超支户越来越多。据统计，至1978年6月，全县农村超支户有25176户，占总农户的

39%，欠款总额达205.8万余元，使生产队背上了沉重的包袱。1966年之后到改革开放初期，在十年“文化大革命”的影响下，尽管在大牲畜、生猪存栏等方面取得了很大的发展，但多依树村农村经济整体上基本处于徘徊不前，甚至在某些方面存在退步的情况。而从三年困难时期开始到改革开放初期，多依树村商业情况也基本处于停滞的状态。由于违背了经济发展的客观规律，再加上没有稳定的社会环境供经济发展，对多依树村的农业、商业造成了很大程度的影响，在一定程度上阻碍了多依树村经济的发展。

（三）改革开放后的变化

1. 家庭联产承包责任制的变革

1978年党的十一届三中全会召开以后，以家庭联产承包责任制为重点的农村经济体制改革在全国逐步推开。发端于安徽省凤阳县小岗村以“包产到户”为起点的家庭承包经营，是出自农民自发需求的诱致性制度变迁，这种变迁最初并没有得到决策者的认可，甚至被一些人看作是对社会主义制度的背叛。但是当这项制度变迁的收益被决策层所深刻理解之后，农村家庭联产承包责任制作为人民公社制度改革的基本形式，迅速地被推广到全国的所有农村。到1984年全国569万个生产队当中，已经有99.96%实行了包产到户，同年底召开的中央农村工作会议宣布：“联产承包责任制和家庭经营长期不变。”这次会议标志着联产承包责任制在全国普遍推行，政社合一的人民公社制度开始解体。

1979年，澜沧县委、县革委贯彻中共中央《关于加快农业发展若干问题的决定（草案）》，开始纠正农村工作中“左”的错误，引导群众推广联产计酬、定额管理、小段包工等多种形式的生产责任制。1979年12月底至1980年初，多依树村所在的文东公社开始试行大包干。1980年3月20日，县委发出了《关于建立健全农村人民公社生产责任制的意见（试行）》，将包干到户的内容归纳为5包，同时，对包干到户的做法作了10条具体规定。经过一段时间的实践后，县委于1981年6月发出了《关于进一步完善农业包干到户责任制的意见》，除进一步完善家庭联产承包责任制外，还对生产队干部的报酬、债权债务、公益事业、多种经营、五保户照顾等问题作了若干补充规定。到1984年，全县7万多户农民全部实行家庭联产承包责任制。农村实行承包制，不仅发展了粮食生产，使农民的温饱问题得到逐步解决，而且推动了产业结构的变化。一些剩余劳动力逐步转向从事养殖、服务、商业、运输、建筑等行业。广大农民世世代代依附在耕地上“日出而作，日落而归”，单一从事种植业的状况开始改变，促进了农村商品经济的发展。

家庭联产承包责任制是继土地改革、人民公社化之后具有重大意义的第三次的土地制度改革，给农业带来了“三多”：一是粮多，粮食增产了，解决了12亿人口的吃饭问题；二是手多，农业劳动生产率提高了，节约下大量剩余劳动力，发展了农村非农产业；三是钱多，农民手头有了原始积累。“三多”带动农村经济的大发展，也带动了城乡改革，为把产品经济改革为商品经济开辟道路，包括取消农产品的统购派购体制，取消农业生产指令性计划，放开农副产品价格，取消城乡居民的农副产品及其加工品的凭票供应制度。这就把以指令性计划为标志的产品计划经济体制打开一个大缺口。①

2. 林权制度改革

2006年以来，一场以落实林地林木家庭承包责任制为主体的集体林权制度改革在云南拉开帷幕。5年来，云南省从天然林多、生态保护面积大、边疆多民族地区等特点出发，走出了一条符合云南实际的林改路子，数亿亩林地实现了山有其主，800多万户农民成为山林的主人。国家林业局把云南林改工作称为“云南模式”。

长期以来，林业大省面临“大资源、小产业、低效益”的尴尬。云南省政府意识到，一直以来，由于没有充分利用物质利益驱动这个手段来调动农民的积极性，集体林业的生态、经济和社会效益都没有得到很好发挥。在调研的过程中，我们也真实地看到，不少自然条件良好的地方“远看绿油油，近看水土流”，森林生态系统及其功能很不完善。云南省林权制度曾经历了土地改革时期的分山分林到户、改革开放初期的林业“三定”和20世纪90年代中期的扩大林业经营自主权等几个阶段，但由于没有触动“产权”这个核心，集体林区普遍存在林农不愿造林、集体无力造林、林业部门无钱造林，广大山区走不出“资源富区，经济穷区”的怪圈，广大林农都处于一种“耕山有责、经营无权、分配无利”状态，无法靠山致富。② 因此，云南省希望

① 王琢．中国农村土地制度变革的六十年［J］．学术研究，1999（11）．

② 《澜沧县深化集体林权制度改革促进林产业发展》（内部资料）。

通过集体林权制度改革，实现了“山定权、树定根、人定心”，广大农民像经营耕地一样经营林地，对林业实行集约经营。当林地、林木成了农民最重要的财产，“看好自家山、管好自家林”成为自觉行动，这必将大幅度提高森林质量和森林资源总量，必将改变集体林经济效益不高、生态功能不强的局面。

对于这次林改，云南省高位推动、强势推进，省、州（市）、县（市、区）、乡镇、村五级党政主要领导抓林改，党委、人大、政府和政协四套班子齐参与，形成强势推进林改工作的局面。在多次专题调研的基础上，云南省把林改范围扩大为全部集体林，并对生态公益林区、自然保护区、天保工程区等“三区”的集体林权制度改革政策做出明确规定。针对主体改革中存在的发大证、联户发证问题，提出确保集体林均山到户率、集体商品林均山到户率不低于80%的决定。林改对改革方案，做到林农情况不明不动手、不了解政策不实施、公示有异议的方案不审批。对每一片山林、每一个地块做到图、表、册一致，人、地、证相符。林改工作队深入林区，对自留山、责任山、“四荒”拍卖山等集体山林进行全面排查，坚持“因地因林制宜、因村因组施策”。林改期间，全云南省抽调了75万名懂法律、政策、技术的工作人员参加林改。在主体改革推进的同时，云南省出台了林权抵押贷款、集体林地林木流转管理、地方公益林管理等配套改革办法，在林权流转服务中心建设、林权抵押贷款、森林保险、林地使用权流转以及中低产林改造、商品林采伐管理改革等方面进行了大胆探索。此外，省级公益林生态效益补偿也已全面启动。

澜沧县森林覆盖率为55.91%，具有丰富的林业资源，然而，林业却是最薄弱的产业。2005年，农民人均年度总收入达到2000元，林业仅占11元。为了改变这一局面，促进林业产业结构调整，全县大力推进深化集体林权制度改革工作，取得了阶段性成果。澜沧县2007年1月15日召开全县林改工作会议，全面启动深化集体林权制度改革工作，制发了《澜沧拉祜族自治县集体经济林改革实施方案》。在总结试点工作经验的基础上，各乡镇在此政策的框架下，按照“尊重历史，照顾现实、依法依规、市场运作”的原则，已基本将集体经济林确权到户，为实现“明晰产权，规范流转、发展产业”的目标奠定了基础。澜沧县的集体经济林改革，从试点开始就与集体商品林改革同步进行。全县经济林以茶叶为主，共38.13万亩，其中个人开发面积31万亩，集体统一开发7.3万亩，其他开发面积0.26万亩。目前已经有14个乡镇进入计算机录入阶段。5年的集体林权制度改革使云南大地发生了历史性变化，开启了山区兴林富民的希望之路。

多依树全村已确权集体林地，发证率达98.07%，集体林均山到户率达91.2%。在林改中最难的是历史遗留的纠纷。对林改中遇到的纠纷，多依树充分发挥基层组织和老干部、老党员、老族长和老牧师的作用，依靠民间力量协调，做到户与户纠纷不出村组、村组纠纷不出乡镇、乡镇纠纷不出市区、县市区纠纷不出州市，大部分纠纷都在基层得到有效调解。据了解，根据工作进展情况，澜沧县又适时启动了配套改革，计划在县城、糯福乡、上允镇建三个木材及林产品交易市场，在县林业局建立林业管理服务中心和林业信息平台。目前，配套改革方案已上报市林改办，县林业管理服务中心和木材及林产品交易市场、糯福木材及林产品交易市场已完成了选址并开始建设；上允镇木材及林产品交易市场正在洽谈中，准备工作正有序进行。

（四）改革开放后多依树村的经济变化

改革开放后，随着国家对少数民族地区经济发展的重视以及出台的一系列优惠政策，多依树村经济出现了稳步的快速发展情况，佤族人民的生产生活发生了翻天覆地的变化。近年来，多依树村人民在乡党委、政府“以粮稳乡、产业强乡、科教兴乡、和谐建乡”的指导下，围绕“稳粮食、兴畜牧、保蔗糖、升茶叶、建蚕桑”的发展思路，通过对150多亩古茶园的保护和开发利用，以发展甘蔗产业、茶产业、花椒产业带动其他种养业的发展，极大地促进了当地的经济繁荣。同时加快了对医疗卫生和社会保障的改善，使得村民整体生活水平和健康状况有了很大提高。

1. 经济数量

在农业方面，粮食总产量从改革开放初期的7万公斤，增加到1980年195730公斤，1985年粮食总产量突破20万公斤，达到208910公斤，之后，多依树村粮食产量突飞猛进，到1990年粮食总产量达到1008466公斤，突破100万公斤大关，1995年粮食产量达到1162022公斤，2000年达到1755650公斤的最高值，之后，在国家退耕还林的政策下，多依树村耕地面积减少，但粮食总产量依旧保持了高速的增长，2005年粮食总产量突破200万公斤，达到2338159公斤，2009年，粮食总产量为2589376公斤。而多依树村从2000年之后在退耕还林耕地面积减少的情况下，粮食总产量不减反增的原因主要有三个：一是由于国家取消了农业税，还加大了对农民尤其少数民族地区的农民种植粮食的帮扶和补贴力度，提高了村民种植粮食的积极性；二是从2006年开始，多依树村开始了全村的农田梯田改造，修了水渠，水池，告别了过去靠天收获的情况，这也是粮食产量能够持续增长的原因；三是村民生产技术的提高，生产方式的改变，逐渐改变了过去不施肥的习惯，拖拉机等机械也逐渐在多依树村应用开来。

在农村经济总收入方面，多依树村从改革初期的1980年的237116元增加到1985年的480422元，1990年增加到956767元，1995年达到2055277元，2000年增加到3370956元，2005年达到4413731元，2009年达到8431987元。从数据增长来看，2009年跟1980年相比，增长了3456.1%。改革开放之后的30年里，增长速度最快的有两个时间段，第一个时间段是改革开放初期到1995年，第二个时间段是从2005年至今，1980年到1985年的增长速度年均为20.5%，1985年到1990年年均增加速度为19.8%，增长速度最快的是1990—1995年，增长速度年平均为23%。2005—2009年，年均增长速度为22.8%。多依树农村经济总收入以惊人的速度发展，其原因主要有：一是国家加大了对少数民族地区的扶持力度，对多依树村提供了各种优惠政策；二是多依树村通过改革不断的促进发展，通过不断调整产业结构，大量种植甘蔗等经济类农作物，同时还办起了养殖场，这两项给多依树村村民带来了丰厚的经济收入，同时年轻的小伙子和姑娘去内地经济发达地区打工，每年也能挣到不少钱。这是多依树村农村经济总收入能够高速增长的原因。

大牲畜方面，多依树村的大牲畜从改革开放初期1980年的1366头增加到1985年的1800头，达到多依树村大牲畜的历史最高值，之后1990年大牲畜回落到1604头，1995年减少为1523头，2000年减少到1173头，2005减少到改革开放后的最低值965头，之后多依树村大牲畜数量开始回升，2009年增加到1507头。多依树村大牲畜数量之所以先增加后减少然后再增加，主要原因为：改革开放后，随着多依树村农业的发展，需要更多的牛等来耕田，所以村民增加了饲养量，90年代后，随着拖拉机等现代化机械在多依树村农业生产的应用，大牲畜在农业生产所起的作用逐渐被机械所替代，到2005年，拖拉机在多依树村被广泛应用，用于农耕的大牲畜下降到了改革开放后的最低值，2005 年之后，出售和自宰自食的大牲畜大幅度回升，这就使 2009 年大牲畜相对于 2005 年增加了 56.2%。所以，从 1980—2009 年的将近 30 年间，用于农耕的大牲畜数量先增后减，用于出售和自宰自食的大牲畜逐渐增加。

生猪存栏方面，1980 年为 1186 头，1985 年减少到 702 头，但之后多依树村生猪存栏就一直保持着稳定的增长，1990 年增加到 1276 头，1995 年增加到 2302 头，2000 年增加到 2556 头，2005 年增加到 4539 头，2009 年为 4417 头，跟 2005 年相比有一点减少。多依树村生猪存栏增加速度最快的是 1990—1995 年的五年，年平均增长速度为 16.1%。

2. 经济结构变化

在多依树村农村经济总收入方面，通过多依树村委会，我们得到了相关数据。（见表 1－3）

表 1－3　**1980—2009 年部分年份多依树村农村经济总收入汇总表**　单位：元

项目＼年份	1980	1990	2000	2009
多依树村农村经济总收入	237116	2055277	3370956	8431987
1. 农业收入	237116	1942887	3216406	7040020
其中出售产品	0	880801		
（1）种植业收入	227784	1637047	2986906	6441046
其中粮食	227784	1162022	1755650	3106860
（2）林业收入	485	53000	669500	41120
（3）牧业收入	840	252840	162550	557854
（4）副业收入	2570	0	0	0
（5）渔业收入	0	0	0	0
2. 工业收入	0	30200	31650	35321
其中出售产品	0			41936

续表

项目 \ 年份	1980	1990	2000	2009
3. 交通运输业收入	0	18000	24450	148555
4. 建筑业收入	0	15400	26700	
5. 商业饮食业收入	0	3500	7500	9400
6. 服务业收入	0	6400	19200	12100
7. 其他业收入	0	38890	45050	179976

从表1-3我们可以看出：多依树村农村经济收入中，最主要的是农业收入：1980年，农业收入占农村经济收入的100%，工业等为0，而农业收入中最主要的是种植业，占了96.1%，其次是副业，占了1.1%；1990年，农业收入占农村经济收入的94.5%，而在农业收入中，种植业依旧占了很大的比重，为84.3%，但相对于1980年下降了10.2%，林业和牧业增长很快，牧业比重增加到13.0%，经过十年的发展，多依树村工业收入有了一定的增长，在农村经济收入的比重增加到1.47%，交通运输业收入比重增加到0.9%，建筑业、商业饮食业和服务业也有了一定的发展，但所占比重很小，还不到0.5%；2000年，多依树村农业收入占农村经济收入的比重依旧很高，为95.4%，农业收入中，种植业的比重占92.9%，尽管交通运输业、建筑业、商业饮食业和服务业收入在多依树村农村经济收入的比重下降，但是增长速度却特别高，相对于1990年，分别增长了35.8%、73.4%、114.3%和200%，商业饮食业收入和服务业收入增长速度最快；2009年，多依树农村经济总收入达到8431987元，相对于2000年增长了150.1%，年均增长15%，农业收入在多依树村农村经济总收入的比重有所下降，比重下降为83.5%，而农业收入中，种植业收入的比重下降为91.5%，尽管牧业收入在农业收入的比重为7.9%，但相对于2000年，增长了243.2%，年均增长速度高达27.1%，而在非农业中，交通运输业增长速度最快，多依树村交通运输业从2000年的24450元增加到2009年的148555元，增长了507.6%，年均增长速度高达56.4%。对多依树村农村经济收入进行总体分析，我们可以得出，农

业收入在多依树村农村经济中占了绝大部分，尽管2000年有所下降，但已经保持在90%以上，与此同时，工业、运输业、商业、服务等行业在多依树村逐渐发展起来，收入所占的比重尽管很低，但是增长速度很快。

在多依树村农村经济费用方面，通过多依树村委会，我们得到了相关数据。（见表1－4）

表1－4　**1980—2009年部分年份多依树村农村经济总费用汇总表**　单位：元

项目＼年份	1980	1990	2000	2009
多依树村农村经济总费用	6475	614605	1321270	3541134
1. 种植业费用		459235	719060	2835735
2. 林业费用	3412		8125	33930
3. 牧业费用	2463	74560	90500	485312
4. 渔业费用				
5. 工业费用		12850	21200	15937
6. 运输业费用			18000	63853
7. 建筑业费用		27225	15000	4230
8. 商业饮食业费用				4230
9. 其他费用	600	40735	376260	102137

从以上数据，我们可以得出：1980年，多依树村农村经济总费用特别低，只有6475元，其中林业费用占52.7%，牧业费用占38.4%；1990年，多依树农村经济总费用大幅度增加，跟1980年相比，总费用增加了608130元，增加了9391.9%，年均增长939.19%，与此同时，种植业费用成为最大的费用支出，占总费用的74.7%，牧业费用、工业费用、建筑业费用都以高速度增长；2000年，种植业费用占农村经济总费用的54.4%，比重相对于1990年下降了20.3个百分点，林业费用和运输业费用增长迅速，工业费用也以年均6.5%的速度增长；2009年，种植业费用占农村经济总费用的比重为80.1%，相对于2000年上升了25.7个百分点，林业费用、牧业费用、运输业费用、商业饮食业费用尽管占的比重又是下降或者很低，但是增长速度却特别快，

其中林业费用年均增长速度为 31.8%，牧业费用年均增长速度为 43.6%，运输业费用年均增长速度为 25.5%，而工业费用、建筑业费用明显下降，仅只有 2000 年的 75.2% 和 28.2%，下降速度很快。

在农村经济纯收入方面，在多依树村村委会，我们得到了以下数据：1980 年，多依树村农村经济纯收入 923453 元，国家税收 10053 元，农民居民纯收入 200254 元，农民所得人均 59.5 元；1990 年，多依树村农村经济纯收入 3256648 元，国家税收 15616 元，农民居民纯收入 1383728 元，农民所得人均 339 元，相对于 1980 年，年均增长速度分别为 25.3%、5.6%、59.1% 和 47.0%；2000 年，多依树村农村经济纯收入 1949686 元，国家税收 31494 元，农民居民纯收入 1877522 元，农民所得人均 483 元，跟 1990 年相比，农村经济纯收入减少了 1306962 元，而其余三项分别增长了 10.2%、3.6% 和 4.3%；2009 年，多依树村农村经济纯收入 4890853 元，农民居民纯收入 3802193 元，农民所得人均 1292 元，取消农业税后，多依树村国家税收为 0 元，农村经济纯收入跟 2000 年相比，年均增长速度为 15.1%，农民居民纯收入增长了 102.5%，年均增长速度为 10.3%，农民所得首次突破 1000 元大关，人均所得增长 167.5%，年均增长 16.8%，增长速度很快。

在农村劳力资源及其主要行业分布情况中，多依树村 1980 年之前，主要分布在农业尤其是种植业，到 1990 年，多依树村开始出现了有 9 人从事交通邮电业，1 人从事卫生体育事业和福利，到 2000 年，从事农业中的人开始减少，从事种植业的劳动力所占农业劳动力的比重大幅度下降，从事林业等劳动力开始增加，与此同时，从事工业、建筑业、交通邮电事业、教育文化卫生事业的劳动力逐渐增多，外出打工劳动力也逐渐增多，多依树村劳动力就业开始出现多格局现象；2009 年，多依树村劳动力从事农业的比重很高，但相对于 2000 年，比重有所下降，从事农业劳动力中，林业和牧业劳动力大幅度增加，与此同时，从事工业、交通邮电业、服务业的劳动力继续保持较高速度增长，出门打工的劳动力也保持着高速的增长，多依树村劳动力从事行业出现多元化。

经过 30 多年的改革开放，多依树村经济发生了巨大的变化。如今，随着国家“兴边富民”等一系列对民族地区经济发展的优惠政策的实施，多依树村的经济，一定将会再次发生翻天覆地的变化。

四、多依树村的生态环境

（一）自然资源基础条件

1. 气候特征

多依树位于北回归线以南，属于亚热带山地季风气候，春秋季长，夏季较短，基本无冬季。雨量充沛，日照充足，冬无严寒，夏无酷暑，干雨季分明。

气温方面。据统计，多依树村年均气温20℃，变化幅度在18～22℃之间。1月最冷，平均气温15℃，6月最热，平均气温24℃。日温差较大，年温差较小，最冷年为1971年，年平均气温19℃，最暖年为1988年，平均气温20℃。一日之内最高、最低气温出现时间较短，极端最高气温一般出现在下午3点到4点，极端最低气温一般出现在凌晨6点到7点。全年基本上无严冬，夏无酷热，四季如春，一年四季都可播种不同的农作物。

雨量方面。村子年平均降雨量约为1450毫米，最高的1971年达到2090毫米，最低的1957年为1490毫米，极差为600毫米。村子分为明显的干季和湿季，干季从10月下旬到次年5月中旬，约200天左右，降雨量占全年降雨量的13%左右；湿季是从5月中旬到10月下旬，约160天左右，降雨量占全年降雨量的87%左右，湿季最长为1964年，达到209天，最短为1958年，仅为93天。一年中雨量最集中的是6—8月，3个月降雨量在800～1300毫米之间，占全年降雨量的47%～70%，年平均降雨日数为183天（雨量≥0.1毫米）。

日照与辐射方面。村子全年太阳可照时数4420小时，年平均日照时数2120小时，年日照百分率48%。最大值出现在1957年，日照时数2316小时，最小值出现在1954年，日照时数1940小时。全年太阳辐射总量为129千卡/平方厘米，月最大值出现在3月，为13.11千卡/平方厘米，最小值出现在12月，为8.94千卡/平方厘米，村子太阳能资源比较丰富，但实际利用率较低。

湿度与蒸发量方面。因为受季风和降雨量的影响，村子的空气湿度较大，年平均相对湿度为80%，最低的3月平均为64%，最高的8月为87%。多依树村的年平均蒸发量约为1850毫米，略低于年平均降雨量。12月到次年4月蒸发量大于降水量，特别是2—4月比较强烈，蒸发量在200～230毫米之间。

风霜方面。多依树村多为西南偏西风，年平均风速0.8米/秒，最低年份平均风速0.6米/秒，最高年份平均风速1.1米/秒。一般是春季风速大于夏秋季风速，秋季风速大于冬季风速。因为村子海拔较高，冬季较冷，霜期也随之比较长，平均有霜日数为60天。

2. 地质地貌

澜沧县地处横断山脉怒山山系南段，地势西北高、东南低，五山六水纵横交错，多依树村山脉属于怒江支系的芒黎山脉，由西北到东南进入多依树村境内。多依树村位于文东乡境内西北部，海拔760～1610米之间，百分之百的山区地貌。澜沧县属于横断山系纵谷南段，除了县境东界受澜沧江及其支流切割，形成山高谷深的地貌形态之外，其他仍为和缓起伏的残余高原面，而多依树村位于澜沧县的中部偏南，也属于比较和缓的高原地带，海拔相对较高，但海拔差距较小。远古时代，澜沧县是云南地槽的一部分，在接受沉积的同时，发生火山喷发，形成了很厚的火山沉积岩。变质以后形成片岩、大理岩、绿泥岩等类岩石，晚期，地槽回返上升，海水退出，形成裂谷海槽。石炭至早二叠纪早期，又沉积了很厚的砂页岩、碳酸盐岩，早期境内有火山喷发，晚期为海相及海陆交替相，接受了碳酸盐、泥质碎屑及煤的沉积。二叠纪以后，境内海水逐渐退出，地槽上升，又接受剥蚀。

多依树村所在的一带主要属中元古界澜沧群变质岩系，多依树所在的澜沧群又分为三个组系。一是勐满组，总厚度大于1700米，下段厚度大于300米，下部为云母片岩、钾长青石片岩等，上部为灰白色薄层状长石石英片岩，厚度约30～50米。中段厚度600米左右，为灰色石英云母片岩，局部夹白云母片岩，风化后常呈紫灰色；上段厚度约650～750米，为深灰色含炭石英片岩夹炭质石英云母片岩，上部含炭质较多。二是惠民组，总厚度大于1000米，下段厚度大于540米，以白云石英片岩、云母片岩为主，夹绿泥片岩、含炭石英片岩及大理岩；上段厚度大于460米，以云母石英片岩、云母片岩为主，夹绿泥片岩及铁矿层，含石英岩、大理岩等。三是西定组，西定组分布范围较小，分上下两段，下段厚度170米，为灰白色云母石英片岩，岩石胶结松散，分化后呈砂糖状；上段厚219米，由云母石英片岩、涓云千枚岩、绿泥卷云千枚岩及4～5层绿泥磁铁矿透镜体组成，风化后呈紫红色、浅黄色。

地貌方面。由于受到强烈的构造变动和外应力的影响，澜沧县内地貌类型和形态特征差异显著，按照地貌成因及形态特征，可划分为构造侵蚀地形、构造剥蚀地形、侵蚀堆积地形四大类。多依树所在的文东乡属于构造侵蚀地形，构造侵蚀地形分布于中切中山峡谷，海拔 1500 ~ 2500 米，切深 500 ~ 1000 米，为变质岩和碎屑岩分布区。山脉多为分水岭，沟谷较多，多为溪流发源地，河谷下切和逆源侵蚀强烈，多见激流和瀑布，河谷多呈“V”字形。

3. 水系

由于澜沧县降水比较充沛，地下水源也较为丰富，在山间的峡谷中形成了许多的河流、溪泉依山势而流，澜沧县内共有大小河流 130 余条，均属于澜沧江水系。但多依树所处的地方海拔相对较高，且多依树村是在群山的中上部，故虽然文东乡内有河流流经，但不经过多依树村。多依树村地下水的含量也较低，村子的地下水不能为村民提供日常的生活保障，多依树村的农田灌溉主要依靠从别的村子引水或者靠天吃饭，雨水不好年份，村子的收成也会随之减少。

（二）村落生态系统的现状与问题

农村生态环境的研究内容广泛，概括来说主要有以下两方面的内容：一方面是农村生态问题，主要解决因人类活动所导致的森林破坏、水土流失、土地荒漠化、过度捕捞、生物多样性丧失以及外来有害生物入侵所造成的生态灾害等问题；另一方面是农村环境问题，主要包括由农业生产造成的农药污染、化肥污染、农膜污染等构成的生产性污染和由生活垃圾、人畜粪便等构成的生活性污染[①]。

生态系统的评价指标体系主要包括三个方面，分别是耕地情况、林地草地情况以及生物多样性情况。除此之外，鉴于水资源对人类生存居住与生活及农业生产的重大影响，我们还认为，应该着重加入水资源考量。许多农村地区水污染比较严重首先是因为乡镇企业生产过程中排放大量的工业废水以

① 王波，黄光伟．中国农村生态环境保护问题研究［J］．生态经济，2006（12）：138 - 141.

及城镇和乡村生活中排放的大量生活污水，大部分未经处理而直接外排，造成农村水环境污染。其次是农业生产中大量使用的化肥、农药，随雨水地表径流或雨水入渗，造成农村水体污染。最后是由于许多农村缺乏垃圾处理设施，生活垃圾被随意丢弃在河塘或低洼地，造成河道淤积，污染水体。以上三种情况成为农村水污染的三大来源。

1. 水资源现状与问题

在多依树村，一方面因为水资源相对不足。在水资源的占有量方面，多依树村水资源相对短缺，水资源不足。由于所处地理位置条件，多依树村辖区内无河流。全村只有小部分洼塘①，没有水也就不会存在太大的水污染情况。多依树村没有河流加上多依树村所处的地势较高，地下水资源也随着地势的升高相应的减少。因此，用水量较大的季节，会出现自来水短缺的情况，多依树村的地下水不能满足多依树村人的基本生活用水，有时只能用雨水来解决用水问题。另外，多依树村 1250 亩田，没有河水的灌溉，只能是从别的村子引水或者依靠雨水进行栽种，通常雨水好的年份收成好，而旱地 90% 以上都是靠雨水，或者也是从别的村子引水灌溉。随着农业生产的发展，水资源短缺的现象也必然会加剧。另一方面，水源管理与维护有压力。多依树村所在的地区工业较为落后，不存在水污染里边的最大的工业污染源，水资源的污染自然也就较小。虽然如此，水环境的保护还是让村委感到压力。多依树村的地下水水源较远（离多依树村 5 公里），由于地下水资源不足，以前村民总是将地下水和雨水混合使用，后来乡里给村里修建了管道，将地下水引到一定的地方后统一管理。由于管理上存在不足，管道易老化，加上水源所在地距离村民的土地较近，容易受到牲畜和农药化肥的污染。目前，正是多依树村的农业大发展时期，这使得村委在水源管理上很有压力。

在多依树村，水污染主要集中在牲畜粪便、生活垃圾等方面，由于许多农村缺乏垃圾处理设施，生活垃圾被随意丢弃现象比较普遍。

---

① 几十年来，附近村农民为了生存而乱砍滥伐和开荒种地，涵养林和植被破坏后，土壤保水能力降低，加之近几年来连续干旱，特别是 2009 年遭遇的特大干旱，造成当地水资源更加紧张。到了枯水期，多依树村地下水十分贫乏，水井出水逐渐变小，无法满足群众的生活和生产用水，生产生活受到严重影响。枯水季节当地村民为了解决用水问题，每天每户平均要投入 1 个劳动力去挑水或抬水。

2. 耕地现状

多依树村 1985—2009 年部分年份的耕地面积统计表见表 1－5。

表 1－5　多依树村 1985—2009 年部分年份的耕地面积统计表　单位：亩

年份	年初实有耕地面积	年末实有耕地面积
1985	8231	8231
1995	9003	9003
1997		
1998	13761	13761
1999	13761	13761
2000	13761	13761
2001	13706	13706
2003	13706	13706
2004	11672	11672
2005	11672	11672
2006	11672	11672
2007	11672	11672
2008	11672	11672
2009	11672	11672

从表 1－5 中不难看出，多依树村耕地最多的时候是 1998—2000 年的 13761 亩，只相当于多依树村国土面积的不足 1/6。2003 年以后，耕地面积减少了近 2000 亩，但减少的耕地都是离村子较远的相对贫瘠的土地。耕地减少对生态环境的破坏主要是集中在建设用地占用耕地的方面，多依树村离城镇较远，没有大规模的建设用地，对生态环境的破坏相对于其他方面来说是较小的。

水土流失方面。由于多依树村所在地地势较高，耕地基本上都是坡地，据统计，多依树村近十年的耕地面积都保持在 12000 亩左右，其中水田只占

1/10。除了少部分在山谷和河流两岸的田地外，水土流失均比较严重。多依树村山地环境决定了多依树村没有条件开垦更多的水田，为了保证村民的生产生活用地，只能把开垦的重点放在坡地上。如此多的山地开垦必然会破坏村子的植被，导致雨季大量土壤被雨水冲走。2002 年、2006 年、2007 年因为洪水造成水土流失较严重而不能耕种的土地分别为 10 亩、12 亩、15 亩。

土地开垦方面。受到国家退耕还林政策的影响，最近两三年多依树村的耕地不升反而有所下降，近几年不存在过度开垦的状况。但是受村子以前开垦荒地的影响，村子周围以及离村子较近的山坡开垦比较严重。

多依树村在土地资源的开发与使用中存在的问题主要有：

首先，在多依树村的土地资源开发中，耕地开发过度。随着村子人口的增加，为了保证村子基本的生活水平和提升村子的经济实力，村子需要更多的土地来进行耕种，这就导致了多依树村的土地开垦状况比较严重，特别是离村子较近的土地。土地的大量开垦导致植被的破坏，这不仅带来了严重的水土流失，还破坏了村子周围林地的生物多样性。

其次，村子在耕地的利用中不够充分。村子耕地的 70% 都用在了种植甘蔗上，经济作物较少，经济结构单一，这对村子长远的发展也是不利的。甘蔗现在作为村子的主导产业可以为村子的建设做出很大的贡献，但是土地里只靠种植甘蔗一种经济作物，是不能够完全发挥耕地的价值的。

最后，多依树村现在的土地利用模式和耕地生产模式都还比较粗放。现在村民把更多的精力放在了土壤较为肥厚的土地上，忽视了对一些荒山和草地的开发和利用，加之村子现在依靠农药和化肥的粗放型生产方式，村子现有的比较有肥力的耕地不能一直支持下去。等到现有的土地肥力下降，而新的荒山、草地没有被开发，便会出现土地利用脱节的现象，影响村子今后的发展。

3. 林地草地现状

整个村庄坐落在森林怀抱中，据说，佤族村寨周边的树都不能砍，树是保护村子的神林，所以佤族村庄周边的树都很茂盛，从外围看形成一道林墙。这样的林子，佤族称其为“龙梅吉”，即“鬼林地”，也是佤族人心中的神林。每个佤族村寨附近，都有一片长着参天大树的茂密林子。佤族认为神林是“木依吉”[①] 存在的地方，人们不能乱闯进神林，不能动神林中的一草一木、一石一土，否则，会受到神灵的惩罚。至今，许多佤族村寨的神林还保护得较好，有的仍作为传统禁忌场所，有的则成为天然风景林。

时至今日，佤族的生态保护形式，主要是依托神山、神林和动植物崇拜。“阿佤山区”的自然环境也使阿佤人认识到自身力量的渺小，深知只有维护并顺应自然才能生存发展，才能确保一个人与自然和谐的生存环境。这样的认知，体现了人与自然和谐的生态文化观[②]，这样的认知，也维持了佤族地区的生态平衡，体现了阿佤人协调自然环境的愿望和能力，也体现了佤族人对养育自己土地的尊敬。另外，佤族在自然崇拜基础上形成的习惯法对生态保护发挥了重要作用。村落的传统中有各种禁忌和处罚规则。“无树不成村，少林必缺水”作为古训，佤族一代代传承着保护生态的优良传统。佤族村寨的周围有竹林、森林和水源，哪里有佤族村寨，哪里就有竹林、森林和水源。可以说，竹林、森林和水源是佤族村寨的标记[③]。佤族村寨的神林大都是古木参天的原始森林，之所以保护得好，除了慑于神灵的威力不敢砍伐外，习惯法的约束力也起着作用。

多依树村现在大部分家庭依然还是延续着农村传统的依靠木材来满足建房及家庭柴火，也在很大程度上给村子的林地带来负面的影响。从下边的多依树村林产品使用情况表来看，多依树村每年的木材使用量都在10000～

① 木依吉神是佤族的神。佤族传统信仰的是自然崇拜、神灵崇拜和祖先崇拜三位一体的原始宗教。佤族认为万物是木依吉神创造的——他创造了生命，掌握着万物的生杀予夺大权，并赋予各种动植物不同的职责。佤族的拉木鼓、剽牛祭祀、供人头等都是为了供奉木依吉神。佤族人认为人若是触怒了他，就会使粮食歉收，寨子被洪水冲毁。因此，阿佤人每年都要祭祀朝拜，祈求他赐福保佑平安吉祥。

② 佤族先民在生存发展时，面对的首先是“阿佤山区”的自然环境。虽然对许多自然现象不能科学地理解，但在阿佤人的思想观念里，大自然与他们的生活密切相关，会给他们带来吉凶祸福。在“万物有灵”观念的影响下，他们认为通过讨好自然界的神灵，不仅可以得到与人类密切相关的自然物的好处，还可以与自然和睦相处。因此，他们产生了对自然的崇拜并举行各种祭祀活动。

③ 生活在“阿佤山区”的佤族视水为生命的源泉，对水源林的保护尽管符合村民的共同利益，但仍用习惯法来加以约束。水源林的树木禁止砍伐，违者轻则罚款、公益劳动等惩罚，重则逐出村寨。大榕树是佤族的“神树”，在他们看来，大榕树能抵挡灾难，压制病魔，让人延年益寿。此外，佤族也有“千年古树变成精”的说法，因此禁止一切形式的砍伐。

15000 立方米左右，这些木材的使用也给多依树村林业的发展增加了很大的压力，这些对村子林地的破坏和使用也使村子生态环境遭到很大的破坏，导致洪水、小规模泥石流等自然灾害的发生。

表 1－6 多依树村林业主要林产品使用情况表 单位：立方米

项目 年份	村及村以下木材采伐量			竹材采伐	其中：毛竹
	合计	用于生产生活木材采伐	用于生产生活木柴采伐（燃料）		
2009	2480	248	2000	5200	5200
2008	2250	250	2000	5000	5000
2007	2450	450	2000	3000	3000
2005	2500	500	2000	3300	3200
2004	3500	1500	2000	23000	23000

4. 生物多样性现状

云南是我国生物多样性最丰富和最独特的地区，拥有全国 95% 以上的生态系统类型和 50% 以上的动植物种类，被誉为“生物基因宝库”。对林地的破坏也导致了多依树村现在的生物多样性锐减。据多依树村的支书给我们介绍，新中国成立初期，佤族还有原始的农耕活动和传统的狩猎习俗，即男子用梭镖、弩等来猎捕猎物，女子则以采集的方式来贴补家用。因此，即使佤族世代喜好狩猎，当年多依树村里豹子、野猪、猴子、麂子这些动物都是很多的，野芭蕉、野桃等植物也非常常见。根本的生产方式的变化还是发生于近十几年的时间，原始的农耕活动早已没有踪影，传统的狩猎习俗已然褪变成现代生活中的娱乐方式。随着村子土地的过度开垦、农药的大量使用以及生态环境的恶化，这些动植物现在的数量已经大大的减少了。乡长给了我一个很小的白色饰品，特别地强调这是狼牙，如今已经很少能遇见狼了。另外，加上附近乡镇大面积种植桉树，导致各种鸟迁徙或者消失，虫子的天敌减少，造成村子经常面临虫灾，给村子的生态循环带来不利的后果。2012 年再次调研离开之后，致电问候时，乡长说这里遭受了特别大的虫灾，整个上允镇都在联合治虫，场面相当震撼。他有点伤感地加了一句，“今年的老百姓日子可要难过了”。

同时，多依树村佤族村民的野生植物的利用意识有待提高。传统的佤族人对于野生植物的观念一般是拿来自用。村民常常去地里采集些野菜和甜竹笋[①]来食用，他们常常说这是神灵的馈赠，这让我们一群外人艳羡不已。这里的气候是非常适宜芒果、芭蕉、菠萝蜜等水果的生长的，佤族村民对这些东西的商业价值理解的很少。也是因为销路、交通与农作时间等原因，村民也不会选择种植。现在越来越多的人喜欢野生纯天然的东西，多依树村也可以利用自己自然条件上的优势，尝试开发野芭蕉和野桃，这些野生植物的开发肯定会有一定的销售市场。

总之，由于长期的对生态环境保护认识不足，没能正确处理好经济发展与生态环境保护之间的关系，农业生产方式粗放，村子环保设施建设的薄弱，农民生活过程中污染物的乱排乱放，多依树村生态环境面临着许多的问题。采取积极有效措施，加强生态环境保护，对于多依树村以后的发展有非常积极的意义。

（三）农村环境现状与问题

如前所述，农村环境问题主要包括由农业生产造成的农药污染、化肥污染、农膜污染等构成的生产性污染和由生活垃圾、人畜粪便等构成的生活性污染。

1. 生产性污染现状及问题

（1）农药污染

以前，大部分村民不使用化肥和农药，也不愿意使用，也没有能力去使用化肥和农药，但是随着国家的政策越来越好，在乡镇农业科技普及的带动下，佤族人也开始愿意接受科技的方法来搞农业生产，在产量有了一定的提高后，村民的潜意识接受了这些东西，加上国家政策的扶持，村民也就开始普及使用化肥和农药以提高产量。农用化学物质主要包括农药、化肥、农膜、地膜以及农用柴油等几个方面，这些物品使用的增加是农村生态环境遭到破

① 村旁的草丛中和大树间有许多的竹笋，只有当地人能分清哪些是甜的（可以食用），哪些是苦的（不能食用）。

坏的一个非常重要的方面。村民的产量提高后，家里的经济情况好转，有多余的钱去买车、买一些机械的工具来帮着生产，带来一个更好的经济却造成更加严峻的村子环境。特别是2000年以后，随着多依树村土地质量的进一步退化，虫灾发生的频率也越来越高。村民开始大规模使用农药，农药的使用量也以平均每年1000公斤的速度增长，从1994年的320公斤上升到2009年的1625公斤，几乎是翻了五倍。据调查，在农药使用过程中，喷洒的农药大约只有1%左右接触到目标害虫，绝大部分农药残留在了土壤、水体、农作物和大气中[①]，即污染了大气环境和水体同时也造成了农药残留影响产品品质，危及人体的健康，由此造成了难以估计的损失。

（2）化肥污染

在多依树村的农业生产投入中，肥料占了其中的一半以上。在村里行走时，常常看到屋旁的有机肥池子。传统农业还是更倾向于有机肥，也更经济。2008年以前，村子每一年农家肥的使用量相差都不是很大，保持在一个相对稳定的水平，农家肥跟化肥的使用量还基本能保持平衡。但是随着农业种植业规模的发展，人们重视化肥使用的比重正在加大。近十年来，多依树村的化肥使用量增长速度快，呈现出逐年递增的趋势。如：2000年化肥使用总量为450吨，其中氮肥110吨、磷肥150吨、复合肥280吨；2007年化肥使用总量为835吨，其中氮肥212吨、磷肥285吨、复合肥328吨；2008年化肥使用总量为965吨，其中氮肥258吨、磷肥310吨、复合肥397吨；2009年化肥使用总量为944吨，其中氮肥253吨、磷肥326吨、复合肥365吨。

由于施肥技术水平低，化肥的实际利用率不高，过量施用化肥也会致使土壤中有机质含量下降，造成土壤板结，结果导致土壤肥力不断下降。大量的氮肥流失或在土壤中硝化后转入水体，以及相当部分无机营养盐排入水体，地下水质污染，致使蔬菜和水果中硝酸盐及亚硝酸盐超标，继而危害人体健康。长此下去，必将给多依树村以后的发展带来极大的不利。

（3）农膜污染

现在，农用塑料薄膜已成为农作物增产增收不可缺少的农业生产资料，越来越多的农户使用农用塑料薄膜来提高收入。多依树村也不例外，为了能

---

① 李蓓蓓，张雪绸．当前农村生态环境的约束与对策［J］．经济纵横，2005（1）：89－90.

够提高产量，最大限度的获得利润，村民已经开始在部分农作物上使用农膜。从表 1 - 7 中可以看出，目前多依树村的农膜和地膜使用量总和 4500 公斤，特别是 2005 年以后使用量和使用面积都翻了一倍，虽然使用地膜、农膜的土地面积不到总耕地面积的 1/10，但是依然对多依树村的生态环境构成了很大的威胁。目前大量使用的农膜均为聚乙烯、聚氯乙烯等合成不可降解塑料，在土壤中极难分解，由于不注意回收，致使大量的薄膜残留在土壤中，不仅影响农业生产而且也污染了环境，给农村带来了“白色污染”。

表 1 - 7　　1995—2009 年部分年份多依树村

农业机械、用电、水利、化肥情况表

项目 年份	年内农家肥使用量（吨）	农膜使用量（公斤）	其中：地膜使用量（公斤）	地膜覆盖面积（亩）	农用柴油（吨）	农药使用量（公斤）
2009	1850	1500	1200	300	26	1500
2008	1850	1500	1200	300	25	1500
2007	1500	1000	600	300	16	1300
2006						
2005	1308	375	300		10	1100
2004	1130	360			9	980
2003	1045	46			4	600
2001	1127	35			3	600
1998	915				0. 3	600
1995	510				5	500

随着村民经济状况越来越好，村民开始尝试购买摩托车和拖拉机、农用车等交通工具和生产工具，以方便生产和生活。车子数量的增加，其使用的汽油和柴油也必然会随之增加，给村子的空气也会带来一定的污染，不过目前影响较小。

2. 生活性污染现状及问题

由生活垃圾、人畜粪便等构成的生活性污染经常可以通过人们的直观感受去认知。村庄的生活环境则主要考虑村庄道路、村庄绿化、村庄卫生等三个方面。

多依树村除了多依树大寨和半坡村主要干道硬化为水泥路外，其他村庄的村内道路均为土路，由于部分村民环保意识较差，在平常的生活中会将生活垃圾随便丢弃在路上，另外牲畜在放养出来时也有将粪便排在路上。下雨后村子的土路往往会变得很泥泞，雨水冲刷以及人、车走后，道路的泥与垃圾混在一起，更难清理。村子平常不会特意去管理道路上这些小问题，都是每家自己管理自家的门前，造成道路比较脏也比较乱，给村民的生活带来了很大的问题，特别是腐烂或者气味较浓的东西。

多依树村是一个农业经济相对比较落后的村庄，基础设施相对比较薄弱，在基础设施还得不到保证的情况下，对村子的绿化更是显得力不从心，除了少数村民在自家院子会种一些相对比较简单的果树和花草外，村子的绿化基本上还处于空白状态。

村庄卫生是影响村子内生态环境最重要的因素，村子卫生的清扫、村子垃圾的处理、人畜粪便的处理这些都是衡量一个村子生态好坏的重要内容。村子的村规民约第七条和第十三条都规定了村民不得乱扔垃圾，乱堆杂物，要保持好村子的卫生整洁等，但是村民本身没有足够的意识去执行以及监督没有效力，导致村庄的乱扔乱倒现象严重。村子没有垃圾池，这也是村子垃圾乱丢，造成村子环境比较脏乱的原因之一。东佤寨现在只建有 1 个公厕，还有专人打扫，这使得这个公厕被我们称为村级公厕中的典范。在人畜粪便的处理上，现在村子还没有太好的办法，牛和猪都是农村经济发展必不可少的，每家都会有，因此，牛和猪是村子粪便处理最大的难题，只能每家自己处理，但是由于家庭情况的不同，处理方式也大不一样，最后的结果也自然会有很大的反差。有条件的家庭拥有自己的相对比较规范的猪圈和牛圈；有些家庭还拥有沼气池，这样处理粪便就要容易很多，污染也会小很多；有些家庭没有比较像样的猪圈和牛圈，处理起来也自然很难，特别是村子里现在还有很多户住的是传统的吊脚楼，一层养猪养牛，二层住人，由于阻隔不是特别好，楼层有空隙，对家庭卫生的不利影响更大。虽然村子到现在还没有发现人畜共患病的问题，但是家禽每一年都会感染流行病，如果村子的卫生情况还得不到改善，以后村子的类似损失也必然会继续，并且可能出现传染人的情况。

（四）自然灾害分析

澜沧县位于云南省西南部，海拔高差达1938米，呈现十分典型的“一山有四季，十里不同天”的立体气候特征。这种极其复杂的地形、气候特征和特殊的地质构造，使澜沧县成为一个典型的多灾地区。随着生态环境的不断恶化，一定程度上导致位于澜沧县城西南部的文东乡多依树村近年来自然灾害频繁，自然灾害的发生率不断增长，给多依树村村民的生产生活带来极大的损失。

表 1－8　　近 20 年多依树村农作物受灾情况表　　单位：亩

年份	干旱		水涝灾		病虫灾		风雹灾		其他		成灾面积颗粒无收面积	因灾产量损失（公斤）
	受灾面积	成灾面积	受灾面积	成灾面积	受灾面积	成灾面积	受灾面积	成灾面积	受灾面积	成灾面积		
2008	1145	122	390	168	1335	81	—	—	—	—	109	205930
2004	272	145	—	—	15	5	670	250	—	—	338	115400
2001	5199	645	781	230	330	—	1130	—	—	—	475	174990
1999	2944	445	340	102	740	127	—	—	246	75	687	262100
1998	300	300	—	—	—	—	550	150	—	—	—	—
1995	972	336	753	511	490	8	1810	15	42	15	—	—
1990	281	—	1509	282	3731	1110	—	—	—	—	881	179965

资料来源：澜沧拉祜族自治县文东乡多依树村农村综合统计年报表。

1. 自然灾害种类

近年来，多依树村遭受的自然灾害主要有：

（1）干旱

主要有12月至次年5月的冬春旱，几乎年年都在局部地区发生，尤以春旱最为严重，多造成旱地作物种子霉坏，死苗和影响大春作物播种、栽秧。

从表1-8中可以看出，多依树村在最近20年最严重的旱灾发生在2001年，其次是1999年，再次是2008年。2001年多依树村发生特大干旱，受灾面积5199亩，成灾面积645亩。当年因灾全村农作物产量减少174990公斤。1999年发生的干旱，农作物受灾面积2944亩，成灾面积445亩，是近20年来发生的重大干旱；2008年发生干旱，多依树村农作物受灾面积1145亩，成灾面积122亩。2009年9月到2010年6月，中国的西南部发生50年难遇大旱灾，澜沧县文东乡多依树村从2010年1月到6月未下一滴雨，全村农作物受到严重的影响。这次发生灾害面积广，多依树村平掌一组受灾最严重，受灾农作物主要有茶叶、甘蔗、蔬菜、水稻、玉米、蚕豆等其他杂豆，受旱面积共45亩，成灾面积21.8亩。多依树村其他村组未做详细统计，因此，表1-8未体现2010年的特大干旱受灾情况。

（2）水涝灾

澜沧县内山高坡陡，植被条件较差，土质松散，河道落差大，6—9月雨量多而集中，往往发生山洪暴发，造成洪涝灾害。1990年多依树村发生一次特大洪灾，雨量集中，冲走庄稼，沟渠被堵，引发严重的山体滑坡，冲掉不少土地面积。从表1-8看出，1990年发生的水涝灾害，农作物受灾面积1509亩，成灾面积282亩，当年因水涝灾害和病虫灾害农作物产量损失179965公斤。2006年，据不完全统计，由于暴雨，受灾农作物为31亩，绝收农作物为3.5亩，被毁坏耕地为5亩，受损经济林木为2.5亩，被损毁道路为1600多米，被毁蜜蜂35箱，直接经济损失达12万多元。20年内，发生洪灾5次，频率为4年一次，多依树村发生特大洪灾的频率是10年发生一次。近年来，人们感到天气变化频率变快了。

（3）风雹灾

此类灾害多发生在3—5月，以4月最多，5月次之。大风来临时时常伴有冰雹，全年平均大风日数6.3天。3—4月大风对农作物影响不大，夏秋季节大风次数虽少，但对农作物危害很大，常造成玉米倒伏、滑秆和稻谷倒伏、发芽。据史料记载，清光绪二十九年（1903年），全村冰雹成灾，损失无考。1954—1987年观察记录，共有20年降冰雹。1965年2月3日澜沧县两次降冰雹，平均粒重4克，罕见的达18.8克。近20年，多依树村地势较高，是属于真正的山区，在1995年、1998年、2001年和2004年发生风雹灾害，大风来临时，不但房屋瓦片受损，据最新统计，多依树村因风雹灾害已导致全村房屋破损共涉及

217户，761人，受损石棉瓦共9049片，其中有5户严重到墙体出现裂纹。在1994年受到风雹灾的影响，农作物受灾面积260亩，成灾面积192亩。

（4）病虫灾

县内由于气象复杂，多雨湿润，容易发生农作物病虫灾害，虫害以粘虫最为突出，病害以水稻黄矮病、稻瘟病、白叶枯病等较普遍。多依树村的病虫灾害主要是水稻黄矮病、稻瘟病灾害，从表1－8可以看出，在近20年，多依树村在1990年、1999年、2001年、2004年、2008年发生病虫灾，发生频率为6年一次，首先最为严重的是1990年，当年多依树村农作物受灾面积为3731亩，成灾面积为1110亩；其次是2008年，当年多依树村农作物受灾面积为1335亩，这次虫灾面积虽广，但未造成成灾面积。再次是1999年，农作物受灾面积740亩，成灾面积127亩。

（5）地质灾害

澜沧县地处滇西经向构造带，地质构造复杂，活动性断裂极为发育，导致地震灾害频繁发生。其中以1988年发生的最为严重，当年共发生5次5级以上的地震及其余震。此次地震简称"11·6"地震，由于震级高，震源浅，余震多，使全县23个乡（镇）的157个行政村（办事处）、81161户、43万余人不同程度受灾。各乡镇均遭受到严重破坏，损失惨重。多依树村在这次地震中，土地和房屋遭到严重损失，损失没有记载。除此之外，多依树村每年在5月都会发生轻微的地震，这些轻微地震没有造成人员伤亡，只是部分房屋受到损害。多依树村发生最频繁的主要是地质裂缝。

表1－9　**多依树村目前存在的地质裂缝情况表**

发生地点	危害对象（人）	威胁财产（元）	变形特征及活动历史	潜在危险
东佤	3	30000	2007年曾发生裂缝	住宅及人身安全
大芒堆	10	110000	2006年曾发生裂缝	住宅及人身安全
大芒堆	3	30000	2007年曾发生裂缝	住宅及人身安全

资料来源：根据文东乡多依树村统计的《地质灾害隐患点防灾预案》统计而得。

从表1－9可以看出，多依树村目前存在的地质灾害主要集中在大芒堆和东佤两个自然寨，共涉及5户16人，威胁财产共17万元，活动主要是2006年、2007年曾经发生过裂缝，诱发原因主要是降雨。

(6) 山体滑坡

据村支书田学明介绍，多依树村的滑坡，发生在大芒堆和东佤寨，危害对象涉及居民7户24人，房子7栋，因降雨引起了滑坡。

2. 自然灾害的特点

(1) 灾害以气象灾害为主

多依树村发生的灾害种类多，气象灾害、地质灾害、生物灾害均有发生。以气象灾害发生最为严重，主要有干旱、洪涝和风雹等，严重影响多依树村村民的生产生活。12月到次年5月冬春旱不同程度的发生，导致种子发霉，影响庄稼的出苗率，甚至无法播种。6—9月雨量的集中，导致农作物倒伏、发芽，从而导致农作物减产。以2004年为例，多依树村因灾减产115400公斤粮食，而2008年上升为205930公斤，是2004年的1.8倍。其他灾害虽然时有发生，但是破坏程度不大。

(2) 自然灾害种类多

从近20年多依树村所发生的自然灾害来看，除台风和海啸．雪灾外，其余各类灾种都曾在多依树村出现过。干旱、洪涝、风雹、地震、泥石流、山体滑坡、病虫害等灾害都频繁发生。在各灾害种类中，尤以干旱、洪涝、地震、泥石流、滑坡危害最大。据村民介绍，多依树村重大干旱约6年一遇；特大洪灾约10年一次；病虫灾害发生频率为7年一次。由于无雨就旱有雨就涝，多依树村大小干旱、洪涝、滑坡、小地震年年发生。

(3) 村民应对自然灾害的能力弱

多依树村是典型的少数民族聚居区，主要有佤族，其次还有哈尼族等其他少数民族。由于受历史条件、地理环境和经济社会发展水平低的限制，多依树村仍是一个贫困村，贫困人口多、贫困范围广、贫困程度深。据统计，截至2009年底，全村经济总收入8431987元，人均收入2200元，处于全乡最高水平。尽管多依树村的人均收入在整个乡中处于最高水平，但是从整个县、整个省的角度来看，人均收入非常低。自然灾害大多发生在经济社会发展水平低、地方政府和群众自救能力差的贫困地方，他们抵御自然灾害的能力十分脆弱。一旦发生灾害，人民群众的生命财产安全就受到严重威胁。

3. 致灾原因分析

(1) 气象和地形的复杂造成干旱、洪涝和山体滑坡

从气象灾害的成因机理来看，当北方吹来的干冷空气与从南方吹来的暖

湿空气交会时，自然会引起降雨。但是如果这个雨季由南向北或由北向南跳跃过快，雨季的持续时间短，而受单一气流的影响时间长，这样就会引起高温少雨的天气，时间一长就酿成了干旱。干旱有春旱、夏旱、秋旱，夏旱又分初夏旱和伏旱，也有冬春连旱、春夏连旱或夏秋连旱的现象。从地理环境分析，澜沧县地处高原低纬山区，是亚热带季风环流影响区域，冬季受干燥的大陆季风控制，夏季受湿润的海洋季风影响。而文东乡多依树村是处在真正的山区，由于地形地貌错综复杂，冬夏大气环流交替迟早不同，东西两侧海洋季风影响各异。因而形成独特的半年干旱半年雨的气候类型。另外，由于自然地理及气候的特殊性，致使暴雨洪水点多面广，暴发突然，破坏力极强，洪涝灾害频繁。持续的降雨引发地质裂缝，对村民的生命财产构成威胁。①

（2）地质结构复杂

从全省来看，云南省由于地处印度洋板块和欧亚板块碰撞带东侧，新构造运动和现代构造活动十分强烈，历史上曾发生多次强烈地震，现今中强地震活动频繁。澜沧县地处滇西经向构造带，地质结构复杂，活动性断裂易爆发。云南由于地质构造复杂，5 级地震几乎遍布全省，基本上找不到不发生 5 级地震的安全地带，但是 6 级及其以上的地震则明显集中在东经 104°以西的地区，并自然形成了若干强震活动的条带或集中区。新中国成立以来，澜沧县遭受地震最严重的一次是 1988 年 11 月 6 日发生的 7.6 级地震，简称“11·6”地震。这次地震破坏程度非常大，涉及范围广，多依树村在这次地震中损失惨重。全县规模较大的活动性断裂有澜沧江断裂、木嘎—澜沧—勐海断裂和勐阿—孟连—澜沧断裂。文东乡多依树村正好处在澜沧—勐海断裂地带，这些断裂的活动，是形成此区域常年出现地震的原因，也是引起地质裂缝的主要原因。而降雨只是地质裂缝的一个诱发因素。

（3）粗放型的经济与生活方式转变的负面影响

自然灾害的多发性与严重性是由其特有的自然地理环境决定的，也与社会、经济发展状况密切相关。人为破坏自然，造成生态失衡也是旱灾频率加快的主要原因。据调查了解，目前多依树村使用的燃料主要还是木材。由于

① 赵俊臣《云南灾害与抗灾、防灾报告》http：//www. blog. sina. com. cn. /s/blog－457be0250100s67r. html.

电线老化，目前多依树村电力供给不足，很难满足村民的生产生活需要。多依树村村民生产生活所需的木材大部分是来自村民自己家的自留山，由于过度依赖木材的自然生长和缺乏管理，大部分山林逐渐消失并失去了保持水土的能力，导致水土的流失加速和缺水现象严重。另外全村总共有 944 户（2009 年末的数据），仅仅有 100 户建有沼气池。据多依树村党支部书记田学明介绍，生态环境一旦破坏，山体滑坡、洪水泛滥、水土流失严重，生态日益恶化，天干地旱等自然灾害接踵而来。大量的、无节制的农业灌溉用水、生活用水，以及水管老化造成的滴、漏现象，是对水资源的巨大浪费，也是造成多依树村缺水的因素之一。

（五）生态治理完善

1. 造成生态问题的原因分析

（1）村庄环境的问题未能引发足够的重视

佤族村民的环境保护意识多来自于自然崇拜的本在表现，也主要体现在对村边树林的看护。受此影响，由于没有经历过太多的环境带来的重大危害，佤族人温饱即足，得过且过，不用长远打算。大多数人认为目前村里的生态环境虽不及以前，但还都在人们的认可范围内。受生产方式与生活方式变迁的影响，如今村民把更多的时间和精力放在了经济条件的改善和生活水平的提高上。环境没有太伤及自身的利益，村民的潜意识里自然不会去关注。近几年持续性的大旱和虫灾，让村民才开始反省自己的村庄环境。

（2）财政支持不足

经济落后，温饱问题刚刚得到基本解决的多依树村，除了村子的少数领导外，其他村民对环保的相关政策还知之甚少。国家把大部分资金投入到经济建设急需的道路、农业技术上，在多依树村这样的村子里，没有专门的环境整治的资金，村子的资金用在一些急需的基础设施建设上还不够，自然也就不会有资金去处理以后可能爆发的环境问题。因此，在解决环境问题上，没有国家的引导和帮助，光靠村民是不现实的。

2. 村庄生态与生活环境保护的对策

（1）恢复村民传统生态保护意识

从民族传统文化中找寻可以借鉴的人与自然和谐发展的经验，成为当前生态保护的又一重要课题。具有佤族特色的神林崇拜，反映出佤族人与自然和谐发展的生态文化观。对神林崇拜所蕴含的生态保护思想进行挖掘和整理，能为解决当今的生态问题提供一些启示。在全球环境危机日益加剧的今天，人们在反思，可能是对某些特定环境问题的重点解决导致了新的越来越复杂的环境问题的产生。如果人们的现代享乐主义与消费主义的主流哲学不变，人们的生活方式不变，仅靠一些环保行动是拯救不了人类的。人们日渐认识到，生态问题在相当程度上是人类的心态问题。所以，我们必须转变我们的价值观念和生活方式，重新恢复人类以前对自然的崇敬。

(2) 加强农村环保基础设施建设

目前，多依树村环境保护基础设施建设还比较薄弱，以致产生的污水、垃圾以及粪便无法及时处理，造成了村子生态环境的污染。所以，加快村子环境保护基础设施建设是当前多依树村环境保护工作的重要内容。多伊树村必须首先兴修水利，修筑好排水沟和储水洼塘以及水窖，然后对老化的自来水管进行维修，避免水资源的浪费以及由于管道老化、保护措施不到位造成水质污染，保证村民的正常用水。在道路建设方面，应该努力硬化村子内的道路，保证就算路被弄脏弄乱了也能够比较轻松的进行清理。另外，加大资金投入，加快农村排污管网系统、污水处理系统、垃圾清运和处理系统建设，增强农村污水和垃圾处理能力，及时有效地处理农村污水和垃圾，减轻生态环境污染。

(3) 着力推进生态农业的建设

生态农业是能够为村民提供长远利益的，因此，多依树村可以尝试推广，积极寻求生态农业建设的道路。当然，由于村民考虑更多的是眼前的利益，生态农业的推广会面临很多的难题，这就需要国家更多的政策支持和村子有人带头改变，只要看到生态农业的成果，更多的村民会愿意选择的。

比如，村子每一家都有牛和猪，也就是说村民的农家肥量是不缺的，关键就是看农民愿不愿意使用。生态农业大力提倡农民使用农家肥，减少化肥使用量，从而促进农村经济的可持续发展。

3. 提高土地开发利用率的对策

首先，在林地的开发方面，在以后的退耕还林和荒山造林过程中，村子应该提倡村民种植对村庄生态环境有利的树种，比如思茅松和水冬瓜，不能只看到眼前的利益。还必须加强其他经济林木的建设，增加果树的种植面积，积极为村民开拓出甘蔗以外的市场，提高村民开发其他经济项目的积极性。

其次，坚持坡改梯地的项目，推广和试行生态农业。目前，村子的土地利用还比较粗放，要想改变这一现象，必须先保证水土和肥力的保持，然后寻求更环保更科学的农业生产方式，以为村子的长远考虑。

最后，重视村子未开发土地的利用，未开发土地是村子现在非常重要的一块。这些未开发土地在多依树村中占有很大一部分，虽然现在暂时还看不到这些土地的价值，开发的难度也还比较大，但是必须将眼光放得更长远，考虑到以后村子的发展状况，积极地开发和利用这些还未开发的土地。

4. 对抗自然灾害的对策与建议

针对以上发生的自然灾害的特点及其原因分析，文东乡多依树村曾经采取多种措施加以防范，文东乡制定的各种防范预案，并组建防洪抗旱机构、防火机构，认真执行市、县级的地震安居工程，对村民的房屋进行加固等工作。多依树村在地震安居工程方面共涉及 31 户，共投入资金 62000 元，主要是对土木结构和砖木结构的房屋进行加固，每户补助 2000 元。共涉及 3 个组，东佤、平掌和多依树。但是这项工程还未得到普及，仍然存在不少的问题。要减少自然灾害的发生，增强防灾抗灾的能力，文东乡多依树村应该从以下三方面入手：

（1）加强植树造林。特殊的气象、特殊的地形是人们难以控制的，但是做好防御工作，可以减少自然灾害带来的损失。根据多依树村的情况，除了每年乡政府要求完成的植树造林任务外，村委会还可以制定相关的激励措施，激励村民不但按时完成植树任务，而且愿意并主动额外植树。村干部应做好带头作用，引导村民种植那些村民愿意种植并且可以带来收入的树苗或者其他能保护生态的经济作物。除此之外，应该营造薪炭林。薪炭林是以生产薪炭材和提供燃料为主要目的的乔木林和灌木林。薪炭林是一种见效快的再生能源，没有固定的树种，几乎所有树木均可作燃料。通常选择耐干旱瘠薄、适应性广、萌芽力强、生长快、再生能力强、耐樵采、燃值高的树种进行营造和培育经营，一般以硬材阔叶为主，大多实行矮林作业。

（2）建立抗震安居房屋。地震的发生，在多依树村几乎是一年一次。据调查组了解到，多依树村大部分人家的房屋不具备抗震的功能，唯一能够抗震的，是现在正在建设的部分“马屁股”砖瓦房屋。这种抗震安居房屋的建设，在多依树村还没有得到普及，只有不到 1/3 的人家具备。但是，这种房屋是否能真正起到抗震的作用，目前还未知晓。多依树村常年发生的地震，尽管级数非常低，但是必须有风险的预防意识，只要对村民的生命财产构成威胁，就必须有抗震抗灾的意识，因此，每家每户建立抗震安居房非常重要。

（3）改变传统的生产生活方式。走进多依树村，最能感受到的是他们的生活方式，目前，全村的人家使用电磁炉做饭非常少，大部分人家主要是靠燃烧木材做饭，也就是说村民们常年的燃料来源主要是木材。而这些木材主要是每家每户的林地，尽管目前国家出台相关的政策禁止乱砍滥伐，但是未能得到很好的监督，使得生态日益遭到破坏，从而抵御自然灾害的能力非常弱，甚至发生新的自然灾害。另外，传统的生产方式导致生产率的低下，村民们唯一能提高生产率的方式就是大量利用现有自然资源，由于缺乏合理开发的技术，使得生态一年不如一年，从而导致自然灾害的发生。因此，转变传统的生产生活方式，合理开发利用资源非常重要。

五、多依树村的种植业生产与发展

佤族以农为本，无论是从过去的“刀耕火种”、再到“挖犁撒种”还是现在逐渐推广的现代“机械化耕种”，农业在其生产生活中始终占有重要地位。不误农时，是佤族人民生活中最重要的准则。围绕这一准则，多依树村的人们按部就班地安排着自己的农事，日复一日、年复一年、一代又一代地生活在阿佤山区。事实上，佤族人的所有生活，都是围绕农业生产这根主线展开的，并在漫长的农业生产中形成了特有的农耕文化。

（一）种植业生产资源与条件工具

农业生产资源是农业生产赖以生存和发展的物质基础。农业生产对土地、水、气候和生物等资源的要求比较敏感，不同的农业资源决定了农业的发展方式和适宜的生产方式不同，农业生产发展就建立在其所拥有的农业生产资源基础之上。农业资源的多寡和多样性很大程度上决定了当地农民的生产条件、生产方式和生活状况，尤其是对于多依树村这样一个地处偏远，高度依赖自然资源禀赋的少数民族落后山村更具有决定性的意义。

1. **土地资源**

土地是种植业赖以生存的最基本生产条件。澜沧县群众在长期的生产实践中，根据土壤的胶结程度和肥瘦情况，习惯将耕作土壤分为沙土、胶泥土、末香土、香面土、灰泡土等。同时根据水源和水温，将水田分为保水田、二水田、雷响田、水浸田、烂巴田等。虽然这种分类方法是根据传统的办法总结出来的，但是对土壤缺乏完整科学评价。后经过国家的土壤普查，根据成土因素、形成过程和土壤的属性特征，把澜沧县的土壤分为了6个土类，分别是砖红壤、赤红壤、红壤、黄棕壤、紫色土、水稻土六大类。由于澜沧县气候各异，海拔差异也较大，所以地带性土壤垂直分布明显，6个土类中，砖红壤、赤红壤、红壤、黄棕壤4个土类属于地带性土壤，由低向高海拔依次排列，面积占全县土地总面积的90%以上，地域性土壤有紫色土和水稻土两类，面积较少，且分布零散。多依树所在的地区主要土壤类型为红壤、黄棕壤以及水稻土，其中红壤面积较大，其他两种土壤面积则相对较少。

红壤分为2个亚类、8个土属、8个土种，主要分布于海拔1400～1900米的中山峡谷山岭地貌带，土壤发育较彻底，土体深度厚薄不一，酸性（pH值5.9～4.3之间），个别酸性（pH值达到3.8），少数耕地土为碱性（pH值在7以上）。有机质含量较为丰富，缺磷，植被为中亚或南亚热带季风常绿阔叶林或针阔叶混交林，宜种旱粮作物。

黄棕壤由花岗岩、紫色岩、泥质岩、碳酸岩等分化发育而成，包括4个土属、4个土种，主要分布于海拔1800～2500米之间，为高凉山区土壤，群众俗称为酸性土、黑山土或者山心土，植被种类繁多，以常绿阔叶林为主，且覆盖面积大，土壤风化比较彻底，表层土腐质层较厚，呈酸性（pH值6.8～4.4之间），缺磷，有机质含量比较丰富，但由于山高坡陡气候冷凉，土壤冲刷淋溶比较突出，有机质分解转化较慢，故这类土壤分布区人烟稀少，只是种植少量农作物。

多依树村还有另外一种分布较少的土壤，那就是水稻土，主要分布于村子河流两岸以及山脚下的水稻田里。水稻土是人工种植水稻经过长期的耕种、施肥、灌溉等一系列综合措施影响下形成的独特土壤。根据成因和所处的地理环境差异，水稻土一般分为淹育型、潴育型、潜育型等3个亚类，共20多个土种。多依树村的水稻土90%以上为淹育型，另外一小部分为潴育型。淹育型多为沙泥田和沙胶田，少数为胶泥田，其特点是地下水位低，灌溉水源不足，耕作层较浅，酸性（pH 值一般在 6.5 以下），缺磷，此类稻田多为雷响田或二水田。潴育型成土母质为河流新老冲击物，土体发育完整深厚，且排灌方便，土壤沙黏适中，耕性良好，保水保肥，通透性强，呈微酸性或弱酸性，有机质含量丰富，比较适合耕种。

多依树村有耕地 11672 亩，其中有水田 1253 亩，旱地面积为 10419 亩，人均耕地仅为 3.2 亩，2009 年地膜使用量约为 12000 公斤，覆盖耕地面积约为 3000 亩，拥有零星水果 101 亩，产量 14.2 吨，供村民自己食用。据《2009 年澜沧拉祜族自治县文东乡多依树村农村综合统计年报表》数据显示，目前多依树村耕地的详细分类为：在 1253 亩水田中有保水田 1020 亩、雷响田 233 亩；在 10419 亩旱地中有台地 2381 亩，水浇地 500 亩，轮歇地 7538 亩。从土地质量上看，该村耕作土地均属红壤类型，土质肥沃，为农作物的生长提供了良好的外部条件。

文东乡 2006 年成立了测土配方施肥工作领导小组，提高了当地农业生产的科技含量，促进了农业增效农民增收。当地农业科技人员通过开展土壤氮、磷、钾及中、微量元素养分测试，了解了土壤供肥能力状况，根据不同作物的需肥规律、土壤供肥性能和肥料效应，设计配方肥，有效调节和解决了作物需肥与土壤供肥之间的矛盾，同时有针对性地补充作物所需的营养元素，作物缺什么元素就补充什么元素，需要多少补多少，实现各种养分平衡供应，满足作物的需要，有效地节约了化肥等生产资料，实现了降低农民生产成本投入和劳力投入的同时，提高了农作物产量与质量的目的。

2. 气候资源

种植业生产对土地、水、气候和生物等资源的要求比较敏感，不同的农业资源决定了农业的发展方式和适宜的生产方式不同。概括起来，地处文东佤族乡西北部的多依树村拥有国土面积 56 平方公里（约 80000 亩），但全村只有耕地面积 11672 亩，（其中保水田 1253 亩，旱地面积 10419 亩），降水的季节分配不均和山区地形，成为制约多依树种植业发展的自然因素，给当地社会经济发展设置了一定障碍。

文东乡属于山区乡，99% 以上均为山区，平坝及丘陵达不到 1%，地形地貌总体呈“东高西低、东南高西北低”走势，辖区内最高海拔 1998 米，最低海拔 630 米，是全县海拔较高乡之一。多依树村气候温热，基本无霜区，雨量较少，温差在 24℃ ~34℃，年降雨量在 1200 ~1500 毫米之间，由于海拔落差较大，因此在不同海拔之间温差较大，具有“一山有四季，十里不同天”的立体性气候特点。多依树村平均海拔低，气温较高，较适宜种植甘蔗等热带作物。

3. 水资源

由于所处地理位置条件，多依树村辖区内无河流。几十年来，多依树周边地质植被受破坏，附近村农民为了生存而乱砍滥伐和开荒种地，涵养林和植被遭破坏后，土壤保水能力降低，加之近几年来连续干旱，特别是2010年遭遇的特大干旱，造成当地水资源更加紧张。到了枯水期多依树村地下水十分贫乏，水井出水逐渐变小，无法满足群众的生活和生产用水，农民的饮水问题得不到保障，生产生活受到严重影响。枯水季节当地村民为了解决用水问题，每天每户平均要投入1个劳动力去挑水和抬水，这样大大增加了农民的劳动力和经济负担，制约了全村各项社会事业的发展。总之，虽然多依树村年降雨量达到1450毫米左右，然而降雨分布过于集中，加上当地森林覆盖率低，保水能力弱，导致水源干枯，辖区尚无小型水库，用水困难是多依树村的一大难题，人畜饮水相当困难，农业生产靠天吃饭的色彩浓厚。

总体来看，土地、气候以及水资源等农业生产资源为多依树村的农业发展提供了良好的条件，但是降水的季节分配不均和多山的地形也为多依树的农业生产带来了一定的不利因素。首先，农业生产受气候影响大。多依树村旱地占耕地总面积的将近89%，这些旱地受气候以及降水的影响很大，相关性强，靠天吃饭的色彩浓厚。比如在玉米的种植过程中，播种日期随着雨季的来临时期而定，一般每年4、5月播种，但是在2010年遇到天气干旱，玉米的播种就不得不推迟到6月。玉米的产量也会受到降水的影响，如遇到干旱年产量就会大大减少。如此的自然条件不利于农业生产的稳定发展。其次，机械化操作推广困难。由于地处山区，山坡陡峭，平地少，从播种到收割以及运输等新型机械化操作实现困难，劳动生产率受到限制。最后，受地形地貌的影响，用机器大规模代替劳力几乎不太可能，农民的耕作过程全部依靠体力和水牛、犁等简单的耕作工具，十分辛苦。耕作方式的落后也不利于农业劳动力的解放。

4. 农机农具

多依树村种植业的历史较长，耕作机具的使用也经历了一个由传统走向现代化的过程。传统的耕作工具主要有木犁、木耙、锄头、弯刀等。现在村里已经出现了小型手扶拖拉机等，配套农具有旋耕机、挂斗等，对地形情况的适应性较强，受到了村民的普遍欢迎。

农作物的播种工具主要有犁、锄、铁尖棍等。由于生产条件有限，村里目前还没有实现机耕，水稻插栽仍然主要使用手工操作。玉米的播种也主要是靠人工播种。传统的收割工具是镰刀，脱粒工具是弯棍和掼槽。在水稻的收获过程中，人们主要是使用镰刀来割水稻，靠在掼槽边缘摔打来脱粒。虽然澜沧县内有的地方已经开始使用稻麦脱粒机，不过多依树目前使用的仍然是传统的收获工具。近几年来，随着茶叶的种植，背篓、小弯刀等收获工具也出现在多依树茶农的家里。

在对农作物进行杂草、病虫害的防治过程中，多依树农民历来使用镰刀、长刀除草，还使用竹刀清除埂上的杂草，竹刀是选用老竹削制而成。现在，手动式喷雾器已经在农户的耕作过程中普遍应用，而且大多是背负式手动喷雾器。

在新中国成立初期，多依树村民粮食加工和饲料加工主要是用石磨、手碓、脚碓等工具。随着农业生产的现代化，村里出现了碾米机，农民用碾米机来加工大米，一些其他的粮食加工工具也进入村民的家里。在多依树，村民所种的玉米除了销售和食用之外，大部分用来喂养家禽家畜，于是一些养殖大户也买进了饲料粉碎机械。此外，多依树村民有利用玉米、糯米等酿酒的传统，一些酿酒户家里也购置了专门的发酵、酿造工具，提高了对农产品的加工利用。

1955 年之前，多依树的运输全靠人力和畜力。后使用过木轮手推车和牛车，但因车的使用寿命短，加之道路陡峭，逐步停止使用。现在，随着农民经济收入的增加和公路等基础设施的完善，运输工具也发生了变化。目前，全村共有手扶拖拉机 97 台，东风汽车 2 辆，农用车 10 辆。运输机械的增多减轻了农民的劳力，提高了生产效率。比如在甘蔗、水稻、玉米等农作物的运输上，大大提高了生产率。经营农机运输的专业户也不断增多。2009 年，全村拖拉机及变型农用载重汽车 90 辆，其中农用载重汽车 6 辆，变型拖拉机 11 辆，农业机械减轻农民的劳动强度，各村组运送农家肥到田间 654.8 吨，小型机械 15 台/套旋耕机，完成机耕面积 3576.5 亩。

（二）主要种植业生产作物

1. 主要粮食作物

目前，该村种植的主要粮食作物有水稻、旱稻、玉米和豆类。据统计数据显示，2007 年该村粮食总产量 251 万公斤，人均占有口粮 436 公斤，从数据上看，村民们种植的粮食作物仅够自身消费，达到自给自足。随着农业产业化的进一步发展，多依树在其传统种植业的发展上也面临着如何实现农业产业化的问题。

（1）水稻

水稻是一年生禾本科植物，高约 1.2 米，叶长而扁，圆锥花序由许多小穗组成。水稻喜高温、多湿、短日照，对土壤要求不严，水稻土最好。幼苗发芽最低温度 10℃～12℃，最适 28℃～32℃。分蘖期日均 20℃以上，穗分化适温 30℃左右；低温使枝梗和颖花分化延长。抽穗适温 25℃～35℃。开花最适温 30℃左右，低于 20℃或高于 40℃，受精受严重影响。相对湿度 50%～90%为宜。穗分化至灌浆盛期是结实关键期，营养状况平衡和高光效的群体，对提高结实率和粒重意义重大。抽穗结实期需大量水分和矿物质营养，同时需增强根系活力和延长茎叶功能期。水稻所结子实即稻谷，去壳后称大米或米。世界上近一半人口，包括几乎整个东亚和东南亚的人口，都以稻米为食。新中国成立前，农业生产采用“刀耕火种”的多依树村佤族村民从未接触过水稻，水稻在当地的种植始于 20 世纪 60 年代，经过反复培训后当地村民才掌握了种植技术，生产历史并不长。

多依树村海拔在 760～1610 米之间，由于地处冷凉山区，耕地质量差，种植水稻的水田单产低，粮食产量低而不稳一直影响着当地佤族村民吃粮问题的解决。为改变这种状况，在澜沧县农业局及其直属的农业技术推广中心和种子站的支持下，从 2000 年起，文东乡逐步引入冷凉山区水稻良种在乡内推广种植。到目前为止，全乡冷凉山区水稻良种的推广种植面积达到了 3000 亩。其中：推广云稻 1 号 950 亩，其他冷凉品种合系 41、滇系 10 号、大粒粳 34、楚粳 27 等 2050 亩。据文东乡农业站工作人员的介绍，在引入冷凉山区水稻良种之前，当地水稻亩产量在 150～200 公斤之间，推广种植冷凉山区水稻良种以来，配合农艺改进和测土配肥等措施，目前该乡的水稻亩产量达到了300公斤以上，在耕地和水资源有限的情况下实现产量翻了一番，冷凉山区水稻良种的推广种植切实解决身处山区的佤族村民的吃粮问题。

即使如此，情况并不乐观。据当地农学技术人员说，每形成1千克稻谷约需水500~800千克。多依树村全村为山地覆盖，境内无河流经过，缺水一直是制约当地农业发展的头等障碍。受自然条件的影响，在当地水稻的种植面积很少。根据2009年统计数据显示，多依树村该年的水稻种植面积为1120亩，总产量为351379公斤，亩产313公斤，按平均收成计算，人均稻谷占有量仅有91公斤。在多依树村，种植水稻收获的稻谷几乎全部用于村民自己食用，部分家庭由于缺少甚至没有水田，其食用的稻谷则靠购买而来。

（2）旱稻

旱稻，亦称陆稻，性耐旱，泛指能适应生长于无埂旱地、坡地及干旱生态环境下的栽培稻类，是水稻的变异型。澜沧拉祜族自治县是云南省内陆稻种植面积最大的县份之一。常年陆稻种植面积两万平方公里，陆稻品种数多达百余种。多依树村栽种陆稻已有400~500年的历史，有丰富的陆稻地方品种资源及栽培管理知识和经验。

当地佤族村民在长期山地耕种的实践中，积累了丰富的识别土壤肥力类型的知识和经验。他们通常根据陆稻的生长情况，将“刀耕火种地”视为高产土地，耕种多年的土地视为低产地，介于两者之间的为中产地。“刀耕火种地”当地又叫“懒火地”或“生地”，意为新开垦的土地，即在开垦过程中，由于焚烧杂草及树木枝叶，输入了大量矿物质营养，因而土壤养分丰富，并可减缓杂草的再生速度，故为高产地。但一般耕种1~2年便抛荒轮歇7~15年，待植被恢复后再次砍伐耕种，故又称“轮歇地”。低产地又叫“烂地”或“熟地”，意为耕种多年，土壤肥力严重下降的土地，一般为耕种5年以上、坡度小、地势平坦的中产地继续耕种而成。中产地介于“生地”和“熟地”之间，一般由耕种1~2年、坡度较小、地势平坦、土壤肥力下降不严重的生地过渡而来。

在长期的陆稻栽种实践中，人们逐渐认识到，不是所有的陆稻品种在高产地上都能获得高产，只有那些本身具备高产潜力的品种在高肥力条件下才可能获得较高的产量。因此，将那些对肥力敏感、在高肥力条件下能够获得高产的品种视为高产品种，而将那些对肥力反应不敏感，在高产地、中产地和低产地上产量差异不明显的品种视为低产品种。

随着人口增长、森林植被及自然环境的退化和破坏，陆稻传统的刀耕火种生产方式已不能适应现代农业的可持续发展，原保存的对肥力反应敏感的高产陆稻品种失去了生长的土壤而被逐渐抛弃，仅留下为数不多的对肥力不敏感或不择地的陆稻品种。根据调查了解，当地村民每户都保存着能适应2种以上土壤类型的多个陆稻品种，种植较为普遍的有明子谷、大白谷、小花谷、镰刀谷、紫糯等5个品种，据当地村民介绍，上述品种均是不择地，对肥力不敏感的类型。在多依树村，收获的旱稻用于食用。近年来，为提高农民收入水平，当地政府努力在多依树村推广杂交、高产玉米和甘蔗的种植，旱稻的种植面积已经越来越少。据统计数据显示，1999年多依树村旱稻的种植面积为2550亩，2009年旱稻的种植面积只有537亩。产量的降低使当地村民逐渐改变了食用旱稻的饮食习惯，在今天，旱稻更多的是一种文化意义，例如在佤族新米节期间，各家各户都食旱稻，祈福来年丰收。

（3）玉米

玉米是一年生草本禾本科植物，其种植范围从北纬58°至南纬40°，是世界上分布最广泛的粮食作物之一，种植面积仅次于小麦和水稻。

在刀耕火种的时代，玉米就是多依树村村民的主要作物，因为多依树村种植玉米无论在气候、耕地、土壤等方面都具有得天独厚的优势。时至今天，玉米的种植和生产在多依树村农业发展中地位突出，在生产增收和该村经济建设中发挥着积极而明显的作用。1999年，多依树村玉米种植面积约为3500亩，2009年，该村玉米种植面积为7898亩，十年内翻了一番还多，这得益于近年来文东乡政府立足当地条件提出的发展高产玉米的构想。

根据文东乡政府玉米高产创建项目的规划，将分层次地推进当地的高产玉米种植，其中目前在建的有：

“万亩示范展示区”，展示区玉米平均单产要求达到650公斤以上，农户自己投入，技术要求双行规格化栽培，大行距80厘米，小行距40厘米，株距25厘米，种植密度4200～4500株/亩。品种有正大666、正大999、正大818、正大2393、正大615、金玉306、三兆68、五谷3861、五谷1790、墨单4号、会单4号、红单3号、红单4号、典晨60等15个品种。

“千亩示范区”，要求格化双行栽培，平均单产700公斤以上，其中每亩补助20元种子款，投入无偿扶持资金2万元，项目涉及多依树村的大芒堆、中芒堆、小芒堆、多依树等4个自然寨，示范品种有正大666、正大999、正大818、墨单4号、五谷3861、五谷1790等6个品种。

"百亩核心示范样板"，技术要求规格化双行栽培，平均单产达750公斤以上，示范品种为三兆68。

在玉米高产创建项目中，最为关键的就是"百亩核心示范样板"，这要求实现亩产750公斤以上的示范效果，从而激发当地农民种植高产玉米的积极性，项目安排给示范农户的扶持为：乡农业站全额无偿投入种子、化肥，扶持给农户，每亩投入种子2公斤，复合肥1袋，钙镁磷1袋、尿素1袋，硫酸钾5公斤，锌肥1公斤。项目实施由文东佤族乡党委书记李扎丕负责，涉及多依树村大芒堆、中芒堆25户农户。（见表1－10）

表1－10　**2010年文东乡多依树村玉米万亩创建核心示范农户花名册**

单位：亩、公斤、份

序号	组	姓名	面积	补助种子	补助化肥
1	大芒堆一组	魏金荣	4.5	9	4.5
2	大芒堆三组	魏荣生	4	8	4
3	大芒堆三组	田荣德	5	10	5
4	大芒堆三组	魏岩昌	3	6	3
5	大芒堆三组	田岩嗡	3	6	3
6	大芒堆三组	田保明	2	4	2
7	大芒堆三组	田进华	3	6	3
8	大芒堆三组	魏岩昌	3	6	3
9	大芒堆四组	田学明	3.5	7	3.5
10	大芒堆四组	田爱明	3	6	3
11	大芒堆四组	田国中	4	8	4
12	大芒堆四组	田美和	7	14	7
13	大芒堆四组	田开华	5	10	5
14	大芒堆四组	田正祥	4	8	4
15	大芒堆四组	田跃忠	3	6	3
16	大芒堆四组	田开付	6	12	6
17	大芒堆四组	田文明	10	20	10

续表

序号	组	姓名	面积	补助种子	补助化肥
18	大芒堆四组	田正祥	5	10	5
19	大芒堆四组	田云华	5	10	5
20	大芒堆四组	魏正华	2	4	2
21	大芒堆四组	魏叶保	6	12	6
22	大芒堆四组	田学明	3.5	7	3.5
23	大芒堆五组	田新志	1	2	1
24	大芒堆六组	田德明	1.5	3	1.5
25	中芒堆	田丙新	3	6	3

注：补助的1份化肥为：复合肥1袋，钙镁磷1袋、尿素1袋，硫酸钾5公斤，锌肥1公斤。

另外，当地发展高产玉米的扶持项目还有"玉米抗旱育苗移栽示范项目"和"玉米抗旱示范项目"。其中"玉米抗旱育苗移栽示范项目"实施示范面积为1000亩，每亩补助50元，涉及金额5万元，规划在多依树村实施1000亩集中育苗移栽示范项目，并纳入万亩高产创建百亩核心样板项目一同实施。"玉米抗旱示范项目"实施任务面积2000亩，每亩补助金额10元，共计2万元，规划在多依树村实施。

在玉米高产创建项目中，文东乡政府结合具体情况，将关键的"千亩示范区""百亩核心示范样板"全部安排给了多依树村，为该村玉米产业带来了前所未有的发展空间。根据规划，项目建成后该村种植玉米的平均亩产量将达到700公斤以上，按照2009年7898亩的种植面积，全村玉米总产量将达到5528600公斤。收获的玉米主要用于饲养牲畜和本县出售。这几年澜沧县畜牧业发展迅速，玉米的价格持续上涨，最高能达到1.2元/公斤，高产玉米项目的建设将为多依树村的种植业发展注入新的动力。在一系列政策的扶持下，多依树村的玉米种植将逐渐走向规模化和标准化，成为该村村民收入的主要来源之一。

(4) 豆类

多依树村民喜食蚕豆，每次到一户人家访谈调查，热情的佤族村民都会端出煮好或是炸好的蚕豆招待我们。在多依树村，几乎每家的耕地周围、房前屋后都会种植一些蚕豆，种植规模较小，收获所得用于自家食用，并不出售，据统计数据显示，2009 年该村豆类种植面积合计为 550 亩，产量 10711 公斤。

2. 主要经济作物

经济作物又称技术作物、工业原料作物，指具有某种特定经济用途的农作物，通常具有地域性强、经济价值高、技术要求高、商品率高等特点，对自然条件要求较严格，宜于集中进行专门化生产。新中国成立前多依树村的佤族全靠毁林开荒、刀耕火种，今年种、明年丢，长期处于封闭、半封闭的思想状态。由于交通不便、信息闭塞，与外界交流少，该村受外界市场化文化影响较晚①。改革开放后，佤族人在乡镇行政力量的推动下，开始尝试种植经济作物。

进入 21 世纪以来，为了进一步增加农民的收入，促进多依树村的农业发展，当地政府将甘蔗种植和种桑养蚕技术逐步引入到多依树村推广，目前已经取得了一定的经济效益，然而，当地村民观念较为保守，经济作物的生产分布不均，还处于试验、起步阶段，呈现出部分村民生产、部分村民观望的局势。

(1) 甘蔗

甘蔗是禾本科甘蔗属植物，对土壤的适应性比较广泛，原产于热带、亚热带地区。多依树村气候温热，基本无霜区，温差在 24℃ ~34℃之间，年降雨量在 800 ~ 1200 毫米之间，为甘蔗种植在当地的推广提供了优越的自然条件。

经济作物的种植生产对技术要求较高，具有一定风险，为了帮助多依树村的村民，目前甘蔗种植采取的是“企业—农户—企业”的生产模式。2004 年，根据云南省、市蔗糖行业整合有关文件精神，澜沧县将勐滨糖厂经营权转让给中云勐滨糖业有限公司，上允糖厂租赁给中云投资有限公司，组建中云投资有限公司澜沧分公司，推进产权制度改革顺利进行。改制后，为了重振糖业，政府出台了一系列文件，其中最显著的就是提出了“企业—农户—企业”的生产合作模式。这一模式是当地村民在中云勐滨糖业有限公司的支

① 直到现在，当地村民的观念意识、经济发展仍然比较落后，表现在农业生产方面就是市场化、产业化程度还很低。

持下进行的，初植甘蔗时农户向中云公司买进甘蔗种苗，资金有困难的可以申请赊账和公司贷款资助项目，农户一年收割甘蔗后又卖回给中云勐滨糖业有限公司，收购价依据当年市场行情而定，期间公司还负责农户种植甘蔗的技术指导，在每一个行政村都有该公司聘任的甘蔗辅导员，负责在农村基层推广甘蔗种植技术。

在访谈中，大多数人家选择了种植甘蔗，每户家庭种植的面积在1亩到5亩不等。按照每吨300元价格来计算，种一亩甘蔗能够收获1269元，扣除、农药等成本，大约为1000元左右。那么，如果种到2~3亩，除去成本，能够获得2000~3000元，根据村里农民人均收入4276元来计算的话，种植甘蔗已经占多依树居民收入的一半以上。事实上，这是一个理想的数据，真实的情况并没有如此理想，实际的收入低于之前计算的平均收入。一个主要的原因，就是这几年家中的青年普遍外出打工，而家中的农活就缺少劳动力，再加上遇到60年不遇的大旱，虫病厉害，收成影响很大。

目前，多依树村种植的甘蔗品种主要有台糖20号、台糖24号、云引20号、云引10号4种。近年来，全国甘蔗产业发展势头良好，当地甘蔗收购价连续提高，提高了种植甘蔗农户的生产积极性，为当地农民增收创造了有利条件。2009年，多依树村全村甘蔗种植面积6200亩，占全乡总面积的60%以上，被列为全乡蔗糖种植示范基地，村里90%的农户从事甘蔗种植（规模差异较大），全村主要经济收入60%来源于甘蔗种植。据2009年统计数据显示，该年种植的6200亩甘蔗总产量为217万公斤，亩产350公斤，达到了甘蔗种植高产、稳产的既定目标。

然而，甘蔗产业正向着区域化的趋势发展，随着中国—东盟自由贸易区的建立，当地甘蔗产业更是不可避免地将与周边种植甘蔗的区域进行市场竞争，就目前而言，当地糖料甘蔗种植方面存在以下几个方面的问题，亟待解决方能持续提高当地甘蔗种植的竞争力。

一是生产条件差。甘蔗植株高大，叶面积指数大，蒸腾作用旺盛，生长期长，是需水量较大的一种作物。澜沧县是一个以山地为主的地区，平缓的地势主要集中在以种植水稻为主、复种指数高的坝区，由于传统耕作习惯和比较效益的原因，当地的甘蔗多种植在干旱、瘠薄，无灌溉条件的“望天田”，甚至是30°的坡地上，甘蔗生产的自然环境和基础设施条件差。据测算，每生产1吨原料蔗，平均耗水量为150.2立方米。从自然环境上看，当地干湿季分明的气候特点（雨季占86.5%～88%，干季占12%～13.5%），极大影响春蔗的出苗、分蘖和宿根年限，旱灾尤为突出，然而澜沧县甘蔗区的水利条件是比较差的，不具备可灌溉性，只能“靠天吃饭”。同时，山地甘蔗种植区域，道路交通情况差，农药、化肥等生产资料和原料甘蔗的运输成了极大的问题，甘蔗经常不能及时砍运进厂，造成原料质量下降。

二是规模小。由于我国的基本国情是土地承包到户，因此同国内的其他产糖区一样，澜沧县的甘蔗种植也多是一家一户的小规模分散经营，形不成规模经济，生产和管理成本高。

三是机械化程度低。澜沧县目前的糖料甘蔗种植和收获的机械化使用程度较低，除了在少部分蔗区种植时使用机耕机耙外，收获全部靠人力，造成种植和收获生产成本高。澜沧靠人力收工收获，每吨甘蔗收获费用35元，劳力紧缺时高达50元，占甘蔗售价的20%左右，收获支出是实行机械化收获的7.5～10.7倍，结果是农民种蔗收益大大降低，甚至因为劳力缺乏而影响了最佳收获和种植节令。

目前，澜沧县政府认为当地甘蔗生产条件较差，对于当地甘蔗种植业，提高亩产量的关键是灌溉条件，灌溉水平低是造成多依树村甘蔗单产较低的主要原因。所以，澜沧县政府十分重视农田水利设施的建设，2009年澜沧县水务局下拨项目资金105万元，文东乡政府负责具体实施，在大芒堆进行灌溉沟渠的扩建工程，工程改造沟渠全长17公里，改造后设计流量为0.3立方米/秒，其中三面光15公里，建沉沙池2个。大芒堆大沟是多依树村的一条重要灌溉沟，是促进多依树村农业发展的重要命脉，通过建设大芒堆大沟及人畜饮水工程，可改善灌溉面积1253亩，新开水田2000亩，随着社会经济的发展和新农村建设的不断深入，当地各级财政对农田水利设施的投入将会持续加大，将有效地改善当地甘蔗种植落后的生产条件。

（2）蚕桑种植

蚕桑，即养蚕与种桑，是古代农业的重要支柱，相传是嫘祖（黄帝正妻）发明。蚕桑文化是汉文化的主体文化，与稻田文化一起标志着东亚农耕文明的成熟。文东乡曾经于1996年推广过种桑养蚕，但由于科技技术落后，村民认识不足，蚕桑产业的发展只是昙花一现。随着社会的发展与科技的进步，文东乡在认真总结分析国际国内市场前景和蚕桑产业发展较好地区的先进经验的情况下，结合自身土地资源与劳动力资源实际，紧抓国家实施“东桑西移”的机遇，掀起了新一轮发展蚕桑产业的热潮。

桑蚕产业在当地的发展模式与甘蔗产业一样，采取的也是“企业—农户—企业”的生产模式。澜沧县鑫源茧丝绸有限公司向农户统一销售种桑养蚕所需的生产资料，例如蚕种、消毒用石灰粉、漂白粉、桑林农药等，农户自建厂房、种植桑林养蚕，期间资金困难的可以申请贴息贷款，待养蚕吐丝织成蚕网后又卖给澜沧县鑫源茧丝绸有限公司，期间，该公司负责技术指导和防疫，在每个行政村聘用种桑养蚕技术辅导员一名，负责在当地推广种桑养蚕技术，多依树村的辅导员为东佤寨大组长魏中生。

文东乡政府为全力推进当地蚕桑产业的发展，专门成立了由乡人民政府乡长为组长的蚕桑产业发展领导小组，按照领导带村，技术人员带组，村组党员、干部、科技能手带头工作机制，并与各村签订了蚕桑基地建设目标责任书。乡政府工作人员都有一定的责任面积（由乡政府工作人员负责将每年的新植桑树面积落实到各村、组、户）。政府在乡村工作会议中广泛宣传发展蚕桑产业的重要意义，并抽调 4 名蚕桑技术专干及工作组深入各村寨逐户宣传蚕桑产业的相关扶持政策和技术培训指导工作，做到政策宣传入村、入户，不留死角。

同时，为促进当地蚕桑产业的健康发展，切实增加广大农民的经济收入，乡政府制定了一系列桑蚕产业发展方案，其中效果最明显的是桑林土地协调方案（桑树林规划区内地块承包户主不愿种桑树且不愿与其他农户调换的地块，由村、组统一以每亩每年 50 ~ 100 元的地租费，安排给其他愿意种桑树的农户或协会组织或集体联合社种植管理，地租费由使用者交给原承包农户）等。

在政府的大力扶持下，多依树村的桑蚕产业发展取得了一定的成绩，桑林的种植面积不断提高。2006 年该村仅有 84 户种植桑树林，总面积为 254.7 亩，2009 年该村种植桑树林的农户增加为 260 户，总面积提高到 476.6 亩，桑蚕产业利益显著。一是每亩产值可达到 2000 元以上，纯收入 1000 元以上，经济效益高，是农民增收的好途径。二是桑树枝条可以当燃料，既节约了能源，又减少了农民燃料费用支出。三是桑叶可以喂牲畜，甚至人都可以食用。蚕的粪便经过发酵，是非常好的农家肥。至 2007 年 12 月，经乡广大干部职工共同努力，已完成 500 亩的标准桑园种植，其中 120 亩以上的有 2 个自然寨，并成立了一个 100 亩以上的桑园样板示范基地。总之，发展蚕桑产业是财政增长，农民增收的新重点。

同时需要指出的是，桑蚕产业的发展具有一定的风险性。风险主要来自于蚕是否能健康成长。如果在蚕在吐丝前患病，那么一张蚕网甚至整个厂房都面临全军覆没的危险，这其中的关键在于操作技术，对于当地村民来说，大家都说这个风险性大。其次，村民反映养蚕的前期投入比较高。村民在进行生产前需要种植桑树林、完成嫁接、施肥、打药等一系列工作，在桑树林长成可利用桑园前，还需要建设专门用于养蚕的厂房，并定期进行消毒，之后才进入养蚕的生产环节。在这期间的投入，对于多依树这个典型的山区贫困村的每户村民来说不是一笔小数字。综合分析目前多依树村桑蚕产业的发展现状，有以下几方面的问题：

部分农户在认识上存在一定的差异。文东乡曾经于 1996 年发展过桑蚕产业，最终以失败而结束，当时参与农户损失较大。因此，部分群众存在“一朝被蛇咬，十年怕井绳”的顾虑心理，与当前的发展态势相比，还存在一些认识上的顾虑。

桑蚕产业的支撑条件不足。①土地紧张也是制约当地桑蚕产业发展的一个重要因素。农户宅基地范围可供蚕房建设使用的面积有限，蚕房建设对于当地村民来说不仅资金困难，而且当地农村宅基地附近基本已没用闲置土地。②桑园产叶量低、叶质差。当地虽然建有桑树林规划区，然而目前尚未能完全实现，由于桑园零星分散，管理粗放，投入不足，普遍存在不施肥（特别是不施农家肥）、不打药、不除草、不排（灌）水，致使桑树生长减慢，草害、涝害、虫害严重，产叶量低；桑树缺肥现象突出，桑叶提前硬化、脱落，桑叶质量差。③人力资源不足。蚕农文化素质低，种、养管理水平差，而专业技术人员少，技术培训、指导服务工作难度大。桑蚕产业的发展对当地农业科技提出了较大的要求，目前整个文东乡只有一名蚕桑专业毕业的专业技术人员，其他农业人员对种养技术的关键环节还不够熟悉，广大干部职工对种养技术知识只是一知半解。另外，当地的蚕桑种养呈现为点多面广的特点，光靠技术人员很难顾及全面。④蚕房等设施差，蚕病损失严重。桑蚕产业在当地目前尚处于起步阶段，多依树村建起来的蚕房、蚕具较简陋，环境卫生差，消毒防病不严格，使病原体连续存在。加之养蚕批次多，蚕种运输距离远，小蚕共育比例低，养蚕区域分散，技术力量不足，技术指导不到位，导致蚕血液型脓病、僵病频发，蚕农受到较大损失，严重打击了种桑养蚕的积极性，因此，出现弃管弃养，甚至毁桑的情况。2009 年，该村毁桑情况如表 1－11 所示。

表 1－11 **澜沧县文东乡（镇）多依树村农户毁桑情况花名册** 单位：户/亩

村民小组	户主姓名	毁桑面积				毁桑原因			
		合计	水田	台地	荒坡地	无劳力	无蚕房	桑树长势差	蚕病严重
多依树三组	田三		1.4			√	√		
大芒堆四组	魏正华		2.5			√	√		
小芒堆五组	田爱态		1.4			√	√		
	田明要		0.7			√	√		
小芒堆八组	鲍正华		1.5			√	√		
	鲍学康		0.9			√	√		
小计	6		8.4						
瓦厂	魏华强		2.3			√			
	魏文学		1.8			√			
	陈云		2.1			√			
	陈文明		3.9			√			
小计	4		10.1						
中芒堆	叶飘		0.8			√	√		
	田光新		4.3			√	√		
	魏伍		0.9			√	√		
小计	3		6						
合计	13		24.5						

综合以上情况分析，我们认为多依树村发展桑蚕产业经济效益明显，有利于大幅度提高当地村民的收入水平，目前项目建设尚处于起步阶段。

蚕桑龙头企业生产经营也面临严峻的挑战。由于受全球经济危机的影响，近年的茧丝价格大幅度下跌。国内鲜茧收购价从原来最高的每公斤 30 多元下跌到每公斤 14～15 元，2009 年全国最低鲜茧收购价为 8 元/公斤，干茧售价从原来最高的 9 万元/吨下跌到现在的 4 万元/吨，生丝售价从原来最高的 35 万元/吨下跌到现在的每吨 15 万～16 万元，并且出现了难卖的问题。在这种形势下，当地政府兑现了 16 元/公斤的最低收购价，虽然保护了蚕农利益，确保了桑蚕产业的健康发展，但是企业产品积压，亏损经营，加之融资困难，企业运转艰难，需要政府采取必要措施进行保护、扶持，才能保证桑蚕产业持续健康发展。

（3）茶叶

普洱市是普洱茶的故乡，澜沧是云南大叶种茶叶的主要原产地之一。当地佤族人重茶礼，好品茶。多依树村有着得天独厚的自然条件和悠久的种茶历史，虽然村里零散的分布着一些茶树，但是茶叶的种植从来都不成规模，因为茶叶的种植需要较多的田间管理，所花费的时间和精力也较多，且茶苗不是在种植当年就能开始产茶，经济效益不是十分明显，村民一般不愿意把茶当作纯粹的经济作物。与当地其他行政村相比，多依树村的种茶面积较少，目前有茶叶 578 亩，产量 15.22 吨，其中古茶园面积有 150 亩。目前，多依树村发展茶产业的特点在于展现其特有的“古茶”资源，全村零星分布的 150 亩“古茶”历史悠久，品质优秀。我们驱车进山去看最大的那棵“古茶树”。那棵“古茶树”以篱笆拦护着，我们这些外来人笑称，这些篱笆不可能挡住人采茶的脚步。当地人也笑谈，这里的人都知道要爱护“古茶树”，这些防护只是一个提示性防护，本地人是不会去碰这棵“古茶树”。如果有一天，“古茶树”发生不测，那一定是外姓人干的。乡长介绍说，2012 年 6 月 21 日，澜沧县政府召开全县生态茶园建设工作推进会。县生态茶园建设工作领导小组成员单位负责人、全县 20 个乡镇党委书记（或乡、镇长）、分管副乡（镇）长、乡农业、林业服务中心主任、县生态办全体人员共 116 人参会。文东乡也位列其中。随着“古茶”资源保护与开发工作管理机制的完善，生态、优质古茶逐步被市场认可和追捧。一听那“古茶树”的茶叶市场价 6000～10000 元/斤，我们都说，不是贼的人也会动一动心。当然，我们并没有下贼手，我们只是尽力地多喝了几杯茶以增强到“古茶树”地一游的性价比。

（4）其他

多依树村种植的其他经济作物还有花生、蔬菜、林果等。这些作物散落在耕地周围和农户家的房前屋后，生产所得不销售，仅满足自家生活需要。2009 年这些作物种植的具体情况如表 1－12 所示。

表 1-12　　其他经济作物种植情况表　　单位：亩、公斤

经济作物	面积	产量
花生	400	9509
蔬菜	290	129000
林果	630	—

加速构建和培育农业优势产业，推动农业结构调整，寻找种植业结构调整的着力点和突破口。近两年，文东乡政府努力尝试着。2011 年，文东乡党委、政府积极协调，在上级农业部门的支持下，成功引进 30 亩南瓜制种基地项目。文东乡 30 亩南瓜制种基地位于小寨村半坡小组，基地种植面积 30 亩，由乡农技站农技人员深入到制种基地开展技术指导和做好田间管理、病虫害防治等工作。目前，该基地南瓜长势良好，预计亩产 30~35 公斤，每亩收入 2000 元左右。多依树的人说，他们很想看看这个项目的结果，如果好，他们也尝试尝试。

此外，2012 年，文东乡尝试种植烤烟 413 亩，安排在多依树行政村。2012 年 5 月初开始定植烟苗，经过科技人员认真指导和烟农的精耕细作管理，7 月中旬烟叶已陆续成熟。为确保烟农增收，在县烟草办的统一协调部署下，上允镇、文东乡人民政府和县烟草公司及时开展优化烟叶结构管理、科学采收烘烤等一系列技术培训。2012 年 7 月 23 日集中开烤。可惜有调研任务，我们没有看到当时仪式。

综上所述，多依树村是一个以农业为主的民族村、冷凉山区的贫困村，人口居住分散且素质较低，由于历史上接受汉文化晚，劳作原始、观念陈旧，至今，仍有 50% 以上的人口还生活在绝对贫困线以下。由于地处偏远山区，交通、文化、信息落后，劳动者素质低，接受新鲜事物受到制约，致使其商品意识、市场意识、科技意识淡薄，小农经济思想浓厚。同时，村民的生产生活环境恶劣，土地贫瘠，水利化程度低，耕作方式落后，广种薄收的落后生产突出，农作物单产偏低，农业基础十分薄弱，经济结构单一，结构不合理。农民以生产粮食为主，经济林果、经济作物尚未形成规模。综合分析制约当地种植业发展的社会因素，主要有以下几个方面：

其一，生产水平低。由于地处冷凉山区，海拔在 760~1610 米之间。耕地质量差，粮食产量低而不稳，主要农作物为水稻、玉米，长期以来，先进

适用的农业科技运用步伐缓慢，仍然停留在传统粗放的生产管理上，稻谷平均单产262公斤，玉米平均单产225公斤。2007年末，多依树村共有918户，总人口3683人，占文东乡总人口的27.7%，粮食总产量251万公斤，人均占有口粮436公斤，经济总收入567.9万元，人均纯收入923元，大部分农民温饱问题还没有解决。近年来，农业生产资料价格上涨过快，农民负担增重，群众没有积累，更没有投入扩大再生产能力，只能维持简单的再生产，仍处于自给自足的自然经济状态。

其二，科技文化水平低。由于地处边远冷凉山区，交通、能源、通信、科技文化、卫生等基础设施建设十分薄弱，交通不便、信息闭塞，与外界交流少，长期处于封闭、半封闭的思想状态，他们的生产方式、生活习俗、观念意识和经济发展等方面都与发达地区相差甚远，在接受新鲜事物和农业生产新技术上受到相当大的制约，近几年来国家虽然加大了对当地的教育投入，但短期内难见成效，科技文化素质低是造成当地种植业发展困难的重要原因之一，与周边乡镇相比较，在市场竞争中处于劣势，贫困问题日益突出。

其三，生存条件恶劣。广大群众居住的地方大部分是山高谷深、坡度大，坡耕地和旱地多，造成粮食单产非常低。同时通路、通水、通电困难，部分山区生态脆弱，水土流失严重，滑坡、泥石流频繁发生，给当地农民生产生活带来了很大的困难，有些地方甚至丧失了基本生存条件。

（三）农田与水利设施建设

水利是农业的命脉。受历史和地理条件制约，当地农业生产设施薄弱，农业生产特别是种植业生产靠天吃饭的色彩还很浓厚。完善农田水利设施建设，实现旱能浇、涝能排的目标，是确保粮食安全的重要保障。《澜沧拉祜族自治县农业和农村经济发展第十一个五年规划》中将农田水利设施的建设作为农业生产的基础工程来抓，提出“要把打牢农业基础作为农业农村经济发展的重要基础，把农田水利建设作为发展农业生产的重要措施”。为改变落后现状，促进农业发展，近年来当地政府十分重视农田与水利设施建设，主要有以下几大类型：改造中低产田地，实施坡改梯，旱改水、低改高、荒改林工程；推进“五小”水利工程；加强对重点沟渠水利配套工程。

1. **农田改造**

耕地的开发以及相关农田配套措施的改进是农业向高产、优质、高效方向发展的重要保障。多依树村所在的澜沧县从新中国成立以来就积极进行农田基本建设。1957年和1958年，县委和县人民政府领导全县人民开展大规模的农田基本建设，此后，全县各地每年都利用冬春季节开田开地，使县内耕地面积不断扩大。1949年澜沧县总耕地面积为54.4622万亩，到1966年，总耕地面积增加到91.9866万亩，比1949年增长了68.9%。为了增加土壤的肥力，在澜沧县2008年省级农业生产发展资金的支持下，多依树向农户发放了钙镁磷和尿素等的肥料补贴，直接促进了农田的粮食增收。此外，田间道路的建设也取得了一定成果。经过村民自己的简单硬化，目前拖拉机等农用工具已经可以在部分地段通过。此外，多依树还不同程度地开展了中低产田（地）改造、坡改梯、高稳农田（地）建设等农田建设工程。

坡改梯工程是当地一项极为重要的改土措施。澜沧县政府以坡改梯为主体的水土保持综合治理工程，作为改善群众生产生活条件、加快新农村建设的民生工程来抓，取得了显著的经济、社会和生态效益。文东乡是一个典型的贫困高寒山区农业乡，多年来，由于自然、人文、历史等诸多原因，严重制约着当地农业生产的快速发展。2007年澜沧县财政安排给文东乡预算内以工代赈项目坡改梯建设面积1800亩，改造工程经验收完成后每亩兑现扶持资金100元，项目资金总计18万元，其中：国家补助15万元，地方配套3万元。在“十一五”规划中，文东乡编制规划内容包括，基本农田改造（坡改梯）2000亩，中低产田改造2000亩，规划投资60万元。建设地点分布于六个村民委员会，主要以水塘村和小寨村为重点。其中，水塘村750亩，小寨村600亩，多依树村300亩，帮佑村150亩，芒糯村200亩。2000亩坡改梯分为4年（2006—2009年）实施，平均每年实施500亩，每年投入建设资金15万元，其中：国家补助12万元，地方配套3万元[①]。该项目收益范围为4个行政村6个自然寨25个村民小组537户2149人，项目使文东乡增加“三保”（保肥、保水、保土）及高稳产农田地1600亩，按每亩增收粮食50公斤计，项目区农户可增收粮食90000公斤。多依树村的土地整改（坡改梯）面积300亩已于2007年完成，并同时在东佤、芒堆完成400亩的中低产田改造。

① 《2007年上半年政府工作汇报》。

改造中，由乡农业工作站负责开挖技术，按坡改梯建设“一深、二平、三肥、四有沟、五有埂、六有路”的技术要求进行作业，要求每厢台面宽不低于1.5米，每厢靠近上厢埂脚部位要开出宽30厘米、深20厘米的防涝排水沟，熟土回填率达到90%以上。建设完工后要求亩积送农家肥1000公斤，种植豆类、苕子等养地作物，以多种方式进行培肥地力，全面推行良种良法，合理实行轮、间、套种，增加科技含量，提高土地利用率①。部分村民反映，土地整改后，收入大量减少，所种植的粮食，在前5年内几乎都在减产。只有不断追加化肥，才能获得收入。调查组根据村民反映的情况，咨询了村支部书记，书记介绍，村民们看到的是眼前的利益，土地整改确实给村民在耕作上带来方便，减少了化肥的流失率，几年过后，会增加收入。因为在整改的过程中，部分肥沃的土质会被翻到地底下，而贫瘠的土壤则被往上翻。要把整改后贫瘠的土壤变成肥沃的土壤，需要一段时间的过渡，因此，整改后的前几年，会出现粮食减产的情况。总的来看，土地整改项目实施后，减少了耕地的水、土、肥流失，提高了耕地的利用率和产出率，并可通过农业部门的科技扶贫，使当地农民群众改变生产、生活习惯，改变原始的耕作方式，向高效的现代农业靠近，为发展农业生产营造一个长远的、良好的农业生态环境。

2009年，在县财政的扶持下，文东乡申请实施了“澜沧县文东佤族乡多依树村小型基础设施建设项目”，其中涉及农田改造的内容为：新开水田2000亩，改善灌溉面积1253亩，在面积为10000亩农田里，推广配方施肥、秸秆还田示范区。根据1992年云南省农、牧、渔业厅农建办编写的《坡改梯台地的设计与施工》标准和当地市场实际价格，结合当地的情况，新开水田面积2000亩，每亩平均补助300元，投资60万元；推广配方施肥面积6000亩，每亩补助资金95元，投资57万元；秸秆还田示范区4000亩，每亩补助资金35元，投资14万元；项目总投资131万元。根据规划，多依树村把原来的山地改造成标准化台式梯田，培肥田力、改良品种、提高复种指数，根据耕作地坡度的大小，按照一平（台面平整，台面宽3米）、二深（耕作层在20厘米以上）、三肥（增施农家肥、秸秆还田来改土培肥、测土配方施肥）、四有埂（建土埂）、沿等高线以人工开挖台地，埂坚实牢固，台面平整且稍向里埂

---

① 《文东佤族乡人民政府二〇〇七年度坡改梯建设工作实施方案》。

倾斜，推广高产规格化稻谷种植。保证有一定的水源和灌溉条件，良种化率90%以上，栽培技术规范化，年平均亩产由原来的216公斤提高到320公斤，复种指数提高到150%以上，并且能有效控制病虫草鼠害的发生。该项目是多依树历史上最大规模的改土工程，在当地深受好评，项目综合治理面积56平方公里，受益面积广，多依树村9个自寨，918户，3683人都有所获利。新增新开水田面积2000亩，人均有水田面积达0.88亩，改善灌溉面积1253亩。复种指数由原来的20%提高到150%以上，经过生物农艺措施改造后年平均单产由216公斤提高到320公斤以上，年可增产粮食33.8万公斤，使农民人均占有口粮达到460公斤以上，新增经济水浇地3000亩，年可增收150万元，人均纯收入达1200元以上。同时，项目的实施使当地村民获得劳务报酬收入20万元（资金由文东乡政府负责管理，用于多依树村的公共事业建设）。

乡长介绍，2012年针对农村的农田改造主要是“兴地睦边”农田整治重大工程的落实。“兴地睦边”农田整治重大工程是“西部生态建设地区农田整治工程”的重要组成部分，也是国家“兴边富民行动计划”的重要内容，总建设规模323万亩，预计新增耕地23.03万亩，审定预算投资86.2亿元，计划5年完成。其中，云南省2010年下达项目56个，建设总规模57.33万亩，预算总投资13.29亿元，预计新增耕地4.21万亩；2011年下达新建项目64个、续建项目1个，新建项目建设总规模75.32万亩，预算总投资18.71亿元，预计新增耕地6.42万亩。2012年已下达项目121个，建设总规模132.65万亩，预算总投资32.04亿元，其中22个项目进入工程竣工决算、审计阶段。

2. 水利设施建设

水是制约农业发展的主要因素。旱、涝等自然灾害都与水有着直接的联系。水利建设是农村生产性基础设施建设的重要组成部分，它既要能有效地抵御自然灾害，又要保障农业生产安全，保证农民增产增收。

多依树村是一个以农业为主的民族村、阿佤山区的贫困村，全村没有河流经过，加上当地森林覆盖率低，保水能力弱，导致水源干枯，辖区尚无小型水库，用水困难是多依树村的一大难题，人畜饮水相当困难，农业生产靠天吃饭的色彩浓厚。然而，水利设施建设在农村是一项浩大工程，工程投入大，多依树村是一个典型的山地农业村，农民收入主要以种植业为主，经济结构单一，经济基础薄弱，水利设施建设的投入对于当地村民来说是无法承受的负担。为改变多依树村农业生产极度依赖降雨、生产状况不稳定的现状，文东乡积极争取上级财政和有关部门支持，进行水利设施建设。

2009年，在县财政的扶持下，文东乡申请实施的“澜沧县文东佤族乡多依树村小型基础设施建设项目”规划改造多依树村年久失修的灌溉沟渠。大芒堆大沟是多依树村大部分水田灌溉用水的取水沟渠，20世纪90年代靠村民自主修建而成，近年来沟渠部分地段表层风化较严重，渗漏严重。在这次项目中，由澜沧县水务局下拨项目资金105万元用于大芒堆灌溉沟渠的扩建工程，工程改造沟渠全长17公里，改造后设计流量为0.3立方米/秒，其中三面光15公里，建沉沙池2个。大芒堆大沟是多依树村的一条重要灌溉沟，是促进多依树村农业发展的重要命脉，通过建设大芒堆大沟及人畜饮水工程，可改善灌溉面积1253亩，新开水田2000亩，同时可以解决芒登村9个自然寨，918户，3683人，1355头大牲畜饮水困难和饮水安全问题，保证全村农田灌溉用水，提高农田粮食产量，对促进多依树村畜牧养殖业的持续健康发展，增加农民收入，起到重要作用；同时，该项目对当地的环境起到了很好的保护作用，农田灌溉沟的加固修复和人畜饮水工程项目的建设，可起到保水、保肥、固土作用，防止水土流失、山体滑坡等自然灾害的发生。项目完成后，有效地防止了沿沟渠渗漏，提高了当地农业水利化程度，有效地减少了水土流失和山体滑坡，提高了抵抗自然灾害的能力。

农业生产条件差，基础设施脆弱，是制约贫困山区农业生产和经济发展的重要因素，近年来当地实施的一系列农田水利设施改善了多依树村的农业生产条件，让村民得到了实惠，村民对参与这类工程积极性高，在改善了生产条件、提高村民收入的同时收到了良好的环境效益和社会效益。

六、多依树村的其他产业的发展

（一）林业的发展

近几年，澜沧县围绕云南省实施的“七彩云南保护行动”展开以“七彩云南，生态澜沧”为主题进行大力宣传，倡导每个公民都要有环境保护的意识。澜沧县紧紧抓住国家实施西部大开发战略和建设“林业两大体系”以及云南省实施林业“六大工程、八大产业”[①] 的重大机遇，以构建完善的林业生态体系、发达的林业产业体系和繁荣的生态文化体系为目标，以生态保护和建设为重点，以林业产业发展为动力，坚持走“培育森林后续资源为基础，林浆、林化产业建设为重点，林下资源开发为补充”和“生态建设与产业发展相互协调、相互促进”的林业发展路子，把林业建成全县较大的支柱产业[②]。在自治县的统一领导下，各乡（镇）、各部门以及各村民委员会积极配合做好一系列生态保护工程。

文东乡在前几年就树立保护生态环境就是保护生产力，改善生态环境就是发展生产力的新观念，坚持人与自然和谐发展和开发与保护并重的原则，大力提倡资源合理利用，推进集约用地，提高土地资源集约利用能力；保护和建设好生态公益林，继续实施好退耕还林和森林资源的管护工作，加强护林防火，加大毁林案件的查处力度。同时，加快沼气、小水电和太阳能等清洁能源的建设步伐，保护生态环境。具体工程有：

1. 退耕还林工程

退耕还林是一项民心工程，生态工程，做好了既可以改善生态环境，又能加快贫困地区农民脱贫致富，还可以带动产业结构的调整，可谓一举多得，利国利民。澜沧县从 2002 年起开始实施退耕还林工程。2008 年，上级下达澜沧县退耕还林工程封山育林项目 1.5 万亩，项目安排在酒井乡实施。目前，全县退耕还林工程封山育林面积累计达 3.5 万亩（含 2005 年封山育林续封面积 2 万亩）[③]。

2008 年 7 月 11 日，澜沧县通过《澜沧县 2008 年重点地区退耕还林基本口粮田建设项目实施方案》。此方案出台后，由县人民政府及时组织发改、农业、水务、林业召开了会议，决定项目选择以行政村为单位，选择退耕还林

---

① “六大工程”是：天然林资源保护工程、退耕还林工程、防护林建设工程、用材林基地建设工程、农村能源建设工程等。“八大产业”是指：林浆纸一体化产业、木材加工产业、林化工产业、特色经济林产业、竹藤产业、以林下资源开发为主的非木材产业、野生动物驯养繁殖及加工利用产业、森林生态旅游产业。

② 根据 2008 年澜沧县出台的《澜沧林业今后五年发展思路和奋斗目标（2008—2012 年）》

③ 《2008 年退耕还林工程建设情况》。

面积比较大、退耕面积相对集中、现农民生产生活条件较差的村寨实施。2009年，上级下达澜沧县巩固退耕还林成果营造林规划项目18553亩，其中薪炭林3285亩，种植业14100亩，补植补造1168亩，项目涉及谦六、竹塘、拉巴等6个乡镇的75个村民小组，1236户退耕农户，共区划99个造林小班，主要为思茅松、西南桦、桉树、核桃、蚕桑等10个树种。[①]

在退耕还林的过程中，全县是根据以点带面的方式逐步展开，县境内每个小区域的退耕还林工程开始时间不统一。文东乡全面实施退耕还林工作开始于2003年，在全面实施退耕还林工作的第一年，党委、政府始终把退耕还林工作作为林业发展、促进农民增收的重要任务来抓，广泛开展宣传动员工作，精心组织，统一安排、规划，抽调各站所精干人员，成立退耕还林领导小组，全面实施退耕还林工作。2003年全乡共实施完成退耕还林任务2000亩，并全部通过验收，兑现粮食15万公斤。退耕还林项目受益9个自然寨、12个村民小组、167户、828人。苗木成活率达到93.2%[②]。

我们所调查走访的多依树村，据村支部书记介绍，退耕还林工程开始于2003年。到目前为止，全村退耕还林总面积为2600亩。退耕还林工程在多依树村的实施主要分两批进行，第一批工程实施时，政府提供树苗，树苗品种主要是松树和西南桦，并兑现退耕还林资金每亩300元。第二批退耕还林工程每亩补助200元，树苗来源是政府出资一部分，村民个人出资一部分，由乡里统一订购。两批退耕还林的过程中，村民个人出土地和劳力，几年过后，退耕还林所得的收益归村集体和村民个人所有。退耕还林工程的实施，村民们确实得到了实惠。

2. 荒山造林工程

多依树村有耕地总面积11672亩（其中：田1253亩，地10419亩），人均耕地3.15亩，主要种植粮食等作物；拥有林地31416亩，其中经济林果地630亩，人均经济林果地0.17亩，主要种植茶叶、橘子等经济林果；水面面积358亩；荒山荒地15470亩，其他面积25067亩。从以上数字可以看出，多依树村的荒山占村国土面积83985亩的18.4%，说明多依树村大部分土地面积是荒地，荒地面积的多少直接影响全村的经济发展水平和环境保持状况。

---

① 《云南省退耕办检查指导澜沧县退耕还林工作》。

② 《2003年文东乡政府工作总结》。

近年来，随着人口的增长，对原有资源的过度依赖，荒地面积逐年增多。基于此，乡政府和村委会积极鼓励村民植树造林。据村支部书记田学明介绍，乡政府为鼓励村民植树造林，村民每植树一株政府补助3元，于是从2009年开始，多依树村大部分人都愿意植树造林。支部书记田学明说，他打算明年承包300亩荒地来种植桉树。而2009年，多依树村民种植的树苗主要是西南桦，2009年，全村共植树197亩，其中属于村集体植树的为45亩[①]。植树造林，不但给村民带来了经济收益，还很好地保持水源、绿化村庄。

3. **生态公益林管护工程**

2000年，澜沧县进行了森林分类经营区划工作，将全县林业用地面积划分为公益林和商品林两大类。根据分类区划调查统计，全县公益林面积为16.70万公顷、商品林面积35.60万公顷。澜沧县的国家重点公益林区划范围主要涉及江河两岸、石漠化和水土流失严重地区以及国防林3个大类。2001年，澜沧县根据事权对公益林分省、地、县、乡、村5级进行现场界定。其中省级公益林定为重点公益林，其他级公益林定为一般公益林。2004年，结合澜沧县实际，对公益林和商品林面积作了适当调整，调整后的公益林为10.98万公顷、商品林41.32万公顷，分别占林业用地面积的21%和79%。同年7月，澜沧县重新认定国家重点公益林区划界定工作，共区划界定国家重点公益林面积2.56万公顷。2005年，澜沧县制定国家重点公益林生态效益补偿基金项目实施方案。纳入第一批中央森林生态效益补偿范围的国家重点公益林面积为1.21万公顷，涉及11个乡（镇）33个村民委员会104个村民小组[②]。

目前，从多依树村所处的地理环境来看，全村没有国家重点公益林和省级重点公益林，只有一般公益林，属于自留山部分，有个人的和村集体的。为了保护公益林，澜沧县政府制定了特定的管护小班。一是澜沧县根据《云南省森林资源规划设计调查操作细则（试行）》相关规定，管护小班最小区划面积1公顷，最大面积60公顷，但个别管护小班面积在60公顷以上。多依树村全村列入生态效益补偿范围的公益林面积共涉及4个林班，分别为林班019、林班020、林班021、林班022。二是划定管护责任区。根据管护小班分

---

① 《多依树村2009年荒山造林种植花名册》。

② 李荣，胡林．澜沧县国家重点公益林生态效益补偿基金项目管理探讨．

布、管护难易程度等情况，结合有利于开展管护活动、维持小班地块界线的原则，合理划分管护责任区，明确管护责任区的四至界线。多依树村全村共划定管护责任区2个。三是落实专职管护人员。多依树村列入生态效益补偿范围的公益林实行个体承包管护，专职管护人员由村民小组根据实际情况确定，并经村民大会通过。专职管护人员原则上按管护责任区并结合管护面积统一安排，但对于管护区面积较小且靠近其他管护区的，由其他管护区的专职管护人员代为管护。多依树村全村共有3个专职管护人员。四是签订限（禁）伐协议和管护合同。为有效管护好公益林，澜沧县人民政府与公益林的林权所有者签订了限（禁）伐协议。协议规定，在国家实施资金补偿期间，禁止任何形式破坏森林资源的非法采伐和开发，必须的更新采伐、抚育采伐、低效益林改造必须申请办理采伐手续，并在林业主管部门的监督指导下进行。与此同时，澜沧县林业主管部门与管护责任单位，管护责任单位与管护人员，分别签订了管护合同。文东乡林业站分别与各村林班签订管护合同，林班与村民签订管护合同，同时，各个村村规民约上有相应的保护条款。五是建立管理组织机构。澜沧县建立了国家重点公益林生态效益补偿基金项目管理组织机构，实行5级机构垂直管理。具体如下所示：澜沧县国家重点公益林生态效益补偿基金项目领导小组—澜沧县国家重点公益林生态效益补偿基金项目办公室—项目区乡（镇）林业站—管护责任单位（村民小组）—管护人员（责任区）。据统计，多依树村省级公益林面积7198亩[①]，占村林地总面积的22.9%。多依树省级公益林占地面积最大的自然寨是大芒堆，3732亩，最小的是瓦厂，69亩。多依树村的生态公益林管护由小组分管，全村共8个林班，每个林班有专人负责管理。除此之外，2007年，多依树村成立了管护营，管护营以组为单位，每个小组一个成员，由村主任负责。

4. 森林病虫害防治工程

据云南省水利、气象部门介绍，2009年7月至2010年1月，云南平均降水量比多年平均降水量减少207毫米，打破了有气象记录以来的最少记录；同期气温与多年平均相比偏高了1.7℃，打破了有气象记录以来的最高记录。这次旱灾范围较广、持续时间长、受害面积大，为60年一遇的罕见冬旱。干旱易导致林木的生长势下降，进而造成林木抗病虫能力的降低，引发次期性

① 《省级公益林责任单位权属面积公示表》。

的天牛、小蠹、木蠹象、吉丁虫侵入危害，诱发寄主主导型病害侵染林木。持续干旱和暖冬，可使某些虫害的发育时间缩短，发生代数增多，虫口总数增加，危害程度加重。因此，对于云南林业大省来说，森林病虫害的防治工作更加艰巨。澜沧县林业局及其各乡镇林业站从不怠慢此项工作。文东乡多依树村的森林病虫害工作主要有乡林业站做技术指导，各村林班、片区负责人辅助防治病虫害。在干旱或暖冬时节，林业管护人员必须到林地考察，一旦发现有病虫害，就立即上报乡林业站。

（二）农村非农产业的发展

1. 手工业

手工业是指依靠手工劳动，使用简单手工工具从事小规模生产劳动的工业。最初与农业密切联系，属于农民副业性质的家庭手工业。在佤族聚集地区最重要的手工业是纺织和制作服饰，其中纺织主要由妇女承担。在多依树村中，经过调查，多依树手工业跟整个佤族手工业状况基本一样，多依树村中最重要的手工业就是纺织和制作服饰。

佤族地区佤族种植棉花至少有上百年的历史，纺纱织布的任务主要由妇女承担。在新中国成立以前，多依树村就已经普遍种植棉花了，穿戴布料主要靠自纺、自织、自染。多依树村的妇女在完成繁重的田间劳作之后，还要缝制全家人的衣服，其辛苦可想而知。常用的纺织工具有轧棉机、弹棉弓、纺锤和织布机。轧棉机是用两个木轴设于木架上，用手摇动，轴向相反方向旋转，把棉籽压出，一般一天能压出棉籽 3～4 斤，效率较低。弹棉弓是用一段竹片拴上弹绳而成，弹棉弓的作用是将皮棉弹绒变成棉绒，以备纺线用。纺锤是用木头制成的纺线工具，用来捻线，捻线很费工，一天也就只能捻一两左右的线。线纺好后，还要在红米熬成的米汤中煮几分钟，使线有一定的硬度，以便理顺和纺织。织布机有腰机和坐机两种，织布时，先按所需要的宽度拉好经线，然后织布者坐在一条矮凳上，将缚在木棍上的纬线从经线间来回穿梭，便可织出布来。用这种方法织出的布皆为粗布、土布，很结实耐用。布织好后，多用蓝靛、麻栗树或冬瓜树皮染成蓝色、黑色等。染布时，先用大锅煮染料，而后用煮出来的汁液浸泡布料，最后再用灶灰水定色。染出的布以黑色为多，红色、黄色、白色次之。由于生产力发展水平低下，多依树村村民自己不能够生产色彩丰富的颜料，他们染布的颜料是来源于生产生活环境中常见的植物，是能够直接从自然界索取到的各种树皮。染料单一，印染工艺简单，工具简陋，染出的布料色彩也很单调。这个时期，多依树村制作出来的服饰只注重实用性和耐用性，所以，服饰上的花纹图案不是很多，也不太复杂，有时候服饰上基本没有什么装饰和花纹，非常简朴。

新中国成立后，随着社会经济的发展，多依树村与外界的交往越来越多，各种制作服饰的先进技术逐渐传到了多依树村，同时，随着交通的改善，村民收入的增加，多依树村村民能更加方便地购买各种各样的商品。经济社会的发展，给多依树村的手工业带来了巨大的影响，极大地促进了多依树村手工业的发展。由于能够方便而且低廉地买到布料，所以，用手工纺织布料和对布进行染色的工业也就逐渐消失了。用买来的布料做服饰，方便实惠，并且买来的布料跟自己纺织的布料相比，色彩更加鲜艳、质地更加柔软。缝制出来的衣服更加轻薄、合身、柔软、滑爽、透气、色彩绚丽。同时，随着多依树村村民生活水平的提高，对物质文化的享受追求标准越来越高，对于服饰的要求已经不再只是实用性、耐用性了，更加注重服饰的美观程度。在这种情况下，多依树村村民在制作服饰过程中，在衣服上绣上各种色彩斑斓的图案，有十字纹、菱形纹、牛头纹、条形纹、波形纹、同心圆纹等，再嵌上各种装饰物，如洁白的银泡，使整个色彩既深沉而又对比鲜明，显得格外庄重富丽，给人以无限的美感。

改革开放以后，随着多依树村村民的生活水平的不断提高，再加上越来越多的村民到中国沿海经济发达地区打工，外来文化、思想对多依树村村民产生了巨大的影响，如今的年轻小伙子、小姑娘不再是只穿佤族民族服装，新式服装如牛仔裤、裙子逐渐成为了日常穿着衣服，本民族服装只是在重大节日或者隆重的场合才穿。因此，这对多依树村制作佤族服装的手工业者来说，造成了很大的影响，多依树村制作服饰的手工业人数逐渐减少到只有两家，并且制作服饰的手工业者都已经是上了年纪的老人。在调查采访过程中，多依树村的一个佤族服饰手工业者，从事制作佤族服饰将近 50 年，见证了佤族服饰制作 50 年的变迁史，现在对佤族服饰制作后继无人也表示出了担忧，看着多依树村制作佤族服饰这一手工业从曾经的昌盛到现在逐渐的衰败，也无能为力。

从新中国成立以来，多依树村的手工业尤其是制作佤族服饰可以说是逐渐发展，在制作工艺、技术等方面都获得很大进步，到改革开放初期达到一个顶峰，之后随着改革开放，经济社会的发展，外来文化、商品经济的冲击，使多依树村的手工业开始衰败，到现在已经跌入低谷。而手工业尤其是佤族民族手工业，对传承佤族文化具有重要的意义，因此，保护多依树村的民族手工业就有特别重要的作用。所以，为了保护多依树村的手工业，尤其是制作佤族服饰的传统手工业，多依树村村委会就应该加强重视传统手工业，加大对其扶植力度，提高对继承传统的保护意识，同时，不断创新多依树村的传统手工业，以适应现代市场需求为改革点，逐步把多依树村的手工业推向市场化，使佤族服饰在社会主义市场经济中得到发展。

在路上、家中，你时常会看到佤族妇女们手中不停的搓绕着织布用的纺线，不知她们是“忙里偷闲”还是“闲里偷忙”。织布机非常简单，几根树简单的搭配、组合就开始织布了。虽然效率很低，但大多数佤族女人们（特别是老一点的）还是不愿放弃这吃力不讨好但却又能展示女人特点和审美观的活。面对大自然中的各种毒蛇猛兽，佤族的祖先们也充分认识到了这一种重要的自然法则。流传至今，这种鲜艳而夸张的色彩已经成为佤族女人们热情积极的体现了。她们用各色各样的线，一根一根，一天一天地，各种各样的图案，即使是不识字的老人，你只要给她字形她就能模仿着织出美丽的汉字。织布所费的时间非常长，有时几天，有时几个月。这时的男人们包下了全部重活。虽然如今他们不再是以穿佤族服装为主，这种似乎是在浪费时间的活，男人们却毫无怨言，也从来不过问。“男耕女织”其乐融融，在这个浮华而喧嚣的年月，这不是修炼出来的境界，而是自然的一种存在，也可以算是生活的另一种极致了。

2. 商业

多依树村没有专门的农贸市场和集市，村民们的日用品和生产资料等多从村中的个体经营商店或乡里的定期集市购买。多依树村有较大的综合商店 1 个，由本地村民经营，是一家汽车维修与百货经营结合的商店，其经营范围包括日用品和农具、化肥、种子等生产资料；同时有普通的日用品商店 3 个。有些村民也会利用家中的空闲房间开设简单的商店，经营烟酒、方便面、饮料等最常见的商品。这些基本能够满足村民的需要。

村中没有修建的“千村万户”市场，经了解原因是多方面的。一方面多依树村位于山地，在当地建设市场的场地有限，该村距离乡政府所在地仅 15

分钟车程，交通便利，村民们更习惯到乡里购买生活生产用品；另一方面村民们认为没有必要组织专门的市场进行交易，一般的农产品一部分由村民自己消费使用，需要交易的也多通过独立一对一的交易形式完成，需要特别说明的是大部分畜产品均由本村自产自销。一般的生产资料例如种子、化肥、农具等都可以在村中的商店购买。

经文东乡副乡长介绍，由于各村寨商品交易规模小，无法组建起集中的市场，每周的周二和周五在乡政府所在地都会组织大规模的集市，乡政府在场地划分、秩序管理、质量监督、纠纷协调等方面做了充分工作，足以满足周边村寨的村民需要。各村寨里没有专门的市场中介人，一些重要的市场信息一般会在村委会上公布。对于多依树村市场价格，日用品多由村民自主定价，而对于生猪普通品种500～600元每头，长大商品猪1000～1200元每头，仔猪200～300元每头。村民们在市场中出售的商品基本上只有甘蔗和生猪良种，而茶叶、玉米、鸡等均由村民自己食用，因此不难理解多依树村村民在文东乡里赶集时基本上只是购买商品。

概括来讲，多依树村市场总体并不发达，基本上是自发形成的，没有专门的市场中介人，由于规模小也没有相应的管理部门规范，不存在相应的规章制度，村民委员会在维护村民市场利益方面发挥着必要的作用。

七、多依树村的基础设施建设

（一）乡村道路建设工程

道路是村寨内部人们相互沟通和对外交往的重要基础设施。受到其历史状况和道理环境的限制，新中国成立之前的多依树村不仅没有通往外地的专门公路，就连村庄内部不同寨子之间的道路大多是都崎岖不平的土路、乱石路，路况极差。由于广大村民居住的地方大部分的地形山高沟深、坡度大，寨子之间距离较远，分布较为零散。道路条件的匮乏给当地村民的生活和生产都带来了极大的困扰，严重制约了多依树村的发展。新中国成立后，随着西部大开发和新农村建设步伐的加快，道路修筑及改造作为多依树基础设施建设中的重要内容而提上了议事日程，路况条件得到极大改善。目前，多依树村的乡村公路、村寨公路、专用公路以及文明道路建设已经取得了初步成就，全村 9 个自然寨之间全部实现通路。

新中国成立之初，多依树村的村民去文东乡乡上办事一般都要沿着大山经由弯弯曲曲的小土路，这条小土路是常年以来经过当地村民的行走而形成的，但是路况并不允许马车等车辆的经过。1963 年，文东乡成立了专门的修路工作小组，动员当地的老百姓投工投劳，终于修通了多依树的第一条乡村公路，但是路面等级较低，全为土路。1977 年，当地村民又对这条乡村公路进行了维修，进一步夯实、拓宽路面，给拖拉机等车辆的经过提供了条件。随着经济的发展和交通运输的需求，2007 年，文东乡专门投入 33 万元进行乡村公路的改造，目前，一条长达 3.3 公里的砂石路呈现在人们面前，方便了人们的外出。

多依树的 9 个自然寨分布较为零散，村组之间距离远，村寨公路对于村组之间的经济和生活交流影响很大。多依树把村寨公路的建设作为新农村建设中的重要内容，目前，多依树村共修筑了 11 条村组公路，总里程达到 45 公里，路面为土路，共耗资 27 万元，对当地经济社会的全面发展起着积极的作用。

多依树村目前共有 4 条专用公路，均为甘蔗专用路，分布在多依树村大、中、小芒堆和东佤寨。大、中、小芒堆三个自然寨，是全乡甘蔗主产区之一，蔗区及生产道路交叉纵横，广大群众发展甘蔗的愿望强，决心大，信心足。由于辖区内蔗区道路多，里程长，加之广大群众生活质量不高，对蔗区道路的管理难度大，投入严重不足，很多路段路基下沉，路缘坍塌，严重影响着甘蔗的运输，存在极大的安全隐患，随时会危及广大群众的生命安全。从大、中、小芒堆通过的蔗区道路，路面狭窄凹凸不平，路缘坍塌凹陷，运输车辆一旦通过，随时会有危险发生。为了加快甘蔗产业发展步伐，为广大蔗农创造安全的交通条件，2008 年，在中云公司上允分公司的投资和乡政府的财力支持以及广大村民的投劳下，蔗区道路得到了重新翻修。此后，每年都会有对专用路段进行维修，由村民义务出工。

多依树的文明路建设也取得了一定成果。文明路建设工程主要是在多依树大寨和小芒堆自然寨进行。在文明路修建的过程中，两个小组的村民按照现有人员进行筹资捐资，筹资人均 130 元，捐资自愿，此外，按劳动力人均筹劳 5 个工日由村民投劳。小芒堆自然寨内的文明路主干道和支干道共1200米，配有2个40立方米的垃圾池，直接受益158户618人。多依树大寨的文明路建设于2009年，年底完工。文明路的建设使得村容村貌得到了改善，宽敞、清洁的道路与优美的自然风景相呼应，使得多依树村呈现出新的面貌。

在多依树村2009年兴边富民整村推进项目中，村内道路建设的项目主要分布在五个村民小组（见表1－13），这一项目的实施为村庄道路的建设带来了新气象。

表1－13　　2009年多依树村村内主要道路建设项目分布表

项目分布	建设性质	建设内容及规模（平方米）	总投资（万元）	其中		项目效益	
				中央资金	群众自筹	覆盖农户	覆盖人口
多依树一组	新建	村间道路硬化2770	41.6	27.7	13.9	23	76
多依树二组	新建	村间道路硬化2590	38.9	25.9	13	24	103
多依树三组	新建	村间道路硬化2040	30.6	20.4	10.2	22	96
东佤一组	新建	村间道路硬化2970	44.5	29.7	14.8	29	118
东佤二组	新建	村间道路硬化2100	31.5	21	10.5	27	112

乡村道路的建设极大地方便了人们日常的交通运输。在路面情况日益完善的情况下，村民的出行方式也在不断地发生变化。目前，全村共有手扶拖拉机16台，摩托车70辆。多依树村距离最近的车站11公里，距离集贸市场11公里。村民一般骑摩托车或者开拖拉机去往乡上的集贸市场，促进了当地的农产品贸易流通。

村庄道路建设是农村基础设施建设的重要内容，也是多依树村在未来村庄建设规划中的重要方面。多依树打算未来在路边种1万棵桦皮树，安装路灯，实现路边种植茶树。

2010—2025年新农村建设规划。多依树村规划政治建设实施项目工程中道路工程的工程内容。5米村庄主要道路工程：长度1160米，宽度5米（硬化宽度5米），拓宽加改造，面积5800平方米。3米步行道：长度386米，宽度3米，面积1158米。配套给水工程，配套雨污排水工程：污水沟，长2135

米。配套绿化工程：按6米间距植行道树，共410株，适宜选香樟树或本地树种，胸径5~10米（包括种植用土及灌木）。村内道路配套太阳能路灯：按15米间距布置局道路一侧，共150个路灯。

（二）住房改建工程

多依树位于半山坡上，整体地形是南高北低，地形坡度起伏大，民居因地势而建，整个村落的房屋排列错落有致。长期生活在山区的佤族人民在历史长河中不断摸索创造出了适应山地居住的特有建筑："干栏式"和"落地式"竹楼（木柱的顶端保留树杈，用以托梁，横梁上再托上一些细竹子，然后覆以茅草，筑成架空结构），房屋分上下两层，楼上住人，楼下为牲畜、家禽活动之所。在澜沧1988年7.6级大地震，当地农村受灾严重，大部分民居被毁。从此之后，当地政府极为重视农村危房的改造，抗震和防雨是其中两个重要的指标。

从2003年开始，澜沧县政府大规模实施农村茅草房改造，采取县政府统配部分建房材料（门窗、水泥、水泥瓦等），群众自己负责备砂、石、木材等工程材料，国家投入资金外，家家户户投工投劳的模式开展，建筑式样、结构、技术指标统一要求，户均建筑面积不低于60平方米。2006年，多依树村推行了茅草房改造工程。全村共有137户民居成为改造对象，每户补助2000元。进行改造的民居住房多为土木瓦结构、挂墙茅草房以及茅草房，改造后的房屋结构为砖瓦房，面积为60平方米。在政策扶持下，广大群众的积极参与，多依树的民居改造扶贫工作取得了明显成效。通过茅草房的改造，贫困群众的生产、生活条件得到了很大的改善，贫困群众住上了宽敞明亮的房子，改善了农村的环境卫生和村容村貌，促进了民族团结和边疆社会的稳定。

在当时茅草房改造中，很多特困户及五保户由于经济基础薄弱，加之材料、运输等因素影响，未能进行改造建设，截至2008年底，全村还有100户特困家庭和35户残疾农户仍然住在低矮、简陋的茅草房、杈杈房中，涉及人口总共332人（分布情况见表1-14和表1-15）。

表 1-14　　多依树村特困户分布情况表　　单位：户、人

村名	组名	户数	人口
多依树村	平掌	30	91
	东佤	35	116
	棠梨湾	10	27
	瓦厂	5	19
	多依树	20	64
合计		100	317

表 1-15　　文东乡各村残疾人农户分布情况表　　单位：户、人

村名	组名	户数	人口
多依树村	多依树	3	8
	东佤	2	4
	瓦厂	1	3
合计		6	15

为切实改善特困户和五保户的住房条件，在推进社会主义新农村建设背景下，2008 年底文东乡政府开展了民房安居加固项目和残疾人民房改造项目，向澜沧县建设局申请为每户特困家庭补助 2000 元开展民房安居加固项目，为每户残疾人农户补助 6000 元开展残疾人农户安居房改造项目，目前多依树村大部分特困户和残疾人农户已完成危房改造，少部分家庭正在实施过程中。

2008 年 3 月，澜沧县开展了农村民居抗震性能普查工作。农村民居抗震性能普查是实施农村民居地震安全工程的一项重要前期工作。多依树村积极组织了该村民居抗震性能的普查，对房屋的基本情况，包括房屋面积、建成时间、场地条件、地形条件、梁柱材料等进行了考察，在此基础上，评价了抗震性能并且决定需不需要进行改造以及通过何种方式进行加固改造。2008 年 10 月，为了消除农村民居抗震安全隐患，提高抗震能力，改善农民群众居住条件，加快建设社会主义新农村，在对农民民居进行过抗震性能普查之后，澜沧县颁发了农村民居地震安全工程实施方案。上级安排文东乡有农村民居地震安全工程加固改造 180 户，多依树村 68 户。这 68 户农民所住的房屋为砖

木、土木和平房结构。多依树精心组织实施了该方案，对特别贫困、特别简陋、特别危险的农村民居以及优抚对象和残疾人的住房优先进行了加固，对进行民房加固的农户给予资金补助，按照云南省的统一补助标准，加固改造的农户可以获得2000元的补助。资金拨付分为三个阶段，准备阶段拨付30%用于备料或基础开挖，工程动工后拨付50%用于工程建设，工程竣工后验收合格后拨付20%，所有的资金均直接打入农户的惠农一折通上。在施工的过程中，坚持“先设计，后施工”的原则，按照统一编制的农村民房建设突击和维修加固方案，因地制宜，适当突出当地民族建筑特色，由农民群众结合自身情况选择使用。在多依树，农民建房一般都是请村里具有建筑工艺的工匠进行施工，为了抓好施工技术，县建设局派出工程技术人员，组织工程技术专家对拟从事工程管理的农村建筑工匠进行了规范的施工技术培训，普及抗震设防技术，使农村的工匠掌握了农村民居抗震基础知识以及操作技能。多依树统筹安排，积极推进农村民居地震安全工程，目前这一工程已全部竣工，完成率达100%，有效保障了民居安全。

随着新农村建设步伐的加快，村里呈现出越来越多的新式民居。截至2007年底，该村农户住房以砖木结构住房为主，其中有20户居住砖混结构住房，有577户居住砖木结构住房，有248户居住于土木结构住房，还有61户居住于其他结构的住房。2009年，民居建筑总面积达到了12560.03平方米，简易房总面积达到351.47平方米。2010年，文东乡房屋破损漏雨农户花名册，多依树共159户，受损类型多为石棉瓦受损或者墙体炸裂。多依树已经开始了专门的规划，这些房屋受损的农户已经开始房屋的修缮。

公房建设也是多依树房屋建筑中的重要方面。全村共有7个基督教堂，6个佛教活动场所。多依树村村委会办公室于1985年建成，建筑面积156.1平方米，砖木瓦顶；厨房于1997年建成，建筑面积31.5平方米，砖木瓦顶。办公条件落后，目前，一座2层的楼房正在村委会边上建设，竣工后将作为新的村委会办公用房，办公条件将得到改善。此外，为了解决广大群众的精神文化匮乏问题，乡人民政府多方筹措资金，在多依树村委建盖了一栋面积为100平方米的文化活动室，代替了原来224平方米的破损严重的房屋。多依树、帕赛、小寨、水塘四个自然寨的卫生室也已经在危房改造工程中竣工并且通过了验收，改善了群众的就医条件。

（三）人畜饮水工程

农村饮水安全是地方经济发展和人民生活水平提高的主要因素之一，事关民族团结、边疆稳定的大局。多依树是文东乡的一个大村，人畜饮水需求量大。截至2007年底，全村有917户通自来水，有306户饮用井水，有917户还存在饮水困难或水质未达标（占农户总数的100%）。目前，全村9个自然寨已经全部通水，其中只有3个自然寨通了自来水。除了平掌、东佤的水源是水井之外，其他自然寨一般都是从山底的水池引水过来。虽然已经通了人畜饮水，但由于水源、管道以及气候较为干燥等问题，多依树、东佤、平掌等寨子时常会发生缺水、断水现象，还需靠人工取水满足生产生活需要。

为了解决人畜饮水存在的问题，更好的满足当地村民的生产生活需要，多依树村启动了小型基础设施建设项目，其中也包括人畜饮水工程建设。2008年4月，多依树村人畜饮水工程建设开始实施。项目内容主要是建设长16公里的主管道，27公里的分户管道，流量为0.001立方米/秒。此外，建设了2个取水池，4个减压池，9个蓄水池，共300立方米。该项目得到了广大村民的支持。在上级财政支持和村民每户自筹50元的条件下，多依树人畜饮水工程解决了一个村民委员会、两所学校、1220户、3680人、3250头大牲畜饮水困难问题，有效改善了村里的生产生活条件，对促进社会稳定，边疆少数民族团结和经济发展具有重要而深远的意义。

2008年10月，多依树村民委员会委托澜沧县水务局综合设计规划了多依树村水利综合建设规划项目。该项目是人畜饮水及农田灌溉水利工程。人畜饮水水利工程建设管道全长16千米，分户管道27千米。主要建设内容有：一座取水坝、两个取水池、四个减压池及输水管道、沟渠等。全村9个自然寨的36个村民小组918户3683人直接受益于该项目的实施。水利综合建设规划项目解决了当地群众长期以来的人畜饮水困难和饮水安全问题，提高了饮水质量，对于保障居民的身心健康和稳定群众思想、解放生产力、改善农民生产、生活条件具有积极意义。

2008年12月，为了解决东佤自然寨的人畜饮水问题，多依树村启动了东佤自然寨人畜饮水工程。东佤自然寨距离多依树行政村有2公里，共有186户，744人，526头大牲畜。几年来东佤自然寨周边地质植被受破坏，附近村农民乱砍滥伐和开荒种地，涵养林和植被破坏后，土壤保水能力降低，加之2005年又遭遇30年一遇的大干旱，造成水源枯竭，人畜饮水相当困难，目前群众的饮水只能靠寨子周围的水井进行挑水饮用。到了枯水期地下水十分贫乏，水井的水逐渐变小，无法满足群众的生活和生产用水，农民的饮水问题得不到保障，生产生活受到严重影响。有些农户为了建盖住房，要到几公里以外的小箐去拉，枯水季节群众为了吃上水，每天每户平均要投入1个劳动力去挑水或抬水。这样大大增加了农民的劳动力和经济负担，制约了全寨各项社会事业的发展。通过该工程，共建设了长达9公里的主管道和8公里的分户管道，流量为0.002立方米/秒。此外，还有一个取水池，3个减压池，2个蓄水池，共110立方米。

为了进一步解决广大群众的饮水问题，在实现人畜通水的情况下，2010年3月，澜沧县启动了2010年农村饮水安全项目，以期提高村民的饮用水质量，保证水质安全。该项目覆盖澜沧县17个乡镇35个村境内，主要解决该县91个村民小组，共计2.388万人的农村饮水安全问题。多个村委会，其中多依树村的水塘和棠梨湾两个村民小组就包括在内。水塘小组和棠梨湾小组的水质均为Ⅳ类水，没有达到饮用水卫生标准。上级部门共投资16.43万元给两个小组，其中中央补助13.14万元，省级配套1.64万元，州县及群众自筹共1.64万元。该工程的建设内容主要是自流引水工程，在两个小组分别建设引水管道，管道长度均为5.241公里，供水规模为13立方米/天，该项目可以解决两个村民小组共326人、217头牲畜的饮水安全问题。

（四）能源及生态建设工程

1. 一池三改项目

（1）沼气池建设

为了环境卫生，节约用材，澜沧县人民政府要求每个乡（镇）要完成沼气池建设的任务。文东乡十分重视本乡的农村沼气项目建设工作，把巩固和新建沼气工作列入政府工作的重要议事日程工作来抓。成立了农村沼气项目建设领导小组，为巩固和完成2008年的农村沼气国债项目任务，乡人民政府与各村签订农村沼气国债项目责任书，明确了各村的农村沼气国债项目建设任务。多依树村也实施了农村节能改造项目。建设沼气池的农户自备沙、石，项目方给每家农户提供钢模、1.5吨水泥、100片砖以及5公斤钢筋，此外，还会补助现金100元。农户一般都是自筹劳力组织施工建设，项目领导小组指定技术指导员负责指导项目实施。据悉，每建一口沼气池可保护1亩中幼林免遭砍伐，每年每户可节约烧柴3立方米，沼气池项目的建设，可有效保护40亩森林面积，降低森林资源消耗930立方米。据测算，建设一口沼气池，每年可增收种植业、养殖业收入110元，节省燃料、化肥、电、劳动力价值等开支540元，每口沼气池每年可创650元的收入，通过推广沼气池和节能灶建设，还可减少农民日常劳动力强度，增强农民节能环保意识，改变项目区柴草乱堆、垃圾乱倒、污水乱流、畜禽乱跑、蚊蝇乱飞、烟熏火燎的"脏、乱、差"现象，真正做到"猪进暖圈粪入池、沼渣沼液进农田"。

文东乡根据《云南省发展和改革委员会、省农业厅关于下达2008年农村沼气建设中央预算内投资计划的通知》（云发改投资〔2008〕443号）、《农业部关于云南省2008年农村沼气国债项目的批复》（农计函〔2007〕267号）精神及《农村沼气建设国债项目管理办法（试行）》规定。确保实施项目建设，完成2008年下达农村沼气国债项目任务，2008年4月24日乡党委、政府班子会议研究决定，制定2008年农村沼气国债项目建设实施方案。项目建设的内容为一池三改（建沼气池、改圈、改厕、改厨），上级补助资金1000元/户。项目实施措施：由乡项目实施领导小组负责调供相应的物资。即调供灶具1套/户、水泥1.5吨/户、砖100片/户、钢筋5公斤/户；农户自备沙、石，项目方补助现金100元；农户自筹劳力组织施工建设；项目领导小组指定技术指导员负责指导项目实施，指导费统一从项目补助费中统一划拨100元/户。通过乡、村、组的努力，文东乡于2008年12月15日完成上级下达农村沼气国债建设项目任务数187户，已建设完成143户，完成率达76.47%①。

通过文东乡人民政府的统筹安排，多依树村沼气池建设始于2000年，2008年完成国债建设项目沼气池20口，目前多依树村沼气池总共有115口。据村支部书记田学明介绍，计划在2010年、2011年完成120口，通过争取乡政府部分资金帮助。田学明还介绍，2002年，刚建立沼气池的时候，国家扶持水泥，要求建沼气池的人家出钱150元，主要用来付技术工人的工资，另外农户还要自己出钱买石头沙子，还要自己出工出力。现在建立

① 《文东乡2008年农村沼气国债项目建设工作总结》。

沼气池，老百姓只需要出工出力就行，其余建沼气池所需的材料及其工钱由国家扶持。多依树村沼气池的建设，既卫生又方便，仅仅只需每月更换一次燃料。

（2）修建卫生猪圈

多依树村民都有传统的养殖习惯，也是村民家庭收入的重要来源。按照新农村能源建设方案的要求，对原来的猪圈、牛圈都进行了改造。历史上，佤族养猪从来不圈养，从而导致不卫生、疾病肆虐、破坏庄稼，因此1995年国家出台相关政策要求养猪要圈养。为了响应国家的政策，文东乡大力宣传，多依树村干部不断做老百姓的思想工作，要求他们圈养，并于1998年、1999年把圈养猪纳入村规民约。村里有了文件的规定，村民们的行为受到约束，从那时就慢慢习惯圈养。目前的多依树村，每家每户都有自己家的小猪圈和养牛的牛棚。2009年，多依树村多依树一组通过整村推进工程，改造猪圈23户，共368平方米，共投资6.9万元；多依树二组24户384平方米，共投资7.2万元；多依树三组22户382平方米，共投资6.6万元；东佤一组29户464平方米，共投资8.7万元；东佤二组27户432平方米，共投资8.1万元[①]。其补助标准为3000元/户，其中：财政补助2000元/户、群众自筹1000元/户。2009年，多依树村整村推进项目建设，涉及多依树村东佤一、二组，多依树一、二、三组，其中建设内容有猪圈125户，公厕5个125平方米。

（3）公共厕所的修建

新建的厕所也与原来的不同，厕所内设蹲便器，内墙1.5米高，贴瓷砖或刷白灰，有防雨棚，有条件的农户还将蹲便器与沼气池联通，粪便可以直接进入沼气池，推荐安装高压冲厕装置。“一池三改”极大地改善了村民的生活和居住环境，厕所美观无臭气，厨房干净无炊烟，庭院规划整齐，村庄呈现出焕然一新的新农村形象。通过文东乡政府在资金上的支持，多依树村于2000年建立第一个公共厕所。村书记田学明介绍，当时建立第一个厕所时没有人愿意去，因为大家不习惯上公共厕所。公共厕所的建立，给整个村庄的环境卫生带来很大的改变，特别是在雨季，人病、猪病和狗病交叉传染的情况得到基本的控制。于是当时的村干部继续向乡政府申请，要求每个小组必须有一个公共厕所。建立的公共厕所所需材料由政府出资，村民负责出工出

① 《普洱市2009年边境县整村推进项目资金计划表》。

力。目前，多依树村每个小组都有公共厕所，有些新盖楼房的村民还有自己的卫生厕所。小组公共厕所的卫生由本小组的所有住户轮流打扫。

(4) 厨房的改造

受传统生活方式和居住条件的影响，大多数村民的厨房都较为简易，一般是选择房屋的一隅或者在室外用石棉瓦搭建而成。做饭一般都是采用烧柴的方式，灶台往往都被烟火熏的发黑。厨房改造要求新建的厨房灶台尺寸1.5米长，0.6米宽，0.8米高，台面和台上墙面50厘米高必须贴瓷砖，达到卫生、美观、实用，有效地改善了村民的厨卫条件。

2. 能源建设工程

农村能源建设是保护和改善生态环境，发展生态农业和绿色农业的重要条件。

表1-16　**近五年多依树村林业生产主要林产品情况表**　单位：立方米

项目 年份	村及村以下木材采伐量			竹材采伐	其中：毛竹
	合计	用于生产生活木材采伐	用于生产生活木柴采伐（燃料）		
2004	3500	1500	2000	23000	23000
2005	2500	500	2000	3300	3200
2007	2450	450	2000	3000	3000
2008	2250	250	2000	5000	5000
2009	2480	248	2000	5200	5200

资料来源：澜沧拉祜族自治县文东乡多依树村农村综合统计年报表。

从表1-16可以看出，近年来，多依树村的用于生产生活木材采伐量（燃料）逐年增多，并且用于生产生活木材采伐量燃料与非燃料相当悬殊，如2009年，用于生产生活木材采伐（燃料）量为2000立方米，是非燃料采伐量248立方米的8倍。也就是说多依树村主要林产品木材采伐量是供本村村民平时生活燃烧所用。据村支部书记田学明介绍，有的年份全村采伐的木材不够使用，村民经常到外乡购进。现在道路建设比以前好，每到用材高峰会有人一车一车的往村子里拉进用于燃烧的木材，卖给村民作为燃料。这不仅是多依树村、文东乡甚至澜沧县缺乏生活用煤的表现，而且还体现了木材是当地村民取暖、煮饭的主要燃料。森林毕竟有限，林木的自然生长远远也达不到人们的需求，因此采取适当的措施节约燃料非常必要。当问及村民怎么不用电做饭和取暖时，多依树村书记田学明告诉我们说，当地的线路已经老化，电力不足，带不动现在的新设备。

多依树村能源建设除了上述的沼气池建设外，还有节能灶建设、推广应用高效节能灯和太阳能使用。多依树村的节能灶建设相对于其他村庄来说，起步较早，2003 年文东乡开始第一批节能灶建设就选择在多依树村实施，当年全村共建设节能灶 28 个，主要是实施新农村建设后才配套建设的。多依树村从 2002 年开始动员建设，目前全村共有节能灶 350 台。传统的佤族煮饭主要用 1 平方米宽的火炕，这既不省木材也不聚热，每年全村的木材采伐主要是用来做燃料。

高效节能灯的推广。文东乡于 2003 年开始推广高效节能灯，并对购买高效节能灯的村民给予一定的补助。2010 年是国家财政实施节能照明产品补贴政策的最后一年，为切实做好 2010 年的节能照明产品推广工作，文东乡根据《普洱市人民政府机关事务管理局关于印发〈普洱市公共机构 2010 年财政补贴高效照明产品推广实施意见〉的通知》（普政事务发〔2010〕5 号）要求，根据《澜沧县公共机构 2010 年财政补贴高效照明产品推广实施方案》等加强高效节能灯应用的推广。主要做法：一是宣传，二是登记，三是推广实施，四是督促检查。高效节能灯的推广既环保又省钱，是目前各乡镇应该普及推广的主要照明设施。

除了节能灶的建设外，目前多依树村逐渐有了太阳能。此外，随着家电下乡热潮的掀起和对卫生条件要求的提高，太阳能热水器的使用户也逐渐增多。多依树由于海拔较高，紫外线强烈，太阳能较为丰富。村民已经开始购置太阳能，每户人家可以得到 13% 的家电下乡补助，生活卫生条件得到了极大改善。多依树村的太阳能建设速度是非常快的，2007 年宣传动员，2008 年开始购买，到目前为止，全村已经有 71 户人家安装了太阳能。太阳能的安装速度如此之快，最大的原因是得到政府的补贴。每安装一个太阳能，政府补贴 13%，其余由村民自己出钱。这不仅为生活带来方便，而且还为全村基督教徒带来很大的好处，他们可以洗得干干净净的走进教堂做礼拜。有的甚至还在村子里做起了家庭沐浴中心，为没有安装太阳能的村民提供方便，同时还能赚钱。

在新一轮的村庄发展规划中，多依树村将新建共3个总计108平方米的公共厕所，厕所将是砖混结构的水冲公厕；共172个牲口圈，建筑面积1548平方米，砖木结构；共3个垃圾收集池，建筑面积12平方米，砖混结构。这些新规划实现之后，将给村庄带来更新的气象。

（五）广播电信事业工程

广播电信事业的发展对人民群众的生活方式有着重大影响。1987年，多依树村第一次实现全村通电，全村36个村民小组，通电率达100%，结束了传统的照明方式。随着新农村建设的推进，通电也为电视、冰箱等家用电器的使用提供了条件，不仅方便了农户的生产生活，也方便了村里的办公需求和学校的教学。就电力设备而言，全村共有7台变压器，分别位于大、中、小芒堆、平掌、东佤、多依树和水塘7个自然寨。

虽然已经实现通电，随着农村用电需求的增加以及设备老化现象越来越严重，特别是近年来用电需求增长迅猛，导致用电高峰期农网线路“卡脖子”、设备“过负荷”和用户“低电压”等问题比较突出，电网改造已经十分必要。多依树目前还未具备进行农村电网改造的必备条件，在农村电网建设问题上仍然存在困难。

目前，多依树村拥有电视机农户为401户，占全村总户数的大约50%。虽然有了电视，但是之前接收的频道很少，信号质量也不好，村民接收到的信息极为有限。2008年，为了进一步改善村民的生活质量，多依树村响应党中央的号召，启动了广播电视村村通工程，有效解决了村民听广播看电视难的问题。在村村通工程中，农户积极安装了直播卫星接收装置，村民称这种信号接收设备为“小天锅”，通过“小天锅”，每台电视可以接收30~40个频道，央视和地方卫视均在接收之列。村民在安装接收装置时都会得到一定的技术补助，每套设备大约需要150元，农户出资，乡上会派技术人员来指导安装和调试。从实际效果看，搞好广播电视村村通工作，就是通过广播电视，把学校、文化室和科技站办到了农民的家里，对于提高农民的思想道德素质、科学文化素质和身体健康素质，提高农民的致富本领具有非常直接和有效的效果。目前，大部分电视用户都已经实现了“小天锅”的安装。

中国移动及电信无绳电话网络覆盖所有区域，可以实现无绳通信，有无绳固定电话 269 部。电话的普及极大的方便了人们之间的通信，提高了通信的质量和效率，是新农村建设中的一项重要指标。

多依树全村共有 4 台电脑，村委会有 1 台，在一定程度上实现了办公自动化，但是受制于经济发展水平和电网建设的程度，这些电脑还没有实现联通网络。不过，随着经济水平的发展以及农村电网的改造，电脑也会在不远的将来入住多依树村，多依树与外界的交流也将更加顺畅高效。

八、多依树村的传统民族文化与宗教

多依树村是澜沧拉祜族自治县下面的一个佤族村庄，我们发现多依树村的佤族文化与宗教等传统不像西盟佤族自治县有的佤族村庄一样纯正，很多传统习俗和文化在多依树村里都已经没有严格的佤族特色了，因此，这个案例我们倒可以把它当做逐渐与别的民族融合与变迁的佤族传统文化。

（一）族源与族称

我国的佤族主要分布在云南省西盟、沧源、孟连三县，耿马、澜沧、双江、镇康、永德、昌宁、勐海等县也有分布。由于佤族主要分布区在澜沧江和萨尔温江之间的怒山山脉南段展开地带，山峦起伏，平坝极少，又称阿佤山区。根据 2010 年第六次全国人口普查统计，佤族人口数为 429709 人，较第五次人口普查 396610 人，增长了 8.35%。

传统的佤族是一个有语言但没有文字的少数民族。佤族日常生活中普遍使用的佤语，属南亚语系孟高棉语族佤语支，又可细分为巴饶克、阿佤、佤三种方言，每种方言又分若干土语。新中国成立前，英、美传教士为传播基督教而编制了一种佤文，设计得很粗糙，使用范围比较小。新中国成立后，人民政府派语言工作者对佤语进行了深入调查，并于 1957 年设计一种以拉丁字母为基本形式的佤文。

1. 佤族的族源

佤族是一个纯朴、热情、奔放的民族，体形慓悍，性格粗犷豪放；佤族历史悠久，由于没有本民族文字，无法记载，致使佤族的渊源历史很难说清楚。除汉文典籍对此有零星记载外，主要还靠口口相传的神话故事、民间传说等民俗学和民族学、人类学的资料来推论。

关于佤族民族来源，佤族几个老人给我们讲述了几个创世神话。在佤族创世神话中，人类起源于“司岗”，而对司岗的解释各地稍有差异，西盟佤族认为司岗是石洞。“司岗里”，意即人从石洞里出来。据说这个洞位于阿佤山中部缅甸境内的布拉德寨（又译巴格岱）附近的山上，距西盟县马散寨约25公里。至今，西盟县和缅甸佤族地区等地的佤族还把它视为“圣地”，每隔5年还要带上丰厚的祭品举行祭祀活动。西盟部分佤族自称“勒佤”，意即奉神之旨意守护圣洞之人。沧源地区认为“司岗”是葫芦，“司阔里”，意即人从葫芦里出来；也有认为司岗是竹筒。对葫芦生长地有两个传说，一说是生长在莱姆山（公明山），一说是生长在山通地方，这两个地方都距布托德寨不太远（现皆在缅甸境内）。缅甸和泰国佤族有关人类起源的传说与中国佤族的“司岗里”传说一样，也有两种解释。学术界对司岗里的解释也不同，一说是佤族先民对远古穴居生活的回忆；一说是佤族古代先民对女性生殖器的崇拜。各地佤族虽对司岗里的解释有所不问，但都把阿佤山区视为佤族的发祥地。这说明他们在阿佤山区居住的历史已很久远。

事实上，根据我国众多学者的研究得出，佤族是汉晋期云南濮人的后裔。佤族居住阿佤山区虽然已有久远的历史，但古代佤族先民分布的地方不限于此地。在我国云南的保山、德宏和西双版纳，缅甸的木邦、景栋，泰国的景迈和老挝的北部地区以及我国台湾，至今尚有一百余万佤族居住。据史料记载，佤族先民早在汉代就已生活在滇西南、缅甸、泰国北部边境地区这一范围内。《华阳国志·南中志》有“永昌郡，……其地东西三千里，南北四千六百里，有穿胸儋耳种，闽濮……宁州之极西南也，有闽濮、鸠、僚、僄、越、裸濮、身毒之民……”的记载。

魏晋时期，永昌郡的“闽濮”“裸濮”处于原始社会的末期，与外界交往联系很少。在唐代的文献中，已有有关佤族的较明确的记载。据唐樊绰《云南志》载：“望苴子蛮，在澜沧江以西，是盛罗皮所讨定也，……南诏及诸城镇大将出兵，则望苴子为前驱。”“苴子”，是南诏时期对勇士的称呼。“望苴子”，即是从望族中挑选的勇士。“望”与“佤”的声母、韵母相同，只是有无韵尾的差别。因此，“望”是“佤”的同音异写。所以在阿佤山以北至德宏和大理西南部，古代有相当数量的佤族分布是没有什么疑问的。在阿佤山以南，“这类人们……自称‘乌’或‘望’，然而，他们最多的场合使用接的‘佤’的名称。缅族称他们为‘拉佤’，暹罗称他们为‘佤’，汉人称他们为‘佧佤’……”拉佤曾是景栋区域直至景迈的土著居民，佤族先民在周秦时期是“百濮”族群的一支。汉代文献把云南境内的礼社江、元江称为“濮水”，是因为它流经“濮人”居住的地区而得名。汉晋时期云南境内的濮人，主要分布在礼社江、元江流域及以西的澜沧江流域一带。唐朝以后，史书逐渐把佤族与布朗族、德昂族等民族区别开来，并把其作为一个独立的人们共同体来记载。

到明朝时，据《滇略》、《百夷传》、《滇志》记载，在澜沧江和怒江流域有大百夷、小百夷、蒲人、阿昌、缥人、古剌、缅人、哈剌、结些、哈杜、怒子等族称。古剌、哈剌指的都是佤族。清代则称佤族为“戛剌”“卡瓦”和“哈瓦”。元明清三代，佤族主要分布在永昌、腾越、顺宁、普洱等府、州（今云南保山、德宏、临沧、思茅等地区）。

从唐代的“望蛮”作为一个独立的族称出现，到明清的“古剌”“哈剌”“戛剌”“卡瓦”和“哈瓦”，是汉文典籍中给后人提供的佤民族形成过程的最明晰的一条主线。可以认为，佤民族的形成孕育于唐朝前后，至明朝中叶直到清朝初年才最终形成一个独立的人们共同体。而佤族各地区，各支系之间民族内部真正的相互认同，则是1949年以后。

2. 佤族的族称

佤族的族称在不同历史时期有所不同。在古代，汉晋间将中国孟高棉语族各民族包括佤族在内的统称为“濮”。唐、宋时期，称澜沧江以西的各个民族包括佤族在内的为“望蛮”“朴子蛮”“黑僰濮”。元代时期，对佤族称“生薄”（或称“野薄”）和“熟薄”。哈剌是明代文献上对佤族的一种称呼。钱古训《百夷传》云：“古剌，男女色甚黑，男子服饰类哈剌。”到了近代，佤族自称“布剌”，是明代“古剌”“哈剌”的延续。

同样地，佤族的族称在不同的地区也有所不同。沧源、耿马、双江和澜沧的佤族自称“布热”“布饶”或“巴饶”；西盟、孟连的佤族自称“阿佤”“阿卧”“阿佤莱”和“勒佤”；镇康、水德的佤族则自称“佤”。本民族内部不同支系之间对彼此的称呼也不同，如沧源、耿马等地的佤族称西盟部分地区、沧源单甲和缅甸部分地区的佤族为“鲁阿”“斯佤”等。其他民族对佤族的称呼也有差异，傣族称镇康、永德的佤族为“拉”，汉族称其为“本人”，西盟、沧源等地区的佤族则被傣族、汉族和拉祜族称为“佤”和“佧佤”。

与中国佤族跨境而居的缅甸佤族，其自称和他称与中国佤族基本相同。他们自称“佤”，掸族称他们为“佤”或“拉”“腊”，缅族称他们为“官雅”，其他民族称之为“拉佤”“雷拉”，有些佤族支系又被称为“蒲满”“巴龙”等。缅甸官方则统称其为佤族。泰国佤族的自称有“拉威”或“佤哈罗”“拉窝”“罗”“帕”等，他称有“拉佤”“听”“帕”“卡罗”等，统称“拉佤”。中华人民共和国成立前夕，佤族曾被称为“佧佤”，“佧”字含有贬低之意。中华人民共和国成立后，人民政府根据佤族人民的意愿，于1962年政府决定把“佧佤族”统称为“佤族”，也可称为“阿佤族”。自此，佤族的族称便以法律的形式确定下来。

3. 佤族取名

佤族称呼人的方式也很特殊，单呼排行表示敬重，单呼小名表示亲昵，称呼真名不带任何感情色彩。佤族的名有的取天干名，也有的取地支名，有些受汉文化影响，有的带有一种精神寄托。例如取“保、老、散、然”等，其意思为“保重、流传、掌管、坚硬”等。取“保”名是祝愿他长大后万事如意，得到保重；取“老”名是愿他成为名扬天下的好人；取“然”名是盼他像岩石一般坚硬，不怕艰难险阻。借此表达父母的理想和愿望。一个婴儿出生，若排长子，生于属乙巳的日子，取天干名就叫艾那，取地支名就叫艾社。若是长女，可以取叶那或叶社。为避免和父母的名字重复，男孩可以取出生后三天的天干地支名，女孩可取出生前一天的天干地支名。佤族人在为人父母之后，其名也要随着改变。男子为父后，要去掉排行，以其第一个孩子的名字取代之，如名叫尼茸的男子，第一个孩子叫叶那，那么，他的父名便为“那茸”，称呼时可叫“那茸”，也可叫“更那”（更即父亲），意为“叶那她爹”。女子为母后，其名不改，但称呼时，可叫“咩那”即“叶那她妈”。佤族盛行父子连名制。佤族人的名字分两部分，第一部分是排行，第二部分是本名。两个部分组成一个人的真名或者全名。男子的排行是长子叫艾，次子叫尼，三子叫桑，四子叫赛……女子的长女叫叶，次女叫伊，三女叫安……但为了社会交流的方便，本村的人都有汉名，本村最大的姓氏是“魏”，其次是“李”。

（二）民族习俗

对佤族的了解，最直接的就是那首《阿佤人民唱新歌》。当然，还有舞台上令人心动的佤族女孩，皮肤黝黑，穿着红黑衣裙在鼓声中热烈舞蹈。而小说中的佤族人，猎头祭谷，刀耕火种，他们的生活给人很遥远的感觉。在漫漫的历史长河中，佤族由于受独特的生活以及地理环境的影响，千百年来形成了自己独特的习俗、礼仪、禁忌，并成为日常生活中不可分割的组成部分。在现代人看来，有的虽然是不科学的，有的甚至带有迷信的色彩，但它体现了佤族的文化心态和心理特质，成了维系佤族繁衍发展的精神支柱，是维护社会公德、公共利益和公共秩序的乡规民约，是佤族人的文化“身份证”。

1. 居住形式

多依树村寨的房子因山势而建，由高而低，一排一排，成阶梯式。他们的房子有一部分架空的所谓“楼房”，上面住人，下面为牲畜家禽活动栖息之地。皆为草房，建筑材料为木（木柱、木椽、木板）、竹（竹藤、竹片、竹篾）和草（茅草、稻草、茇草）。根据经济条件，住房有大小。大的为3间，即主间、客间和外间，中设一个火塘，火塘是在房内用土铺成的1米见方的土地，以备烧火煮饭之用。从外面看去，房子的房顶中央还有一个牛头像，是佤族的图腾。

传统建房的时间，一般选在农历八月（佤族十月）以后，过了春节，则不盖新房。多依树佤族寨子修建房屋时，普遍存在着互相帮助的习惯。一家盖房，大家相帮，有的帮劳力，有的除帮劳力外，还帮助建筑材料和酒饭。所以，建新房时常至三四十人，由于房子传统结构简单，当日即可完成。

进入21世纪以后，国家在佤族地区大力实施茅草房改造、危房改造等扶贫安居工程，通过不断提高安居工程补助标准，或者鼓励佤族群众修建传统风格的干栏式建筑，或是修建新式砖瓦房，以改变佤族群众传统干栏式茅草房阴冷潮湿且低矮的居住条件。现在多依树村已经有很多比较现代的砖瓦房，宽敞明亮，但也渐渐失去了佤族特色，只有极少数家里的房子上还绘制着牛头。民族传统文化的发展与保护，是一道难题，人们常常面临两难境地，其实只要换位思考有些问题也不难决断，虽然我们也会为苦苦寻觅后终于拍到传统的茅草房而高兴得像孩子般开心，但始终反对为了保护遗产而让他们继续住这样的房子。我们也一直对平房式的安居房全然不顾民族习俗保留意见，这次在多依树村看见了更安全舒适的佤族新楼房，感到由衷地欣慰。此外，佤族人家都会在村边建自己的一间储藏屋，主要装粮食，且都不上锁，佤族还保留着路不拾遗的遗风。

2. **饮食习俗**

佤族稀饭是多依树佤族寨子民众最喜爱吃和招待客人的上等佳肴，也是我们第一次进入佤族乡被隆重介绍的唯一菜品。佤族稀饭不同于普通的大米饭，有点像我们常吃的较稠的稀饭，它既可当饭又可当菜，往往在逢年过节、祭祀、娶妻、嫁女或招待贵客时才做。乡上的饭店的厨师为我们介绍说，佤族稀饭的做法各地大同小异，主要有刀砍鸡肉烂饭和手撕鸡肉烂饭。其中手撕鸡肉烂饭被认为是最讲究的鸡肉烂饭，要选用嫩的母鸡宰杀、拔毛、剖腹、洗净后做成半稠半干的饭，制作工序较另一种更复杂，其味更美。鸡肉烂饭里除了放鸡肉，还会加一些薄荷叶子、鲜姜、辣椒、蒜和姜花等，以增加香味和辛辣感。吃鸡肉烂饭时，不论烂饭数量多少，主人都会平均分给在场的每人一份，以表示平等相待。但远方的客人或久别的朋友到场，可以优先分到鸡肉烂饭，以表示主人对客人、朋友的尊敬和爱戴。这都是我们做客得到的礼遇。

但让我们日夜记挂的却是我们日常生活的吃食。我们在村里，常见的是除了以大米为主食，玉米、小麦、小米、荞麦等杂粮为辅外，蔬菜有青菜、黄瓜、辣椒、竹笋等，水果有石榴、芭蕉、梨等。其实很多菜品的灵魂在“蘸水”。在一些地方，“蘸水”也叫“蘸碟”。很多地方都流行“蘸水”，就是用来蘸菜吃的，由多种调味料调制而成的酱汁。“蘸水”往往是为了克服在做菜中不容易掌握适宜口感的缺陷，并能根据不同口味做出相应的变化，既方便又快捷。例如几个人一起吃饭，有的喜欢吃辣，另外的不喜欢辣而喜欢多放盐，这样有了“蘸水”就好解决了。我们常见的一般是折耳根加糊辣椒面、葱花、味精、盐和开水，如此简单的调料，配上那些时令的素菜，素菜素蘸素吃，清清爽爽，既清香可口，又略带刺激，很能增进食欲，让我们欲罢不能。

多依树大多数人都爱喝茶。云南普洱茶早已名声在外，多依树的人也大多爱喝自己的茶。茶叶，一般用粗制绿茶，或自制的大叶茶，冲一次茶放茶一两左右，相当浓酽。我们都有点不适应，但听支书说，传统的佤族人还有喝苦茶的传统，会在火塘上像煮菜一样慢慢地煮茶，要把茶叶煮透，并煮到罐中的茶水仅剩下三五口为止，所剩的这几口就是苦茶。在沧源糯良一带的佤族，新煮出来的茶水，浓得几乎成了茶膏，喝上半口也就足够解渴了。这样煮出来的苦茶，色如煨出来的中药汤，喝时虽然味苦，但喝后觉得清凉，它对气候炎热，远离寨子在田里劳动的佤族人民，具有神奇的解渴作用。文东多依树村里的芒堆佤族特别重视茶礼“结拉”，他们有喝茶种茶的传统，在田边地头和寨子的水源头都有古老茶园，芒堆人的格言说：“野茶是奶，家茶是母。”他们认为没有“结拉”茶礼就不能结婚。另外，佤族丧葬实行土葬，老人死后，用麻布裹尸后停放在主火塘左边，晚上在“魔巴”带领下，众人围火塘跳“布朗隆归”舞，亲友带一瓶酒、一包茶作为丧礼。在佤族文化的各种歌谣中，常常用拟人和比喻、隐喻手法来抒发人的喜怒哀乐和悲欢离合情怀，其中，茶叶、甘蔗、槟榔、芭蕉、葫芦、田地房屋、山川竹树等都是歌谣比兴的对象，茶叶就是常用的比喻、隐喻物种。

多依树村的佤族人喜欢酒，视酒为生活中的必需品，家家常备酒，季季闻酒香。若是到佤族农家做客，最好的沟通方式就是酒。佤族有“无酒不成礼、无酒不成席”的习惯。因此，酒成了他们待客议事、杀鸡宰牛、婚娶丧葬、起房盖屋、求神送鬼等生产、生活一切活动的必备物品。如果你带上两瓶酒到佤族农家，他们会拿你当成贵宾的！他们认为“烟是消费品，酒是品尝物”。一个寨子，有了大的事情，要先由主管头人家泡少则七八坛，多则十几坛的水酒，然后召集全寨或全部落男女老幼都来喝，大家开怀畅饮，不限数量。水酒是佤族人酿制的一种低度酒，由于营养丰富，加之清冽甘醇，口感舒适，所以佤族人最喜欢饮用，也是招待客人的重要饮料之一。逢年过节，烧酒可以没有，但是水酒是无论如何也少不得的。泡水酒的制作方法简单，多以小米、高粱或红薯、芭蕉芋切片炒干放入碨罐或大竹筒内封存少则 7 ~ 8 天，多则几个月（时间越久越醇）。据说，以前待客时，主人冲泡酒，一般主人先喝第一口，然后依座次顺序客人们共饮一碗酒。也就是说，不管有多少人，不论喝多少杯，使用的酒杯只有一个。另外，佤族米酒也很有特色。东佤寨的第二小组的会计小李特意为我们展示了简单快捷的米酒做法：先把洗干净的大米放在碗里，大米约占碗的 1/4 即可，然后朝碗里倒上自家酿制的白酒，白酒可盛满大碗。等大概半个小时之后，大米就会在白酒的泡制之下，溢出米香，混合酒香，更加醇香诱人。当然，这种做法只是佤族米酒的一种简单做法，其精工细作的米酒是极为复杂的，酿造出来的米酒则自然更好。泡酒在佤族风俗中，也是友谊的象征。长期以来，流传着互赠泡酒的习惯。寨子里有人结婚，同姓亲友邻居，常拿泡酒送给新人。主人也会端出自家的泡酒供参加婚礼晚会的人们畅饮。酒在寨子里的生活中占有重要的地位，不仅起到调节和平衡人与人之间关系的作用，同时也给佤族人的生活带来欢乐和情趣。刚到多依树村时，我们就见证了大家好酒的民族文化。我们只要一入户，刚一开口，主人就已经热情地将饮料瓶子拿出来，那可是特有的装酒的容器。阿佤人单独敬酒时说“阿”，等于我们说的“敬你”，一起喝时说“哎哈”，相当于“大家干杯”。所以，直到离开，我们的耳朵都对这两个词汇很是敏感。

在村子里，还可以常常看到一些佤族老人在吸烟，还有一些是佤族老奶奶。他们吸的是旱烟，就是那种挂在屋檐下晒制而成的褐色的烟叶，有的弄碎了用烟袋抽，有的则用剪刀剪成条状，卷起来抽，味道浓烈而独特。佤族人们自己也栽点旱烟，但更多的是到集市上购买，她们成群结队地背着背篓和挎包，集在烟摊前，讨价还价，并一家一家地试吸。当她们脸上浮现兴奋的神情，说明这烟她买定了。旱烟的功用更多的表现为消遣，带有消费性娱乐性功能，说直接一点，就是佤族人精神生活的组成部分。佤族人们年复一年、日复一日地生活在山里，在昏暗的火塘边点起那味道浓烈的烟，以使自己不至于在大自然中显得那么孤单。如今在年轻的佤族女子中，已不大见到吸烟的人了。

3. 服饰文化

佤族服饰因地而异，服饰也不完全相同，但基本上还保留着古老的山地民族特色，显示着佤族人粗犷、豪放的坚强性格。佤族崇尚黑色，佤族人肤色黝黑，体格健壮。男子头发多卷曲，女子则喜欢留长发，头带银箍。佤族女孩很漂亮，黝黑的肤色使她们像一颗颗高贵的黑珍珠。佤族服饰基本上以黑色为基调。喜欢打扮的男女，还用少量的其他颜色加以点缀或陪衬，使得黑色服饰显得更加大方、潇洒和漂亮。与汉族杂居或受汉族影响较深的佤族，平常服饰已和当地汉族没有多大区别，与傣族杂居或受傣族影响较大的佤族，其服饰则接近傣族。在迎接我们的见面会后，我们还被安排参与了一次简单的佤族舞蹈。只见女子上穿圆颈短衣，下围一块由黑、红、蓝、黄等颜色组成多种图案的筒裙。[①] 裙身图案多样，裙边有红、黄、蓝等色组成的花边，裙身有各种颜色组成的几何图案。图案近看交叉起伏，远看似波涛滚滚，似鱼鳞，像龙纹，颇具现代时装的韵味；男士的服装则主要是青黑色，长衣长裤，上面不镶任何东西，显得极为朴素。阿佤山的妇女们还非常看重其筒裙的花纹图案，往往把自织的，上面有本民族风情特色图案的裙布视为最佳。现在，由于受到现代化的影响，佤族服饰也发生了变化，女子的服装以红色为主，黑色和绿色次之，衣服上面镶有银坠，越富贵的人家镶有的银饰则越多越重。

在常见的电视里，佤族人的服饰很有特色。尤其是佤族女子，妇女都留长发，不梳辫子，头发多披肩洒向脸颊两侧及肩背，用发箍从前额到脑后把头发拢住，这样既可保证头发不散落在前影响视线，又显得美观大方，使用也很方便。发箍是佤族妇女最具特色的头饰，在我国各民族中只有佤族使用，是识别佤族的最简明的标志。

男女都可在头顶上缠包头，包头分为黑色、白色和红色。缠黑包头时在前额上方扎有两条白色布带或者羽毛、松树尾巴等，颈处用红色布条压边。有的青年人还喜欢在颈上佩戴用竹藤制成的项圈，富有人家则戴银项圈。见面会里，有的妇女耳戴银环（最大的直径约六七分），颈戴银项圈和若干串料珠（有的料珠中还加有贝壳），这些都是财富和社会地位的表现。过去佤族男子有穿耳坠银项圈的习俗，佤族男子也有带银质手镯的习惯，带手镯有两个含义：一是叫魂时，用手镯系魂；二是带银镯可以防邪。现在很少见了。佤族男子还喜纹身，在我们调研期间就见到有几个男子有的在胸脯刺牛头，有的在手腕刺鸟，反映佤族对自然的崇拜。佤族男子外出时常背个民族特色的花挂袋。

传统佤族衣物所用棉布、麻布等，均能自纺自织。佤族妇女都从事于家庭纺织。以前，由于生产力水平低下，家庭纺织满足不了他们生活的需要。现在有的妇女专职在家织布，可以每天织，每月可以有 600 元收入，但是仍觉得太累。

除了一般民众服饰，佤族还专有阿曼的服饰。佤语“阿曼”是各种官人

---

① 筒裙，实为傣族常见服饰，在文化交融的影响下，如今在多依树也常常见佤族妇女如是穿，主要是农作时比较方便。

的总称。佤族传统阿曼大致有三种：一是格亚永，即寨子头人；二是格利俄，部落酋长；三是王，即邦国的君王，奇怪的是未见史籍记载佤族曾有国家，但在佤族的传说中他们自己有过国家耿佤，并且国王叫王。如今，佤族头人都共同保留其先民濮人“尊贵者裹红布头”的习俗。这一级的头人衣服上不同地方还饰太阳、月亮、星星、双龙和牛头等不同的图腾图案，而且衣服只能是头人本人穿，不能转借于他人。

4. **婚姻习俗**

多依树村的婚俗妙趣横生，佤族婚姻一般要经过串姑娘、自由恋爱、订婚送酒、结婚四个阶段。

(1)“串姑娘”恋爱

村寨里的佤族小伙子一般到了十六七岁的时候，就开始“串姑娘”了。所谓“串姑娘”就是小伙子到有姑娘的人家去玩。姑娘对来“串”自己的小伙子，一般都表示热情，不管中不中意，都要陪坐聊天。若不陪坐，会被视为没有礼貌。“串姑娘”的活动可以是集体的，也可以是单个进行。家中老人见小伙子来串也不会干涉，其实父母亲也喜欢小伙子来串自家的姑娘。姑娘到了一定年龄都要嫁出去。若村里的小伙子都不来串自家的姑娘，父母就会不高兴。姑娘到了该出嫁的年龄，父母一方面是担心姑娘做出丢脸面的事儿，另一方面是担心自家的姑娘嫁到别的寨子去，正所谓“好喝的菜汤不要泼出去，好姑娘不能嫁到别的寨子”。

“串姑娘”一般是坐在火塘边说笑边聊天。我们在村里晚上访谈，碰到姑娘跟小伙子聊天、说笑，说什么“你眼光高，看不上我们啦!”“我长得丑，没有别人漂亮啦!”“我们家里穷，你怎么看得起我啦!”坐在火塘边仅仅是说说笑笑。如果要想充分表达自己的感情，有情者的希望就寄托在梳头上。在相互谈熟以后，小伙子就可以请姑娘给他梳头了，姑娘自然心领神会。如果双方有意，小伙子就把自己早已准备好的礼物送给姑娘，一般是钱，以前给一元，两元，现在一般都给50元。若姑娘接受，就表示恋爱有希望，若不接受，但小伙子硬要给她，她也只能收下，几天后再找机会归还给小伙子，这样小伙子也不会见怪。一方面不伤和气，另一方面也可以表示他大度。在串姑娘期间，绝不能发生两性关系。双方通过长时间交往接触，互相了解，认为对方是最称心的伴侣，才告之父母，准备订婚。老人讲在过去，佤族还有脱包头的习惯，小伙子认为姑娘是最称心的伴侣，就将姑娘的包头脱下带回家交给父母，父母要杀鸡，将鸡血滴在包头上，然后占卦卜吉；若鸡卦预示吉利，就订婚；若是凶卦，父母要反对这门亲事。

多依树村的佤族青年男女恋爱一般是自由的。佤族青年男女是在相互了解的基础上，通过自由恋爱才结为夫妻的。这也是多依树村佤族婚姻比较牢固（很少离婚）的原因之一。在相识过程中，一个小伙子可以同时跟几个姑娘谈恋爱，一个姑娘也可以同时接受几个小伙子的求爱，可以同时与多个小伙子相处，这是很正常的。通过彼此之间较长时间的了解、交往，小伙子和姑娘便可以从中选定自己的正式恋爱对象了。一旦选定以后，小伙子便不再跟别的姑娘来往了，姑娘也把其他小伙子的礼物一一退还。这时，真正的恋爱才开始了。订婚后，男女双方可以互相帮助劳动。订了婚的姑娘就不再参加“串姑娘”活动了，否则，会受到男方家的惩罚，甚至会被抛弃。

（2）定亲送礼

姑娘和小伙子恋爱关系确定，就会各自告诉家里人，男方的父母知道后，就会选好媒人，带着彩礼，来姑娘家提亲。佤族人称订婚也叫“朵帕克”，一般分三次进行。第一次媒人带上一斤酒，到姑娘家提亲，探听女方家对这门亲事的意见，这叫“串姑娘酒”。第二次是送小礼，五至七人带上一包茶叶、几包烟、一坛水酒、一串芭蕉到女方家。这次要召集女方家舅父、老人等商议这门婚事。彩礼主要是芭蕉，媒人和女方说男方有情有义，看中了女方，希望把她娶回家当老婆，若女方同意的话，就把芭蕉吃了，若不同意，则不能吃送来的芭蕉。这段流程还穿插了一个笑话，以前有一家的姑娘拒绝了来提亲的媒人，把芭蕉挂在屋外面，村里调皮的小孩子嘴馋，便吃了几根。后来，媒人看见芭蕉被吃了，以为姑娘又回心转意了，姑娘也不好意思解释，这门亲事就这样成了。按常理，即使女方同意，也要当着大家的面假装一下，说自家姑娘这样不行，那样不行，仅仅找借口而已。第三次，也是最后一次送礼，这次所带的彩礼比第二次多，除带烟、酒、茶、糖、芭蕉外，还带一只大公鸡、一箩大米到女方家。到女方家后，由男方舅父酹酒，将所带的彩礼交给女方家，女方家的亲戚朋友要到齐，并杀大公鸡煮烂饭招待宾客，最后由老人看卦确定结婚日子。当选定日子后，男方就要带上七串芭蕉去女方家，把村里主要的七个姓氏的代表人物都叫上，一起去女方家，告诉女方结婚安排，在这个过程中，女方不用操心多少，而主要是听从男方的安排，然后提出自己的想法就可以了。

(3) 聘礼

在传统中，男方要付给女方家聘礼。男方会给女方360元作为结婚聘礼之一，以前只需给30元即可，后来随着多依树村经济的逐渐发展，聘礼也越来越厚重。男方会杀一头猪，以前是分两条腿给女方，现在是给女方80斤猪肉。男方还会筹备100斤大米，12串芭蕉，2条烟，1斤盐等日常用品给女方，表明男方想安心居家过日子。不管男方送什么聘礼给女方，女方都得欣然接受，并且不能开口向男方要聘礼，否则会被视为很不道德。多依树村聘礼没有汉族的殷实，也不会出现女方索要聘礼的情况，是一个纯朴可爱的民族。姑娘的聘礼父母不会全部占有，要分给村里的亲戚。

(4) 结婚

多依树村的婚礼很隆重，总共要花四天来办。

第一天则是叫上全村人一起在男方家吃饭，大家载歌载舞，一起庆祝这对新人以后的日子能甜甜蜜蜜。

第二天则是男方叫上自己的伙伴去迎接新娘，女方则也要叫上自己的伙伴来送新娘，男女方会在这天之前就在村子里找伙伴，哪方找的伙伴越多越有面子，表明自己的人际关系越好，有时候一个人同时被男女方都邀请了之后，荣幸之余会感到很难抉择，不知道是做男方伙伴，还是做女方伙伴。这其间邀请伙伴的乐趣自是不言而喻。结婚那天，在迎亲过程中，男方伙伴会选择曲折迂回的路，一是能逗急新郎，二是能让全村人都知道这桩结婚喜事。到了女方家后，女方的伙伴不会轻易把新娘交出来，而是要出几道刁钻的题，来为难迎亲的队伍。等舅父跟门官对话，付给门官开门钱后，方才将大门开启。"开门钱"一般是一个银币或者烟锅，从门缝塞进屋里。待女方伙伴觉得满意之后，方把新娘交出来，让迎亲队伍接回新郎家。在接回家之前，新郎和新娘还得去教堂进行祷告，在牧师的引导下，向上帝祷告，表明对婚姻的忠诚和热爱，其内容和形式和西方基督教徒在教堂里结婚很相似。对于那种结婚了还未领证或者婚前同居的人，是不准在教堂进行婚礼祷告的，因为基督教堂是一个圣洁的地方，它要求来教堂结婚的人都必须是纯洁的。

第三天早晨，男女方亲戚朋友都来到女方家吃饭，分享喜悦，下午则全部人马返回男方家，在男方家吃晚饭，这一天就主要是吃亲家饭。

第四天则主要是和媒人以及村里请来帮忙的人交接，男女方看看结婚期间用了些什么，花销多少，一并结清账目。结束时，还会给媒人一条女方家亲手纺织的床单，以感谢媒人为女方搭了一桩好姻缘。

佤族婚配伦理有很多规矩，比如佤族同姓不婚，同姓人若发生两性关系，被认为是大逆不道，会触怒“社神”，这样社神对全寨人就要进行严惩，加以各种灾难，如旱涝、风灾、火灾、疾病等。同姓人若发生关系，或者同姓人要成婚，全寨人要罚他们进行“扫寨”（祛）仪式，社神方才饶恕。又如过去佤族认为姑表婚才是最好的婚姻，舅父家有优先选择权。在婚姻问题上，舅父权高于父母权。过去，佤族还有转房现象，如：大哥去世了，小弟可以继娶嫂子为妻，反过来，若大姐去世，小妹也可以再嫁给姐夫。如女方不愿意转房，也可另嫁，但必须由新夫家付聘礼给亡夫之弟或同姓家族。夫妻不和，也可以离婚，但若为男方主动提出，则不退聘礼；若女方提出，则要退回聘礼。

5. 丧葬文化

佤族丧葬文化是与死亡相关的多种特质文化的复合表现，其涵盖内容涉及实物、信仰、心理、伦理、道德、艺术等，形成了诸如死亡教育、死亡观念、殡仪习俗、祭祀文化等活动。死亡是人类必须面对的事实，但由于人类文化的介入，死亡已经不是一种简单的生老病死“规律”，而成为人类表达自己文化的仪式。作为一种民俗仪礼形式的丧葬习俗，与整个自然和文化背景不可分割。佤族文化是典型的山地文化，具有一定的独特性。

佤族社会、佤族文化对死亡的态度是既回避而又十分重视，提到死亡总觉得晦气，因此，要回避；但人死了若后事处理不当，也会给后人带来祸害，所以，又十分重视死人的后事。佤族兴泛神论，认为既然人有灵魂，灵魂不会死，死亡只是人的魂魄离开人体，到另一个“世界”阴府还要生活，得罪死人的灵魂会使活着的人不顺。有一句俗话说：“有办法跟一座山的活人谈判，没办法跟一个死人商量。”这句话的意思就是死者为大，要处理好后事。原始宗教的灵魂观念，决定了佤族丧葬习俗的基本框架。

佤族把人的死亡分为“永孟姆”（善终）和“永早敖”（凶死）两种。凡是正常死亡的，如老死、病死，并死于自己家中的认为是善终；凡是意外死亡的，如死于刀、枪、水、火、难产以及自杀身亡、死于外地者、丈夫死于妻子妊娠期的等，都视为是凶死。坟地一般都选择在村寨的西边，或者村寨的下方，坟地不能选择在村寨头和水源林。佤族每个村寨都有两块坟地，善终者坟地与凶死者坟地。善终者要葬埋在善终者坟地，凶死者要葬埋在凶死者坟地，凶死者不能和善终者葬埋在一块墓地上。善终者要装棺材带棺木，凶死者不带棺材，用篾笆裹尸就去葬埋。善终者的丧俗气氛隆重热闹，寨子里的村民、生前的亲朋好友都来帮忙、吊唁，凶死者的丧事简单阴冷，一般是由寨子里的壮年男子和亲属参加丧事，老人、妇女、小孩要忌讳。善终者可以停尸几日，老人要选择吉日送葬，凶死者要即日死即日葬。

佤族的葬礼像婚礼一样，既隆重又热闹，但场面十分悲伤。人死以后，死者家立即鸣枪三响，告诉寨人他家有难了。全寨人赶到死者家后，人们听从最年长者的安排，丧事大家办，人人都有份。安排妥当以后，长老们便坐在一起，杀鸡看卦，掐算吉日，商量如何埋葬。因为吉日难得，如果人死当天是吉日，无论如何都要在当天给他送走。如果日子不好，则要等两三天，甚至五六天才送走。佤族墓地真正体现了公有的性质，死者无论选择墓地的哪一地点，都无“占有权”，如再有死者葬在同一地点，仍有选择的自由。佤族村寨墓地十分简朴，而且既不立碑、不起坟，也不举行扫墓祭拜活动，体现了佤族人民协调自然环境的愿望和能力，以确保和谐的生存环境。此外，佤族还有一个优良的传统，那就是人死了以后实行土葬，不留坟墓，所以说，到下次埋人的时候有可能挖到旧墓，这时你只要把墓穴中的骨头先拣起，等墓穴完全挖好后再将骨头置于墓穴底，或放在墓穴外即可，绝不会有人与你理论，这也是佤族节约土地资源的一大贡献。

多依树村有两块公共墓地，都建在树林里。公共墓地只允许埋葬正常死亡的人，而非正常死亡（如溺死、少儿夭折）的人，则要先火葬，然后再由家人另选一地将其骨灰埋下来。当有人死之后，会请会法事的牧师来到死者家里，为其祷告，祈求死者死后能升上天堂。祈祷一天之后，则要开始埋葬。对于正常死亡者，由家人在公共墓地抛鸡蛋选地，如果抛起来鸡蛋，鸡蛋落地却没有碎，则认为是死者的灵魂托住了鸡蛋，表明死者不想埋葬在此地，如果鸡蛋落地即碎，表明这块地可以埋葬死者。如果死者是父母长辈，则死者的儿子需杀一头大猪，来招待前来帮忙的全村人，其他子女则要出钱买一头大猪，一起来招待村里人。死者的女儿则要织一块被单，待父母下葬时，将被单作为陪葬品一起下葬。当天埋葬之后，还要请牧师在坟前再次进行祷告，以求死者安息，生者坚强。在埋葬后的一个月内，每隔十天或一个礼拜，亲戚朋友就得去墓地祭祀，表达哀思。一个月之后，即使生者十分想念死者，也是不能再去墓地祭祀的，表达了佤族人积极乐观的心态，佤族人不会长久沉浸在失去亲人的哀痛中，而是积极生活，把有限的生命过得更加精彩。

自然环境是一个民族文化产生的前提。佤族先民在生存繁衍时，面对的首先是阿佤山区的自然环境。阿佤山区高山连绵，山谷纵横，山路崎岖，河流众多，生存空间相对封闭。在这样的一个自然环境里，面对交通障碍和农耕艰难的现实状况，阿佤人只有相互关心和顽强拼搏才能够生存，同时，繁衍种族的艰辛与医药卫生的落后也使生命在阿佤山显得脆弱而珍贵。自然环境的生存法则，是形成佤族丧葬习俗的前提。阿佤山区的自然环境也使佤族人认识到自身力量的渺小，深知只有顺应自然规律才能生存发展。佤族传统的自然崇拜对维系人与自然的关系起着积极的作用，在佤族的丧葬习俗中，其体现的都是人与自然的相互协调，确保人与自然的和谐。

（三）民族节日

1. 圣诞节

由于多依树村信仰基督教，圣诞节在该村得到重视，每年最隆重的节日便是圣诞节。村民为了庆祝圣诞节，可以休息五六天，不用下地干活。12 月 23 日，全村人将自家的东西拿到教堂，比如白菜、黄瓜、大米等，和其他人一起分享。教堂则把养的猪和牛杀了，以庆祝基督教徒的盛大节日。村民在教堂里载歌载舞，文化队队长早就安排好的文娱活动就在这些天展现出来。12 月 24 日晚上，信仰基督教的村民则到教堂唱赞美诗和祈祷，随后，便安排放鞭炮，喜迎新的一天到来。25 日那天，乡里和县里都会来干部和村民一起过圣诞节，欣赏由村民表演的文娱活动，整个场景都是其乐融融的。中午基督教徒做礼拜，其中重要的一环就是自愿送钱，也就是给教堂捐钱，这些捐来的钱成为教堂的收入来源之一。晚上，大家则在一起唱歌跳舞，吹芦笙，弹吉他，唱歌，好不热闹。26 日那天，村里则举行各种游戏竞技活动来庆祝节日，如篮球比赛和游园活动，村委会掏钱买东西奖励那些比赛获奖的人，村民参加的积极性得到提高。随后的两三天，人们则自由安排，自行享受圣诞节的乐趣。

2. 新米节

也称为“吃新米”，佤语叫做“朋奥”或“耿奥”，既是节庆活动又是宗教活动，成熟的庄稼必须举行过迎新谷仪式、祭祀谷魂及祖魂才能带回山寨和家中。在佤族的宗教观念中万物都是有灵的，20世纪50年代以前还存在的猎头习俗，主要就是用来祭祀谷魂的，现在这一旧习已被革除，但祭祀谷魂的观念还存在着，佤族认为只有祭祀了谷魂才能保佑他们有好的收成，也才能使他们的生存得到保证。新米节的时间大都在每年的七、八月，由于生活的生态环境不相同，海拔气温的差异，因此谷物成熟的时间不大统一，各村寨举行节日的时间并不一致，共同点是谷物瓜菜开始成熟，收获之前人们要举行尝新仪式迎回“谷魂”，之后才能正式收割。

新米节有寨子和家庭两种形式。要举行寨子的祭祀仪式之后才能举行家庭仪式。寨子节庆的祭祀用品有：牛、猪、猎物、蟋蟀、田鼠、鱼及水酒等。在佤族的文化中，蟋蟀象征着动物生命的起源，田鼠象征着氏族的兴旺，鱼象征着雨水之神。家庭节庆的祭祀用品有：鸡、蟋蟀、田鼠、鱼、蟹等。在新米节时全寨人都要吃“神餐”，“神餐”分为两种，一是全寨村民共同享用祭牲的肉切细煮的烂饭，二是给死去的祖先们吃的。先由魔巴（佤族专门从事祭祀活动的人，相当于祭师）祈祷众神灵赐予全村寨人们以幸福、快乐、健康，然后把祭牲的肉和“祖谷”做的新米饭合做成烂饭一一分给全寨人，大家共食神餐。“祖谷”一般是单独种在田边地角的，米白、颗粒长且味香。因为过节时不可能拿回足够多的新米，神餐由老米煮成，只象征性的掺入一些新米。

新米节这一天人们还要到路边去招魂，为体弱多病的人招魂，因为他们的灵魂离开主人散落于野外导致疾病缠身。用过神餐后，晚上集体和各家都要泡水酒，然后在公房外面的场子上烧起篝火共同品尝水酒，载歌载舞共度佳节。新米节过后人们才选择一个吉日开镰收割把成熟的庄稼带回家。

3. **火把节**

多依树信仰佛教的人们依然过着火把节，并把火把节作为第一个节日。佤族人们视它为灭灾驱鬼、送旧迎新、预祝家事平安、五谷丰登、六畜满圈的隆重佳节，在他们看来，这个节日是旧的灾难、饥饿、疾病的结束，是新的吉祥、平安、幸福的开始。

要过节之前，老人或者佛头要挑选红毛公鸡和毛色纯的小公鸡进行祭祀仪式。要将家禽赶回家来，把生产工具、生活工具全部拿回到家里来。家人不能在外地住宿过节，意思是说这天凡是家里的东西都要拿回家里来。

火把节那天，也就是6月24日（农历），人们在佛头的带领下，在村里老人的见证下，在庙房点上火把，进行祭祀。现在，每家每户已经不再点火把过火把节了，只要统一在庙房点上火把就可以了。这天，每家每户都会舂粑粑，有用糯米做的，也有用小米做的，舂出来的粑粑很有韧劲儿，口感滑润，味道棒极了。晚上，人们会在宽阔的场地围着篝火，载歌载舞，迎接新的吉祥快乐。

如今的火把节因为保护山林的需要已然不是传统的模样，但还是人们聚会喝酒的好理由。在调研期间，我们正好遇到火把节。当得知如今的火把节的重心放在聚会喝酒上，我们就没有在意这个节日。第二天，我们去乡里，却被带到另外一个村里“继续”过火把节，场面隆重。更令我吃惊的是，一天之内，我随行去了相邻的三个村里都以这个节日的名义而喝了酒。

4. 石人山祭祀

石人山，因山上有一个石头雕刻的佛像而得名，系澜沧芒大佛时期的佛像。山顶有一处可以积水的大洼地，传说是因为古时候有星星掉下来而形成的。

据当地老百姓讲述，芒大佛到澜沧后最初把佛寺建在多依树村石人山，后来因为天干缺水，不得不迁到如今文东乡小寨村芒大（芒大寨亦因芒大佛得名）寨，目前尚存的芒大寨芒大佛遗址和石人山石人可以作为物证。

正因为石人山缺水，使得当地老百姓不知从哪年开始有了每年5月到石人山上求雨的风俗，可贵的是这一风俗直到今天还没有消失，每到5月的属猪日，当地的长者就带领着老百姓到石人山上祭天求雨，祈求风调雨顺、五谷丰登。因为石人山的特殊历史和这一风俗的长期流传，求雨已经成为在当地老百姓中影响较大的民族民间活动。据调查，前来参加求雨活动的有来自上允镇、安康、临沧双江县的佤族、汉族、傣族等多种民族。

（四）民间文学与艺术

佤族民间文学与艺术属于民间口头创作和传承文学。其作品的表现形式，大体可以分为散文体和韵文体两大类。散文体的文学作品如神话、传说、故事、童话、寓言、笑话等；韵文体的文学作品如歌谣、史诗、抒情诗、叙事诗、劳动歌、风俗歌、情歌、儿歌等。因此，澜沧县佤族民间文学多系世代口头传承的神话、传说、故事、诗歌等。与之相应，多依树佤族人也长于歌舞。佤族是一个能歌善舞的民族，具有极其丰富的音乐、舞蹈资源。佤族音乐的特点主要是原始、朴素、优美、健康，以其质朴的音调和粗犷的风格而独具一格。歌曲都是一些民歌，有劳动歌、情歌、宗教歌、悼念歌、欢庆歌和儿歌等；使用的乐器有口簧、短笛、葫芦笙、独弦琴、木鼓、象脚鼓、铜铓、钗等。佤族舞蹈题材广泛，舞风古朴粗犷、热情奔放，主要的舞蹈有圆圈舞、木鼓舞、盖房舞、舂碓舞、甩发舞、象脚鼓舞、竹竿舞等。其中的木鼓舞和甩发舞是佤族舞蹈的经典之作，展示了佤族文化的深厚底蕴和浓郁的民族特色，享誉中外。

1. **民间文学**

佤族民间文学最著名口传著作是家喻户晓的《司岗里》。关于《司岗里》这个题目的解释，在多依树村，“司岗”就是“葫芦”，“司岗里”就是“人从葫芦里出来的”。而西盟地区的佤族解释：“司岗”是“石洞”，“司岗里”就是“人从石洞里出来”。《司岗里》神话传说中的第一篇就是解释天地是怎样形成的。作品开门见山地直接讲述天于形成之初，“像癞蛤蟆的脊背，疙里疙瘩，很难瞧”。地形成之初，“像知了的肚子，空落落的，很别扭”。后来，“里”用巴掌把“天磨得像山白鱼的肚皮滑溜溜，亮涮涮”，并“在光滑平坦的天出现了太阳，月亮，星星”。“伦”用泥巴堆出了高山、海洋、堤岸。那时候的天和地是用铁链拴在一起的，天和地之间的距离也很近。只有白天，没有黑夜，地上的生灵活不下去了，“达能”便用巨斧砍断拴着天地的铁链，使天地分开，“里”和“伦”把大树放进月亮里，分出了黑夜、白天。《司岗里》还有关于人类起源的神话。佤族远古神话中的人，是由造人之神莫伟（又译：木依吉）把人造出来放在石洞里的。在佤族人民心目中，危害人类生存繁衍的并不是洪水之灾，而是和原始先民共同生活在一起的动物和植物。最早发现石洞里的人，是一只名叫“差”的普通小鸟。小鸟把人藏在石洞里的消息告诉了动物和植物，而引起了动植物界“该不该让人出来”的讨论。结果，最不愿意人出来的是大树，随后是豹子。但绝大多数动植物要求“帮助人打开石洞，让人出来”。首先站出来响应的是兽类中的大象、野猪、犀牛、老熊等，他们各自施展看家本领，但没能把石洞打开。鸟类中的臭雕、啄木鸟、猫头鹰等也拿出绝活，仍无济于事。最后还是一只极不起眼的小米雀把石洞打开。后来，小米雀成了佤族人民尊重和喜爱的神鸟。《司岗里》神话包括天地的形成、动植物的产生、人类的起源和民族产生、语言由来等，把佤族社会生产、生活经验、民族历史、文学艺术、民族关系、风土人情等融为一体，是集合佤族传统文化的“百科全书”。多依树村的老人总能说出许多《司岗里》里面描述的神话故事，他们已经不知不觉地加入到了《司岗里》民间文学传承主体的行列中来。

2. 佤族歌谣

多依树村人民男女老少都擅长唱歌，不论是在田间唱的劳动歌曲，如出工调、收工调、收割调、背柴歌、摘野菜歌、盖房歌等，还是委婉动听、充满爱意的情歌或是内容简单明了、上口易记的儿歌，他们都能唱得得心应手，婉转悦耳。如今，多依树村的许多年轻人都会弹吉他，这是他们在基督教培训学校学得的技能，不管什么歌曲，他们听过几遍之后，就能够准确弹奏出来，在音乐方面表现出很好的天赋。晚上，总能听见悠扬的吉他声在村子里回荡，深情的，伴着我们入睡。

多依树村的佤族歌谣有史诗、劳动歌谣、习俗歌谣、情歌、儿歌、叙事诗、挽歌、贺房歌、祝辞、祈祷词、招魂词等内容。其中，佤族的生产劳动和生活习俗在诗歌里有较强的反映，这方面的歌谣十分丰富，有《下种歌》、《猎歌》、《盖房歌》、《搭桥歌》、《晚归》、《我们一起劳动》、《酒歌》等。

佤族的童话和寓言富有很强的哲理性，又具有诗意和美感，其中，孤儿的故事和动物的故事最具有地域文化特色和民族特色。这类故事具有广阔的社会基础，是佤族特定社会历史阶段的产物，代表性的故事有《孤儿岩惹》、《孤儿和仙女》、《骄傲的老虎》、《百鸟盖房》、《黄牛、水牛和豹子》和《牛为什么吃草犁地》等。

3. 佤族谚语

佤族谚语是多依树人民长期生产、生活经验的积累与总结，是佤族文学的升华与精炼，也是他们各种社会生活经验的语言艺术结晶，还是一种有教育意义、有认识作用并富含哲理的民间俗语。它生动地表现了佤族劳动人民健康的生活态度，高尚的道德品质和正确的处世哲学。在与当地人的交往中，人们时不时地会以佤族谚语来作为谈话的开头或是重要评注，这给大家彼此的谈话增添几分趣味。因此，我们特意摘录了村里比较擅长说谚语的魏明秋珍藏的一个小本子的部分内容。①总结生产经验的谚语。“没有挖过的地方不会出棉花，没有犁过的地方不会出谷子”“懒狗拾不着骨头，懒汉娶不着婆娘”等。②总结生活经验的谚语。“一棵竹子不成蓬，一人做事难成功”“是树就要直立挺拔，是人就要心地善良”等。这些话生动形象地说明在人生中，只有依靠集体的智慧和力量，才能克服困难，获得胜利，同时，人们要团结互助、热爱劳动等。以上这些谚语，既是佤族劳动人民生产、生活经验的总结，又是进行自我教育的材料，具有强大的生命力和感染力。

4. 佤族舞蹈

流传在多依树村的佤族舞蹈，题材广泛，风格各异，丰富多彩，有原始古老的祭祀舞蹈，有反映劳动生活、传播生产技能的舞蹈，也有年节喜庆时的娱乐性舞蹈，还有语汇丰富、舞姿优美的表演舞蹈和模仿各种动物的舞蹈。这些舞蹈真实、形象、生动地展现了佤族人民的生活，同时也折射出佤族的心理、性格和审美意识，对于了解研究这一古老民族的文化艺术具有一定的价值。

乡长还专门让我们看了乡镇组织拍摄的村落艺术的宣传片。佤族舞蹈的主要特征是：下肢动作复杂，舞步变化大，双踩单踢、一步踩、三步踩、三步一踢、一步踢、撩腿按地等，这些特征形成了整个佤族民间舞蹈力度强、豪放、粗犷、古朴浑厚的风格。甩发舞的产生年代很久，是属佤族祖传。佤族妇女酷爱长发，以长发为美，并从小习惯长发披肩。每当妇女在水竹槽下用水洗净头发后，就要低头梳妆，甩发晾干、整型；后经人们整理提炼而成为甩发舞。舂碓舞是在佤族中流传最广、最为普及、几乎每个村寨都会跳的舞蹈。敲木鼓舞是广泛流传在佤族村寨中最古老、最有代表性的民间舞蹈之一。当工匠把木鼓制作好后试敲满意了，就把它抬入木鼓房上架，接着大家就迫不及待地挥槌敲打。狂欢起舞。新中国成立后，甩发舞、舂碓舞、敲木鼓舞等经艺术加工、整理后已搬上了艺术舞台、上了银幕和电视。反映佤族对生死豁达的棺材舞也是民间舞的一种独特表现形式，至今尚存。

在多依树村，我们亲眼看过与参与的有以下几种：

毕颂舞：译为汉语意为“围圈跳”。它是佤族祖传的用毕颂（即直箫）伴奏，不分季节、男女娱乐交际时跳的男女集体舞蹈，舞蹈时吹奏者在中间边吹边跳，其他舞者在外围成圆圈手拉手也用呼喊声随着音乐节奏起舞，舞蹈潇洒自如、粗犷豪放。

三弦舞：佤族祖传的一种不分季节性的男女自娱集体舞蹈。用三弦伴奏着起舞，舞蹈动作刚劲有力、潇洒、自如。舞曲激扬又抒情，属小调式乐曲。

口琴舞：与三弦舞的内容和性质大体相同，也是属于佤族祖传的一种无季节性的舞蹈。口琴舞是由竹篾制作的口琴伴奏，男女青年集体自娱性舞蹈，舞蹈动作刚劲有力，刚中有柔，柔中带刚，舞曲清新、欢快。

芦笙舞：佤族民间流传最广的一种男女自娱集体舞蹈，一般是在过年过节时跳，舞蹈仅有芦笙伴奏，舞者也自编唱词边呼喊助兴。芦笙舞共有50多种跳法和伴奏舞曲。其共同的特点是：跳跺的力度强，多为左脚轻、右脚重，手部动作为随身自然下垂、前后摆动。队形为面朝逆时针方向的圆圈，时有顺时针方向的退步，后撤式向圆心靠拢。舞蹈的随意性和即兴性较大，舞蹈朴实。

短短几个舞蹈下来，我们这些外乡人已经是方寸大乱，笑作一团。据老艺人魏德林老人介绍，佤族民间舞蹈主要有13种：木鼓舞、悼念舞、臼棒舞、拉木桥舞、刀舞、三弦舞、蜂桶鼓舞、打歌、毕颂舞、跳摆、无乐伴奏歌舞、芦笙舞等。有些是特定时间段的特有舞蹈，如悼念舞和刀舞，大约共有70多种跳法。听闻，我们自叹不如。

能歌善舞，是多依树村佤族人民在日常生活中喜、怒、哀、乐的思想感情的表现。在他们古老的社会里，生产劳动是人们整个生活的中心内容。围绕这一中心，先辈们创造了许多有利于这一中心的艺术形式，产生了各种表达不同感情的音乐。这些音乐既促进了人们对生活劳动的热情，也解除了人们在生产劳动中产生的疲劳。新中国成立后的佤族人民，又通过音乐来赞美社会主义生活，歌颂伟大的中国共产党给人民带来的幸福。不论过去、现在和将来，音乐都始终伴随着佤族人民的生活，反映他们在各个时代的思想感情。

5. 民间乐器

（1）芦笙

芦笙以长颈葫芦作笙斗，并排插入五排笙管，长短、口径不一、笙管入笙斗后装嵌铜质簧片，每管开一按孔，底端露出斗外，透空为底部按孔。

芦笙音色明亮、清脆、每支笙管按管上孔或管上孔与底孔同按可发不同的音。管上孔音柔和，多奏旋律及和音；底孔音稍闷略沉，常作固定音型衬托，以加强节奏感。芦笙通常用于独奏和舞蹈伴奏，是踏歌、打歌、芦笙舞等舞蹈所常用的伴奏乐器。

（2）短笛

短笛用长18厘米、管径1.5厘米的白竹制作，不留笛竹节，不用笛塞，无簧。吹孔上大下小，管上设四个方形按孔，能发出五个音。短笛发音高亢、明亮，很远可闻其声。此乐器多为男子吹奏，是多依树村青年交流感情的工具。在山间小路上，小伙子遇见心爱的姑娘，先用短笛吹一曲山歌调，引起姑娘的注意，然后放声唱一两首情歌。姑娘听罢，立即用四孔萧回奏一曲山歌调，随后进行对唱，相互倾吐爱慕之情。

(3) 四孔萧

四孔萧是当地喜爱的乐器，用不带节的竹管制作，长 45 厘米，直径 1.90 厘米，上端边缘有三角形吹口，无簧。管上有四个圆形按孔。孔距约 5 厘米。姑娘在山寨或田野间，若听到小伙子唱的情歌后，会立即用四孔萧吹一曲山歌，表示接受小伙子的爱情。

多依树村代表佤族特色的乐器多种多样，反映了佤族对自己独特文化的深厚感情，同时，也反映了佤族伟大的创造力和古老的风貌。

（五）宗教文化

1. 基督教

基督教在如今的多依树村比较盛行，其基督教管理比较完善。整个多依树村共 7 个教堂，分别位于大芒堆、小芒堆、水塘、东佤、平掌、瓦厂和棠梨湾。东佤教堂建的最早，也是最大的教堂。在东佤教堂共有 13 个管理人员，其中牧师一名，长老一名，保管员一名，会计一名，其他九名则是热心宗教事务的普通组成人员。牧师则主要是负责教读经文、诵经，主持婚礼或者帮死者超度等内部专业性比较强的事务。目前的牧师是从前老牧师的儿子，但也是要参加县里考试，通过考试后，由县里直接发放传道证，才能成为一名正式的牧师。长老主要是负责管理宗教对外关系。每当有外宾来到东佤寨的时候，会先告知村子，再就是东佤寨的大组长，然后便是此地的长老。长老根据来宾的数量，安排教堂内部人员，将招待工作进行分工，保证来宾能够得到恰当安置。例如，我们调研队这次来到村子里，其食宿都是教堂负责安排的，由大组长每天农忙之余来亲自打理。恭敬不如从命，我们盛情难却，只好以自己的方式来反馈和回报。长老是全村基督教徒民主选出来的，教徒们凭借着对某人的了解，考察其是否踏实能干，将具有公信力的人选出来做长老。多依树村的牧师都会成为县里的政协委员，每月会有五六百元工资，而长老在教堂里是没有工资的。

教徒在教堂一个星期要做五次礼拜，分别是周三和周六晚上九点各一次，周日三次礼拜，分别是早晨八点一次，中午十二点一次和晚上六点一次，主要是唱赞美诗，学佤文和圣经。一般晚上的礼拜年轻人去的比较多，因为晚上天太黑，老人出于安全考虑，不便出去。有幸参加过当地一次礼拜活动，早晨八点左右就有村民陆陆续续地从家里出发，人手一本圣经，有的妇女还背着自家的小孩儿去教堂。进了教堂，男女分开坐，男左女右，老人则分开坐在教堂的讲台上面的两边，以示对老人的尊重。至于男女分开坐，是出于唱歌男女声部分开，更好听的缘故。通常，牧师在念完圣经之后，还会抽出时间，宣讲一些相关的政策方针与重要事项，也会讨论如何带动教徒依靠科学脱贫致富。

乡县两级地方政府都会对宗教活动依法进行管理。当教会要举行任何宗教活动时，都会跟乡政府某个部门进行申请，只有在审核通过后，才可以举办活动。县上也会经常派领导对宗教活动进行指导、监督和检查，防范邪教传播，同时和牧师进行沟通，要求牧师在平时的传教过程中，指引教徒多跟着共产党和科学知识走。总之，基督教在当地和政府保持着良好的关系，一起为群众的美好生活共同努力。

在多依树村，关于基督教的许多节日，当地人都是庆祝的。如9月23日的三自爱国运动节，这一天，教徒都在家休息一天。圣诞节则休息三天，人们尽情唱歌跳舞，庆祝这个盛大的节日。复活节那一天，教徒们也休息，不用在田地里劳作。

教堂内部一般都有公共物品，包括音响、桌椅、吉他等，除去这些，教堂还有自己的厨房，田地和养牲口的地方，这些都算作公共物品和公共财产。这些公共财产有一部分是靠村民和社会各界捐赠所得，也有从政府争取来的相关物资。将所有的捐赠折合成钱大概一年有一万元，使得教堂能够保证基本的运转。本村的基督教还设有基督教培训学校，地点位于东佤教堂，主要是教会基督教徒佤族文字，让他们能够自行阅读经文，从而更好地理解经文。

2. 原始宗教

佤族存在浓厚的自然崇拜，普遍信仰万物有灵的原始宗教。佤族相信万物有灵和灵魂不灭。在他们的观念中，人类、山川、河流、植物、动物和凡为他们所不能理解的一切自然现象如风雨雷电等，都有灵魂，或称鬼神[①]。佤族认为人的生、老、病、死都与灵魂有关，通过人性的泛化和外推，由此形成了万物有灵的自然崇拜（原始宗教）。

佤族最崇拜的是“木依吉”神，把它视为是主宰万物的最高神灵和创造人间万物的“鬼神”。佤族所进行的如拉木鼓、砍牛尾巴和猎人头祭等较大的宗教活动，都是为了祭祀“木依吉”神而举行的。每个佤族村寨附近，都有一片长着参天大树的茂密林子，佤族称其为“龙梅吉”，即“神林”。佤族认为神林是木依吉存在的地方，人们不能乱闯进神林，不能动神林中的一草一木、一石一土，否则，会受到神灵的惩罚。至今，许多佤族村寨的神林还保护得较好，有的成为风景林，有的仍作为禁忌场所，都是不可乱闯的禁地。多依树村东北部也有一片神林，但路程偏远，我们并未曾路过。佤族信仰和崇拜的另一重要的神是“阿依俄”，把它供奉在房内鬼神火塘左边的房壁上，视其为男性祖先，凡有男性的人家都供奉它。每当遇到大事如结婚、生育、死亡、生产、盖房、收养子等事情，都要祭它，并向它祷告。

为了得到鬼神的保佑，佤族的宗教活动十分频繁。每年全寨性的祭祀照例由祭水鬼祈求风调雨顺开始，接着是拉木鼓、砍牛尾巴、剽牛、猎人头祭谷、祈求丰收等一系列活动。猎头的习俗是原始社会的一种残余，由于生产落后而长期保留下来。随着社会生产力的发展，落后的习俗早已被废除。

3. 小乘佛教

佤族信仰的佛教，有汉传佛教（大乘佛教）和南传佛教（小乘佛教）两派。汉传佛教是在一百余年前由大理传入沧源岩帅和单甲等村寨，到新中国成立前信仰的人已经很少。南传佛教传入佤族地区，约有百年左右，首先传入沧源的班老，后来传到班洪、勐角等地。新中国成立以前，佤族信仰南传佛教的约有两万多人。

在多依树村有一个特殊的小寨子，全寨每家每户都信仰佛教，是一个纯佛教的寨子。刚到该寨子，调研组成员就在翻译的指引下来到了寨子里的庙房。庙房在山中，隐藏在茂盛的树林间，没有想象中的那么庄重，只是一个低矮的小木屋，木屋里面没有佛像，就一个香炉，上面还有几根没有燃尽的香，可见，刚刚有人来庙房。在庙房前，我们虔诚地双手合十，默默地许下

① 佤族对鬼和神并没有分开，都指观念中的灵魂。

心中的愿望，后来却被告知，这是小乘佛教，度己不度人，但是求个心中安慰也无妨。据该寨子的佛头介绍，佛教每月 15 日、30 日和节日期间（中秋节、火把节和春节等）都有佛教活动。在这些大，全寨子里的人都是不下地干活儿的，他们或在家休息，或去庙房进行祈祷。庙房的祈祷活动一般都是在佛头的组织下进行，佛头会在早晨 8：00—9：00 烧香，祈求全寨子人平安，丰衣足食，然后就将做好带来的饭菜分给前来祈祷的人吃，老人优先，以表示对老人的尊敬。有一道特殊的菜是每个人都必须吃的，名为煮豆腐汤，寓意生活平安宁静。

负责佛教活动的有一个专门的组织，即教会。教会里共有 7 个执事人员，分别是三名教头（佛头），一名放土炮人员，一名负责敲锣鼓的人员，一名保管和一名会计。敲锣鼓主要是为了提醒全寨子人哪一天可以在家休息，不用外出劳作了。保管和会计则主要负责教会的收支，主要工作是对捐钱捐物进行管理。每年教会靠寨子里的人捐赠而来的财产折合成人民币有 800～900 元，这些钱教会主要用来买佛事活动的东西，有时也买酒买肉用于过节（如今，教徒已没有戒荤的教义规定），买来的东西供全寨人在庙房共同享用。另外，教会也会拿出一部分钱，帮助寨子进行基础设施建设，如该寨子的球场就是教会拿了 800 元投资建设的。

由于寨子信仰佛教，寨子里的人不庆祝圣诞节，而是着重庆祝火把节，其次是中秋节、新米节和春节。佛教还有许多禁忌，教徒都必须严格遵守。比如，每年农历六月就会请寨子里的老人来看鸡冠，如果鸡冠红润有光泽，则代表吉利，否则代表凶灾，还有通过杀鸡，然后看鸡的骨骼，来判断吉凶。另外，每年杀猪准备过年时，还要请老人在火炉边叫魂，求得吉祥。

综上所述，佤族村落宗教特点符合我国少数民族宗教的特点。第一，宗教形态复杂多样，同时并存。从低级的原始宗教到基督教、佛教，长期以来同时并存。第二，信教人口众多，信仰程度比较深。少数民族在漫长的历史发展中，由于所处的自然环境较为恶劣以及经济社会发展落后，因而绝大多数群众都信仰宗教，而且十分虔诚。第三，原始宗教的保存成为民族文化的传承载体。动植物崇拜、天体崇拜、图腾崇拜、祖先崇拜等原始宗教形态，至今在少数民族中还有着较大的影响。第四，宗教信仰深刻影响到民族的文化、心理和风俗习惯。对同一个民族来说，共同的宗教信仰和宗教感情强化了民族的认同感。宗教对信仰该宗教民族的语言、艺术、建筑、医学等方面无不产生深刻影响，民族的许多风俗习惯也都具有了浓烈的宗教色彩。

从上可以看出，宗教与少数民族关系是十分密切的。在生活中，宗教已经转化成伦理规则契合到信众的行为与民族的文化中。在民风纯朴的多依树村，我们常常被这些宗教信仰者的内在力量所感动。一方面，宗教伦理在调节宗教信仰者心态方面起着积极作用。在现实社会中，不同的民族、阶级、群体或不同信仰的人们都会面临种种心理问题。宗教伦理对陷入困境的群体及无助的弱势群体具有一定的吸引与引导作用。在难以克服的困境面前，信仰者往往能通过宗教伦理的调节，找到内心的平衡。宗教伦理的大多数行为规范是从少数民族的社会世俗伦理中演变而来的，例如：孝顺父母、尊老敬老、真诚待人、不偷盗抢劫、不恶意伤人等，这些都是维持正常的社会秩序及人际关系所必要的，也是人类长期生活中逐渐约定形成的。所以，宗教伦理不但是宗教信仰者内在的伦理观念，也是宗教信仰者外在的实践行为，是其处理一切社会关系的道德行为准则。宗教伦理一旦在信众中扎根，他们就会自觉接受上帝和神的道德指令，并在日常生活中形成习性，久而久之，这就使得原来的外在力量通过习惯形成自然，成为自律性的行为规范。另一方面，当宗教信仰一旦成为信众自律性的行为规范，宗教伦理将发挥十分重要的他律性功能。首先，宗教伦理具有内在的强化功能。遵守宗教伦理对信教者而言是神圣，意味着荣耀感、责任感和义务感。信仰者这种心灵上的感受，对其行为规范具有较大的影响。每每和村里的牧师谈话，我都会被他内在的自敛而震撼。其次，宗教伦理具有警示性的强化功能。对于一般教民来说，在遵守宗教道德的他律性方面，没有像虔诚教徒那样具有神圣性的高度自觉性，因此，他们还需要有宗教神威的警示来约束自己的行为规范。最后，树立具有对比性的强化功能。我们接触的宗教信仰者在我们这些非宗教信仰者面前往往有一点点优越感。他们觉得愿意去做一些以善为本的、有益社会的事情，并因此自信起来，长久以来也就延展成自己对佤族民族文化发展所具的某种责任与义务。实际调研中，我们可以体会到村中宗教伦理的生命力，这种生命力不断推进着信仰者对自身道德行为准则的约束，也成为在宗教治理中不可缺少的主要力量。

九、多依树村的社会治理

（一）基层组织建设

1. 基层党支部

多依树中共党支部于1973年成立，在2010年3月29日成立多依树村党总支部。现任书记田学明。自新中国成立以来，多依树村党支部经历了以下几位领导：1961—1966年，陈照真；1971—1972年，杨天海；1973—1984年，魏金良；1984—1990年，田光辉；1990—1995年，魏文昌；1995—2000年，田学明；2000—2002年，田艾明；2002—2006年，田学明；2006—2010年，沈荣辉；2010年至今，田学明。

现在多依树总支部有成员7名，总支部书记田学明，委员有村主任李新胜，副主任田艾明，沈发辉、魏文昌、鲍祥、李忠清、田进明。党总支部之下有多依树党支部，沈荣辉为支部书记，魏金荣为党小组组长；中小芒堆党支部，现有两个支部委员田光新、田岩嘎；大芒堆党支部，支部书记田德明，支部委员田爱到、田学新；东佤党支部，支部书记田荣新，支委李忠清，党小组长魏发明、魏联生；平掌党支部，支部书记魏文昌，支委鲍强。

2009年，多依树村共有82名正式党员，13名预备党员。属多依树总支部的有24名，中芒堆党支部11名，大芒堆党支部15名，东佤党支部27名，平掌党支部18名。其中7名女党员，88名男党员。大专文凭的有1名，高中或中专水平的有13名，初中水平的有32名，小学水平的有45名，4名文盲党员。截至2011年本村有1个党支部，7个党小组，总共有党员119人，全部是少数民族党员。其中，男性党员111人，女性党员8人。

根据上级目标管理的要求，多依树村党总支部及支部的工作主要集中在政治建设、思想建设、组织建设、作风建设、制度建设上。乡党委负责对各村党组织的考核工作，考核得分作为评比先进的主要依据，各村党支部负责对党小组和党员的考核，考核结果作为评比优秀党员的依据之一。考核的结果分为先进、合格、基本合格、不合格四个等次。

对于多依树村党支部将来的发展，现任书记田学明提出还存在一些困境，并表达了新的期望：迫在眉睫的问题是老党员年龄老化，文化程度低，组织需要尽快发展年轻、有知识的新党员做好带头作用，争取发展成熟、有能力的小组长和团员。其次，需要扩大、完善工作场地，争取工作经费。田学明书记说，多依树村的党支部近些年来，上级虽然给予很多照顾，但是多依树村底子差，还很不够。村里的工作需要更新办公用具，如电脑、相机，这些都需要进一步的支持。

2. 村委会建设

从1961年5月多依树乡建立，1968年5月改为树新大队，1973年改为多依树大队，1984年2月改为多依树乡，一直到1988年3月成为多依树村，多依树从芒大乡分离出来已经有近50年，经历了几十年社会动荡，多依树的行政领导从大组长变为乡长，后变为村长，最终变为今天的村主任，多依树村的历任领导人为：1961—1966年，田正荣；1968—1971年，杨海天（大组长）；1971—1972年，魏安强（大组长）；1973—1977年，李元善（大组长）；1977—1980年，田国志（大组长）；1980—1984年，陈文光（大组长）；1984—1988年，陈文光（乡长）；1988—1992年，陈文光（村长）；1992—1999年，陶正荣（村长）；2000年，魏文昌（村长）；2000—2004年，魏文昌（主任）；2004—2007年，鲍学军（主任）；2007—2010年，沈荣祥（主任）；2010年至今，李先胜（主任）。

2010年换届后产生了多依树村第四届村委会，多依树村村民委员会名单如下：李先胜（主任），田艾明（副主任），田学明、田进明、田进宏、田光欣、陈春（成员），另外，多依树还有村官一名，名字为周志宏。

多依树村有9个自然村，东佤有5个小组，平掌5个小组，多依树7个小组，小芒堆9个小组，中芒堆1个小组，大芒堆6个小组，水塘社1个小组，瓦场1个小组，潭黎湾1个小组。每个自然村有大组长，总会计（除中芒堆、水塘社、瓦场、潭黎湾），每个小组有小组长、会计，村小组干部共76人，协助村委会处理村务。

根据乡政府的指示，村委会的工作主要集中在以下几个方面，各有不同的考核方式，要求按时按量完成任务。

村委会的主要工作是带领全村进行生产活动和维护社会稳定。2010年新任村主任在上任之初，就多依树村的各项工作目标，代表多依树村委会与文东乡政府签订了一系列责任书。具体内容如下：

（1）在2010年，多依树村养蚕张数的任务为172张。

（2）杂交玉米推广任务面积为4886亩，种子数量是9772公斤。

（3）动物防疫目标的任务。工作部署：全年工作计划、安排部署、组织落实情况；消毒灭源、冬春战役以及疫情处理等工作；年度工作总结。综合防疫：①完成下达免疫任务情况：口蹄疫、高致病性禽流感、高致病性猪蓝耳病、猪瘟等免疫密度达100%，免疫抗体合格率达70%以上。②鸡新城疫免疫密度达95%，免疫抗体合格率达70%以上。疫病死亡率：生猪疫病死亡率3%以下，大牲畜死亡率1.5%以下，羊死亡率2%以下，禽类死亡率6%以下。档案管理工作情况：①疫苗跟踪及档案有专人负责。②免疫档案使用率100%（散养户90%）。

（4）教育工作目标。领导与管理：①村两委领导班子重视和加强对教育工作者的领导，有“两基”领导机构和“两基”规划的实施意见；坚持联系学校制度、为学校办实事，督促学校加强管理；组织村里小学开展助学活动，并有1份助教典型材料抄送乡人民政府；上下半年各听取1次各村教育工作汇报，及时定期掌握并指导教育工作。②村两委领导带头尊师重教，组织好一年一度的“教师节”活动；帮助解决教师的特殊困难，发现问题政府能及时定期整改和解决。

基础教育：①小学适龄儿童入学率达99%以上，辍学率控制在1%以下；初中毛入学率96%以上，辍学率控制在3%以内；②村小学六年完学率达90%；③全面抓好“普九”后的巩固提高工作，确保“普九”“扫盲”复查合格，顺利通过“两基”国检验收。

基础设施建设及财务管理和安全教育：村学校认真落实农村义务教育经费保障机制的各项政策，严格资金管理；及时排除学校危房，按时按质完成年度安排的危改工程等上级安排的各项基建工程；支持学校开展勤工助学活动，开展面达98%以上；督促学校加强安全教育工作，杜绝重大安全事故的发生。

重视升学学生的教育工作：村两委领导及村学校对升学、升级的学生进行一次法制、社会、安全等方面的宣传教育。

（5）卫生（艾滋病防治）工作目标。①加强对卫生工作的领导。②村民委员会有危急孕产妇抢救、公共卫生应急预案。③认真贯彻落实《突发公共卫生事件应急条例》，加强突发公共卫生事件的报告和处置工作。④开展爱国卫生运动，完成春秋两季灭鼠防病工作，严防发生鼠疫流行。认真做好农村改水改厕工作。⑤抓好传染病防治工作，加强疫情的规范管理，每季度召开一次疫情分析会。传染病的总发生率控制在145.6/10万以内。⑥认真抓好新型农村合作医疗工作，参合率达95%以上。⑦加强妇幼保健工作，住院分娩率达60%以上，孕产妇、婴儿死亡率分别控制在70/10万和1.6%以内。⑧在春节等传统节日组织开展环境卫生大扫除工作。⑨用科学发展观统领防艾工作，进一步完善防治艾滋病工作，落实“一把手”负责制、责任追究制。⑩实行防艾责任目标管理，村民委员会要与每个自然村签订防艾责任目标书，在每个村寨组织召开防艾工作会。⑪加强防治队伍建设，每个村有一名义务防艾宣传员。⑫进一步做好《国家艾滋病防治条例》、《云南省艾滋病防治条例》和《云南省遏制与防治艾滋病行动计划（2006—2010）》的宣传、学习和贯彻工作，合格率达98%以上。⑬加强对少数民族防治艾滋病知识宣传教育。防艾知识知晓率农业人口达85%以上。⑭村民委员会所在地有3条以上户外防治艾滋病宣传标语和一个固定的宣传栏。⑮积极开展大众防治艾滋病知识宣传教育，要在国家禁毒日、世界艾滋病日、国际献血日前后开展宣传教育活动。⑯认真开展孕产妇和婚姻登记人群检测工作，孕产妇检测记录任务要完成全年基数85%以上；新婚登记人群检测任务要完成全年基数的85%以上。⑰宣传做好安全套免费推广使用工作。

（6）森林防火的目标任务。林火控制指标：①森林火灾总次数不超过1次（包括森林火警和森林火灾）；②有林地受害面积不超过11.6公顷，林地受害率低于0.1%；③森林火灾控制率不超过10公顷/次；④森林火灾案件查处率在85%以上。

消防工作的任务是，全力控制火灾形势。年内辖区不发生一次死亡1人、轻（重）伤5人以上的火灾事故。或者一次直接财产损失5万元以上的火灾事故。10万人火灾死亡率小于0.19，万元GDP火灾损失率小于2。

（7）道路安全方面的责任目标。①辖区内无一次死亡3人（含3人）以上的道路交通事故；不发生无牌、无证车辆和客运车辆、货车、低速汽车、拖拉机违法载人的一次死亡2人以上的特大交通事故；月交通事故死亡人数与上月或上年同期相比明显下降。②领导和督促有关职能部门认真贯彻执行道路交通管理法律、法规、规章和规范性文件，研究解决辖区内道路交通安全的重大问题，全年召开交通安全专项会议不少于四次，进一步贯彻落实

"五整顿""三加强"工作，切实加强道路交通事故预防和道路交通安全专项整治工作，努力完成预防道路交通事故目标任务，有效遏制群死群伤特大交通事故的发生。③认真落实省、市、县关于进一步加强道路交通安全工作要求、任务分解。组织制定辖区内全面加强道路交通安全有关政策、规定、实施细则和年度道路交通安全目标，全面建立道路交通安全管理社会防控网络。认真抓好道路交通安全管理基础工作，把交通安全责任落实到位；督促有车单位、个人及车户、驾驶人建立安全责任制，落实单位、企业法人代表和车辆所有人道路交通安全主体责任。④抓紧"平安畅通乡"创建工作，力争实现达标要求，审核交通安全宣传"五进"工作，有力促进预防道路交通事故各项措施贯彻落实。组织开展"交通安全村寨""交通安全学校""交通安全村组""交通安全单位"创建活动，在推进交通安全社会化进程的同时，全年至少组织两次全民交通安全宣传教育活动，并将交通安全宣传教育纳入学校、企业和社会教育的内容。⑤突出重点，狠抓细节。重点防控交通事故比较集中和突出的地区；有效整治重点公路、公路危险路段道路交通安全隐患，公路措施到位；紧紧锁定低速载货汽车、拖拉机、摩托车等重点管控车辆，加强道路交通事故高发时段管控；强化重点人群的公路教育；努力遏制特大交通事故的发生。⑥有效整治拖拉机、低速汽车和其他车辆违法载人及非法从事客运的现象。按照"四不放过"的原则，认真落实责任追究制度，对失职、渎职、失管、失控发生低速载货汽车、拖拉机等非客运车辆重特大道路交通事故的，严格按照责任追究制度和责任倒查制度追究有关单位、有关人员的责任。⑦辖区内交通秩序良好，重点交通违法现象明显减少，基本杜绝无牌车、无证驾车现象，有效遏制酒后驾车现象。⑧把载货车辆纳入重点管理，做到辖区内的货运车辆及驾驶员底数清，情况明，规章制度全，管理制度全，管理扎实，有效监控，不违规审批客运线路和违法营业客运车辆。⑨加强对村委会及有关职能部门督促检查工作，积极改善道路交通条件，落实安全措施，消除重大安全隐患。⑩制定道路交通突发事件处置预案，组织有关单位妥善做好辖区内发生的群死群伤特大交通事故的现场处置、抢救和完善处理工作，及时上报有关情况。

责任书厚厚地堆成一座小山，林林总总，内容从天到地，要求具体详尽。我们粗略地看了一下，也被现实的具体任务所吓到。小李主任拍着一大叠的责任书，笑着说"压力山大"。调研期间，看到多依树村村民小组为做好禁毒防艾工作做了大量的有益工作。基于普洱市市政府高度重视艾滋病的防治、重视对艾滋病病毒感染者、病人及其家庭的关怀救助及人文关怀，在积极采取有效防治措施的同时，重视工作方法的创新，也正是多依树村在禁毒防艾工作上的坚定立场和在禁毒防艾工作上措施得力、上下联动，多依树村的禁毒防艾工作才取得了比较理想的防治效果。村委会高度重视，加强领导，明确任务。一方面，多依树村村委会根据乡政府禁毒防艾工作的精神，结合村寨实际，制定了多依树村艾滋病防治相关工作方案和计划，把艾滋病防治工作作为“创建社会主义新农村”的重要内容来抓，将禁毒防艾工作作为村委会维护村中稳定的重中之重来抓。并定期召开有关禁毒防艾工作的总结部署会议，全面总结多依树村1—8组禁毒和防治艾滋病工作取得的成绩和不足，对随后的防艾工作进行安排部署。另一方面明确工作任务，将禁毒防艾工作作为各村小组长期不懈努力的工作，投入大量的人力物力，明确工作职责，将艾滋病防治工作作为村干部的一项重要内容，责任明确到人，以确保各项工作内容的落实。多依树村成立了相应的领导班子，认真贯彻落实各项精神，布署各项工作，并认真开展防艾督导工作，定期不定期地对村中易感染人群进行回访，确保多依树村禁毒防艾工作的成效，防止反复。据寨子里的老人说，近年来，政府一直保持对吸毒、贩毒犯罪行为的高压态势，同时多依树村也因地制宜，结合村寨具体情况，防治结合，彻底根除了毒品在村寨的使用和流通，使村民免受毒品的危害，使村寨的治安状况得到了扭转，因此，多依树村村民和上级政府对目前村寨的禁毒防艾工作很满意。

（二）农村社团组织

1. 团支部

多依树村党总支部书记兼任团支部书记，现多依树村团支部共有4名委员，188名团员。团员的年龄限制是18～35岁。现在，多依树村团支部主要的问题是面临团员年龄偏大的情况，无法及时更新血液，吸收新的、优秀的青少年入团。多依树村的青少年更多的愿意外出打工，团支部因此流失了很大一批培养对象。

现阶段发展团员面临的主要困难是：①缺少活动场地。规律性的团日活动在没有固定场地的情况下，经常面临取消和延期的问题。要确保团日活动的延续性，加强内部团结，吸引积极的团员，需要建立一个固定的活动场地。②缺乏学习资料和工具。现在村内的团员学习资料和内容完全靠乡政府支持，特别匮乏。

2. 民兵组织

多依树村民兵在村武干的带领下，组织日常活动和培训。现多依树村共有86名民兵。乡镇每年会组织民兵培训，每年2次，每次1~2天。民兵主要来源于村内政治立场坚定、身体素质好的村民。他们自愿参与，没有工资补贴，为村民服务。

根据上级指示，多依树村在2010年度国防后备力量发展中制定了建设规划。建设规划的目标是：①按要求落实党管武装各项工作制度。②村党组织专题学习国防知识和后备力量建设法规政策每年不少于1次，把国防后备力量建设纳入村支部、村委会工作报告进行研究部署。③抓好“青年民兵之家”建设，村委会建立“青年民兵之家”。做到设施齐全、功能完备、活动经常。④大力加强民兵队伍建设，建立健全各种应急处置预案，适时组织演练。⑤大力开展全民国防教育和丰富多彩的“双拥”活动。⑥认真组织民兵参加社会主义新农村建设和“平安和谐文东”建设。

3. 妇女组织

多依树村妇女主任为村委会委员陈春，每个小组有一名妇女代表，由村民选举产生，另外有两个妇女委员由妇女代表从各组妇女代表中选举产生，协助处理妇女事务。根据上级要求，妇女主任须由初中及初中以上学历者担任。针对妇女的发展情况，文东乡制定了十年妇女发展计划。根据这个计划，妇女的政治地位和社会地位将受到更大程度的重视。

整体地看，农村妇女组织的服务人民群众还是比较认可的。她们反映农村基层妇女组织，直接面对农村妇女群众，能够急群众所急，想群众所想，因地制宜地开展妇联主体活动，积极服务妇女群众，基层妇女组织的社会影响力、社会认可度、社会形象得到不断改善和提升。但实际中，农村基层妇女组织受工作资源和能力的制约，所体现出的工作限度还是比较明显，妇女群众的诉求往往可以倾诉却一时难以得到解决。

随着妇女与外界的联系与接触越来越广泛，她们的生产方式与生活方式都发生了根本性的变化。一方面农村妇女的成就动机受到激发。她们渴望掌握更多的科技知识，渴望享受更加丰富多彩的精神生活，这些也对农村妇女组织的作用提出了更高的要求。另一方面，农村妇女的新问题也是农村妇女组织的新挑战。比如一些出嫁女、离婚妇女及其子女在农村土地承包、土地征用及征用补偿安置等土地、财产权益受到侵害，维护妇女权益的任务十分艰巨。也有部分农村妇女的婚姻家庭权益未能得到有效保护，家庭暴力还在一定范围内存在，还有部分不同程度地存在外出打工被骗、合法权益受到侵害等现象，这些都期待妇女组织能够在实际生活中起到更多的作用。

（三）村规民约的乡土治理

我国农村地区历来存在着大量的乡规民约①，在地方治理中发挥着独特的作用。多依树村也不例外。从村寨建立开始，随着社会的发展，多依树村规民约从无到有，从杂乱到逐渐规范完整，从口头相传到成文，村规民约在多依树村民的生产互助、患难相恤、礼仪教化、村庄保卫等众多方面担负着不能替代的作用。与此同时，随着社会的发展和进步，多依树的村规民约也不断发生着变迁。

随着村寨的发展和壮大，人口的增多，为了更好的保卫村寨、患难相恤、生产互助，同时，规范村寨每家每户的行为，对村民进行礼仪教化，多依树村逐渐形成了口头上的如村民之间要相互尊重、搞好团结、相互理解、相互帮助的民约，哪一家出现困难，其他村民必须对其帮助，一家建新房，其他人需要帮忙，村寨里出现小偷，全村人有义务去抓小偷等规定。这个时候的村规民约，主要内容为生产互助，保卫村寨等方面。

随着社会的发展，多依树村村民在制定村规民约时，受到外界的影响越来越大。到“民国”时期，受外来文化的影响，多依树民约中开始出现民主和选举等新式内容。比如其中一条为：本村寨重大事情，都必须经过全村寨每家代表投票来决定。新中国成立后的一段时间，是农村地区受控最严格，自治权力最小的时期，同时这又是对民间传统破坏最严重的时期。这一时期，传统的乡规民约虽然继续存在，但作用范围受到限制，主要集中在保护农业

① “乡规民约”可以从广义和狭义两个角度来理解，前者泛指一切乡土社会所具有的国家法之外的公共性规则，而后者则仅指在国家政权力量的“帮助、指导”下，由乡民们“自觉地”建立的相互交往行为的规则。

生产方面，如护麦公约、护秋公约等。20 世纪 80 年代初，沉寂了许多年的民间规约又重新出现。当时伴随着人民公社体制的瓦解，多依树村出现了社会治安恶化的问题。针对此情况，多依树在制定的村规民约中第四条规定：故意扰乱社会治安处罚 50 ~ 100 元，过年过节加倍处理；第五条规定：偷鸡摸狗等其他东西，分成三等，成年人罚 150 元，不到公民权者，向监护人罚 40 元，不满 10 岁的由监护人负责教育，视情节轻重处理，赔偿一切损失；第十六条规定：小偷小摸，屡教不改者，加倍处理，当场被群众打伤，自己处理；第二十九条规定，故意打人、骂人罚 50 元。

20 世纪 90 年代后，随着社会的不断发展，多依树村规民约进入了修改和完善时期，从以前的口头相传也逐渐以书面文字为形式从不成文向成文的村规民约转变。同时，随着国家婚姻法、义务教育法等法律的颁布和实施，多依树村规民约中逐渐加入对村民婚姻、教育的约束和要求，比如破坏婚姻家庭，调解费双方各 40 元，成年人处罚 120 元，青年人双方各 100 元，还没有生育的双方各 100 元。国家实行计划生育后，多依树村规民约又加了一条不按计划生育者，按国家计划生育政策的有关规定征收罚款，间隔不到四年，不准办准生证，年龄不到，不准办准生证。

随着村民生活水平的不断提高，收入的增加，处罚力度也不断增加，比如乱砍滥伐从 1980 年的 0.5 元，增加到 2000 年的 5 元，再到 2010 年的 50 元，增加了 100 倍。同时，在细节方面更加具体，比如有关村民送子女上学的规定，1980 年，只是简单规定村民有义务送子女上学，1990 年修改为村民有义务送子女上学，接受九年义务教育，按时缴纳学费和学校各种费用，如果家庭有困难，村寨可以给予相应的帮助。2010 年，对这一项村规民约又作了进一步细化和修改，去掉了按时缴纳学费这一条，增加了村民有义务督促子女在学校认真学习，遵守学校有关规定，听从老师安排，积极地配合学校，对子女进行教育。

2010 年 3 月，经过全村寨每家代表商议，多依树村在 1990 年的村规民约的基础上，进行了大量的修改和补充，对多依树村规民约作了一个全面的完善，经文东乡人民政府审核通过之后，每家每户都打印了一份，以纸质的形式，对全村村民日常行为进行规范管理。大家都希望依靠《村规民约》，成功实现村民自我管理、自我教育、自我约束。这也标志着多依树村的村规民约正式以成文的形式，在规范管理村民中，发挥着越来越大的作用。

（四）治理背后的助力

大山深处的多依树是个传统农村。清晨，放牛的人们缓缓走过，人一走近便响起声声犬吠，硬化的路上的动物粪便提醒你这是它的地盘。走进多依树村，尤其是东佤寨，才慢慢发现深山里的这个小村落有一点点与众不同：公厕简朴干净，竟然每天都有人来打扫；门前怒放三角梅的恬静小院，竟然出了两个女大学生；养着孔雀的和蔼老人，竟然有两个“响当当”的儿子：一个县长和一个乡长。静静地感受这里，我感到了这里的治理背后的助力。一个是得益于出得外面的干部为家乡带回的资源。一直以来，外出的人儿心系家乡，情系桑梓，时刻关注家乡的发展变化，通过各种方式参与家乡的建设。有的人拉来经济项目，有的人拉来财政支持，有的人拉来助学计划，有的人拉来外界的关注。另一个得益于求学归来的人们对家乡的奉献。这些来自多依树的人们，正是推动村落发展变化的最重要的力量。当听见乡长与中学校长说着他们青春的趣事，我十分诧异。原来他们竟然是一起长大的儿时伙伴、大学同学，如今又是共同战斗的朋友。如今，重视教育的东佤寨已经走出了不少的大学生。这些人，大多数已经活跃在外面的世界里，也有的回归家乡，各个经历不同，有着不同的政治地位和文化水平，在经济资源、社会关系、社区威信、办事能力等方面也具有各自相对的优势，但相同的是他们对这片热土深沉的爱。出于自身的利益诉求和浓厚的乡土情结的他们对家乡的建设与发展有较强的自我意识与参与意识，能赢得村民更多的尊重、关注与信任，他们的行为模式、价值观念以及与村民的互动等都会影响到村民的行动，对村民具有较强的示范号召效应。

出身教师的乡长分外关注教育的发展。他说这里的教育是经济落后最后的优势，一定要揪住人才建设的关键点，进一步发挥好家乡的人才优势，团结一切可以利用的人才，发挥对家乡的感恩力，动员外乡工作和求学的人们能更进一步地热爱家乡、支持家乡、发展家乡，在各自不同的工作岗位上为家乡建设出力。乡长指出，多依树的发展面临很大的挑战，但同时也蕴含着更多的机遇。多依树的外面打工人多，尤其是县城人气旺，这是我们的人力优势；多依树在外工作的领导多，在外务工、经商的能人多，这是我们的人脉优势；多依树有优质的古茶园，这是我们的产业优势；澜沧是国家扶贫开发工作重点县、文东乡又是民族乡，这是我们的政策优势；多依树的基础设施日臻完善，这是我们的后发优势。我们必须发挥好这些优势，要让领导进得来，项目留下来；要让客商进得来，资本留下来；要让客人进得来，好名声传出去，加快发展，缩小差距。更重要的是在思想上对这份建设家乡的工作要有足够的认识，要有使命感、紧迫感和责任感。“要变目前危机为生机，变生活被动为主动，把家乡发展得更好、建设得更好；能够为家乡的发展尽一点微薄之力，我感到非常的高兴。”这样的话每每被乡长谈及，我都能看到他深情的眼神。

对乡土文化最有效的保护是积极的全方位的传承。所谓“积极的传承”指的是：既要继承乡土文化传统的东西，也要适应现代生活需求创造新的东西；既要保护好原生态乡土文化，又要创造新生态的乡土文化。所谓“全方位的传承”指的是：既要延承乡土文化的“文脉”，也要有选择地沿承作为乡土文化载体的“人脉”，既要传承乡土文化的物质表象，也要注意传承乡土文化的精神内涵。特别不能忽视某些宗教及家族文化因素在乡土文化中的重要作用，其旺盛的生命力、感召力成为维系人们世代延续的重要精神支柱和心灵托付。这一点在时下的中国广大农村是要特别关注。

十、多依树村的教育、医疗与农村低保

（一）多依树村的教育

1. 传统民族教育

多依树村的传统教育，其主要教育途径和组织形式，是以家庭教育为基础的社会生产生活教育，即在共同劳动生产与生活中，由长辈进行口头教育和行动教育，从中学习生产生活经验与技能。其主要内容包括以下几点：

（1）家庭教育

家庭既是佤族社会的生产和生活的基本单位，也是教育的最早、最基本的场所。每个人从出生到成年组成新的家庭，都是在家庭里生产、生活，在家庭里接受教育。家庭教育是佤族传统教育的基本形式。教育者主要有祖辈、父母辈、兄长辈等，其中尤以父母对子女的教育为主。佤族青少年的传统教

育，主要是在父母的言传身教下，通过自己的实践，逐步获得生产知识和生活经验，并掌握本民族的风俗习惯和道德准则。佤族寨子对于男孩，从小就配给小刀、弩箭等，随父母下地犁田、耕地和狩猎；对于女孩则从小学做针线活、学纺织、学煮菜做饭、养鸡喂猪以及栽种等农活。在走访询问中我们了解到，其教育中通常是母亲教育女儿、父亲教育儿子、姐姐教育妹妹、哥哥教育弟弟，当然这也不是绝对的。家庭教育没有固定的时间地点，有时在火塘边、饭桌上进行集体教育，有时根据个体差异进行个别交谈。家庭教育是传统教育中最重要的一种形式，一个人的成长和成熟与家庭教育有着很大的关系。

(2) 社会教育

社会教育是家庭教育的延伸。15 岁以后的佤族青少年，除继续接受家庭教育外，还通过在社会中的人际关系交往、社会公共空间中举行的集会、歌舞、节日、宗教、祭祀等各种活动和仪式，在亲身体验和实践中不断获得佤族日常交往礼节、恋爱婚姻等社会生活的认知，逐渐认同本民族传统文化，并成长为一个被本村寨认同与接纳的成员，从而实现了佤族成员社会化的过程。和家庭教育相比，社会教育内容的深度与广度已远远超过了家庭的范围。在此阶段，家庭成员不再是佤族青年的第一导师，同辈群体、家庭以外的社会成员，尤其是村寨的长者，逐渐成为其学习的榜样。寨子长者多数通过寨史、神话、传说、歌谣、谚语、格言等，结合乡规民约，言传身教，使青年一代学到生活基本知识，了解民族发展历史，增加对大自然的朴素认识，思想感情上潜移默化的影响极深。在研习过程中，佤族青年往往主动投入到火热的实践中，比如传统的狩猎活动，从而获得一定的社会认同。如今，随着佤族小孩六七岁进入学校学习，接受学校的正规教育，孩子的大部分时间在学校度过，传统的社会教育都会因为教育主体时间与空间的不在场而面临传承断裂的危险。

(3) 宗教教育

传统佤族相信万物有灵，信仰原始宗教。他们把自然界的万物加以神化。在很大程度上，人们把对原始宗教的信仰与传承融入到传统社会教育的血脉中。原始多神教观念和各种宗教祭祀活动的代代相传，无疑是这种文化教育的作用和结果。原始宗教教育的形成既源于家庭成员的口头相传，也源于主持相关活动的人士的影响力。因此，原始宗教教育，主要是原始宗教意识一般是聆听长者们的说唱、教诲和参加一些具体的活动来加以深化。

在传统的佛教教育中，教规有禁杀生、禁饮酒、不做坏事等，这些信条对多依树村社会和生产的规范，起到了一定的促进作用。按照佛教的规定，村寨中凡是年满七八岁的男童必须入佛寺当和尚，要经历一段出家当和尚的经历，接受佛教知识和启蒙教育，实践佛教戒律，否则会被别人看不起，而没有社会地位。入寺庙学习的人，经过一定时间的集中学习，有一部分人不仅能念经文，还能写经文，还俗后成为了社会上的知识分子——因此，信佛教的佤族人都把这作为成功的标杆，有时也当成父母应尽的义务。村里的一位信佛的田姓老人认真地跟我们说："过去，若一个男童没有当和尚的经历，父母会被认为没有尽到职责，小孩长大后也会被人看不起。"

同样，信仰基督教的人们也在教堂里学习文学与知识。新中国成立前，教堂教育除了教会信徒念《圣经》和《赞美诗》外，还传授西方的先进文化知识，如医疗、卫生、天文、数学等知识。一些学有所成的佤族信徒因而从事外交和翻译工作，在佤族社会中拥有较高的社会地位。基督教传入多依树村后，教堂编印了大量的圣经教会课本和教歌，在教徒中盛传，其部分教义内容客观上为人们社会交往设立了交往准则，有利于佤族的社会团结与稳定，对佤族的社会发展至今仍起到积极的引导作用。

如今，孩子到了入学的年龄，都去学校接受正规教育，而很少被送去接受佛寺或教堂教育，宗教作为学习文化的教育功能已经完全弱化。

2. 传统教育的有效形式

多依树佤族传统教育的主要方式：

(1) 口述为主

如前所述，佤族没有自己的文字，因此文化的传承只能主要以口传身教的方式来承载。比如，佤族历来以农为本，其生产知识都集中在旱稻、农作物种植和狩猎方面。因无文字记载，只能直接贮存在个体劳动者的经验和技能之中，并大量保存在民间口头文学和话语之中。例如《盖房歌》中写道："盖房子，是为了挡住风，挡住雨，柱子是在最吉祥的那天砍下来的，树干是最坚硬的；草片是悬在最好的口子割来编成的，是最牢的。但愿新房盖起后，梁柱虫蚁不会蛀的，草片不会枯……"在《撒谷歌》里也有这样一段歌词："撒种要疏得当，把泥均匀盖上，鸟儿看不见，老鼠扒不到让禾苗茁壮成长……”流传在民间的生产歌谣、祝词、谚语等比比皆是，它们朗朗上口，容易记住，是一种生动形象的口头文学教材。

(2) 寓教于实践

多依树村的佤族人民重视身体力行的道德教育，因此少有枯燥说教，其教育意义的体现大多是通过一些具体的事例来实现的。例如，不计较分配多少，不多拿多占，不偷东西；劳动光荣，懒惰耻辱；吃苦耐劳，团结互助；尊老爱幼，喝酒、饮茶时先敬长辈，后依次递给晚辈；凡逢人死亡时，全寨忌生产，并杀牲送魂等。因此，大人们经常带孩子们参加一些具体活动，或鼓励其参加集体活动，让他们在活动中学习并潜移默化地受到影响，如参加集体狩猎，以锻炼气魄，培养协同作战的精神；参加村社活动，以增强集体观念；学习祝酒歌、祭祀词，以了解本民族的历史文化等。一个人生活技能的掌握、品德修养的形成以及整体素质的提高，都离不开实践。

(3) 分类分段教学

最为常见的划分形式是不同性别或不同年龄段的教育。前者的区分是鉴于传授内容的不同而设定，有些内容适用于女性而不适用于男性，如妇道知识、刺绣及缝制知识的传授等；而有些内容又只适用于男性而不适用于女性，如犁田耙地、打猎等。后者根据不同年龄段的教育比较显而易见，人的成长有阶段性，每个阶段有每个阶段的教育需要，教育应该根据不同年龄阶段的特征采取相应的教育形式进行教育。如什么年龄阶段适合学缝制知识、什么年龄阶段适合放牛、什么时候的体力适合犁田耙地等。

(4) 严格惩戒

多依树佤族男女青年在婚前和婚后都要学习长辈们良好的教育和社会道德风尚。佤族自由恋爱，实行一夫一妻制，对违反婚俗的行为处罚严厉。家庭不和、感情破裂，可以离婚。佤族长辈对青年男女的婚俗教育十分重视，男女青年在婚前、婚后都受到了长辈们良好的道德教育。

3. 学校教育

多依树村在2008年之前共有5所小学，分别是东佤小学、芒堆小学、多依树小学、平掌小学和棠梨湾小学。目前，多依树村共3所学校，分别是东佤小学、芒堆小学和多依树小学，其中芒堆小学是唯一的一所完小。整个行政村农村义务教育在校学生930人，其中小学生794人，中学生136人。

东佤小学共4个年级，全校有4个教师，汉族教师一名，布依族教师一名，佤族教师两名。该校实行隔年招生，上学期共有57名学生。学校共三间教室，教室是用泥土盖起来，室内设备简陋，共有60套旧桌椅，部分旧桌椅还是2010年普九时，乡里的中学捐献出来的。

芒堆小学现有8名教师，135名学生，6间教室。条件比东佤小学好一点儿。多依树小学则只有两个年级，4间教室，全校共有1名教师，上学期有32名学生。根据学校的远近，村里各个小组的小学生入学的学校采取就近原则。

多依树村的小学实行双语教学，在二年级之前用双语，即汉语和佤语教学，从三年级开始，则开始进行纯汉语教学，因学生年纪太小，且一直生活在讲佤语的环境下，对汉语的掌握就比较慢，造成表达能力和理解能力就比汉族的学生差一些。学生的培养则比其他非民族地区更为困难。

为了提高教学质量，多依树村的每个小学都有教师培训任务，学校每年会派老师去东回乡，或者去上允，或者去澜沧县参加“参与式教学”培训，“参与式教学”培训从2007年12月开始，进行三年培训，2010年12月培训结束。其培训目的是为了让教师改变以前的填鸭式教学，逐渐让学生参与到教学过程中来，充分发挥学生的积极性和创造性。学校也会选择极少数的优秀教师去昆明市参加相关培训，其培训内容更加全面实用。一般在寒假，多依树村的小学老师还要参加进级培训，目的是从内因抓起，提高教师自身素质。

全村培养的在校大学生共10名，主要在云南大学、云南民族大学和思茅师专就读。近年来，由于全村村民对教育的逐渐重视，从村里走出来的大学生数量呈增长趋势，由以前的好几年全村才有一个大学生，到近来每年都会出好几个大学生，让我们看到了多依树村的发展希望。县里为了支持民族地区的发展，每年都会安排一定数量的大学生回村里工作，带动当地老百姓致富，特别是县里和云南民族大学做了委培计划，近来都在定向培养将来回村里工作的大学生。

小学教师的工资现在是按级别划分。高级教师工资（在不扣住房公积金和保险附加费等费用的情况下的工资）每月2598.5元，对于教龄满30年的教师则每月2600元工资，大专毕业的教师则每月2000元的工资，对于社会招考而来的教师则是每月1800元的工资。如今的工资水平相对于好多年以前的每月才几十元的工资来说，确实是多了不少啊。但是如何保证小学教师受到有益的激励，继续认真执著在乡村小学任教，将是乡村教育面临的一个很大的难题。

4. 扫盲教育

多依树村的扫盲教育从1983年开始，一直进行到现在。该村的扫盲教育以前是在多依树小学进行，主要是用佤文教学。教学对象是村里没有读过书，不识字的村民，教学内容是教村民识字和识数，并教村民一些生产生活知识和技能。扫盲教育主要是在夜间进行，也即夜校教育，因为只有在晚上村民才有时间，白天村民都是要去田间劳作的。

村里的每个寨子都有扫盲班，其中东佤寨（我们调研时居住的寨子）扫盲教育班共有3个班，每个班40~50人，人手一本专门的扫盲教材，共三名教师分别对三个扫盲班进行辅导。为了鼓励扫盲教育尽快出优秀的成果，县里提出了一个奖励措施，即教师每帮一名村民脱盲，就可以补助50元，这项措施客观上促进了教师扫盲教学的积极性，也提高了扫盲教育质量。1990年县里为了检查扫盲成果，进行了全县范围内扫盲普试，即对扫盲班的学员进行统考，以查看教学效果，做进一步查缺补漏的依据。多依树村的扫盲教育得到了肯定，走在了其他村的前面。2009年，全村的文盲率为4.5%，比起1983年刚统计文盲率时的80%，这是一个巨大的进步，也为多依树村将来更长久的发展提供了基础。

5. 科技培训

多依树村按照县里和乡里的相关指示，广泛开展科技培训工作，全村掀起了“学科技、用科技”的热潮。科技得到进一步重视，良种良法的推广力度和种养殖技术的培训力度明显加强。2006年，共开展科技培训23期，培训人数达到4617人；组织开展农函大技术培训400人次，发放科普读本400册；农民工茶叶种植技术培训425人次。

（二）多依树村的医疗

多依树村共有1个定点医疗机构即村卫生所，位于多依树村中心的位置，就建在村委会附近一个小山坡下。卫生所面积为80平方米，建有候诊室（与药房共用）、治疗室和档案室，卫生所有专门的卫生宣传栏，位于醒目的卫生所候诊室墙壁上。卫生所与周边村民的居住地距离远近不一，距离卫生所最远的村民需步行大约 9 公里的路程前来看病。多依树村卫生所共有 4 张病床，经医生介绍病床的使用率非常高，基本上全年均达到 100%，病床的使用是非常紧张的。

多依树村卫生所只有一名职业医生姓陈，承担着全村人日常的看病医疗和初级的防艾、妇幼保健等公共卫生工作。陈医生有着多年行医经验，是多依树村土生土长的村民，他曾在澜沧县卫校学习，毕业后就一直在多依树村卫生所工作，由于为人和善多为村民所信任。陈医生一人承担着全村村民的基本医疗服务和妇幼保健、禁毒防艾等工作，他坦言平时工作比较辛苦，自己时常住在村卫生所，以防有急诊病人看病取药不方便。

经调查，多依树村还存在着当地人比较信服的佤族传统医药使用者——一位神医。经神医介绍，他没有学习过任何医药知识，没有任何的医学学习背景，也并非佤族传统医药的传人（父辈也并非医生），而是自己通过做梦、记忆和实践积累形成一定的药方，为村民看病。他多为村民医治些感冒发烧等日常病症，最让村民赞叹的是他的药方为许多村民医治好了肾结石。据村民介绍，原来多依树村由于地势较高，饮用水多为山上修建的水窖供应，然而由于当地多雨，再加上输水管道较差，村民饮用的水源杂质较多，即使烧开后的水也呈土黄色，正是由于水源的问题，当地村民患有肾结石的情况很普遍。好多人在正规村医所里都没有治好（我们问了村医所的医生，他说这种情况多数是因为村里的人不舍得花费相对较贵的西药费用），来了他这里治就神奇地好了。在调研的过程中，我们专访了村中这位"神医"，了解了他的行医过程，亲眼见到了他所采集的药材，使用的器具等，并且听他讲述了许多传奇的故事。

1. 农村合作医疗

2005 年，普洱市新型农村合作医疗试点工作正式启动。在新农合实施的初期，由于旧的农村合作医疗报销比例低，不实惠的影响，许多村民都拒绝缴纳每年仅 10 元的参保费。为了开展好新农合的试点工作，在当地政府及村委会的带领下，村卫生院等开展了大量的组织、宣传、管理等工作。随后，文东乡政府充分调研、积极研究、广泛动员、措施得力，有力地推动了多依树村新农合试点工作的开展。①领导高度重视，思想统一。在新农合文件下发后，多依树村村干部高度重视新型农村合作医疗在该村的开展和落实，在文东乡有关新农合卫生专题讨论会后，从村委会到卫生所工作人员以及部分在村中较有威望的村民统一了思想，明确了做好这件惠民利民的德政工程的决心。②广泛宣传动员，树立正确的舆论导向。为了真正做好新农合的宣传普及工作，村委会和村卫生所努力拓展宣传渠道，创新宣传方式，采用人性化的交流，让村民真正了解到参合的好处，提升参合率。一方面，村委会在召开村党员大会、村民代表会、群众会期间，通过发放宣传单、集体讲解等多种集体形式，向村民们宣传有关新农合政策，村干部和卫生所的工作人员还挨家挨户进行动员。另一方面，村委会结合周边新农合试点村的成功经验，以实例说明新农合制度的优越性，引导村民树立互助共济的医疗保险意识，充分调动群众参合的积极性，让村民知道自己交了钱是能够享受实惠的，从而为参合费的筹措和新农合制度的全面实施树立了正确的舆论导向。③创新筹资方法，保障参合落到实处。多依树村从2005年底开始，把开展新农合工作作为村务工作的重中之重来抓，集中人力物力，充分尊重农民自愿参加的原则，创新筹资方法，人性化服务，真正为群众解决后顾之忧。一方面，村委会通过广泛宣传，并由村干部带头缴纳参合金，树立了良好的舆论导向，同时村干部们在宣传的基础上深入村头寨尾，在人群聚集处设立新农合报名工作点，在人群分散的地方或挨家挨户或到田间地头去做工作，逐一收取参合金让村民感觉到方便；另一方面，在筹资过程中真正做到准确、据实筹资，村干部充分了解了村中的实际户数、人数、姓名、身份证号码、年龄、文化程度、是否外出打工等情况，并逐一核对，切实做到参合农民不重、不漏、不错，把基础工作做细，然后根据统计资料上门逐户进行筹资，提高准确性；更难能可贵的是，村委会在新农合筹资方面做足了情感沟通工作，村干部利用上门筹资的机会，及时了解村民关心的问题，及时调查情况，针对能解决的问题，现场解决，对不能立即解决的则积极向乡政府反映，并及时给予答复，从而为农民参合扫清了思想障碍，为新农合筹资工作的顺利开展起到了积极的推动作用。

调研中，我们发现多依树村村民对新农合评价很高，广泛认同新农合的作用，新型农村合作医疗制度在多依树村真正成为一项“德政工程”“民心工程”。经村医生介绍，2005年之前村民看病是非常贵的，医疗资源也极度紧缺，以妇幼保健为例，2005年前村民生孩子至少需要花2000~3000元，实施新农合后正常生育的话在乡卫生院生花费550元，在县医院生花费700元，若是剖腹产如果在县里生育超过1500元时，新农合制度能够报销75%的费用；另一个例子是2005年前村民看病输液1瓶便要花费20元左右，看一次感冒至少花费50～60元，而实行新农合后由于药品、人员、财务均统一管理，医生不会乱用药，使村民真正得到了实惠，现在看一次感冒只花费24元左右，大大减轻了农民的负担。从个人与政府医疗卫生投入比例来看，自2005年起村民每人每年需缴纳10元参合费，但报销比例相对较低，只有30%，2006年门诊报销比例上调至70%，住院报销比例为乡卫生院80%报销，县医院75%报销，2007年报销比例有所下降，大致降低了10%，即便如此村民个人看病时所支付的医疗费用不到总费用的一半，这有力缓解了村民求医难，看病贵的问题，使村民得到了真正的好处。到2011年底，参加农村合作医疗3493人，参合率从2005年起初的95%增长到99%，几乎覆盖了全部村民，一些原先享有城镇医疗保险的村民感受到了新农合的实惠，也相继参加了新农合，足以证明新农合的优越性。

从目前多依树村开展新农合的情况来看，虽然成果显著，但仍然存在一些问题，主要集中在部分村民对政策本身认识不足、参保机制僵化、报销比例偏低、部分基本药物目录存在不合理安排等。

第一，部分村民对新农合制度不理解并存有疑虑，主要表现在风险共担意识淡薄方面，用一位村民的话来形容就是“我又没有生病为什么要掏钱呢？”同时，村卫生所的医疗服务逐渐不能满足村民日益提升的要求，一些顽固病症长期无法治愈使得部分村民怀疑村医生的医疗水平，进一步觉得参加新农合不划算，这一定程度上影响了多依树村新农合的参合情况。同时，目前的报销比例偏低，只有40%能够报销，这也一定程度上影响村民的参合积极性。

第二，经村医生反映，参加新农合的村民目前均享受现看现报的补偿方法，这使得村民们最大限度享受了新农合带来的便利，然而对于村卫生所来讲，统一去乡卫生院报销新农合费用的手续非常烦琐，一般要经过在村卫生所开处方、病人按手印、门诊等级、开发票的环节，随后每月20日上报乡卫生院、审核处方、上报乡政府新合办、上报县政府新合办、再由县政府审核后报销，这样烦琐的程序拉长了报销的时间，报销期至少在一个月以上，上报时若有些负责人不在不能签字的话更进一步拖延了报销时间。陈医生介绍报销最慢的以2010年3月为例，3月份的新农合费用6月份才得以报销，整整经过了三个月，这严重增加了村卫生所经营的负担，村卫生所陈医生说，5月份进药的钱基本上是自己垫付的，不是一笔小数额，而没有药又会影响给村民看病，可见无法及时报销会在一定程度上影响村卫生所的行医职能。

第三，目前新农合实行“一年一保”的参保方式，每年中途不接收新的参保人员，对一部分外来人员或回乡人员造成了一定的不便和不实惠。更严重的是依照新型农村合作医疗的政策规定，在新农合资金缴费期间出生的婴儿，就不能参加当年的新农合，只能参加下一年的医疗保险，这就意味着在婴儿出生的第一年不能得到大病医疗的保障，而此时新生婴儿患大病的几率却是比较高的，这对保障出生婴儿健康是非常不利的。

第四，由于当地医疗卫生资源紧缺，多依树村唯一的一处村卫生所距离部分村民的居所是比较远的，最远的超过10公里的路程，给村民造成严重的不便，部分村民由于距离远不方便，只能选择较近的非正规医疗服务，无法保障医疗安全和质量，也无法享受新农合的报销，使得部分村民不得不放弃参加新农合，但当他们患有大病时，又得不到保障，往往延误病情，使这部分村民负担极重。

此外，具有多年农村行医经验的陈医生介绍，目前新农合提供的基本药物目录虽然大体能够满足村民日常的需要，但也存在着一些不合理的地方，需要及时调整，而这些需求她认为似乎并没有反馈的渠道。例如目前的基本药物目录中列举的有些药物在日常行医中完全用不到或很少用到，有些有用甚至常用的药物却没有列举，此外一些药物没有代替药物，造成药品短缺，例如治疗感冒的病毒唑药剂或针剂，治疗风湿病的香丹针剂，治疗胃病的西咪替丁针剂都是常用而没有列举的药物。这些药品的短缺一定程度上影响了日常的行医，如果能够列入基本药物目录，也能使村民得到更大的实惠，陈医生如是说。

2. 妇幼保健工作

多依树村的妇幼保健工作与当地的新型农村合作医疗体系密切相关，因为无论是妇女分娩生育的住院、医药费用报销还是儿童免疫接种保健等，都是在新农合体系之下的，另外，由于妇幼保健工作涵盖于公共卫生整体框架之下，在村干部的重视程度以及宣传开展等方面与多依树村的禁毒防艾工作相辅相成。经村医生介绍，诸如宣传科普等工作都是与防艾宣传工作同时开展的，尤其是深化村民对妇幼保健有关的政策、法律法规的了解，将妇幼保健的有关政策和方法普及到每一户村民当中，并定期开展专题性宣传和专访活动。除了专门的大力度宣传外，多依树村卫生所也存有普洱市统一印发的宣传画、宣传小册子，经村医生介绍，这些资料并没有强制发放给村民，而是由村医生不定期到村民家中进行讲解，感兴趣的村民可以自愿领取图文并茂的手册。值得一提的是多依树村村医生陈医生和李云华也曾将妇幼保健的知识改编为拉祜语的歌谣以及组织部分村民编排情景剧或小品，定期进行表演，这样不但照顾到了不懂汉语的村民，也激发了村民们的兴趣，更加解除了对妇幼保健工作的抵制心理，成为很好的软性的人性化的宣传方式。通过这样多途径、新形式、全方位、广覆盖的宣传方式，多依树村全村村民妇幼保健意识进一步得到增强。经过不断努力，多依树村的妇幼保健工作效果显著。

经村医生介绍，2005 年前，村民生一个小孩至少要花费 3000 元左右的费用，并且没有任何的补贴，对于普通村民来说无疑是非常重的包袱，在这种高收费、没有补贴的情况下，一方面村民自身负担过重，许多村民不愿意去医院生育，而是私下找接生婆，增加了孕妇和小孩的生命危险；另一方面，部分村民通过不去医院生育而超生，严重影响了当地的计划生育工作的开展。在目前多依树村妇幼保健工作开展之下，多依树村妇女生育基本上都会到正规的医院，作为多依树村妇幼保健工作的落实的一线工作人员，村医生平时积极了解村中孕妇的情况，并做详尽记录，从孕妇怀孕到生产整个过程中都积极走访农户，了解掌握情况，并不断宣传妇幼保健和计划生育政策，将公共卫生工作一体化开展。

据村医生介绍，目前孕妇凡到正规医院生产，由村医生接生正常分娩的孕妇不但完全免费，还会给予 20 元的补贴，在县医院生产需花费 700 元，在乡卫生所需花费 550 元，而 2005 年实行新农合前正常分娩需要花费 3000 元，2005 年后降低到 700～800 元，直到目前的免费。对于剖腹产的孕妇，如果在县医院花费超过 1500 元，新农合将报销 75% 的费用，在乡卫生所则会花费更少。经村医生介绍，目前多依树村的计划生育工作难度不大，多数村民都能够做到少生。这一方面取决于积极到位的妇幼保健和计划生育宣传工作，也与当地村民生活的现状有关，同时在新农合制度的约束下，只有在医院生育才能享受补贴，从侧面减少了超生的现象。另外，超生的罚款也是相当重的，目前大约 20000～30000 元，统一交乡计生办。在儿童免疫接种方面，多依树村卫生所医生在多年的工作中积累和总结了行之有效的方法，对于儿童的免疫接种一般在每个月的19—23日开展，目前有15种疫苗，包括乙肝疫苗、肺结核疫苗等，以上15种疫苗村中6～14岁的小孩必须接种，另外也有一些疫苗是村民自愿选择接种的，每个疗程320元，包括狂犬疫苗、破伤风疫苗等。其中每针疫苗均有2元的国家补贴，大部分的免疫接种对村民是免费的，村中常规疫苗的接种率达到100%。

3. **公共卫生事业及地方病防治**

据我们了解，多依树村没有地方疾病谱，但由于生活用水问题，当地多患肾结石，在医院医治的同时也辅以村中传统医药的医治。针对当地地方病防治、妇幼保健、对食品、药品、公共环境卫生的监督管制，以及相关的卫生宣传、健康教育、免疫接种等方面澜沧县均有相应的公共卫生政策，从制度层面为当地的公共卫生事业给予有力支持。针对多依树村的特殊地理位置和历史人文因素，目前多依树村在公共卫生工作方面主要包括禁毒防艾和妇幼保健两项主要工作。艾滋病是当今世界严重危及生命，发展迅速，患者死亡率极高的传染病，目前尚无预防和治愈办法，对于我国靠近边境，地理位置特殊的地区，艾滋病预防工作显得尤为重要。普洱市位于云南省南部，靠近缅甸，而缅甸种植罂粟较普遍，毒品犯罪猖獗，相应的，艾滋病的感染与传播也相对严重。近年来，跨境贩毒活动虽然有所减少但仍存在，这对多依树村的安全稳定和村民的健康安全构成了严重威胁，因此，禁毒防艾工作一直是普洱市各级政府、各部门的一项极为重要的工作内容。经过多年的发展和经验积累，多依树村已经形成了成套的、独具特色的预防、宣传和应对机制。①多依树村主要干部一致认为宣传教育是预防与控制艾滋病的重要手段之一。一直以来，多依树村都把艾滋病预防的重点工作放在普及艾滋病防治知识和提高艾滋病防治知识知晓率上，创新采取多途径、多形式，进行全方位的宣传，将防艾的方法普及到每一户村民当中，并定期开展专题性宣传和专访活动。②加强疫情监测，加强对感染者的关怀和救助。监测工作是控制艾滋病疫情，规范管理和治疗感染者及病人的基础工作。多依树村为有效控制感染源，加强了对已发现艾滋病感染者的管理，加大对各类人群的监测力度和管理力度。据村医生介绍，为了加强对村中艾滋病情况的了解，陈医生只要有空就会到村民家中讲解防治艾滋病和妇幼保健的的相关知识，同时了解村民的感染情况。目前村中有三例艾滋病感染者，均是外来人口，在过去的10年中，他已经走访了全村每户人家，对村中的病情非常了解，由于宣传有效，近年来没有新增感染病例。此外，对艾滋病患者的关怀救助工作也是多依树村开展禁毒防艾工作的一项重要内容，多依树村村委会和村卫生所紧紧围绕国家“四免一关怀”政策，在积极落实上级乡政府对村中艾滋病感染者及其家属的救助政策的基础上，进一步进行帮扶，使其生活条件得到改善，心态调整良好。

此外，多依树村卫生所借助公共卫生统一宣传的途径和方式，大力加强卫生健康教育，效果明显。2010年多依树村正在建立新的村民健康档案，健康档案自2010年6月开始建立至9月已经完成80%，依照之前村民同时使用的新农合“蓝本”报销标准，村民在村卫生室看病可以报销40%，在乡里看病报销45%，而村民健康档案建成后，住院的报销比例会有所调整，基本达到乡卫生院报销80%，县医院报销70%，市医院报销60%。除了报销比例有所调整外，建立村民健康档案有助于全面了解村民个人病谱，例如是否做过手术、药品过敏信息等，便于分类管理，针对不同年龄，不同病种，尤其是高血压等危险病症进行集中管理。以上措施有力地提升了多依树村村民的整体健康状况，保障了村中村民的正常生产生活。

（三）多依树村的农村低保

农村社会保障是关系农民切身利益的社会热点问题。作为我国社会保障体系重要组成部分的农村社会保障，是农村社会稳定的“安全网”，关系着亿万农户的家庭幸福。文东乡社会保障体系相对健全和完善，充分发挥民政和社会保障的作用，切实关心城乡弱势群体生活困难问题，把因残致贫、因病致贫、下岗失业人员及孤寡老人等各类弱势人群纳入受保范围，受保面广，受保人口多，广大贫困人群享受到了党和政府的关怀。到2011年底，全村参加农村社会养老保险2686人，参加农村合作医疗3493人，享受低保人数1539。

1. 最低生活保障

在农村建立和实施最低生活保障制度，是继取消农业税后出台的又一重大惠农政策。澜沧县的农村低保工作是2007年3月开始启动的，到8月完成了全部审批工作，全面建立起了农村最低生活保障制度。

依据上级政府的指导，2008年文东乡政府出台了《文东佤族乡农村低保工作实施方案》，规定保障对象为：具有本乡常住农业户口（不含户籍在本乡但人长期不在本乡）且家庭年人均收入达不到我乡最低生活保障标准的人员（不含外籍户口人员），均有权享受农村低保待遇。同时，将符合保障对象和条件的人员分为三类标准予以救助，Ⅰ类标准为因家庭主要劳动力因病、因残，完全丧失劳动能力，造成家庭特困和年老体弱的家庭。16周岁以下孤儿，无劳动能力，虽有法定赡养人和扶养人，但法定赡养人和扶养人无能力赡养和抚养的家庭。Ⅱ类标准为因家庭成员因病、因残，虽没有完全丧失劳动能力，但造成家庭贫困的家庭；50周岁以上、60周岁以下的老人，虽有一定的劳动能力，但不能保障家庭基本生活的家庭；缺乏劳动力或劳动能力低下，造成贫困的家庭；生存条件恶劣的农村困难家庭。Ⅲ类标准为符合享受农村最低生活保障的家庭，又不符合以上Ⅰ类、Ⅱ类的农村贫困的家庭。Ⅰ类救助标准为每人每月60元，Ⅱ类救助标准为每人每月45元，Ⅲ类救助标准为每人每月35元。从2009年起，文东乡提高了救助标准，Ⅰ类为每人每月70元，Ⅱ类每人每月50元，Ⅲ类每人每月40元。2010年开始，根据上级政府的通知，文东乡将原来按照三类划分标准改为按两类划分，其中Ⅰ类的补助标准上升为每人每月80元，Ⅱ类为每人每月55元。

2007年多依树村人均纯收入852元，尚未达到国家划定"人均有粮300公斤，人均纯收入865元"的温饱线标准，大部分人属于贫困人口。

表1－17　　2008—2010年低保工作实施情况表　　单位：人

类别 年份	Ⅰ类	Ⅱ类	Ⅲ类
2008	17	410	590
2009	21	602	717
2010	24	1451	

多依树村的农村最低生活保障制度刚建立不久，处于起步阶段，难免存在一些不足和问题，经过调查，主要存在如下几个方面的问题。

农村低保对象实行按年审核，动态管理，经过调查了解，我们发现当地农村低保对象管理呈现出轮流享受的特征。村委会将指标名额分配到各小组之后，各小组会安排几个指标保证小组内特别困难的家庭每年都能享受最低保障，其余的指标在村小组内流动，无论贫困还是富裕的家庭，几乎都有享受到低保的机会，这是一种变相的平均主义做法。

多依树村靠近中缅边境，出入境人口数量较多，管理难度大，一部分家庭都是跨国婚姻组成，实际共同生活的家庭成员与户口簿不符的（如配偶未迁入、女儿出嫁、子女分家等）情况较多，给低保工作的评定带来一定的难度，同时部分有配偶，有未成年子女的低保户，出现“保户主不保配偶，保家长不保未成年子女”等明显违背农村低保政策的问题。

另外，按照要求，农村低保金要实行社会化发放，但多依树村附近没有金融网点，低保金发放时只能靠人工发放。在当地农村低保覆盖面大、对象多，各自然村居住分散，交通又不便，造成了农村低保金难以按时、足额发放到低保对象手中。个别村、组干部对农村低保政策掌握不准，未按程序申报审批，直接由小组干部确定低保对象，还有的是未经批准自行随意调整低保对象，造成部分群众不满意。

针对上述存在的问题，当地的农村低保工作，今后应着重注意以下几个方面。

加大农村低保政策的宣传、教育。首先，是上级政府应加强对村干部的农村低保政策教育，让村干部全面准确地掌握低保政策；其次，当地政府应充分利用电视、广播、宣传栏或发放材料等形式，广泛向广大群众宣传农村低保政策，使低保政策深入民心，家喻户晓；最后，要求村干部抓住每月一次的村组会和举办群众大会的机会，广泛开展政策宣传、讨论，提高广大干部群众对低保工作的知情权、参与权。

严格执行低保政策，坚决纠正当前存在的问题。要进一步加强群众民主评议低保对象和规范发放低保金的工作，坚决杜绝村、组干部直接确定低保对象的问题和平均分配低保指标的现象，坚持阳光操作，确保公开、公平、公正。要严格执行低保金的发放规定，确保资金直接兑现到低保户手中，坚决杜绝挪用、挤占、克扣低保金的现象发生。

另外，健全农村低保信息管理和服务系统。编制低保对象有关统计科目，监督保障金的使用和管理情况，接受有关单位和个人的查询。恢复农村信用合作社，尽快实现农村低保金的社会化发放。这样既减少了工作量，又规避了资金运行中的安全隐患。

2. 能繁母猪保险

开展政策性能繁母猪保险，可以有效降低农户养殖能繁母猪的风险，保护能繁母猪的生产能力，调动广大养猪户的积极性，进一步稳定生猪市场供应，保障人民生活。

由于中国人民财产保险股份有限公司2007年制定的《能繁母猪养殖保险条款》中对于投保条件的条款有规定：能繁母猪存栏量30头以上（含）的可以作为保险标的。文东佤族乡的养殖业以家庭为依托，特点为小规模散养，没有符合能繁母猪存栏量达到30头以上的家庭，因此农户不具备直接向保险公司申请投保的条件。当地的具体实践为乡畜牧站、兽医站负责统一登记意愿参保农户的能繁母猪数量，然后以乡镇为单位统一进行投保，并由上述两个机构负责具体管理。

根据《云南省能繁母猪统一保险方案》规定保险期限为1年，保险金额为1000元（已保险母猪发生保险责任范围内的死亡，由承保的保险公司根据合同约定，按照每头1000元的标准进行赔偿），保费为每头60元，其中养殖户承担20%，即12元/头·年$^{-1}$。保险责任为三部分：重大病害、自然灾害和意外事故所引致的能繁母猪母猪直接死亡，免责范围为：投保人及其家庭成员、被保险人及其家庭成员、饲养员故意或重大过失行为、管理不善，他人的恶意破坏行为；政府为防止疫情扩散而对未患病的已保险母猪进行扑杀、掩埋、焚烧以及其他行政行为和司法行为。

能繁母猪保险，政府补助比例高达80%，农户需要交纳的保费仅为12元/头·年$^{-1}$，当地农民参与积极性高，据文东乡兽医站工作人员鲍祥提供的“能繁母猪保险费分户清单”显示2010年多依树村能繁母猪参保数为195头，实现了既定的100%纳入保险范围的目标。、

3. 其他保障措施

(1) 向五保户发放救济金

多依树村有五保救济对象24人，全部纳入了救济范围，2010年，当地民政部门确定的救济标准为80元/月，相关人员信息如表1－18所示：

表 1-18　多依树村五保户救济金发放情况表

姓名	性别	民族	家庭住址
田小二	女	汉族	多依树村大芒堆五组
田三太	男	汉族	多依树村大芒堆五组
魏小五	女	佤族	多依树村东佤一组
田小四	女	布朗族	多依树村东佤二组
魏荣华	男	汉族	多依树村东佤三组
魏伍	男	汉族	多依树村东佤五组
魏老三	男	布朗族	多依树村东佤一组
魏小六	女	布朗族	多依树村东佤一组
魏文清	男	佤族	多依树村多依树一组
魏三道	男	布朗族	多依树村多依树二组
沈小三	女	汉族	多依树村多依树三组
魏艾灾	男	拉祜族	多依树村多依树五组
田小三	男	汉族	多依树村大芒堆
田小大	女	汉族	多依树村平掌二组
田明付	男	拉祜族	多依树村平掌三组
田小大	女	汉族	多依树村平掌四组
陈凰峰	男	汉族	多依树村平掌一组
李老伍	男	拉祜族	多依树村水塘社
鲍云华	男	布朗族	多依树村小芒堆六组
陈新明	男	汉族	多依树村小芒堆三组
魏三那	男	汉族	多依树村小芒堆四组
田尼保	男	汉族	多依树村小芒堆四组
田仕明	男	佤族	多依树村小芒堆四组
田光华	男	汉族	多依树村中芒堆

（2）向特困户发放救济粮

2008 年，多依树共有 936 户 3787 人，其中全村贫困人口为 2009 人，占到全村人口的 53.1%。对特困户扶持一直是当地民政工作的重点，在 2010 年春遭遇旱灾后，文东乡政府向多依树村 19 个贫困户每户发放无偿救济粮 50 公斤大米。

（3）农村社会优待安抚

文东佤族乡有退伍复员老兵 25 人，当地政府采取不同形式开展农村优抚安置工作。2009 年乡财政安排老复员军人定扶经费 0.55 万元。在乡武装部的支持下，文东佤族乡成立了复员老兵组织，定期举行活动,，有力地支持了当地国防建设。向复员退役军人发放补助也是当地农村社会优待安抚的一项重要内容，2010 年上半年文东乡政府以 200 元/（人・月）的标准向 25 位退伍老兵一次性发放了补助 1200 元，其中多依树有 6 人领取了该项补助。（见表 1－19）

表 1－19　　**多依树村社会优待安抚情况表**

序号	姓名	身份类别	家庭住址
1	鲍英华	两山防御	多依树村村小芒堆
2	陈光华	援老抗美	多依树村东佤
3	魏荣生	自卫反击	多依树村大芒堆
4	田和丰	自卫反击	多依树村芒堆中寨
5	田国志	自卫反击	多依树村大芒堆
6	魏荣富	援老抗美	多依树村四组

第二部分　村户

十一、富裕户

（一）村落中的权威魏金良家

魏金良，男，佤族，70岁，小学文化水平，曾担任文东佤族乡司法所所长。妻子陈小三，佤族，67岁，没有上过学。两人育有三男三女。大儿子魏文光，50岁，初中毕业，曾在上允糖厂当过16年的工人，现在家务农；二儿子魏文生，41岁，云南民族大学毕业，现任澜沧拉祜族自治县人民政府副县长；三儿子魏文林，38岁，思茅师范高等专科学校毕业，现任澜沧拉祜族自治县文东佤族乡人民政府乡长；大女儿魏小二，46岁，没有上过学，在家务农；二女儿魏小三，44岁，未上过学，在家务农；小女儿魏文芳，思茅财经学校中专毕业，现在澜沧拉祜族自治县城市管理监察大队工作。

魏金良家的住房是2009年修缮一新的钢筋水泥房，共花费近4万元，总的建筑面积有近100平方米。院子里都用水泥铺过，正开的灿烂的各式各样的花将院子点缀的格外漂亮，透过客厅明亮的窗子还可以看到远处葱翠的山林。屋内摆设整齐，有电视机、影碟机、固定电话等基本的家用电器。

表2-1　　2009年家庭耐用消费品情况表　　单位：个

项目	个数	项目	个数
电视	1	农用车（拖拉机）	0
电冰箱	0	卡车	0
洗衣机	0	小轿车	0

续表

项目	个数	项目	个数
照相机	0	电话	1
影碟机	1	组合音响	0
电动车	0	手机	1
摩托车	0	自行车	0

魏金良老人1971年加入中国共产党，2002年从文东佤族乡司法所退休。退休后的他并没有闲下来，他说自己还有力气，能够干得动农活，就不能闲在家里。魏金良与老伴养有3头猪，市值可达2100元。同时老人带头种乡农科站推广的苞谷新品种会单四号，四亩地年产达3吨。当时一般的苞谷品种亩产只有500斤左右，同时村寨的百姓又都不敢轻易试用新品种。在魏金良老人的示范作用下，村民渐渐接受了新品种，会单四号在村寨推广开来，村民们开始种植，并获得了丰收。魏金良老人告诉我们现在整个村寨种植会单四号的大概有300亩。老人说村寨的老百姓文化水平不高，科学种田的技术掌握的不够多，一些新的品种、新的技术在农村不太容易推广，这也成为制约农民农副业收入增长的重要原因。

魏金良老人虽然从工作岗位上退休了，但是他在思想上并没有退休。2007年，他拿出一个月的工资，运了四车石头，雇了12个工人，铺就了当时村里第一条石子路。据老人的孙女讲，当时东佤寨的路全部都是土路，每逢下雨就变成了泥巴路，难走得很，在爷爷的带动下，村委会集资筹款将村寨主要的道路都修成了石子路，后来又修了水泥路，村民出行越来越方便，村寨的面貌也发生了很大的变化。魏金良老人还常常与村寨的干部谈心聊天，老人教育年轻的领导干部工作时不能随随便便，要时刻坚持为党为人民。村干部也将魏金良老人当作自己工作的榜样，经常就村里的发展规划等问题与老人进行探讨，征询老人的建议意见。作为村里的老干部，魏金良老人对多依树村几十年的发展变化都心如明镜，当村民间有土地界限划分不清等矛盾出现时，村干部都会请教魏金良老人，询问当年实际的情况，解决土地纠纷问题。

魏金良老人说自己没有文化，就不能让自己的孩子再吃没有文化的苦头。他下决心供孩子们读书，培养他们成才，希望儿女们能够不辜负父母的期望，青出于蓝而胜于蓝。除去魏金良老人的工资，老两口还向银行贷款 4 万元，向亲戚们借款 1 万元，全部用在了孩子们的教育上。

表 2－2　　2009 年家庭收入来源情况表　　单位：元

职业	收入	职业	收入
种植业	3000	本乡镇就业工资	27840
渔业	0	外出打工	0
家庭手工业	0	运输业	0
畜牧业	0	政府补贴和社会救济	1008
养殖业	0	出租草场耕地房屋等	0
旅游业	0	其他经营性收入	0

表 2－3　　2009 年家庭支出情况表　　单位：元

总支出	生产性	衣服	食品	看病	教育	娱乐	红白喜事	交通	通信	住房
47600	1280	0	2400	600	0	0	2000	360	960	40000

魏金良与老伴相依相伴 50 余年，魏金良老人说正因为老伴对家庭生活的操持，自己才能安心的在外工作。魏金良老人 1972 年在上允的一年里，当时正是家庭最困难的时候，粮少，孩子也小，只有老伴一人在家种地、照顾孩子，自己也只能抽仅有的一点空闲时间回家帮助老伴做农活。不管生活有多少困难，老两口都互相扶助，没有怨言，正是老两口为这个大家庭无私的付出，才有了今天儿孙们幸福的生活。老两口的儿女们都非常孝顺，隔三岔五的会回家看望老两口，给老两口生活费，带些老人爱吃的，老人的吃穿用基本上都由儿女们解决了。老两口的儿子几次想接两位老人去县城住，但两位老人一方面听惯了佤语，看惯了佤寨，不想离开生活几十年的家乡，另一方面老人认为儿女们有自己的生活，自己并不想去打扰儿女们的生活，这个想法也只能作罢。两位老人现在的身体还算硬朗，除 1995 年魏金良老人患过一次胃出血，2009 年老伴患过重感冒住院外，身体素质在同龄人中算是比较好的。魏金良老人说现在他的愿望就是找个合适的时间能够带着老伴，老两口出去旅游一次。

作为这个大家庭的一家之主，魏金良为家庭的发展倾注了自己的心血。现在老两口租了15亩的地，带头退耕还林，从2009年开始种树，一开始种的是桦皮树，后来因为天气太旱的原因，没有成活，现在准备要栽种松树。一方面可以带动乡亲们保护山林，另一方面算是给孙子辈留下些纪念。谈到对家庭未来的期待时，魏金良老人说希望自己的儿子辈和孙子辈能够过上更好的生活，已经毕业的就好好干事业，还在读书的能够好好努力，他希望在孙子辈中能够培养出一名研究生。就要离开东佤寨时，我们看到了停在魏金良老人家的一辆卡车，将满了绿油油的松树苗。

（二）打工勤劳致富的魏金芳家

俗话说，靠山吃山，靠水吃水，在上述自然条件下，多依树村村里大多数农户的收入便主要以种植业为主，但是由于受到自然灾害等的限制，全村的人均纯收入仍在千元以下，于是就有农户开始考虑丰富家庭的产业结构，我们采访的魏金芳一家就是靠打工致富而盖上新式楼房的一户佤族人家。这户人家中的夫妇二人从2006—2009年的四年时间内都一直在外打工，2010年因为家里建新房的原因才没有出去。

魏金芳是家里的女主人，2010年34岁，虽然只有小学的文化程度，但是却讲得一口流利的普通话。信仰佛教的她，从小就出生和成长在多依树村的多依树寨。魏金芳很热情，知道我们的来意之后，便主动跟我们聊起她家里的情况，我们去的时候，她的丈夫去地里干农活了，她因为生病就一个人在家里。

魏金芳告诉我们，在她家里，目前一共有六口人，分别是她的公公、婆婆、丈夫和两个女儿。虽然是和公婆生活在一起，但是一家人其乐融融。魏金芳的公公王学才是一位老教师，2010年68岁的他目前退休在家，一共有44年教龄的老人退休之前在多依树村完小担任了十多年的校长。王学才老人虽然目前退休在家，但是一直都没有闲着，经常帮魏金芳家干农活儿。虽然跟儿子儿媳一家生活在一起，老人退休后每个月有2000多元的退休金，生活费不用魏金芳一家担忧，倒是有时候还能给他们一家一些补贴。魏金芳的婆婆陈小大2010年已经61岁，佤族，没有工作，多年来一直在家务农。魏金芳告诉我们，她的公婆有三儿两女，大儿子在澜沧县雪林乡任乡长职务，三儿子在泰国教书，两个女儿也都已经嫁到了别的地方，养老的重任自然而然就落到了她丈夫的身上。两位老人都是很勤劳的人，虽然都到一定年纪了，还是会帮助他们一家做农活儿，公公一般都是帮着放牛、喂猪等，婆婆会在家帮着做饭、做打扫等家务活儿。两位老人平常都不会跟他们要钱花，而且身体也一直都很好，除了婆婆因患风湿病需要打针会花费一些之外，两位老人基本上不花费什么钱。在访谈的过程中，每次提到公公和婆婆，魏金芳的脸上都会露出感激的表情。我们也看到了在美丽的佤族村寨人们尊重老人和长者的淳朴民风。

魏金芳的丈夫名叫魏双龙，2010 年 33 岁，无宗教信仰，也是在多依树村出生和长大的。魏金芳和丈夫是自由恋爱，两人 1995 年结婚。不外出务工的时候，魏双龙都是在家务农，提起丈夫，魏金芳一脸幸福的表情。夫妇俩育有两个女儿，大女儿 1996 年出生，目前在澜沧县沪滇民族中学读书，二女儿 2002 年出生，目前在文东乡完小读小学二年级。夫妇俩一直很支持孩子的教育，自己只读到小学，丈夫只读到初中，魏金芳说希望两个女儿以后能够通过读书见识到外面更好的世界。与村里其他孩子相比，他们的孩子读书条件要好得多，大女儿小学就是直接在县里读的，二女儿小学也没有在村里读而是直接去了乡里。魏金芳说，“孩子只要想读，我们就一定会支持。”她的二女儿现在就常常对他们说以后自己要读大学，这让魏金芳夫妇看到了很大希望，“干起活来也有干劲”。

魏金芳家位于多依树村委会附近，村医务室旁边，2010 年新盖起来的一座佤族新式楼房让她家在其他民居中显得格外醒目。这套楼上楼下加起来共 200 平方米的房子是魏金芳一家在 2010 年 1—5 月请专业施工队建造起来的。推开房门，走进屋内，我们发现房屋内的装修也很好：客厅及卧室均铺设了带花纹的白色地板砖，屋内四周的墙均粉刷上青色的涂料。细细询问，我们还了解到她家有自己独立的卫生间，在多依树村，由于基础设施建设的还不完善、民居建造特点等原因，很多村民家里都没有厕所，一般都是几家共用一个或者就近去村里的公共厕所。魏金芳也欣喜地告诉我们，相对于以前的生活条件，有了独立厕所之后，生活上便利多了。环顾室内客厅的环境，可以看到一套新式软沙发，一套新茶几，一部固定电话，一台电视机，一套电视柜，一台电冰箱，三套组合音响。这些家具都是盖好房子之后新买的，其中茶几和电视柜是一起买的，共花了 1100 元，电视花费了 1300 元，冰箱花费了1500元。除此之外，在盖新房之前的老家，还有一台电视和冰箱，现在给公公和婆婆用了。魏金芳介绍说，他们家盖这套房子的地皮是和别人家换的，那户人家恰好也需要他们家原来的那块地，虽然现在的地方面积比自己家的地皮要小一些，但是他们觉得这里离村委会近，环境也好，一家人对此还是很满意的。在整个建房的过程中，他们一共花费了将近12万元，他们自己靠三年的打工存下了6万元，公婆赞助了他们2万元，魏双龙的大哥赞助了他们1万元，魏金芳娘家的亲戚赞助了他们6000元，此外，他们还向外人借了2万元。魏金芳笑言，“虽然房子盖好了，还欠了不少债呢。”当然，在新农村建设的今天，在惠农政策越来越好的今天，他们在盖房的过程中也受益不少。民房改造工程是多依树村新农村建设规划中的一项重大举措，魏金芳家在盖房的过程中就享受到了8000元的政府补贴，在买家用电器时也享受到了家电下乡13%的政府补贴。魏金芳一家也时常感慨，“现在的惠农政策真是越来越好了!”其实，能盖得起这套新式楼房，魏金芳觉得多亏了夫妇二人从2006—2009年三年的打工所积累下来的资金，当初二人出去打工也是为了盖房子的原因。在打工之前，他们家的生活也并不是像现在这样宽裕。

从1995年和丈夫结婚之后直到2000年，魏金芳夫妇二人就一直在家务农，但是受自然灾害等的影响，务农除去辛苦不说，给家庭带来的收入也不是很高，常常就是只能满足一家人吃饭的需要。魏金芳说，在那个时候，很多人都听说缅甸那边地势平坦，生产生活条件相对于中国要优越一些，于是他和丈夫魏双龙带着大女儿开始了一段异国生活的经历。实际上，出境去缅甸打工或者生活的人在当地也并不稀奇。2000—2004年，魏金芳夫妇一直生活在缅甸，期间，他们的二女儿也出生在那里。在当地的农村，出境相对来说也比较容易，审查也没有那么严格。初到缅甸，魏金芳的丈夫魏云龙因为是初中毕业，就报考了缅甸那边的教师考试，通过考试后，就在缅甸的一所学校里面任中文老师，每个月能给家里带来600元的经济收入以及50斤大米的实物补贴。因为一开始他们是想在缅甸安家，缅甸政府对于这些移民都会无偿划分耕地，因此，魏金芳就一人在那边开始种地，主要是种植了4亩玉米，种地之外，魏金芳还一个人负责养猪。刚到缅甸的时候，他们没有亲戚来接济，也没有住房，缅甸政府给他们一块地皮，在当地民众的帮助下，他们才建起了自己的房子。就这样，魏金芳一家四口在缅甸生活了四年，但是四年之后，他们还是选择了回国。当他们真正在缅甸生活了以后，魏金芳说现实并没有他们在多依树村好，也没有之前大家传说的那样优越。一是气候上的不适应；二是卫生条件不好，她的大女儿在那期间就曾经患过一场很严重的病；三是在当地生活说话办事都要很注意，他们感觉不到在国内那般的自由。改善家庭生活条件的目标并没有实现，他们也没有存下钱，于是夫妇二人选择带着孩子回到了多依树村。

从缅甸回来之后，他们家的生活状况依然没有多大程度的改善。从2004年至2006年的两年期间，夫妻二人一直在家务农。魏金芳一家一共有25亩耕地，其中水田2亩，旱地23亩。在他们外出去缅甸的四年期间，都是她的公婆在替他们打理地里的农活。两位老人的体力有限，只是种了一部分的旱地，大部分的耕地都荒废着。我问她，没有想过把耕地出租给别人吗？魏金芳说，在那几年，他们村的很多人都出去了，没有人来租地，只能荒废着。从缅甸回来以后，两个人把这些地都种满了庄稼，但是由于农业生产会在一定程度上受到自然条件的制约，魏金芳说地里的水稻有时候因为天气干旱收成就不好，而且地里经常会有老鼠出没，把他们的水稻都吃没了。一年过后，家里的经济状况并没有好转，眼看着两个女儿都已经开始读书，每年都需要交纳一笔不小的学费和生活费，家里的房子依然是多年以前的旧房子，魏金芳夫妇开始思考该怎样来更快地增加家庭的收入。

2006年，在熟人朋友的介绍下，魏金芳夫妇二人第一次来到深圳，开始了他们几年的打工生活。刚到深圳的前两个月，他们在一家工厂里面做电子产品的生产工作，每个月才有400元的工资。于是，他们夫妇二人决定辞掉这份工作，自己出来找活干，后来二人还是比较容易地在深圳远拓五金厂找到了工作，谈到当时找工作的情形，魏金芳告诉我们："外出打工需要认字，有文化，会讲普通话，否则人家工厂根本就不会要你。"虽然只是小学毕业的文化程度，但是魏金芳却讲得一口流利的普通话，大概是外出打工见识比较多的缘故，跟我谈起他们的经历时，魏金芳一点也不扭捏，表达能力也很强。从在五金厂找到工作以后，他们就一直在那里干活，连续做了3年，每人每个月的工资稳定在800～900元，工厂方面包吃包住。魏金芳是在冲床那一道工序工作，具有一定的危险性，虽然日常生病他们都有一张员工医疗卡，可以报销70%的医疗费，但是工作的性质让他们平时也有不少的担忧。谈及每天的生活安排时，魏金芳告诉我们，他们每个月工作26天，加班的时候每天要工作10小时，不加班的时候每天工作8小时。不上班的时候，夫妇二人会去公园里面玩或者逛逛商场。二人平时生活都很节俭，除了生病、买衣服花钱外，其他方面不怎么花费，每年都能存上至少1万元。我问她觉得在家务农的生活好还是在外面打工的生活好，魏金芳笑了，她觉得在外面比在家好，“在家干农活儿比较累，在外面不太累，而且可以洗澡。”说起在外打工的那段日子，魏金芳和丈夫常常牵挂家里的老人和孩子，不过为了多挣点钱，这也是没有办法的事情。

自从2008年年底回来之后，魏金芳和丈夫二人就主要在家务农。2009年，他们种植了20亩玉米，1亩花生，2亩茶叶，1亩水稻。收获之后的玉米除了卖掉和作为养猪的饲料之外，他们家还自己烤酒，烤酒一年内能给他们带来5000～6000元的收入。调研期间，我们也发现当地的许多农户自家都会烤酒，而烤酒的工艺在当地发展的也很不错。当地农户的烤酒一般分为白酒和水酒两种，白酒一般6元/斤，水酒一般50元/坛，而烤酒的市场交易一般也都是农户间自由进行的。魏金芳家在当地也算是玉米大户了。谈及影响家里农副业收入增长的制约因素时，魏金芳选择了自然灾害。2008年一年，他们家的水稻受干旱影响很大，而且地里的很多老鼠也使水稻减产很严重。此外，当地生产的茶叶价格不高，这在一定程度上影响了他们的收入增长。家里有那么多的耕地，但是目前能够种地的只有她和丈夫魏双龙，这也让魏金芳觉得无能为力。除了种植业以外，魏金芳一家2009年一共养了3头牛和2头猪，并且卖掉了1头猪，给家里带来了900元的经济收入。在生产性固定资产方面，除了一台碾米机之外，拖拉机、收割机等生产工具他们家目前还没有购置。

近几年来，虽说在魏金芳夫妇二人的辛勤劳动下家里的日子过得越来越好了，但是一大家子人的一年消费支出（见表2－4）也很大，在这些支出中，两个女儿接受教育花的钱最多。魏金芳说自己和丈夫的文化水平都很低，他们希望孩子能比他们强。因此给孩子创造尽可能好的学习条件，正如上文中所提到的那样，她的两个女儿一个在县里读书，一个在乡上读书。

表2－4　**2009年家庭支出情况表**　单位：元

总支出	生产性	衣服	食品	看病	教育	娱乐	红白喜事	交通	通信
17580	3280	2000	2000	1500	6200	0	800	600	1200

我们去采访的那天，魏金芳刚从医务室输液回来，胳膊上还留着输液用的医用胶带。和村里大多数人不一样的是，魏金芳和丈夫到现在还没有办新型农村合作医疗卡，倒不是夫妇二人不想办，由于之前一直在外打工，错过了 2009 年的办证时间。魏金芳告诉我们如果有了医疗卡之后，她看病能省下不少的钱。2011 年 1 月，村里会再次办新农合的医疗证，她和丈夫打算下一年就办。

魏金芳看上去很瘦小，但是却是一位勤劳的家庭主妇。自从打工回家之后，她除了干农活之外也一直没有让自己闲着。通过在多依树村的调研，我们发现许多农民在闲暇时候一般都是聊天或者看电视，但是魏金芳在闲暇之余一直都会利用晚上的时间在做手工活。她从小心灵手巧，看别人做手工活自己很快就能在边上学会，这些手工活包括做佤族服装、佤族包包和编织床单等。魏金芳家的客厅里就放着她自己亲手做的手工包，而这些包包平均一个能卖 30 元左右。魏金芳还拿出了她自己做的佤族服装和床单，这些独具佤族特色的衣物在魏金芳的一双巧手下不几天就能出来一套。谈及佤族服装，魏金芳有些自豪地告诉我们，“现在会做民族服装的人越来越少了，十个人里面才有一个人会做”。一般一套能卖到 100 多元。魏金芳拿出来的那张床单，规格是 2 米 ×2 米的，这样一张床单能卖到 100 元一个。我想，正是靠着这样的勤劳，魏金芳一家人的生活才会越来越好，也必定会更好。

谈及未来的致富打算，魏金芳带我们来到了他们家的一楼，整个一楼是一间通房，还没有装修，房间内有一张台球桌。魏金芳告诉我们，“一到过年的时候，在外面打工的年轻人都会回家来，想给他们打台球用，我们也能赚点收入。”此外，他们还打算在一楼开间 KTV，村里的年轻人可以来他们家唱歌，同时，他们也能赚取一定的收入。

我们去多依树的时候，当地的玉米再过一个多月就成熟了，魏金芳说等玉米收了之后，他们准备再多养几头猪。当问到他们还有没有外出务工的打算，魏金芳告诉我们，2010 年一年她和丈夫魏双龙在家先干农活看看，如果收入不高的话，两个人还是会出去打工的。从魏金芳一家出来后，我们看到了他们夫妇俩作为家里主力而具有的那份勤劳和责任心。正是在二人的辛勤劳动下，他们家的收入才能芝麻开花节节高。我们祝福这个家庭能沐浴到更多的阳光，能够在发家致富的道路上越走越好！

（三）勇于创业的年轻人魏明生家

佤族是我国云南省西南部的一个历史悠久勤劳勇敢的民族，在文东乡多依树村调研过程中，当地佤族顽强、独立的性格特征和面对困难从容应对的精神风貌深深感染着我们。来到文东乡多依树村东佤寨之后，我们的向导韩梅就一直向我们推荐一个人，她说这个人堪称村里佤族青年艰苦奋斗、开拓创业的代表，年纪轻轻已经从家里分出来干起了自己的事业，搞得有声有色、红红火火。带着好奇与期待，一个下午，我们前往了这个年轻人——魏明生的家里。

魏明生家位于从文东乡政府进东佤寨的路旁，坐落在一个拐角的外侧，下面就是连片的梯田，房屋的左右只有几棵香蕉树，屋子旁边再没有什么建筑，沿路一眼望去，显得有些孤零零的。在东佤寨这个年人均纯收入不足1000元的村子里，村民的生活相对贫困，反映在住房上大都是构造都差不多的简易木制房屋，看起来风雨飘摇的样子，令人惊奇的是魏明生家的房屋却是砖瓦结构的，对于一个年轻人来说，独自建起了砖瓦房在当地来说是件新奇的事情。看到挺立的房屋，我们带着猜测和疑问走进了他的家里。走进屋里，看见整个房间空荡荡的，左右各一个卧室，除了必要的家具之外再没有其他的摆设，一个小女孩正坐在电视机前专心致志地盯着屏幕上的《走进科学》节目。韩梅看屋里没要找的人，走了出去，不一会儿，进来一个看上去年龄25岁左右的男青年，这就是这家的男主人魏明生。

魏明生，佤族，1984年出生在多依树村东佤寨，皮肤黝黑，有一双明亮的大眼睛，看上去显得精神抖擞。走进来的时候，魏明生光着膀子，看见我们坐在屋里略显得不好意思，径直走进卧室穿了件T恤。从屋里出来后，魏明生显得很开朗，问我们为什么找到他，我回答道听韩梅说你是村里很有特点的青年，他笑了笑说："没有什么特点，就是很努力。""努力"这两个字成了在稍后3个多小时访谈中从魏明生嘴里听到最多的词，与其他很多访谈对象很不相同的是，魏明生十分健谈，我们几乎没问什么他就可以一直说好长时间，有点插不上话的感觉，这也正体现了他活泼、开朗的一面。

魏明生一家共有3口人，除了他之外分别是妻子李秀芳和女儿魏小路，对于这个新兴的三口之家来说，住在砖瓦房里的他们引来了村里其他年轻人的羡慕，而关于今天取得的成绩，魏明生将它们归功于他和妻子的成长和奋斗经历。魏明生和妻子都是在东佤寨出生的，还有一个相同点就是小时候家里都很贫穷，关于这一点，魏明生有着很深刻的记忆，他回忆道："1994 年那一年，家里特别的困难，我们根本吃不上大米饭，吃的都是苞谷饭（玉米饭），衣服裤子家里根本买不起，穿的都是旧的，补丁摞补丁，也根本买不起书包。"谈到这些，他的声音明显低沉了许多。正是在这样艰苦的条件下，魏明生对生活有了很多的思考，他说自己小时候就和其他人不一样，他觉得自己一定要走出去闯一闯，不能老待在大山里。魏明生对于自己很小就能懂事有着自己的理解，他说"小时候家里贫穷，我当时就想原来我爸一个人种田就养不活我们全家，我爹吃的一个包子，自己就不够吃了，分给我们三个兄弟吃就更不够吃了，我就想我要出去外边闯，我要学点东西"，带着这样的想法，15 岁小学毕业的他就开始了自己外出谋生的道路。

1999 年小学毕业后，魏明生没能考取中学，同样他也不想待在家里务农，在一个堂哥的带领下，他选择了到缅甸去闯一闯。听到这里的时候，我们都显得很惊讶，一个 15 岁的小孩竟有这样的胆量跑到国外去闯荡，而且与当地接壤的缅甸一带是缅甸反政府武装的地盘。面对我们带着怀疑的一再追问，魏明生却显得很淡定，开始跟我们描述他在缅甸的生活。落榜后，魏明生与一个堂哥决定去缅甸看能不能找份工作，他们步行了 4 天才到达目的地，鞋子都磨坏了，脚上长满了水泡。刚到缅甸的时候，他们找到了一份修路的工作，这是一份极其繁重的工作，运材料、挖地基、铺沥青什么都得干，而且劳动时间很长，这让 15 岁的魏明生严重吃不消。在工地上干了 3 个月后，一个当地的好心人将他介绍进了一所军校学习、工作。据魏明生描述，这所军校和我们国家内地的军校很不相同，它招收的都是从小没父母的孤儿或者在战斗中牺牲了父母的遗孤，在军校中同学们一边学习、一边搞军事训练、一边干些活计。军校里的课程主要以中文、英语和缅文为主，小学毕业的魏明生已经有了不错的中文基础，因此他基本不用再学习这门课程，可以分出更多的精力学习当地的语言和英语。刚开始的时候，魏明生课外的工作是在军校的猪圈里负责养猪，他干得很认真，而且人很聪明，表现出了对机械很强的天赋，正因为这样，他被挑选出来送去卡车班学习开车和修车，这一学就是两年，也是魏明生掌握的第一门技术。两年后，魏明生感觉当地的形势变得很复杂、危险，他选择离开军校回了中国。

回来后，魏明生决定再到省城昆明闯一闯，他说："当时自己的普通话还不好，我就想再去昆明去学、去闯，我去昆明的目标就是学普通话。”来到昆明后，魏明生在宏顺市场工作，开始的时候他负责送货，工作勤勤恳恳，老板发现他的沟通能力不错，又改派他做推销员和促销员，他开玩笑地说“也就是像你们这样，拿着支笔，拿着个文件袋，然后我骑着个自行车到处跑，找那些饭店、酒店推销烟和酒，有的时候一说就是 2 个多小时”。这份工作的报酬是基本工资 600 元/月加提成，魏明生做了一年，合同期满后觉得在那里也没什么发展，就选择了离开，总结这份工作的收获，他说：“让我这个人胆子更大了，见的世面也更多了，和别人说话也不怕了，刚来昆明的时候送货不认识路都不敢问，后来都喜欢跟别人聊天了。”

离开昆明后，魏明生又到大理谋生，在那里他开着一辆租来的农用车帮别人送货或者自己倒卖蜂窝煤，每个月能有 1200 左右的收入，没活的时候就到城里找些临时活做，这段生活持续了两年多的时间。魏明生总是习惯给自己每段时间的生活做一个总结，谈起在大理的这两年多生活的最大收获，他笑着说自己正是在那里偶遇了也在大理打工的同乡——李秀芳，他们建立了恋爱关系，并最终结成了夫妻。早些年的时候，魏明生的父亲得了重病，后来查明为癌症，2004 年父亲病危，交代魏明生快点成家。于是魏明生决定向李秀芳家里提亲，魏明生虽已经在外打工多年，自己也很节俭，然而父亲卧病在床他一有钱就寄回家里给父亲治病，因此一直没有什么积蓄，提亲的礼金很简单——只有 30 元、60 斤猪肉、30 斤大米，然而李秀芳和她的父母还是接受了魏明生的诚意，2004 年底他们结为了夫妻，这份信任和寄托大概也是他如今愿意为了家庭而不辞劳苦的原因之一。

组建起了家庭的魏明生，由于父亲刚刚过世回到了东佤寨，住在原来的老房子里和母亲一起生活，他做农活的同时干起了回收村里废铜烂铁的生意，然而没什么收入。2006 年 7 月 16 日，妻子李秀芳生下了女儿，魏明生给她取的名字为魏小路，他解释道，经常在外边跑，这个名字是希望一家人能一路平安。“在家里找不着钱，我决定还是出去打工”，2007 年初，他和妻子带着女儿一同再次离开了东佤寨，过着漂泊的生活。一家人来到了澜沧县城，由于身怀一门技术，魏明生到一个红砖厂里干起了机修工，他向我们粗略解释了这份工作的性质，转机 24 小时不间断工作进行搅拌，零件磨损严重，他的工作就是负责维护和保持它能正常运转。妻子也来到了这家红砖厂，干的是最简单的码砖活计，同时还要照顾女儿，对此魏明生表示很无奈，“因为她没什么文化，老板想照顾她让她负责开票都没有办法，只能干码砖这种粗活”。在这里魏明生每个月能拿到1700元，妻子李秀芳的报酬根据工作量而定，每个月收入在600~900之间，夫妻两人的收入加起来在2007年那个时候在当地县城算是不错的，然而他们却很节俭，因为从那时开始，魏明生就有了攒钱回家盖房子的打算，他觉得“要有个家，有了儿女了，肯定要有个家”。

几个月后，魏明生一家在的澜沧县红砖厂停工了，在朋友的介绍下他决定到昆明一家新建的红砖厂工作，去那里帮忙安装机器。于是，一家人又到了昆明，在这里魏明生能拿到2500元/月的报酬，然而3个月后，他却选择离开这家工厂，他说：“去昆明没赚到什么钱。”原来，自从到了昆明那家工厂后，女儿魏小路由于不能适应那里的环境就一直生病，几个月下来，魏明生大部分的工资都花在了为女儿看病上，但仍不见好转，长久下去不是办法，他只能选择离开。“一家三口，来回的路费还花了将近2000元”，魏明生感到很是懊悔。

2008年初，从昆明回来后，一家人来到了澜沧县上允镇，魏明生和妻子又进了一家红砖厂工作，在这里两口子每个月的收入加起来能达到3000元，工作也很顺利。有了一定的积蓄之后，魏明生又萌生了新的想法，他说：“这几年村里很多年轻人都买了摩托车，村里还没有搞修理的，车子坏了就得弄到乡上去修，很是麻烦”，他决定和妻子放弃在上允镇的工作回东佤寨盖房子，自己开个摩托车修理店。2009年2月一家人带着积蓄回到了东佤寨，投入了盖房子的事业中，为了省钱，他们除了一个必要的师傅之外不请其他小工，夫妻俩挑起重担，亲戚朋友也会轮流来帮忙，终于在2009年8月建起了这座砖瓦房，由于资金紧张，房子没装修，一完工全家人就搬了进来，魏明生在一个小间里开起了自己的摩托车修理店。摩托车修理店刚开张的时候生意特别好，每天他都得忙到凌晨2点才能睡觉，根据魏明生介绍，摩托车修理店的投入成本低，才半年他就赚到了2万元。别人看到魏明生的摩托车修理店忙得不亦乐乎，在示范效应作用下，2010年开始多依树村陆续开了两家摩托车修理店，一家在多依树本寨，另一家在大芒寨，魏明生的生意也渐渐清淡了下来。2010年3月，魏明生花1.2万元买了一台农用车，在不忙的时候就帮别人拉货，搞起了运输。

之前韩梅向我们提到过：现在魏明生在村里几乎什么都干，我们也详细了解了他的谋生方式，根据他的介绍我们进行了整理。魏明生一家夫妻二人分工明确，妻子主包农活并且是专攻甘蔗，目前全家种植的甘蔗面积有23亩（魏明生的老丈人把15亩甘蔗地交给他们来代种），农忙的时候妻子顾不过来，就请临工帮忙，2009年全家种甘蔗的收入有19000元左右；魏明生现在仍在经营摩托车修理店，大概有1500元/月的收入，同时他还回收二手摩托车和废旧摩托车，然后再卖到上允镇，这笔生意的收入难以计算；另外，在有人找他拉货的时候魏明生就开着自己的农用车帮人搞运输，每个月大概能有1000元的收入；同时，魏明生还是当地有名的电焊工，哪家盖楼需要焊工时或者要建个栏杆的时候也会去找他，问及收入，他表示“这只能赚个零花钱”。常言道“术业有专攻”，面对魏明生一家从事的这么多活计，我们表示不可思议，魏明生却说：“他可以轮流着做，很灵活的”，也正是这样吃苦耐劳的精神让这个家庭从贫穷走向了小康。

目前魏明生下一步打算把他们的砖瓦房装修一下，材料都已经拉来堆在了家门口，计划下个月开工。对于每一笔花费，魏明生都有着详细的计划，他每一种材料的价格和每一个工种的价格都记得特别牢、算得特别细，掰着手指不一会儿就告诉我们，按照他的设计装修这套房子花费在1.3万元左右。魏明生夫妇也很重视女儿魏小路的教育，魏明生说，他之所以买这个电视机就是为了让女儿看电视学普通话，而且让孩子看的大多也是像《走进科学》这样的节目。魏明生表示，今后要好好供女儿上学，他一边跟我们说话一边让女儿和我们打招呼。魏小路长得很像她的父亲，一双水汪汪的大眼睛，宽宽的脑门，2010年才4岁的她已经基本能用普通话和我们交流，这在当地同样也是不多见的。

面对生意不如以前红火的摩托车修理店，魏明生也有了新的想法。他说在下允镇，很多家里都买了摩托车，开修理店的却很少，他去考察过市场，现在有的修理店技术都不太行、而且收费很高，如果现在这个修理店生意一直好不起来的话，他就打算把自己的修理店搬到下允镇去。当我们追问那房子怎么办时，魏明生说如果决定搬走的话，他就把房子卖掉，对于这件事家里人是反对的，当地农村的市场意识还比较落后，在农村“有钱建房”是惯例，房子是一个家庭的根本，“老人都说我疯掉了，我也不管，我卖了拿着钱再到外面去赚钱，我觉得有买有卖，是很正常的现象”，魏明生还戏称说“这也是你们内地人说的房地产投资嘛”。

3个小时的长聊结束了，期间总有许多魏明生发出的爽朗笑声，和其他访谈对象比较，我们问的不多，他答的却滔滔不绝，一些问其妻子李秀芳的问题也被他抢了去，在东佤寨这些天来，魏明生是我们遇到的最外向的人之一。最后，我们提议给魏明生一家拍一张全家福，他笑得合不拢嘴，因为这个三口之家还没有拍过全家福。临走的时候，我突然对一个细节很好奇，访谈期间魏明生没抽过一支烟，谜底解开了，他不抽烟不喝酒也不像村里的年轻人那样喜欢出去玩，因为他觉得这一切都得花钱，不值得。用魏明生自己的话评价他们一家很贴切，那就是“我和我妻子都很努力，一句话，敢去做、敢去想，特别是我，我们的努力是为了整个家”。

离开了魏明生的家，我还久久能感受到他身上那股拼搏努力、积极向上的生活态度，作为家里的顶梁柱，他是一位有思想、有毅力、有魄力的农村青年。天将降大任于斯人也，必先苦其心志，劳其筋骨，想来魏明生曾经做过的每一份工作、走过的每一个地方、经受的每一次挫折都是一次次的历练，都是苦其心志劳其筋骨。相信只要他一直努力、一直坚持，更大的成功，更好的生活一定会呈现在他面前。他是值得我们学习的榜样，深深地为他祝福。

（四）见多识广的老干部魏荣惜家

魏荣惜老人，男，佤族，62 岁，小学二年级文化，中国共产党党员。他在 1956—1958 年期间曾在岂堆小学上学，但后来由于家庭困难的原因，只上到了小学二年级就辍学了。之后，老人家一直在家从事农业生产，1978 年，老人家结婚。老人家有四男三女，均非常优秀。大儿子在缅甸和泰国间做运输生意，不幸的是在 2000 年因为事故去世；二儿子在雪村乡完全小学担任校长；三儿子任东佤第三村民组的组长；四儿子是村干部，2010 年通过了公务员考试的初试，将于 8 月 8 日参加公务员面试。老人家的妻子名叫鲍小大，2010 年 60 岁，佤族，没有上过学，信仰基督教。平时在家操持家务，每逢过年过节也做些民族服装来补贴家用。目前，由于她眼睛不好，只能每年做几件，这一项的收入也只有 500 元左右。

目前老两口与大儿子一家住在一起，大儿子 2000 年去世后，老人家为了照顾大儿子的儿女便把他们一家接到自己家里。大儿媳陈阿三在勐朗打工，只在过年过节回家，因此老两口实际上与 20 岁的孙子魏明华和 13 岁的孙女魏明芳生活在一起。

在路上，我们远远看到一位有些清瘦但精神矍铄的老人朝我们迎来。随行的推荐人向我们介绍了魏荣惜老人。老人很亲切地跟我们打招呼，声音很洪亮，良好的精神状态让我们这些年轻人都有了几分羡慕。随后的访谈进行的很顺利，魏荣惜老人的思路很清晰，谈到自己的经历更是如数家珍。原来魏荣惜老人是一位村寨里见多识广、德高望重、处处为民的老村干部。

1969 年，老人家在东佤二组当会计，之后在 1971 年任东佤二组组长，同年 6 月，老人家光荣的加入了中国共产党。直到 1995 年，老人家一直在村民组组长的岗位上，兢兢业业地操劳着。在 1995 年到 2004 年的这段时间里，老人家不再担任村民组组长，而是作为东佤党小组的组长继续操劳着。老人家在担任村民组组长和党小组组长的为村民服务的 30 年时间里，他为村民们办的实事有目共睹，受到了大家的好评和爱戴。

1971 年，当时由于还在实行人民公社，村里各家生活困难。于是老人家便带领大家去缅甸换米，这样大概去了三四次，每次去 80 人左右，逐步渡过了 1971 年的难关。1979 年，随着政治环境的放宽，老人家便去县里建议实行 5 户一组来分田的制度——这是大包干的雏形——和 5 户一组来做饭的制度。随着这两项制度的实施，当年年底，人均粮食产量就达到了 300 斤。到 1982 年，家庭联产承包责任制全面铺开，经济状况好转，老人家便花费 1400 元，购买了村里的第一台碾米机，为周边村寨提供碾米服务，当年的碾米收入就达到了 2000 元。

在 1986 年，老人家开始为东佤的瓦厂而忙碌。当时，老人家去四川绵阳请来了四个师傅，又去文东的信用社，以东佤村民组的名义贷款 2000 元，加上澜沧民委提供的支持资金 3000 元，126 户乡亲每户集资 700 元，共花费两万余元，建了东佤瓦厂，生产当时盖房子普遍使用的小瓦。后来，村民们又帮助修好了从村寨到瓦窑的 8 公里的路，方便瓦窑的运输。瓦厂前后共经营了 6 年时间，瓦窑一次出瓦 5 万片，一个瓦窑一年能出瓦七八次，外销瓦片收入 46000 元，村寨收入 32200 元，除此之外，瓦厂提供给东佤寨村民每户单价 7 分钱的瓦片 10000 片，用以抵扣盖瓦窑时乡亲们的集资。据魏荣惜老人讲，当时 70% 以上的东佤寨村民们盖房子都用了瓦厂生产的瓦片，现在寨子里的老房子房顶上也还可以看到当年瓦厂生产的瓦片。老人家又带领村民在此修路，花费瓦窑收入 2 万多元，铺好了从岔路到寨子里的路。

随后，1987 年 1—12 月间，魏荣惜老人与村寨干部将经营瓦厂剩余的收入拿出来，用来建设教堂和学校。开始，乡政府认为一个村民组建一个学校，规模太小没有必要，倾向于将孩子们集中到规模较大的平掌中心小学。但老人家认为寨子离平掌有2公里的路程，孩子们走路上学不安全。就这样，老人家和乡政府交涉了十多次，但都未果。于是，老人家便先请后奏，在1987年1月领着乡亲们盖学校，在12月校舍完工后，乡亲们将家里桌子、凳子等捐出来，用作学生们上课的课桌椅。小学在只有一位代课老师的情况下开学了，接近100个孩子再也不用走崎岖的山路，在家门口就可以学到知识了。因为老人家私自办学违反了规定，他不得不多次写下检讨。后来，从这所学校走出了8位大学生——其中包括副县长、乡长和四位中学的校长，他们现在都在自己的岗位上做出了突出的贡献。由于学校的教育成果突出，老人家被评为了思茅地区教育系统的优秀代表和澜沧拉祜族自治县教育系统的优秀代表，受到表彰。回忆起这段往事，魏荣惜老人讲东佤寨的孩子读书都很勤奋，自己与村寨领导盖学校、为孩子们上学提供更便利的条件是应该的。

魏荣惜老人现在住在2009年11月刚完工的钢筋水泥房里，房屋面积有120平方米，共四间。主要的耐用消费品有1999年购买的27寸彩色电视机1台，大儿媳2009年购买的影碟机1台，三女儿送来的组合音响1台，电话座机1部，手机1部。另有老的砖瓦房100平方米，现在做厨房用。在盖新房时，花费了3000元一并安装了沼气设备，现在做饭除了用木柴外，基本上用沼气。据老人讲，东佤寨用沼气的人家只有8户左右，大部分村民还是把木柴当作燃料。

表2-5　2009年家庭耐用消费品情况表　单位：个

项目	个数	项目	个数
电视	1	农用车（拖拉机）	0
电冰箱	0	卡车	0
洗衣机	0	小轿车	0
照相机	0	电话	0
影碟机	1	组合音响	1
电动车	0	手机	2
摩托车	0	自行车	0

魏荣惜老人家2009年共收入21450元，来源主要有三部分：种植、养殖、家庭手工业。2009年种有9亩玉米，共收10吨，每吨收入1000元，共计10000元；种有8亩甘蔗，共收50吨，每吨收入125元，共计6250元；种有水稻1.5亩，共收500斤，收入1000元；种有茶叶5亩，收入2000元；种有5分地的姜，收入200元。养了两头母猪，2009年卖了5头小猪，收入1000元；养了一头母牛，2009年卖了2头小牛，收入500元。老伴鲍小大做民族服装，收入500元。谈起家庭的收入状况时，魏荣惜老人认为自然灾害、农产品的价格低、少劳动力是制约家庭农副业收入增长的主要原因。

2009年，魏荣惜老人家共支出133320元，其中：购买饲料、化肥等生产性资料共花费2000元，衣服1200元，食品1000元，魏荣惜老人生病住院花费1200元，孙子和孙女的教育费用5920元，交通费3000元，通信费200元，盖新房、买家具、安装沼气共花费118800元。

在我们的采访过程中，魏荣惜老人几次向我们提到年轻人工作时一定要认真仔细，要为大家着想，从魏荣惜老人身上，我们切实感受到了一种人格的魅力，相信魏荣惜老人家一定会健康长寿。

（五）节俭奋斗的留守老人魏文勇家

文东佤族乡位于澜沧县境内最北部，从县城赶往那里的途中，一路上丛山耸立，地形特征以山地占了绝大多数。地势险恶给当地村民的农业生产造成了很大影响，加上水土流失、山洪等自然灾害，严重制约了当地农村的经济发展，面对自然条件的限制，当地的村民积极探索着新的致富之路。这几年，原来闭塞的文东乡多依树村与外界的交流越来越多，当地村民部分选择了离开祖祖辈辈耕作的土地，与亲戚、朋友结伴一同外出打工、谋生，伴随着城市化，外出打工的村民们收入提高了，同时也为城市发展注入了新的动力。

在向东佤寨大组长魏中生了解近几年村民外出打工的情况时，魏组长谈到早些年的时候，很少有村民外出打工，就算有大多去的地方也就是周围这几个乡镇，到澜沧县城的都很少，再远的就更别说了，大概从3年前开始，出去打工的村民越来越多了，大部分都是20多岁的年轻人，去的地方也越来越远。随后，魏组长向我们推荐可以到寨子路口的魏文勇家坐坐，他们家有三个儿子全都不干农活，都出去打工了。

当天晚饭后，我们前往了目的地，在出入东佤寨的路口有一棵大树，大树靠操场的方向是一条小路，小路尽头就是魏文勇家，在当地农户家的建筑挨得大都比较紧，与之比较起来，魏文勇家周围很空旷，显得有些孤单。走进魏文勇家，屋里只有一盏灯泡亮着，给人一种昏暗的感觉，这是一幢木制结构的房屋，70 平方米左右，支撑房子的木材有的已经倾斜、弯曲，看起来这房屋的年头已经不短了。魏文勇家虽然不大，但却显得空荡，客厅里摆着电视机、影碟机、音响、电话和一个搁着锅碗瓢盆和杂物的柜子，左右各是两个卧室，里面放着几张床，除此之外再没有其他的物件。这很出乎我们的意料，有 3 个儿子在外打工的魏文勇家没有过着我们想象中的宽裕生活。进屋后，我们和魏文勇打了招呼，屋里的人很热情，又搬凳子、又倒水招呼我们坐下，接着就聊了起来。

据魏文勇介绍，他家里现在一共有 7 口人，分别是魏文勇，他的妻子魏小二，三个儿了魏民、魏信和魏生，还有二儿媳魏仙金，她和二儿子魏信去年 1 月刚结婚，魏文勇的 77 岁的老母亲也和他生活在一起，他们全家都是佤族，都是虔诚的基督教信徒。

聊起魏文勇的身世，话题顿时变得沉重起来，他原来姓陈，1961 年出生于多依树平掌寨，他命运多舛，很小的时候有一天父亲到山里开垦荒地的时候被砍断的松树打中受了重伤，一直在家卧床治疗的父亲伤势没能再好转不幸去世了。失去了顶梁柱的家庭生活变得越来越困难，加上 60 年代当地常发大水，农作物损毁严重、粮食歉收，日子变得举步维艰，魏文勇的亲生母亲迫于生计，抛下了他和妹妹选择了改嫁，从此魏文勇和妹妹成了孤儿。小时候，魏文勇长得很俊俏、人也聪明，很讨村里人喜欢，东佤的一个家庭没有孩子，听说平掌有这么个孤儿后就收养了他，从此他改名为魏文勇，并从平掌搬到了东佤。虽然魏文勇不是亲生的，但来到东佤后这家人对他挺好，据他回忆爸爸妈妈从来没有亏待过他，有好吃的都先让给他，家里有钱了就给他做新衣服，而且对他上学很支持，魏文勇 8 岁就走进了课堂，那个年代在东佤寨是一件很难得的事情，上学后魏文勇学习上很用功。因为学校在平掌，从家里到那里的路途需要半个多小时，魏文勇每天起得都很早，母亲会为他做好早餐，并让他带上些干粮，这样魏文勇就可以省去中午从学校来回家里的时间，能在学校吃饭和午休。家里一直把魏文勇供到了初中毕业，回想起这些，魏文勇心里充满了感激，他说自己一直都把他们当做亲生父母看待。

魏文勇1981年和前妻结婚，1982年生下了大儿子魏民，1985年有了二儿子魏信，老三魏生出生于1987年。20世纪80年代中期，初中毕业的魏文勇在东佤寨担任综合会计，在努力下，家里的生活过得有滋有味。命运总喜欢拿他开玩笑，就在魏文勇一家其乐融融、生活幸福的时候，病魔袭击了他的妻子，妻子卧床不起，于1990年不幸去世，为了给妻子治病魏文勇花光了家里的积蓄还欠下了不少外债。现在的妻子魏小二出生于1968年，出生地和魏文勇一样也在平掌，他俩是1991年认识并结婚的，在此之前，魏小二也曾经有过一段婚姻，前夫在1989年去世了，没有孩子，后来改嫁了魏文勇。听到这里，我们不禁为这个家庭的种种不幸感到难过，也许正是经历了许多的变故和磨难，魏文勇说他们感叹现在的生活挺好的，他觉得很知足。

1991年，魏文勇和魏小二结婚后开始了新的生活，由于早些年给前妻治病花了不少钱，家里的经济显得捉襟见肘。魏文勇说："我们大人还没什么，只是孩子们吃不饱、穿不好，我看着难过，他们上学还需要一笔钱，当时家里真是为难。"在给我们讲述家里那段困难时光的时候，魏文勇的心情变得有些激动，点燃一支又一支的香烟。当时供孩子们上学确实成了这个家庭最大的负担，魏文勇和魏小二都很勤劳，3个孩子都得上学，需要的钱还是压得他俩喘不过气来，最困难的时候，家里一分钱都没有，借遍了所有能帮忙的亲戚朋友，还是支持不了孩子们的教育支出，最后还无奈地向别人借了1000元的高利贷。魏文勇记得有一年开学后，家里实在交不了学费和书费，学校不给老大魏民发课本，他着急的去学校找到了校长，苦苦央求终于说服了校长先把新书发给孩子，钱等攒够了再交上，最后，魏文勇写了借据和保证书、按了手印，最后才保证了孩子顺利上学。魏文勇和魏小二夫妇俩的努力和付出并没有白费，3个儿子读书都很认真，成绩一直不错，按魏文勇的话说："我的孩子都有文化，村里没人会说他们是文盲"，其中老大魏民小学毕业的时候还以优秀的成绩考取了澜沧县的初中，由于家里承受不了更大的负担，最后只好选择在乡里上初中。

1999年家里的长子魏民毕业后，就和父母提出要出去打工闯一闯，夫妇俩二话没说东拼西凑塞给了他500元路费，大儿子就开始了打工的生涯。据魏文勇介绍，刚开始大儿子魏民去了澜沧县，因为没什么专业技能，在城里只能干苦、脏、累、险的活。万事开头难，初到县城的魏民在建筑工地给人家当小工、刷房子，在市场里蹬三轮车、送货送水、搬运货物，干的主要是些短期的苦力活，今天一个地儿、明天一个地儿，而且都是干完后才能拿钱，常常受冻挨饿。虽然在城里的生活流动性大而且很辛苦，但大儿子魏民还是坚持了下来，外出打工后的第一年圣诞节回家，他带回来了 1500 元。“老大说，在家里种地也是苦、也是累，还不如出去可以挣到钱”，在城里立稳了根基的长子魏民渐渐有了把两个兄弟也带出去打工的想法，2003 年年中的时候老二魏信去城里投奔了哥哥魏民，2005 年圣诞节后，三兄弟结伴走出了祖祖辈辈生活、劳作的文东乡，而且越走越远。魏文勇说，三个儿子互相照应在外边发展得不错，他们很有闯劲，像上海、深圳这些地方都待过。现在，大儿子魏民在北京怀柔的一个跑马场里当技师，二儿子在山西干建筑，小儿子魏生在天津一家工厂里工作，听到这里，我们都很惊奇，在当地打工能走这么远几乎是很少见的。

随着三个儿子外出打工挣钱，魏文勇家的生活渐渐得到了改善，还清了借款并有了一定的积蓄，问起了家里的生产情况，魏文勇开始一五一十地给我们计算起来，现在家里有 6 亩松树林，是承包的集体责任山，主要用以提供家里烧的柴火；有 3 亩茶地，每年采茶能有 1500 元的收入；水田有 1.5 亩，每年收的稻谷刚好够在家的 3 个老人吃；家里还有 4.5 亩的玉米地，家人吃了很少一部分，大部分用于喂养牲畜；2009 年家里养了 1 头牛，价值 4000 元，养了 3 头猪，价值 2500 元；从 2007 年开始，魏文勇、魏小二大妇俩从平掌的老丈人那里租赁了 14 亩甘蔗地，每年租金 400 元，每年能有 12000 元左右的收入；另外三个儿子在外打工，每年圣诞节或者过年回家都能带回来一笔钱，以 2009 年为例，大儿子魏民给了老人 5000 元，小儿子魏生给了 3000 元（二儿子魏信由于结婚，所以没什么结余）。

像魏文勇家这样收入的家庭在多依树算是富裕家庭，然而他们过得是很节俭的，这从家里的物件就可以看得出来，当问及这个问题的时候，他向我们解释了其中的原因，虽然收入上去了，然而魏文勇家的支出也不小，以 2009 年家庭的支出情况为例（见表 2－6）。原来，魏文勇家里这几年虽然收入渐渐多了起来，然而由于老母亲年迈多病经常生病住院，每年的医疗费是一笔不小的支出；2009 年二儿子结婚办喜事花了 12000 元，所以现在家里过得并不宽裕。

表 2－6　　　　2009 年家庭支出情况表　　　　单位：元

总支出	生产性支出	衣服	食品	看病	教育	娱乐	红白喜事	交通	通信	住房
25800	4200	1000	1000	3000	0	500	12000	3000	600	500

注：交通费 3000 元是三个儿子每年外出打工和回家的路费；2009 年房顶漏水，修缮花了 500 元。

二儿子魏信和儿媳魏仙金是小学同学，自由恋爱，于 2009 年 1 月取得双方父母同意后办了婚礼。魏文勇说，2009 年老二魏信结婚是家里的一件大事，家里已经很多年都没办过喜事了，所以办得很隆重，完全是按照当地的习俗办的，家里杀了养的那头黄牛和 3 头猪招待了全村的乡亲，婚礼办了 3 天，成婚后儿媳和二儿子魏信一同外出打工，现在都在山西。随后，魏文勇告诉我们现在他们家里还有 4 件大事。一是，另外两个儿子也快结婚了，当地佤族很讲礼数和喜事的场面，魏文勇说，家里面得为两个儿子准备一笔钱，到时候两个儿子结婚的时候婚礼才能办得体面；二是，现在住的房子太老了，等积蓄几年打算在现在这幢老房子旁建一套砖瓦房，然后置办些新的家具和电器；三是，魏文勇的老母亲已经 70 多岁了，这几年来身体越来越差，他是老人唯一的孩子，得担负起为老人送终的义务。魏文勇补充说，小的时候父母好心收养了自己，供自己上学读书，就是为了老了之后有人养老送终，如果老人不在了，葬礼也得足够体面才对得起自己的良心。

改革开放以后，农民逐渐离开自己的土地，投入了城市化的浪潮，这提高了他们收入、开阔了他们眼界，也为城市的发展注入了新的动力，然而与此同时也带来了不少问题，留守儿童、留守老人近年来就是社会普遍关注的问题之一。魏文勇家三世同堂，然而三个儿子都外出打工，三个老人留守在家，是典型的留守老人，我们问到了关于此事的态度，两位老人坦言，孩子们都走了确实不太适应，时常会感到孤独，特别是自己年龄越来越大了，农活已经有些顾不上，农忙的时候根本忙不过来，还得花钱请人帮忙。我们随即问老人有没有让孩子回家帮忙的想法，魏文勇告诉我们“到了外面之后他们都过得不错，现在肯定不会回来了，像老大说的在外面干没家里做农活累还能挣到钱，我虽然有些舍不得孩子离开，但还是支持他们出去长长见识的，等我俩实在干不动了，就把地租给其他人种”，魏文勇一番意味深长的话说的恳切，也折射出了东佤这个偏僻的农村正在发生着微妙的变化，这里相对闭塞，但在市场经济的作用下也逐渐受到了外界的影响，年富力强、有闯劲的年轻人迫切地想要出去看看外面的世界。魏小二表示，孩子远游牵动着他们的心，她每天都会和丈夫看天气预报，遇到降温就会打电话提醒三个儿子注意天气，三个孩子都挺孝顺，每个星期都会打电话回家问候他们，家里的电话就是他们的专线，奶奶生病了孩子们都会往家里寄一些钱给老人看病。魏小二虽然是孩子们的继母，但孩子们对她都挺好的，“每年他们回家，都会给我带回来好吃的和新衣服”，魏二说。在她心里跟孩子们丝毫没有什么隔阂，这是一种超越血缘的亲情。

临走的时候，我问魏文勇会不会想自己的儿子，他告诉我老三说要给他买个手机，这样想孩子们的时候就可以打电话和他们说说话，一边说一边发出爽朗的笑声。在访谈过程中，魏文勇和魏小二提到他们的三个儿子，总有欣喜和自豪的笑容，看得出他们对现在的生活是知足的，这个多磨难的家庭正一天天好起来。

幸福来之不易，魏义勇和魏小二的人生经历中都有令人悲伤的经历，在挫折面前他们勇敢面对，在自己的努力下终于过上了幸福、安康的生活。儿子远游，留守老人的心灵总会感到孤独，祝愿他们身体健康，希望孩子们回家后可以多陪老人几天，好人一路平安。

（六）打工经验丰富的田学民家

准备去访谈多依树村东佤寨小学校长时，走到路途中才发现不知道校长的住址，也没有校长的联系方式。于是就想找个人询问，发现远处有一群小伙子在篮球场打篮球，旁边还有几个人在观看他们比赛。我们走过去，向他们询问校长的住址，很不幸运，他们差不多都不能说普通话，只会佤族语。正在这个时候，一个穿着红色衣服的男子从篮球场旁走过，众人用手势表示叫我们问他。我们叫住了他，向他打听东佤寨小学校长的住址。很幸运，他能说普通话，他告诉我们他叫田学民，是多依树村的会计，而多依树村东佤寨小学校长家正在他家后边。所以，他可以带我们去校长家，在田学民的带领下，我们很快到了东佤寨小学校长家。到了校长家时，他并没有走开，在我们做访谈的时候，一直在旁边坐着，等我们采访完校长的时候，田学民便热情地邀请我们去他家坐坐。盛情难却，我们就跟着去了田学民家。到田学民家的时候，家里一个人也没有，田学民告诉我们，妻子是多依树村的妇女主任，现在去工作了，两人有一个孩子，现在和孩子的爷爷出去玩了。讲到这的时候，田学民从房屋里拿出了一串芭蕉，请我们吃。此时快到晚饭时间，我们早已饿了，很快就把一大串芭蕉吃完了。田学民一看，又准备再拿，被我们阻止了，并询问是否可以对他进行一个访谈，他很高兴地接受了，并约好了第二天晚上八点对他进行访谈。

第二天晚上八点，当我们到达田学民家的时候，我们发现，田学民一家已经准备好了接受我们的采访。他看见我们来了，马上倒茶并且又热情地拿出一串芭蕉，我们被田学民的热情都弄的很不好意思了，寒暄了几句后，对田学民家的采访就开始了。

田学民，佤族，1980 年出生在多依树村，共有五个兄弟姐妹，田学民是这五个中最小的，大概五六岁时，父亲就去赶集买了一头牛，让田学民每天去放牛，田学民 7 岁时，母亲生病不幸去世了，家中所有的负担便落在了父亲一个人身上。等到了 8 岁的时候，田学民便到了多依树村东佤寨小学上学了，尽管父亲一个人维持整个大家庭，但并没有因此就放弃送孩子读书。在东佤寨小学读书时，田学民特别刻苦，再加上天资聪明，所以成绩特别好，在小学四年级的时候，参加了澜沧民族小学的入学考试，并且以优异的成绩通过了澜沧民族小学的考核，于是，田学民就去了澜沧民族小学就读五、六年级①。在澜沧民族小学毕业的时候，以优异的成绩考到了澜沧民族中学，于是，接着，田学民又到了澜沧民族中学求学。在澜沧民族中学读书时，两个哥哥、一个姐姐相继结婚，家中就剩下了年龄最小的姐姐。这个时候，田学民父亲脚开始莫名其妙的疼痛，但田学民父亲以为只是不小心磕着了或者被什么虫子咬了，所以一直没有引起重视，直到有一天，疼痛的都无法站立和走路时，才被田学民姐姐送到医院去看，但去医院花了很多钱，也没有治愈，只是减轻了疼痛，勉强能够走路了。这件事情对田学民的影响特别大，治父亲的脚差不多花光了家里的钱，而现在家里除了一个姐姐外，没有人能够去田里干农活，于是，田学民告诉父亲说想要退学，结果被父亲一顿大骂，但

① 笔者注：在澜沧拉祜族自治县，为了鼓励和支持成绩优异的农村孩子享受更好的教学条件，接受质量更好的教学，在读到小学四年级的时候，就会有一次考试，如果学生考试成绩通过了澜沧民族小学划定的分数线，该学生就可以去教学条件好，教学质量高的澜沧民族小学接着读五、六年级。

田学民看到家里的现状，坚持不想继续读书，最后双方妥协，田学民答应读完初中，因此，尽管成绩特别好，但田学民放弃了去读高中，初中一毕业就回到了家里帮助父亲和姐姐。

在家里呆了一年多的时候，田学民认为在家里挣不了多少钱，想出去打工挣钱，正好家中有亲戚在北京通州赛马场，于是通过亲戚介绍，田学民便告别了父亲和姐姐，便去了北京通州。到了北京通州赛马场后，经过赛马场的主管面试，赛马场人事部认为田学民比较适合去喂养公马的工作，就把田学民分到了公马部，负责喂公马、配种和遛马。在公马部，每个月 800 元工资，只是包吃不包住，因此，每个月自己还需要花五六十元去赛马场周边租房子，再加上其他如买衣服之类的花销，一个月下来，800 元的工资所剩无几，也就存不了什么钱。另外，在公马部，每天都需要至少喂马不少于五次，要负责喂养几十匹公马，特别劳累，同时，公马一般性子都特别烈，喜欢和其他马打架，打架的时候，田学民就得去把它们拉开，但这个时候特别危险，人特别容易受伤。同时，在给公马配种和遛马的时候经常也会被马踩到脚或者被马踢到，更有甚者，还有被马咬伤，所以，在公马部特别危险。有一次几匹公马突然发飙，相互攻击打起架来，田学民和几个工友马上就上去想把几匹马拉开，但是就在把马要拉开的时候，从另外一个马厩跑过来一匹马，直接踢到了田学民腿上，把田学民给踢飞了。这次田学民伤的特别重，在医院住了一个多月，才完全康复。回到赛马场没几个月，在遛马的时候，马突然受惊，田学民赶紧去拉马，结果马一脚踩到田学民脚上，疼得立即晕了过去，最后被工友送到了医院，又是住了一个多月，才康复出院，经过这两次事件后，田学民就跑去人事部，给人事部的人说不想在公马部干了，想去其他部门，人事部考虑到田学民受伤了两次，再加上已经在公马部干了一年了，已经算是老员工了，就同意了田学民的要求，把田学民调到了驯马部，负责训练马赛跑，让马熟悉赛马跑道和比赛时的一些基本规则和要领，让马知道怎么赛跑。每个星期六，公司就会让田学民等训练的跑马去比赛，如果谁训练的跑马获得了好成绩，让公司赚了很多钱的话，就会给驯马人相应的奖励，一般有两三百元的奖励，所以，每周星期六对于田学民他们来说，是最轻松快乐的一天，不用去驯马，说不定自己喂养的马跑了第一，还能有几百元奖励，就这样田学民在驯马部一干就干了两年。田学民告诉我们，在驯马部，最好的职业就是骑马师，就是负责赛马的人，工资特别高，待遇也特别好，每周只在星期六工作，但是骑马师的要求很严格，必须是身体矮小，体重轻，还会擅长驾驭跑马，能让马跑出好成绩，所以，想成为一名骑马师特别困难，田学民就是因为身高和体重不合格，所以没法成为一名骑马师，再加上在赛马场的工资相对于其他地方实在很低，又有危险性，所以，干了两年后，就决定不干了，离开赛马场的时候，专门跑去看了一下自己悉心照料的那些跑马，非常舍不得，但是没有办法，就这样离开了赛马场。

离开赛马场后，田学民便在通州八里桥批发市场找了一份替康师傅代理商送货的工作。一般是超市或者商店向康师傅代理商订货，告诉地址和货物量，然后康师傅代理商老板就会通知田学民准备送货，田学民就会和另外一个搭档（负责开小货车的）一起去提货，然后按照老板给的地址去送货。在这份替康师傅代理商老板送货的工作中，田学民认为这是最惬意的工作，每个月有 800 元的基本工资，这点跟赛马场差不多，每个月老板会按照自己送货的多少给几百元的奖励，到年底的时候还有年终奖，大概三四千元，这就比在通州赛马场多了很多。同时，田学民还认为，在送货的时候，还能够在北京大街小巷穿行，能够去北京很多地方，还能认识不少超市商店的老板，可以结交不少的朋友，所以这点让田学民感到特别高兴。不过，在替康师傅代理商老板送了一年多的货物后，田学民就辞职不干了。倒不是嫌弃这份工作，主要原因是田学民已经 24 岁了，在农村，这个年龄再不结婚，就会被人当作笑话，于是就辞职离开了北京，回到了家里。离开北京的时候，田学民还特意去了天安门、故宫，在北京呆了四五年，之前一次都没有去过，离开北京回家后，不知道以后还有没有机会到北京，所以才特意去了次天安门，看了看天安门和故宫。

回到家后几个月后，也就是 2006 年，田学民与自己的小学同学陈春结婚了，由于两个哥哥已经分家了，姐姐全都已经出嫁，按照多依树村父母跟小儿子生活的习惯，田学民父亲便和田学民一起生活。回到家后，有想过再出去打工，但是一直没有机会去，因为结婚后几个月，在多依树选举中，被村民推举为多依树村会计，负责一些多依树村的如农村低保、农村医保、养老等方面的情况统计，并对这些数据进行汇总，然后按照得出的报表给多依树村的低保户发放补助，所以要做的工作特别多。但因为不是国家基层编制人员，所以当多依树会计一点工资都没有，只是到年终的时候，村里给发了 200 元的补助。田学民说很不想当会计，一直想推脱这份责任，但是一直推脱不掉。在2009年的选举中，再次被村民推举为多依树会计，根本没有机会不干，推也推不掉，因为多依树村村民都认为，田学民上过初中，成绩也很好，还去北京打了几年工，见过世面，所以是当会计最合适的人选。就这样，田学民只好再次接着干会计，当了会计之后，也就不能出去打工了，只好在家里务农，种甘蔗、玉米和养猪。

田学民妻子陈春，也是多依树村人，跟田学民是小学同学，不过，在读小学时，两人都没有引起对方的注意。后来两人同时考入到澜沧民族小学，由于一个班就田学民和陈春两人考到了澜沧民族小学，于是，两人彼此的交流也就逐渐多了起来，彼此给对方都留下了好感，从澜沧小学毕业后，陈春和田学民都一起考上了澜沧民族中学。同样的，陈春初中毕业之后也没有上高中了，就回到了家中一直务农，帮家里种种甘蔗、玉米。2004年，田学民过圣诞节的时候，从北京回家呆了十几天，并到陈春家去提了亲。陈春接受了田学民的提亲，并且跟随田学民一起去了北京，陈春在北京玩了十几天就又回到了家里，继续在家里务农。2005年，经过两家人的商量，决定在2006年两人正式结婚。于是，2006年田学民回到家里，陈春便嫁到了田学民家。在结婚后不久的多依树选举中，丈夫田学民被推举为多依树村会计的同时，陈春也被村民推举为多依树村的妇女主任，负责多依树村的妇女工作，维护多依树村妇女的各项权利，一年有一两千元的工资。2009年多依树村换届选举中，再次被推举为妇女主任，也算是村民对陈春做妇女工作的一种肯定，村民也认为，陈春跟田学民都是初中毕业，成绩好，能干，在多依树村书算是读的最多的了，完全能够胜任妇女主任这个职位。于是，哪家夫妻吵架了，陈春就要负责去劝架；哪家要离婚，陈春也要去劝和；哪家丈夫打了妻子，陈春就要去帮助妻子维护权利。在做妇女工作的同时，陈春还负责帮助丈夫田学民，去田里干些农活，同时，在家里还负责照顾腿脚有病的田学民父亲。2007年，田学民和陈春的第一个孩子出生，是个女孩，田学民给她取名为田蕊，于是，陈春又多了份照顾女儿的责任。由于国家对少数民族计划生育有优惠政策，所以，田学民家可以再生一个孩子。于是，现在田学民和陈春正计划还要一个孩子，这样的话，两个孩子以后就会有个伴。田学民告诉我们，自己以前的家庭情况没法支撑自己读高中、上大学，到时候一定会送自己的孩子上学，想让孩子上大学，但是，这个要看到时候女儿争不争气了，能不能考上大学。田学民父亲由于脚疼有病，现在去不了田里干重活，所以，现在就负责照顾田蕊，还顺带放了一头牛，现在，田学民一家过得其乐融融。

通过对田学民进行调查，我们得到了田学民家2009年家庭收入及其支出的数据见表2－7、表2－8。

表2－7　　2009年田学民家家庭收入情况表　　单位：元

职业	收入	职业	收入
种植业	20000	本乡镇就业工资	0
渔业	0	外出打工	0
家庭手工业	0	运输业	0
畜牧业	0	政府补贴和社会救济	500
养殖业	3000	出租草场耕地房屋等	0
旅游业	0	其他经营收入	0

表2－8　　2009年田学民家家庭支出情况表　　单位：元

总支出	生产性	衣服	食品	看病	教育	娱乐	红白喜事	交通	通讯	住房
15000	7000	1000	3000	1000	0	1000	1500	500	1000	0

从表2－7和表2－8我们可以看出，田学民一家主要收入来源为种植业，占了85%，养殖业13%，支出方面，生产性支出占了46.7%，接近全家总支出的一半，食品的比重也比较大，为20%。2009年全家结余8500元，在多依树村中属于中等以上收入水平。

对于过去30年的总结，田学民认为，在北京打工的几年是自己最值得留恋的时光，田学民觉得北京郊区的那些北京人跟多依树村的人一样，热情好客，对田学民等都特别好，在北京打工的几年中，田学民跟他们相处的特别好，还经常受到他们的照顾。同时，田学民还认为，在北京这几年，是田学民他人生经历最丰富的几年，认识了社会，接触了社会，丰富了自己的经历，增长了自己的见识。

而对今后的计划，田学民说，等有机会的时候，还是会出去打工，但不想再去北京了，不想去北京的原因主要有三个：一是由于北京的气候，北京夏天太热了，冬天又太冷了，不像云南四季如春，让人承受不了；二是田学民也想去其他地方闯闯，不想老呆在一个地方，想多走几个地方，看看中国不同的地方都是什么样子；三是田学民觉得南方跟云南的气候差别不大，所以不想再去北方，想去南方看看。所以，田学民计划，等在家再待几年，那个时候，孩子也能上学了，有父亲一个人照顾就行了，再找到有人接替多依树村的会计后，就会去深圳等地方看看。然后计划在这些地方打工干上几年，努力地多挣点钱，等到时候打工赚了一些钱后，有了做生意的本钱后，就会回多依树村来做个小生意，这也是自己最想干的事情。

通过对田学民一家的采访，我们深刻感受到，热情好客的田学民一家，因为村民的信赖，被推举为会计和妇女主任，而田学民和妻子陈春并没有因为会计和妇女主任没有工资或者工资少就不干，也并没有因为阻碍了出门打工就赖掉不干，而是尽职尽力的去干，这也是再一次选举中，田学民和妻子陈春分别再一次被村民推举为会计和妇女主任的原因，衷心祝愿田学民一家幸福美满！

（七）运输致富的魏荣明家

和魏荣明约到访谈时间非常不容易，因为他要去外面跑运输，在家的时间非常少，经常早上早早的就出去了，晚上九、十点才回来。跑了好几趟之后，终于赶上了魏荣明在家休息的时间，对他和他的家庭进行了深度访谈。

魏荣明家有一栋从外面看起来很气派的砖瓦平房，屋顶的琉璃瓦和外墙上镶嵌的图画，屋外停放的大型运输车，屋内全套的音响设施，似乎都能说明这家人经济条件不错。之所以选择深度访谈魏荣明，也是源于村里人的介绍，听说魏荣明家经济条件比较好，是村里最早搞运输的，比较有代表性。把魏荣明一家称为运输户，并不是代表搞运输就是他们家的唯一收入来源，只是为了强调运输是他们家主要的收入来源。魏荣明家经济收入来源，其中持续时间最久，起支柱作用的就是魏荣明开的运输车了。

魏荣明其人，1964 年生，家里有兄弟姐妹 8 个，家境十分困难，1976 年小学毕业后被迫辍学。1982 年和平掌寨的妻子结婚。妻子没读过书，完全不懂汉语，而魏荣明虽然只有小学文凭，但是在外面跑的比较多，所以汉语交流非常顺利。刚刚小学毕业的时候，还不流行出去打工，也没有前辈带着，所以魏荣明只能跟着父母在家里干农活，不像现在的年轻人，在老乡的介绍下，一个拖一个地跑到上海、深圳、北京工作。魏荣明一直到结婚两年后才买了第一辆拖拉机，开启了他的运输生涯。

问起为什么会想到要转行做运输，魏荣明说，其实也是被逼无奈。那几年气候干旱，收成不好。家里人口多，光靠几亩地，根本无法维持生活。在开始跑运输之前，魏荣明花 300 元学习了两个月，掌握了驾驶拖拉机、货车的技术，拿到了驾照。1988 年开始拉生意。那时候，魏荣明开的是手扶拖拉机，特别耗力气。后来就换成了小货车。但是，那个年代，村里总共就有两个搞运输的，主要是为村里修新房子的人拖砖拖瓦，平时也不用自己出去找事做，就会有人找上门来，每个月的收入都比较可观，一年能存上七八千元。没多久，自己有了一批固定的客户，虽然每天累点，但是通过拉货，家里条件改善了很多。从四五年前起，村里的经济条件慢慢变好了，能买的起货车的人多了，现在就他们寨子里能跑运输的都有七八辆车，魏荣明在运输上的竞争对手越来越多。作为村里运输的老大哥，魏荣明无奈地表示，“现在什么行业都不好做了，以前是人家来找我干活，现在我得自己出去拉货，通过朋友介绍才会有生意做了”。两年前魏荣明家换了新车，花了 3 万元，主要是运砖运沙。因为现在村里盖房子的人渐渐少了，主要集中在干季四五月的时候，像现在正值雨季，在村里基本找不到活干，加上进出村的路不好走，生意更加困难。魏荣明现在主要给建筑工程队干活，平常也接散活。

魏荣明跑了这么多年的车，从来没有出现过安全事故，开车非常踏实，能吃苦耐劳。每天刚刚天亮的时候就起床准备，八九点吃完早饭之后就开始出去干活，晚上十二点左右的时候才能休息。出门在外，有时候车子出了故障不能及时回来，就只能风餐露宿，在车里过夜，虽然辛苦，魏荣明在这行还是做得很开心的。据他说，现在很多朋友都是这些年跑运输的时候认识的。大家没事的时候在一起喝喝酒，聊聊天，有生意了互相介绍着。对于城市里的生活，魏荣明比较向往，魏荣明平时去的最多的地方是上允，曾经也到过昆明，所以也算是见过高楼大厦感受到大城市便捷的人，但是他还是愿意生活在养大自己的农村，和自己的父母妻儿在一起。但说起让魏荣明干农活，魏荣明坦率地表示，还是更愿意出去开车。干农活和跑车比起来更乏味更累，从家里走到田里就要 40 多分钟。而开车的累，自己已经习惯了，即使活多的时候，忙得合眼的时间都不够，也觉得值。现在趁着身体还硬朗，还可以好好跑几年车，多存点钱。魏荣明也没有想过放弃开车去做别的，现在已经没有年轻时候那股子冲劲和勇气了。当时在魏荣明家做访谈的时候，刚好碰上去他家串门的一个朋友，二人便是在外工作时认识的，那天刚好有空，便来到魏家和魏荣明喝口小酒，聊聊天，气氛特别融洽。

魏荣明家除了靠魏荣明的运输收入外，也没有放弃在农业上的努力，主要是由他妻子和父母撑起来的。我们可以通过观察魏荣明一家在2009年的农作物、牲畜、家禽情况，来细探他们家的农作生活。

表2-9　**2009年魏荣明家的农作物、牲畜、家禽情况表**　单位：元

种类	亩数	折算价值	种类	亩数	折算价值	种类	个数	折算价值
玉米	10	4000	瓜果	0	0	羊	0	0
麦类	0	0	花草	0	0	牛	1	5000
薯类	0	0	烟草	0	0	马	0	0
棉花	0	0	油料	0	0	驴	0	0
蔬菜	0	0	糖茶	16	5000	猪	24	10000
水稻	4	2000	桑麻	0	0	禽类	56	700
大豆	0	0	药材	0	0			

魏荣明家有10亩玉米地、6亩茶地、4亩水稻，还有10亩甘蔗，算是该村的农业大户了。家里能有30亩地，和家里人口比较多有很大的关系。家里的主力出去了，农忙的时候主要是请临时工来干农活。魏荣明家的茶是从1981年政府提倡种茶的时候就开始种的，算是村里幸存的几个种茶户之一。前些年，茶卖的一直不好，村里的人也不懂种茶的技术，所以产量和产值不高，很多以前种茶的村民都因此改种甘蔗或玉米。在2008年的时候，算是魏荣明家经济条件最好的一年，原因就是和当年的茶价有关。2008年的时候，普洱茶价上涨，魏荣明家的茶总共卖了15000元，给家里带来了大丰收。2010茶价又不乐观了，魏荣明说，种茶在他们家也坚持不下去了，准备改种玉米。以前玉米0.3元/斤，现在涨到1元/斤了，而茶以前是2元/斤，现在涨到5元/斤，相对而言，还是种玉米更简单更划得来些。由于家里劳动力不够，所以农活也没有多包多揽，在自己的地里尽力而为。家里另外还养了20多头猪，主要是魏荣明的妻子和母亲照管。2010年已经卖了4头，收入2000

多元。魏荣明说养猪说难也不难，相比种地来说又是比较轻松的，很适合现在家里的劳动力状况。

除此之外，魏荣明家里还开了一个小卖店，主要提供饮料和零食。自小卖店开张至今已有两年，不为发财，就是家人打发偶尔的闲暇时光，也为村里的村民提供一些常用的必需品，算是利己利民的事。家里进的烟，大多都被家里人给消费掉了，魏荣明呵呵直笑，表示家里的烟其实就是给自己进的。小卖店虽然规模不大，每年也能给魏荣明家里增加几百元的收入。

魏家有三个孩子，女儿魏秀平，27 岁，大儿子魏明清，24 岁，小儿子魏明金，都是初中毕业，在外打工。女儿初中之后没有继续上高中，而是学了 2 年电脑，在学第三年的时候自己辍学出去开始打工。2007 年的时候，因为出门在外，社会经验不足，女儿和大儿子被传销集团骗到广西，魏荣明花了 1 万元才将两人赎回家。从此以后，魏荣明夫妇对在外打工的儿女就特别担忧，就怕他们在外上当受骗。女儿当时从广西回来之后就直接跟着同乡又去了上海。大儿子回家待了两年，帮着家里干农活。在 2010 年结婚生子后他也踏上了打工的旅途，和姐姐同在上海。魏荣明说，大儿子是自己想出去的，在乡下种种田只能勉强不饿肚子，在外面见识过花花世界的人，都希望能出去闯荡一番。小儿子离开家也有两年了，初中毕业的时候刚好有个老师要出去做卖项链的生意，所以儿子顺势跟着自己的老师出去打工了，现在在广东。儿女在外，一年当中也就过年的时候回来一趟。魏荣明夫妇也不要求他们往家里寄钱，管好自己，注意安全就是他们最大的期望。问起儿女在外的收入，魏荣明笑笑说，“具体我也不知道他们一个月多少，他们在外面吃吃喝喝的，买衣服，差不多够用吧，一个月怎么着也有 1500 元以上的收入”。

从以上我们可以看到，魏荣明家在农村来说还是算的上中上等的收入了，接下来，我们可以分析分析他们家庭的支出状况。

表 2－10　　**2009 年家庭支出情况表**　　单位：元

总支出	生产性	衣服	食品	医疗	教育	娱乐	红白喜事	交通	通信	住房
24700	6000	2000	2000	1200	0	5000	800	3300	4400	0

在开销里面，最多的是生产性支出和娱乐费用。魏荣明家的生产性支出主要是种植业、养殖业和运输业上的开支，而娱乐，则是魏家三个孩子在外

闯荡必不可少的支出项目。医疗费用则主要来自魏荣明的老父亲，已经病了八九年，前不久还住过院。老人家现在不能下地干重活，平时就在家编编竹凳子，一个凳子往外卖 5 ~ 6 元，一天还做不完一个，只能用来打发打发时间。

在住房项目上没有显示出魏家的支出，主要是因为在 2009 年，魏荣明家没有修缮房屋。魏荣明结婚时的新房是当时花 4000 多元建造的，后来家里条件变好之后，便慢慢存钱计划盖一个舒适的新房。现在住的砖瓦房是在 2006 年建盖的，当时花费 11 万元，借款 3 万元，厕所、太阳能都配备齐全。

我们可以通过魏荣明家在 2009 年拥有的耐用消费品状况来看看他家的生活状况。

表 2 – 11　**魏荣明家耐用消费品情况表**

项目	个数	项目	个数
电视	1	农用车（拖拉机）	1
电冰箱	0	卡车	1
洗衣机	0	小轿车	1
照相机	0	电话	1
影碟机	1	组合音响	1
电动车	0	手机	4
摩托车	1	自行车	0

就我们在多依树村的问卷调查情况来看，魏荣明家耐用消费品的拥有状况可谓十分可观。摩托车、拖拉机、卡车、小轿车项目上都有数字，这在农村很少见，这虽然和魏荣明的工作性质有很大的关系，但是也不难说明魏家在近些年发展的很顺利。魏家现在用的电视机和一套音响设备都是在 1997 年购买的，当时花费 5000 多元。在农村，1997 年便能买全一套音响设备的家庭想必非常稀少。我们不可否认，这些都要归功于魏荣明在 20 世纪 80 年代的时候，能够勇于先于村里人，走出第一步，敢于尝试新行业，如果当初的魏荣明把自己锁在家里的几十亩地上，在自己没有文化知识的基础下，最多就只能保证家里 8 口人不饿肚子吧，哪能盖上体面的房子，过着相对舒适的生

活呢。

魏荣明说，在自己还在干农活的时候，家里条件最差，常常没有饭吃，把家里能卖的东西都变卖了。现在家里最困难的时候已经过去了，家里吃穿不愁，孩子也长大了，还有车，和村里其他的人比起来已经很好了。父母虽然现在已经有70多岁了，两人独立住在离自己家不远的老宅里，现在不用自己太担心。自己最担心的还是儿子在外打工，怕他们年轻不懂事冲动，和外面的人打架惹祸。儿子在家的时候特别外向，爱唱歌、弹吉他，村里每周做礼拜的时候，儿子还会在唱赞歌的时候弹吉他伴奏。现在小孙子跟着自己和妻子，他希望儿子在外面的时候这些特长能给他带来好运。他还希望子女能经常回来看看自己的妻子和孩子。

魏荣明2010年40多岁，大半辈子都为了家里，为了维持家里人的生活而奔波劳累，自己也没有特别的兴趣和爱好。魏荣明说，等2010年把盖房子、买车时借的钱还完了，自己就不用像以前那么辛苦了，那时候就想在家带带孙子，偶尔帮着家里干干农活。过几年了，把儿女都叫回来，该成家的也要成家了，毕竟常年在外也不好，以后一家人在一起，开开心心地过下去就最好。魏荣明还希望，在近几年，政府能把通村的路修的更方便一点，这样一来村子里就不用这么闭塞和不方便了。

在我进行访谈的时候，魏荣明的妻子和父母都坐在旁边，大家在晚饭后一起在电视机前享受着家庭的和乐。魏荣明的老父亲边做着竹凳子，边时不时的给魏荣明补充一些内容，提醒着魏荣明当年的事情。魏荣明的妻子则抱着小孙子在老公旁边看着我们交谈，尽管听不懂，但她还是安心地坐着，逗弄着刚几个月大的孩子。魏荣明的母亲则给大家掰着玉米，热气腾腾的，特别香甜。这样休闲舒服的时光，对于他们来说真的很难得，很值得珍惜。在这之前，我们去了另一家贫困户，他们家里没有任何家具，有的只是两张床和一些做饭的锅碗瓢盆，晚上昏暗的灯光摇曳着，一家人一到晚上就没有了其他活动，吃完了饭，洗洗漱漱就只能睡觉了。辛苦的男主人可能还得继续干活，利用这不长不短的几个小时做做竹凳子，给家里补贴几元的家用。没有电视，没有明亮的灯光，没有可以打发时间的娱乐活动，在我们这些见识了大城市喧闹的大学生来说，真的是难以接受和理解。魏荣明一家在十几年前也是像他们一样，但是今天的魏家，可以在一天的忙碌之后坐在一起吃晚饭，吃完饭后一起看看电视，聊聊天，可以在明亮的灯光下给小孙子缝制新的小衣裳，这样平静、安宁的幸福，是魏家人奋斗了十几年的成果。

我们在多依树村的时候，因为他们家的条件算是寨子里拔尖的，因此，有两个调研队友住在魏荣明家，魏家尽可能地给我们提供了方便。去他家做访谈的时候已经到了七八点了，但是魏荣明才刚刚回家，家里还正在做晚饭，在魏家人的热情招待下，我也吃了两个玉米。每次去拜访，都会递茶送水的，不时还会拿点小吃，让我们充分感受了多依树村人们的淳朴和好客。大家都非常感谢他们，希望魏荣明一家能在一大家人共同的努力下，变得越来越好。

（八）退休干部鲍光祥家

鲍光祥，男，61 岁，佤族，中国共产党党员，没有接受过正规的学校教育，2001 年退休前任中国农业银行澜沧县支行文东营业所主任。老伴 52 岁，佤族，文盲，女儿 22 岁，佤族，初中毕业。鲍光祥老人年幼时因为家里孩子多，条件艰苦，没有上过一天的学。从 6 岁一直到 18 岁，都在家里放牛、种地。20 世纪 60 年代初，为了应对复杂的国际政治局势以及发生大规模军事冲突的可能性，调整我国的生产力布局，中共中央提出一、二、三线的战略布局，加强三线建设。云南省处于国防战略一线，同时又是我国地缘国防战略的大后方，是三线建设的地区之一，主要建设内容是以成昆、贵昆铁路为先导，以国防军工为重点，配套建设冶金、有色、机械、煤炭、电力、化工、森工、建材等工业。1969 年，时值 19 岁的鲍光祥经过组织考察，被编入基干民兵组织，投入到这场以战备为指导思想的轰轰烈烈的大规模建设当中。从临沧到楚雄，鲍光祥与战友们一起，在“备战备荒为人民”“好人好马上三线”的时代感召下，打起背包，跋山涉水，露宿风餐，肩挑背扛。

1970—1977 年 8 年间，鲍光祥老人参加了澜沧县民族工作队，先后赴酒井公社、竹塘公社、安康公社，驻寨入户，与村民同吃、同住、同劳动，帮助村民发展生产，密切党和政府与各族人民的联系。随后，鲍光祥老人开始了自己四年的警卫员生涯。他先后曾担任澜沧县县委书记、副书记、人武部副部长、组织部部长、宣传部部长等人的警卫员。陪同领导下乡考察、整理内务、收发信件，这些看起来平凡琐碎的事情鲍光祥老人一样干得有声有色。回忆起这段岁月，鲍光祥老人说这些老领导讲话实事求是、把群众的问题放在心上、时刻为党为人民等优秀的品质给自己留下了深刻的印象，成为自己在工作中学习的榜样。

1978年起，鲍光祥老人进入中国农业银行澜沧县支行文东营业所工作，这一干就是20多年。刚进入营业所老人的第一份工作是担任农经员，为老百姓入户工作，服务到家。干了两年的农经员后，鲍光祥老人开始担任出纳员，1988年晋升为文东营业所主任。早晨5：30起床，跑步20分钟，打扫营业所卫生、整理收据和算盘，在做好这些准备工作后，鲍光祥老人一天的工作就开始了。鲍光祥老人在这近100平方米的营业所里度过了自己20多个春夏秋冬。这20多年里，工具从算盘到计算器再到电脑，老人见证了营业所变化的点滴，也见证了农村经济的变迁。谈到改革开放，鲍光祥老人说改革开放前后的农村是两种条件，两种生活。以赶集日当天为例，改革开放前营业所的现金流大概只有2万元左右，而改革开放后平均可达10万元。谈到20多年从未出现差错的银行工作，鲍光祥老人将经验总结为两句话“锁好自己的门，管好自己的人”，他常常教育员工，“银行是要害部门，钱和枪是属于国家和人民的，要做到安全第一，上下团结，将国家交给自己的任务完成好，负责好。”在担任主任期间，鲍光祥老人利用每月的例会时间与员工们一起学习贯彻上级的会议精神，共同制定工作方案，确定方式方法。鲍光祥不仅及时督促员工的工作，与他们共同进步，而且主动关心员工的生活。当时所里员工最大的有61岁，最小的22岁，全体员工不分男女老少，都十分团结。

鲍光祥老人目前一个月有2050元的退休金，老伴一直在家干农活，女儿初中毕业后在澜沧县县城的一家饭店做服务员，一家三口的生活还算富裕。鲍光祥老人家是砖瓦房，建筑面积有近120平方米，宽敞明亮。大门上挂着用相框框起来的大幅毛主席像，屋内收拾得井井有条，迎面的墙上挂着鲍光祥年轻时的照片和老两口的结婚照。家里有电视机、组合音响、电话和手机，还有一部1996年买的老式半自动照相机，一台2000年买的洗衣机以及2006年买的电冰箱一台。鲍光祥老人有腰疼的毛病，常年吃药，老伴患有淋巴结核和高血压，女儿又不在身边，因此老两口将家里的地送给亲戚耕种，只留有六分地种苞谷，一亩地种植茶叶，茶叶一年可以收四次，每次平均收成100斤，每斤可以卖5元。另外，老人家还养有三头小猪仔，每头价值130元。

表 2－12　　2009 年家庭收入来源情况表　　单位：元

职业	收入	职业	收入
种植业	2000	本乡镇就业工资	24600
渔业	0	外出打工	0
家庭手工业	0	运输业	0
畜牧业	0	政府补贴和社会救济	3000
养殖业	0	出租草场耕地房屋等	0
旅游业	0	其他经营性收入	0

表 2－13　　2009 年家庭耐用消费品情况表　　单位：个

项目	个数	项目	个数
电视	1	农用车（拖拉机）	0
电冰箱	1	卡车	0
洗衣机	1	小轿车	0
照相机	1	电话	1
影碟机	1	组合音响	1
电动车	0	手机	1
摩托车	0	自行车	0

2009 年，鲍光祥老人将房屋翻新，共花费 3.2 万元，得到政府的民房改造补贴 3000 元。另外，鲍光祥的老伴高血压病犯，到县医院住了 18 天，共花费 3800 元，医药费共报销 890 元。老两口的身体健康问题成为鲍光祥老人目前最担心的。据鲍光祥老人讲，在他们老两口身体还算硬朗的时候，家里曾在 2005—2008 年期间经营了一家百货店，卖些文具、零食等，每年可以收入 3000 元，另外还种有四亩地的苞谷和旱稻，两亩地的水稻，这也是一笔可观的收入。但是现在老两口的身体一年不如一年，鲍光祥老人只希望两个人能够安安稳稳的，活的岁数更长一些。

表 2-14　　2009 年家庭支出情况表　　单位：元

总支出	生产性	衣服	食品	看病	教育	娱乐	红白喜事	交通	通信	住房
43150	0	1500	3500	4000	0	0	1500	500	150	32000

平日里，鲍光祥老人休闲的主要活动是看电视、与乡亲们聊天。老人从1988 年开始就养成了看新闻联播的习惯，20 多年来都没有变化。

在乡亲们的眼里，鲍光祥老人是个善良、和蔼的老人。老乡们说鲍光祥老人对亲戚、对乡亲们都非常的好，谁家有困难鲍光祥老人都会积极主动的伸出自己的援助之手，在自己力所能及的范围内帮助他们渡过难关。与此同时，鲍光祥老人还是一位对村里的公共事务很热心的人。据乡亲们讲，每次村里召开村民小组会议，总能看到鲍光祥老人的身影，他不仅每次都积极参加，而且作为一名老党员，他经常带领村民学习党中央的一些文件、政策，起到了很好的带头模范作用。

（九）多种经营探索致富的魏忠明家

魏忠明，男，佤族，41 岁，初中二年级文化水平，信仰基督教。妻子魏小大，佤族，39 岁，没有上过学，信仰基督教。大儿子魏顺华，17 岁，初中毕业，小儿子 12 岁，现在文东完小读 6 年级。魏忠明 1970 年出生，从小聪明勤奋，学习成绩很好。在东佤小学六年级时，魏忠明代表学校参加数学竞赛，曾经取得澜沧拉祜族自治县的第一名，思茅市第二名的好成绩。从东佤小学毕业后，魏忠明来到文东中学读书。魏忠明的父母都是文盲，家里还有 8 个兄弟姐妹，只有 10 亩地，除了种地之外没有别的收入，生活很困难，上到初二，魏忠明就不得不辍学了。讲到这段经历，魏忠明还是有些伤心，教过他的老师们也为他的辍学感到惋惜。

从初中辍学回家之后，魏忠明借了每月三元的高利贷，包了 25 亩地种甘蔗，通过村干部陈东风的联系，由上允白糖厂赞助半价的肥料、种子和免费的技术，开始全身心地投入到甘蔗的种植当中。高利贷的压力还有家庭的困难督促着魏忠明把甘蔗的种植当作自己的事业来看待，容不得半点马虎。但当时的甘蔗价格并不高，一亩只能卖到 100 多元，每年收入 3000 元。老天不负有心人，经过魏忠明的不懈努力，他 3 年就把欠的债还清了。2007 年，魏忠明家承包有75亩甘蔗地，平均1亩可以收获3.5吨，1吨可以卖200元。现在，魏忠明家已经成为村寨名副其实的甘蔗大户。

除了大规模种植甘蔗外，魏忠明家还饲养生猪。在种甘蔗积累了一点资金之后，魏忠明从1994年开始养猪，最初养了5头，当年的毛收入有2000元，纯收入100元。东佤寨几乎家家都养猪，但大都是散养，不成规模。2009年，魏忠明借款2万元，新盖了猪圈，现在共养20多头猪。现在这样的规模在东佤寨是最大的。魏忠明说“富离不开书，穷离不开猪”，农村里养猪是赚不了多少钱的。但是他说养1头猪每天可以赚0.1元，10天就是1元，这样一天一天的算，养猪得来的财富累积下来也是可以看得见的。

除了种植和养殖业之外，魏忠明家从2000年开始经营饲料生意。他最初做满堂红饲料的代理，干了10年，村寨有200多户都从魏忠明家里购买饲料。现在他又做心连心饲料的代理，已经有4年的时间。像魏忠明家这样大规模的饲料店村寨只有4家。他们一家平均每年可以卖40公斤的饲料130袋，纯收入1000元。2006年是家里饲料生意最好的一年，乡亲们看到魏忠明用饲料养的猪很有成效，都纷纷前来购买，当年卖出300袋。魏忠明说现在销售的心连心饲料在乡亲们中间还没有真正打开市场，饲料要经过时间和实践的检验，才能说明效果，才能有销路。经营饲料生意的同时，魏忠明家从2004年开始经营百货店，卖一些日常用品，一天的毛收入有20多元。当乡亲们买东西没有钱时，魏忠明常常都会先赊账给他们，等乡亲们有钱了再来还。魏忠明说自己从来不担心这些账要不回来，他认为诚信是相互之间的事情。

表2－15　　2009年家庭收入来源情况表　　单位：元

职业	收入	职业	收入
种植业	35000	本乡镇就业工资	0
渔业	0	外出打工	0
家庭手工业	0	运输业	0
畜牧业	0	政府补贴和社会救济	0
养殖业	2000	出租草场耕地房屋等	0
旅游业	0	其他经营性收入	1500

魏忠明家的账本是一大特色，他一年一本账，现在已经有近 20 本了。甘蔗地、玉米地要花费多少，请小工要支付多少的工钱，他都有详细的记录。在采访的农户农民当中，像他那样每一笔收入、每一笔花费都记得清清楚楚的人几乎没有。他们家的财富就是在他这样一笔一笔的记录中逐渐积少成多，积累起来的。

2009 年，魏忠明家购买化肥用去了 7203 元，玉米种子花去了 730 元，甘蔗种子 2200 元，另外还买了 5 公斤的谷种，买 5 头小猪仔花了 2000 元。由于地多活重，每到农忙时魏忠明一家忙不过来，只好请小工来帮忙，每人每天 20 元。收甘蔗时，魏忠明最多雇过 100 人，整个一年小工的工资要花费 8500 元。2009 年，魏忠明家种有玉米 25 亩，折算 10000 元，茶 5 分，折算 800 元，花生 2 分，折算 150 元，地瓜 2 分，折算 40 元，瓜子 2 分，折算 75 元，姜 2 分，折算 50 元。养有鸡鸭 15 只，折算 300 元。

表 2 - 16　　**2009 年家庭支出情况表**　　单位：元

总支出	生产性	衣服	食品	看病	教育	娱乐	红白喜事	交通	通信	住房
65933	20633	600	3000	1000	2000	0	1500	6000	1200	30000

魏忠明说为了生活，他动了很多脑筋，自己也有很多想法。他看到每逢种甘蔗、种玉米或者收获的时节，乡亲们都要雇工干活，请客吃饭，猪肉的需求量很大，他觉得这是个致富的好机会，因此从 1995 年开始，每到农忙时，他就杀猪，自己背着背篓在村寨里卖猪肉，他曾经徒步去过多依树、平掌、佤厂、塘立湾等寨子。

现在自家的日子越过越红火，离不开魏忠明和妻子的辛苦劳作。魏忠明说 1992 年跟妻子结婚，1993 年分家，身上还背了 3000 元的债，自己只能用竹板、泥、草盖了一间 20 平方米左右的房子，暂时当作自己的小家。那时候生活条件很不好，但是妻子也没有什么怨言，每天下地干农活，魏忠明心里很感激为这个家默默奉献的妻子。魏忠明家的房子前前后后共修缮过 5 次，魏忠明说在 20 平方米的小房子里居住时，他就暗暗下了决心一定要好好干活，努力赚钱，盖漂亮的大房子，给妻子和孩子更好的生活。2009 年，魏忠明用积攒下来的 30000 元盖了 120 多平方米的钢筋水泥房，一层住人，一层当仓库，他用实际行动实现了对妻子和孩子许下的诺言。魏忠明每天早晨 6

点起床，7点就下地去了，10点回家吃饭，11点又要下地。忙了一天回到家之后，又要喂猪，整理账本。魏忠明说自己的每一天都很累，但是他觉得这种累是快乐的，看到一点一滴积累起来的财富，他由衷地感到高兴。

魏忠明的大儿子学习成绩不算太好，现在已经初中毕业了，不打算继续读下去，准备去澜沧县城打工，修理汽车，学一门手艺。魏忠明打算当儿子学成之后，给他提供资金开一个汽车修理铺。小儿子在读六年级，魏忠明说像大儿子一样，只要小儿子自己想读书，他就会供孩子继续上学，如果不想读书了，他也同样支持儿子的决定。

（十）退休干部魏荣兴家

认识魏荣兴，是在一个下雨的早晨，当其他农户都去田间干活儿的时候，只有他还在家里悠闲地淘米煮饭。当时觉得他的这般悠闲，应该有一定的家底儿来做支撑，不然，他也应该和其他村民一样起早贪黑地忙碌去了。果不其然，在和他交流一段时间和见识他家里的环境后，我发现他有固定收入来源，丰富的经历造就了他的出色和能干。

魏荣兴，1953年出生在一个贫困的家庭。家里经济困难，他只上了3个月的小学便辍学。辍学后，他来到上允糖厂制红糖，当时一个月才有25元的收入。小小年纪的他，便早早地一个人出门在外打工，遇到困难得自己想办法解决。八年在外打工的辛酸，锻造了他坚强的性格。当“文化大革命”发生的时候，他看见厂里许多人遭到了批斗，觉察到大事不妙，害怕哪天自己也被牵扯进去，便在一个夜深人静的晚上偷偷跑回了家。回家之后，村里正好缺少红卫兵，他便凑数当上了红卫兵。每天晚上在村口值班，看有没有可疑人员潜入村子，或者在村里到处巡逻，遇到可疑情境便向组织汇报。在当年草木皆兵的年代，特别是在这样一个地处边境的地方，安全和渗透问题变得尤为敏感，红卫兵不得不提高警惕。一个多月出色的工作，魏荣兴被提拔为副队长。年轻的他觉得这样的工作，就像一个孩子王带着一大批人马在村子里游行，人人都得敬畏他三分，那样的感觉很刺激很新鲜。

1969年，当过一年多的红卫兵之后，他又奔赴前线，去瑞丽当兵。刚开始的两年半，他是通讯员，负责报道前线的情况和传达上级的指令，其间也间歇承担了一些指导员的工作，负责管理队员。他精力充沛，性格豪爽，总是能在部队调动大家的情绪，受到上级很大的重视。两年半之后，组织派他下乡，于是，他在乡里呆了三年多，其间的主要工作是组织民兵，在中缅边境线上防止坏人进村。在乡里的这段时间，他还随时注意了解百姓的生活，想他们所想，急他们所急，看见百姓有困难的时候，就会主动帮助他们，他组织的民兵从来只奉献，不拿百姓的一针一线，不求回报，在当地获得很多的好评。回到部队，他又负责部队文艺工作的宣传工作。他组织的文艺宣传队去过很多地方演出，最远的要算昆明了。每次下乡去演出的时候，老百姓都很高兴，忙完农活后，顾不上吃饭，就来到公共演出地，欣赏部队给他们呈现的文艺表演。老百姓兴致很高，一声声喝彩给了魏荣兴的工作很大的支持和鼓励，即使再苦再累，他也觉得值了。

他更加努力地工作，只求问心无愧。在部队里，小兵一个月有6元的工资，副连长则是一个月32元的工资。虽然钱不多，但是在部队里却够用了。部队每年会发给每个人6套衣服，分两次发放，部队的衣服很多，但却不许带回家，只好把旧衣服扔了。部队里的伙食也不错，一日三餐，吃挂面，偶尔会有肉，虽然不是很丰盛，但比家里的日子好多了。魏荣兴开玩笑道，在部队不愁吃不愁穿，他都长胖了。苦中作乐的他，已然回避了部队里的艰辛，他永远是用最积极的一面来看待事物，即使是多么苦不堪言，但只要还有乐，再怎么艰辛也不算什么了。部队里，他也并不是一个完全的乖乖者，爱好打篮球的他，经常在晚上人家都睡着了的时候，偷偷溜出去，在操场打打篮球。有时候，他被查勤的人发现之后，会被恶狠狠地叫回去，第二天还得写检查。他回忆道，在部队里的时候，他因为打篮球写过四五份检查了，虽然每次都认识到自己的错误，但是每次又克制不住自己打篮球的冲动。看着眼前这个高高的他，我的思绪开始荡漾开来，在皎洁的月光下，有一个帅气的男生在宽宽的操场上独自一人打着篮球，一抬手一拍球之间，尽是散落一地的激情。现在村里也有一个大大的篮球场，他也会时不时地去打打篮球。虽然身体不如年轻时那般有活力和韧性了，但是技术却与日俱增。看着村中的年轻人在操场上打篮球，他觉得他们都是在靠力气打球，缺乏技术，这样，他总是会不自觉地凑上去，告诉那些年轻人该如何把篮球打好。在传达技术的时候，他就像再次回到了年轻的时候，那球场又成了他的乐园。在部队的这几年他获得了许多荣誉，其中获得一次一等功，三次三等功。其中一等功的获得可以说是他用生命换来的。当年洪水肆虐，许多房子都被淹没了，木头在河上漂着，家具顺着河流流向长江，百姓的财产受到了很大威胁。一个5岁大的小男孩儿被困在了河中央，吓得哇哇直哭。魏荣兴二话没说，游向了那个小男孩儿。由于往返路程遥远，当他抱着小男孩儿往回游的时候，体力已经明显不支。凭着顽强的毅力和意志他坚持到了最后一秒，将小孩儿送回了岸，自己却晕倒在岸边浅浅的水里。组织授予他一等功的荣誉，对他舍己救人的行为给予很大的肯定。现在魏荣兴谈到这些，都觉得既惊险又自豪。从副班长到班长，再从副连长到连长，这不仅仅是一个级别的提升，更是他精神境界的无数次升华。短短的七年当兵生涯，其间的分分钟都有他的拼搏和努力，他用自己问心无愧的行动拉长了这段时间的意义。

1976年，他从部队退役回家。在部队他感受到自己的文化水平牵制了他的发展，于是回家一个月后，他便到思茅读了三年的书，获得了中专文凭。有了一定的文化知识之后，他于1979年9月去县畜牧局工作，直至2009退休，整整在那儿工作了30年零9个月。刚开始，他在畜牧局主要负责加工饲料和养鸡。工作看似简单，操作起来却不容易。当时，母鸡孵蛋的时候，每天都还得负责翻蛋，检查鸡蛋，提供灯火以供给热量。偌大个养鸡场全靠他一人照顾，一天忙下来，只能休息两个小时，十分辛苦。他一边坚持这份工作，一边偷偷学习给家禽家畜看病打针的知识，试图把自己从繁杂的劳动中解放出来。终于，凭着他的聪明才智，他当上了兽医。他开始给农户的家禽家畜防疫，打针。每天下乡，给需要的家禽家畜看病的同时，他还教会农民认识家禽家畜的基本病状和病因，让他们学会在家禽家畜病情危急的时候或刚开始发病的时候能及时解决问题。古道热肠的他，总是愿意把自己的看家本领教给别人，丝毫不怕别人都学会了，自己会失去兽医这份工作。他的这般豁达和远见卓识，恰恰证明了他是一个不俗的智者。

在做兽医的时候，他无师自通，举一反三，还学会了给人看病。虽然不是很专业，但是每次家里人有个伤风感冒，头疼脑热的，他都能看好家人的病。有时候，他感冒了，会自己去药店买点儿注射药，回到家再自己给自己打针。不敢想象，他拿着针对着某个部位，一针扎下去的情境。虽然没有学过系统的专业知识，但是他确实把自己医好了，这其间的智慧和灵气让一般人不得不折服。他家里总是备着许多注射药、颗粒药，要是哪天有人生病了，这些药在他的手中就十分有用了。看着眼前面色红润，健健康康的他，心中充满了对他的敬仰之情。

现在他从县畜牧局退休了，但是还是经常帮村里的人给家禽家畜看病。他不会收村里人很多钱，只是收些药水费。村里人让他帮忙给家禽家畜看病时，他很高兴，觉得这是大家对他技术的信任。看着猪、牛、鸡和鸭等在他的手里起死回生，他心中充满了自豪，更觉得自己的人生价值得到了很大实现。学有所长，再服务于社会，这就是最大的乐趣，在他所从事的工作里，这种乐趣无处不在。

魏荣兴感慨，在畜牧局工资是节节升高，家里的生活水平也是越来越好。从每月的 380 元到 400 元再到 800 元再到 2200 元，这些数字的递增，提升了他生活的品质。20 多年前买了彩色电视机，算是村里比较早的一批拥有彩电的家庭。2008 年他用多年的积蓄买了一套组合家具。2010 年 4 月家中又添置了一张茶几、两套沙发和一张大床，总共花去了 1700 元。5 月家里又花了 2850 元买了冰箱和太阳能。看着家中的日子越过越好，他心里也是越来越甜蜜。侄子侄女儿每个星期都会来他家玩，他会买很多糖果和饼干，让小孩子们吃。看着小孩儿在自己的家玩得尽兴，他也跟着高兴，那也算作一种儿孙绕膝的乐趣吧。退休后，魏荣兴的退休金也很可观，现在他的退休金一个月有 2000 多元。今天单位来电话，让他带去相关证件和合格证书，如果审核通过的话，就会加退休金。妻子今天出去办理这个事情了，他则在家盼着，希望事情能够顺利。如果顺利的话，一个月退休金就会涨到六七千元。这对生活在农村的一家来说，确实是很大的利好消息。

魏荣兴在部队，在县畜牧局表现出他铮铮铁汉的一面，在感情和家庭生活中却是一个侠骨柔肠的男人。他和前妻是经人介绍认识的，前妻高高的个子，白白的皮肤，大大的脸盘，立体的五官让他久久不能忘怀，俩人迅速坠入爱河。1978 年两人结婚，后来有了三个儿子，一家五口人过上了幸福甜蜜的生活。谁知大儿子一岁半便夭折，二儿子因十几岁时吸食海洛因也死了，不幸的气氛笼罩在他们家。本以为上天给他们家的打击已经够大了，却不知更重的打击还在后面。妻子因突发心脏病，在县医院住了几天后，便离开了人世。前妻走了之后，他心里空落落的，沿着山头走了无数遍，脑海中还是挥之不去前妻的影子，他三个月没有认真吃过米饭，没有和外人接触过，一直回忆着和前妻生活的点点滴滴。想起这些，魏荣兴脸上还是很凝重的表情，唉声叹气间，又想起了已逝的那亲爱的人。问及是否家中有前妻生前的照片时，魏荣兴一改先前和我说话时平稳的语调，显得有些激动起来“她走的时候，连个相机也没有。”虽然言辞简单，但是我能明白其中的遗憾和包含着的这些年来他对前妻无尽的思念。如果当时有个照相机，他还能为亲爱的人照一张照片，留一个念想儿。在曲终人散的时候，还有照片陪着他，度过余生，只可惜，这一切都只是美丽的空想。两年里，他每一天都在想她，那个不爱说话有些羞涩的妻子，那个勤勤恳恳、贤惠善良的妻子，一直在他脑海里，像蝴蝶一样盘旋着，勾起他无尽的相思。如此痴情的一位汉子，让人看了也不禁心疼。村里人劝导他，过去的就过去了，还是得好好过日子，再找一个人一起好好过日子吧。他怎么都听不进去，决定就此孤寡一生。殊不知，命运有时候爱开玩笑。他因爱帮助别人，在帮姑姑家干活（他给表姑一家人很大帮助）的时候，姑姑家的女儿还待字闺中，却一眼瞧上了这个热心肠的表兄。一来二往间，姑姑家的女儿也给他做做饭，缝缝衣服，给他很多照顾。也许，两个人共同为一个家付出时，日子会过得不那么艰辛苦涩。后来，他们结婚了。结婚后，他们没有要属于他们俩的孩子，而是一起养育着他和前妻的三儿子魏明，妻子没有抱怨，把魏明当自己的亲生儿子一样抚养，这其间的伟大与善良让魏荣兴很是感激，如此通情达理的妻子让这个家又过上了幸福甜蜜的日子。

墙上，挂着一个大大的玻璃相框，里面装着许多他们现在一家人的甜蜜照片。见我的目光久久停留在照片上，他主动取下相框，和我如数家珍般介绍着这些照片是何时何地照的。看着他、妻子和儿子站在一起照的照片，他们甜甜地笑着，幸福的气氛瞬间感染到了我。目光突然停留在一张许多人围着一个大桌子照的照片上，从照片里房间精美的装饰看来，应该是在不一般的地方照的。果然，他说这是妹妹嫁到外地时，酒席间照的，距现在都有十几年了。相框里还有许多魏荣兴的个人照片，有些在县畜牧局工作时的照片，照片里的他，英俊潇洒，穿着工作服，带着工作帽，显得格外精神。有些是在外面游玩时照的照片，年轻的脸上永远都是灿烂的笑容，和美丽的景色交相辉映，格外美丽。

现在，魏荣兴一家不用像村里的其他人那样，不管天晴下雨还得在田间劳作。他年轻时的奋斗早已为现在的生活定下了安逸的基调。一家人可以自由享受奋斗带来的果实，幸福而美满。田里的收成怎么样，家里的猪喂得大不大，都没关系，一家人都能够比较宽裕地生活着。问及魏荣兴对家里未来发展还有什么期望时，他环顾了一下四周，本以为他会说，接下来的日子享受天伦之乐就可以了。没想到，他还以一副壮志未酬的样子告诉我，想三年之后，把现在住的房子改造成楼房，然后把家门的方向换成正对水泥路的方向。尽管现在住的并不差，但是他总想有生之年能住上自己亲手盖的房子，其间的满足感自然不言而喻。也许，等我有机会再回到这片热土时，他家的房子已经成为了葱翠树木环绕着的全村最美丽的楼房，远远地站着，就能看见那新楼房，就能听见楼房里传出的幸福的笑声。

离开他家时，应他的要求在大彩电之前和他来了张合影。他笔挺挺地站着，面色严肃，目光坚定，没有大的笑容，俨然曾经的军人。妻子恰巧此时回来，还抱着邻居家一个三岁大的小孩儿。于是，他又安排着，让妻子、邻居家的小孩儿和他照了一张合影。此时的他，目光多了一些温柔。恍惚间，我仿佛看见了当年，他、妻子和儿子一起照照片时的情景，虽然和现在的人物略有差异，但是幸福没有改变，一直填满每个人的心间。

十二、中等户

（一）勤俭持家的田光华家

田光华家在多依树村委会所在地，和我们住的东伍还有大概十几分钟的车程。8 月 3 日早上，我们去村委会查找完资料之后，便在多依树村子里逛了一会，看看多依树村子的发展情况，顺便看能不能找到可以访谈的对象和家庭。因为这个村子信仰的是佛教，没有礼拜天休息日，只要天气好，村民一般都会在田地里劳动，所以很难找到可以访谈的对象，再加上村子里会说汉语的人并不多，给我们在村子里带来了很大的麻烦。在村子里，我们都是尽量找有年轻人的家庭，年轻人大多上过学或者出去打过工，有年轻人在家可以给我们翻译，做起访谈来自然要轻松和准确很多。我们到田光华家时，他的儿媳正在洗衣服，看到年轻人，我们都习惯上去先打招呼，看是否会说普通话。田光华的儿媳普通话说得很好，所以我们在田光华家里了解情况显得很轻松。

田光华家里现在一共有 4 口人，一家之主田光华 2010 年 51 岁，初中毕业，家里世代都住在这个村子，信奉佛教。田光华的妻子魏小大 2010 年 47

岁，也是本村人，没有上过学，是文盲。两人结婚后有两个孩子，一男一女，大女儿田玉梅2010年24岁，初中毕业，2006年结婚，嫁给了县城的一个货车司机，现在有一个两岁半的孩子，因为已经出嫁，所以我们在算田光华家里人的时候，没有把她计入其中。小儿子田玉杰2010年22岁，也是初中毕业，2008年结婚。田光华家的另一个人是田玉杰的妻子陈小大，陈小大2010年刚满20岁，也是初中毕业，本村人，怀孕8个月。田光华家现在两个孩子已经结婚，按照农村的说法，只要自己的孩子都成了家，家里就算是完成最大的任务了。田光华家的儿女虽然年纪都不算大，但是都已经结婚，而且孩子婚后的生活也算美满。在这个村子里，田光华家也算得上是一个比较美满的家庭。

田光华和妻子结婚26年，他们刚结婚的时候，家里条件不好。他们是20世纪80年代中期结的婚，那时候这个佤族村子还比较落后，收入也很少，他们的婚事也只是很简单地办了一下。田光华家在他们结婚的时候只有一间比较旧的老房子和几件简单的炊具，家里有时候连饭都吃不上，更不用说更好的生活了。在结婚后的几年，他们家的情况也不算好，结婚后一切从零开始，这个家是田光华夫妇一点一点经过努力打拼起来的。田光华夫妇都是比较能干、比较节约的人，他们结婚以后正遇上国家扶持种甘蔗，在两人的努力下，家里的条件才一年比一年好。现在家里虽然算不上很富裕，但也是吃穿不愁，也慢慢有能力做一些以前没有条件去做的事。结婚后10年，也就是1994年，经过夫妻俩的共同努力，家里终于有了重新翻新房子的能力，他们现在住的老房子就是1994年重新修的，当时重修房子花了他们家近两万元，其中有4000元是向别人借的，剩余的一万多都是自己一点一点积攒起来的。1994年，在这么一个相对比较落后的佤族村子就有了一万多元的存款用来修房子，在当时的村子里也不算多。田光华的妻子告诉我们，那时候两个孩子都还不大，夫妻俩既要照顾孩子，还得劳动，能攒到这么多钱来盖房子，自己家里已经很满足。田光华因为上过初中，在村子里也算得上是比较有文化的人，1994年的时候田光华还是村里的小队长，既要管村子里的事，还得照顾家里的，很苦很累，但是他们家都没有任何的其他想法，只想着好好地干，只要努力了就一定能把家发展的更好，让孩子不再受苦。也正是这个信念伴随着田光华家走过了那段算得上是家里最苦的日子。

1994年房子建好以后，田光华一家都非常的高兴，房子虽然只是砖瓦结构的，也算不上很豪华，但毕竟终于有了属于自己的新家。房子建好了，家里在高兴之余却又不得不陷入另一个烦恼中，有了新房子却欠下了4000多元的债务，家里盖新房子已经花光了所有的积蓄，还欠下了债，家里的生活又将面临新的困难。在以后的几年里，他们家都是紧巴巴的过日子，依然是能吃饱饭就很满足了。在1994年房子修好后的五六年里，老田家把精力都放在了还贷款和供孩子上学上，本来4000元的贷款对他们家来说不算是很多，按正常情况来说，还清也根本不用五六年这么久，但是当时供两个孩子上初中，那时候的初中是不免除任何的费用的，虽然供两个初中生不算什么大的负担，但对一个只是依靠田地的农民家庭来说依然是一笔不小的投入。那时候家里日子很苦，但田光华家还是尽最大的努力供两个孩子上学，田光华自己以前也上过中学，在农村吃苦的他深知知识对孩子今后发展的重要性，所以当时再苦他们也决不影响孩子的学习，一直供两个孩子上初中。但是孩子自己不争气，初中毕业以后就不想再去上学，不管老田多么苦口婆心的劝说都没有什么实质性的作用，老田也只好顺从孩子的意思，让他们回了家。说起孩子上学的事，老田也总是透着很多无奈，自己希望孩子通过学习走出大山，不再像自己这样在农村里过苦日子，自己是没办法，遇上了“文化大革命”，毁了他们那一代读书的机会。现在政策这么好，孩子却自己不想上学，他心里最希望的不是孩子能帮助家里多少，而是他们能够在将来生活的更好。现在事实成了这样，他也只好为孩子另想办法，让孩子的以后不像自己以前那样苦。两个孩子初中毕业了，老田家里的债务也还清了，孩子不能继续上学，老田开始考虑两个孩子以后的事，老田为了两个孩子想过很多条路，但是两个孩子都没有能力走下去，老田也就放弃了，并且改变了自己原来的想法，帮助两个孩子成家，能让孩子以后顺顺利利的过日子，老田也就满足了。

2006年，老田的女儿刚满20岁就嫁给了县城的一个火车司机，20岁这个年纪在当地的农村结婚不算小了，女儿结婚老田也费了不少心，只想着女儿以后能过得好点，有了老田的参考，虽然女儿嫁得比同龄的女孩晚了一点但现在却过得很幸福。小儿子则不算听话，初中毕业以后没做什么，一直在家，为了能让儿子听话一点，也更成熟一点，老田在儿子20岁的时候也开始张罗着给儿子找一个媳妇，他相信儿子成了家以后，有了责任感，一定会老老实实的做好自己该做的事。2008年，老田为儿子办了婚事。当时结婚老田一共花了6万元，盖新的房子花了5万元，为儿子结婚花了1万元，这6万元，5 万元是老田在儿女不上学后自己攒的，还贷了 1 万元的贷款。但是老田说着 1 万元贷款值得，因为儿子成家了，也算了却了他的一桩心事。老田家花了 5 万元建的新房子就在他们家老房子的旁边，为的是能让儿子一直陪着自己。新房子是钢筋混凝土结构的，房子的装修也算得上很精致，瓷砖、地板砖、水泥等等材料都是用的当地算的上好点的，所以房子虽然不算大，却花了 5 万元，老田之所以建这么好，为的就是儿子。儿子结婚是一辈子的事，他想让儿子过得更舒服一些。其实从房子的变化就能看出来老田家从老田结婚到现在家里的生活发生的变化，老田刚结婚的时候，家里的条件不好，生活也算困难，住的只能是老人留给他的老房子，土木结构的。但是只过了 10 年，老田就通过自己的努力将土木结构的老房子翻新成砖瓦结构的，能将老房子翻新，也就证明了老田在从结婚到 1994 年这 10 年的努力收到了回报，新房子就是他们家生活改变的证明。再过了 14 年，也就是儿子结婚的 2008 年，老田又重新盖了房子，这次的房子住的更舒服也更豪华，而在这 14 年里，有五六年老田都是在还债和供孩子上学，也就是说老田真正攒盖房子的钱只是 2000—2008 年的这段时间。第一次建房的周期是十年，建的是一般的砖瓦房，第二次建房的周期是八年，建的是相对比较漂亮的钢筋水泥房，两次建房都是有 1/5 的贷款，从这一个对比来看，老田家的日子是在一天天的变好，变好的周期也在慢慢缩短，相信儿子成熟点以后，老田家将肯定会向着更好的方向发展。

老田给儿子办了婚事以后，儿子也确实发生了一些变化，比以前长大了很多。田玉杰结婚以后，和妻子去了深圳打工，在没结婚以前，儿子怎么也不同意出去，只是想在家里靠父母。现在田玉杰小两口去深圳的一个变压器工厂打工，2010 年初，陈小大怀孕了两人才回的家。两人在深圳虽然没有赚到什么钱，但儿子能出去看看外边的世界，能够靠自己养活自己，老田依然觉得很高兴。快要做父亲的田玉杰也显得很有责任感，他告诉我们，孩子出生长大一点后就把孩子交给老人带，自己和妻子还是会出去再闯闯，外边打工没有在农村这么苦，却能有相对稳定的收入，而且在外边打工也能学到一些东西或者学习一门技术，对自己以后回来也是有好处的。他们现在有了孩子，才明白当年父亲的想法，如今的他也想让孩子以后过得更好一点，不想孩子以后再继续待在农村里边，也会一直供着自己的孩子上学，让他能走出农村。

老田家里现在有13亩土地，因为不够种，还向其他人家承包了6亩，现在一共种的土地是19亩。2009年，在这19亩的土地中，他们家种植了10亩玉米，3亩水稻，5亩甘蔗和1亩茶叶。老田家里的土地也主要是依靠人工和牛耕，他们家现在有两头总价值4000元的牛，只用于耕作，而人工的劳力则主要靠的是田光华和他妻子。两个劳动力种了将近20亩的土地，说明田光华和妻子都是很能干很能吃苦的人，在农村靠人和牛来种土地，不肯吃苦根本就没有能力种植这么多东西。在收入方面，老田家主要还是依靠种植业，2009年，他们家种植的10亩玉米收获4吨，差不多值6500元，都是自家消费，酿酒或者是喂家禽；种植3亩水稻，收获2000斤，收入2000元；种植5亩甘蔗，最后砍了30吨，收入6000元，加上茶叶光种植业一项他们家2009年就收入15000元左右。而在养殖业方面，除了两头牛，田光华家2009年还养了9头猪，最后卖了3000元，本来也养鸡的，但是2009年因为鸡都病死了，没有给老田家带来收入。另外，老田家2009年还接受了政府补贴800元，老田家另外一项比较重要的收入是酿酒，老田家里祖辈都是酿酒的，每一年靠酿酒老田家能够有至少4000元的收入。总的来算，老田家里2009年的收入达到23000元左右，在他们这个村子也算得上是收入比较好的一个家庭了。老田家里以前酿酒用的是家里自制的木炉子，这种木炉子不仅酿酒少，还浪费，三年前老田家买了新的酿酒的器具，每一次酿的酒更多了，还能避免浪费，所以这三年，他们家每年酿酒的收入都在4000元以上。老田家里酿酒用的是自己家种的玉米，酿酒以后的玉米渣子又可以用来喂猪，一举两得，所以老田家一直坚持酿酒，每一年也能养10头左右的猪。因为时间的关系，老田家平均一个月酿三次酒，一次可以酿70斤左右，也就是一个月能酿酒200斤，因为是自产自销，所以虽然酒的味道很好，每一斤的价格也只能达到2元，每个月光酿酒的收入就有400元，可以很好地贴补家里。支出方面，2009年他们家生产性支出2000元，衣服支出1000元，两个老人很少买衣服，大多是孩子消费的，食品支出1000元，家里的大米足够吃，1000元的食品支出主要是用在油盐上，交通和通信费大概是2000元，人情支出500元，家里人身体都比较好，所以家里花在医疗卫生方面的支出不多。因此，田光华家一年的支出也就10000元多一点，2009年结余也是10000元左右。2009年算得上是田光华家各方面收入都比较好的，因此结余也相对以前要多一点，按照2009年的收入支出状况，也就不难理解田光华家用8年的时间就攒下了5

万元给儿子结婚和建房了。而现在儿子回来了，家里多了一个劳动力，以后他们家只要不出现意外状况，家里的收入也将会毫无疑问的保持这个情况甚至收获更多。现在，电视机、影碟机、音响他们家都有，而且是20世纪90年代中期刚盖房子那会买的，到现在已经有十五六年了，那时候就有能力买彩电和影碟机，说明那时候的老田家里生活就已经不错了。现在老田家里有两辆摩托车，一辆两轮的和一辆三轮的，两轮的主要是自己家里出行，而三轮则是用来生产用，另外，他们家还拥有自己的碾米机、电饭锅和电磁炉，可以说，在农村常用的生产工具或者家庭用具他们家都有了，这对于他们家生产和生活的改善都有很大的作用。

对于家庭的以后，还是两个老人主要管理家里，帮助儿子带孩子，而儿子还年轻，还想能多出去闯闯，儿女现在都成了家，田光华家以后的发展肯定会更轻松，也更好。

（二）热心村务的退伍军人魏发明家

魏发明，1967年生，2010年43岁。他的妻子魏小大，2010年37岁。他们都是虔诚的基督信徒，均为小学文化程度。父亲魏荣边，1936年出生，从小就成了孤儿。母亲鲍小二，1938年出生。他们也都是小学文化程度、信仰基督教。魏发明说起自己的父母，就满怀深情，他们在田地里辛勤耕耘了一辈子，从未离开过他们的家乡，甚至没见过乡镇的样子，仅在多依树村里活动。魏发明的长子叫魏勇，读完小学后便辍学了。由于天性放荡不羁，从小就浑身是胆，敢做一些冒险的事情，2010年3月更是只身一人远赴山东，经朋友介绍在一个养鸡场工作，每个月1200元，包吃包住。魏发明笑着说家里人都很想他，想得觉都睡不好，想念之外还有一份担心。儿子隔段时间会往家里打电话，那是一家最盼望的时刻。魏勇最近渐渐觉得工资太低，有了换工作的打算。谈话间魏发明的岳父回家了，很热情地跟我们打招呼，聊到刚刚在村里碰见的熟人。魏发明还有一个女儿叫魏希，1993年出生，2010年刚刚初中毕业，马上要到县城读高中。她成绩很好，考高中拿了400多分，自己渴望读书，希望将来能考上一所好大学。至于大学以后的事情，虽然魏希没有和父母交谈过，但相信此时正在做饭的她已经有了美好的憧憬。魏发明自豪地说女儿如今在村里也是数得上的高学历了，很为她感到骄傲，会一如既往支持她上学。

魏发明是贫农，平掌小学二年级读完就辍学，18 岁自愿去当兵，成为保山武警支队（林沧）的一员，并服役 3 年。我们问他为什么去当兵，他朴实地回答："自己没有文化，想锻炼锻炼。"提起参军岁月，他很激动很恳切地说，武警很累很辛苦，但觉得能为国家为人民服务，很充实很荣耀。士兵一般要经过一年考察才有机会升任副班长，但魏发明只用半年就升了副班长。魏发明还在部队练就了一身武艺，是队伍里比武大赛的常胜将军。不经意间我们发现魏发明手上有伤疤，问他怎么回事，他笑而不答。猜想也许就是当兵或劳动时留下的吧。魏发明在 1988 年退伍，回家务农。值得注意的是，他并没有尝试过在外地找工作，原因是觉得自己没文化，担心被别人瞧不起，所以毅然决定直接回老家干农活。回家第二年就通过自由恋爱结婚。谈起恋爱经历，魏发明如昨日重现般回忆起当初的情景。当时村里有个民族习俗，年轻人经常到了傍晚就聚在一起聊天、联欢，他就是这个时候认识现在的妻子并渐渐相爱的。婚礼在家附近的教堂举行，由牧师主持，正式仪式结束后在教堂宴请双方的亲朋好友欢聚一堂，热闹非凡。他还邀请我们等到有人举办婚礼的时候再来一趟多依树村，就能看到壮观的婚礼现场了，我们都心驰神往。多依树村是个基督教气氛很浓的村子，村民们从小就信基督教，魏发明也不例外。他以前经常去礼拜，这种习惯一直坚持到入党。不再礼拜的主要原因是自他退伍开始，连续当了六年民兵排长，又是党员干部，实在太忙。魏发明的亲身经历让他觉得是不是基督徒的身份对生活并没有什么显著影响。

在工作上，魏发明在任民兵排长期间，主要负责维护社会治安。他回忆说，当时偷盗、斗殴很多，每天晚上都要巡逻，感觉很辛苦。有意思的是，在办理一般治安事件时多依照村规民约来处理，而并不是万事都付诸法律。从 2007 年起至今，魏发明担任东佤寨党小组组长，负责二十几个党员的组织生活。经常要进行评议、定期代收党费、不时组织学习。另外，2010 他还当上了村第一小组组长，管理大家的日常生活，带领大伙积极完成上面交代的任务。

由于魏发明工作繁忙，家里的农活更多依靠妻子。谈到这里，他有些羞赧，似乎是对妻子报以惭愧和感激，而一旁的妻子却谦虚，说这些都不算什么，大家相视一笑。魏氏家里有 8 亩地，又以每亩每年 100 元的租金向别人承包了 5 亩。除了种水稻、花生、甘蔗，家里还养了几头猪，由于技术不错，魏氏想扩大养殖规模。他也想购买一辆农用车，搞运输。但由于孩子眼看着长大，家里地方又不够住，未雨绸缪，又准备先盖新房，再拿不出多余的钱来。另一方面，因为魏家向来很穷，没有足够规模的不动产来作抵押，当时的买车贷款没有批。实在凑不齐资金，买车计划只得作罢。到现在为止，魏家既没有拖拉机，也没有三轮车，甚至没有任何机动设备，劳作全靠人力，无法经营运输业，只有靠种植与养殖来持家。2009 年魏家养了 100 多只鸡，规模不算小，但几乎一半都在修新房的过程中宰杀了。善良的魏发明每天都给建筑师傅们吃自家的鸡肉，从建房伊始到落成，一共杀了 50 只左右。2009 年魏家总收入是 12800 元，其中 7000 元来自种植业，5000 元来自养殖业，政府补贴 800 元，而外出打工的儿子的收入并没有包括在内。另外，魏家 2009 年总支出比收入要多出 1020 元，还未将住房借款计算在内。

魏发明 2010 年养了 20 只鸡，5 头猪。但由于 2009 年 2 月花了 8 万元盖新房，其中，向亲朋好友借了 3 万元的高利贷（每个月利息 100 元，打算 3 年还清），另外 5 万元是魏发明不抽烟少穿新衣攒了大半辈子省下来的。魏发明想搞养殖业，但又没本钱，所以比较困难。至于种植业，虽然 2009 年 5 亩甘蔗地收入 5000 元，但由于家里的地不肥，用了 20 包肥料，花了 2000 元，利润在 3000 元左右。

近两年魏家最大的变化就是盖了新房。我们一路在乡间走过，就属魏发明的家最漂亮了。这栋两层小洋楼占地 60 平方米，另有水泥院子 20 平方米，还有一栋老房子供父母居住，也有 40 多平方米。妻子很会布置装饰，家里收拾得井井有条。2004 年花 3000 元买了电视和音响，孩子能看动画片了，自己也能更方便的关心国家大事。家具较齐全，沙发、茶几、柜子，花的钱都算在建房的 80000 元里面。

谈起房子，魏发明很有成就感。他说家里一共盖了三次房子。分家时盖茅草房、1997 年花 3 万元盖砖房、2009 年修小洋房。真可谓芝麻开花节节高，一年更比一年好。

魏发明一家现在过得很好，他并不满足，对未来还有更多打算。头等大事就是送孩子读书，寄望他们以后找个好工作，过上好日子。还希望能拿到向乡政府申请的贷款，2010 年省里分摊到村里 70 万元的贷款资金，不出意外，将承诺借他 2 万元用来发展养殖业。以前老魏搞过鱼塘养殖，那是结婚两三年的事情。当时自己把买下的 100 尾鱼苗从 20 公里外经过 4 个小时的步行挑回来，放在自家田地改造的鱼塘里。长成后自己食用一部分，其余卖出，当时亲戚们帮忙干了很多活，于是送很多鱼给他们吃。结算时，成本是收回了，却几乎没有赚到钱。心灰意冷，魏发明从此没有再买过鱼苗。又适逢患上肾结石，于是彻底放弃经营鱼塘（如今鱼塘已填平）。这突如其来的疾病让本来就不富裕的魏家雪上加霜。为了供孩子读书，魏发明不得不吃廉价的草药（即便如此，医药费还是达到了每年 1000 元），也从不买新衣新裤，一双皮鞋一穿就是三年，衣服补丁无数。好在后来病愈，生活终于可以恢复正常，只是现在不能干重活，挑担 100 斤以上就会腰疼。

如今，魏家的生活条件已经大大改善，能开开心心，笑脸相迎每一天。唯还债和教育两项是将来尚待解决的两大难题。至于还债，魏发明坚定地说，他是党员，是讲信用的，钱一定会按时还清的。他的妻子在家勤劳致富，我们采访的时候正好碰见她在做佤族包包，据说是送给几个妹妹的。妻子平均每两天就能缝制一个包包，手工精致美观又富有民族特色。我们建议以后可以考虑去县城销售自制包包，这或许是个致富的好机会。但魏发明说到村子崇尚安土重迁，尤其是女性，不轻易出村，一方面是传统习惯，另一方面也担心上当受骗。谈到孩子的教育，魏发明表示只要女儿愿意继续读书，会无条件支持下去。孩子永远是父母的优先考虑。

谈到村子经济发展的前景，魏发明提出了自己的看法：①水田少，导致水稻产量不足，一半村民都不经常吃米饭，很多村民都是卖了甘蔗换大米。②交通不方便。由于村子多山，自家田地在 5 公里之外，农作物运回来很麻烦，成本大。例如，运回一车（可运重量 2 吨）玉米或稻谷需要支付运费 150 元，一般田里的玉米要运 3 车，谷子 1 车，需运费 600 元。③养殖业发展不稳定。2009 年家里死了 2 头猪，2010 年又死一头，共损失近 3000 元，倘若算上养猪的医药费，损失更大。他认为，这应该由乡政府牵头引进先进的养殖技术，提高养殖业效益。④支援资金不足。许多村民借不起贷款，政府的帮助也不够，没有资金，万事难办。好在近年情况改善了许多，贷款面积和数额大幅增加，这种势头应该保持。在畅想村子的未来时魏发明满怀希望，他自信只要政府多关心多帮助，勤劳智慧的多依树村人会生活得更加幸福。

（三）踏实淳朴的田荣光家

到田荣光家的时候，田荣光和妻子正在一起看电视，看见有客人来，立即起身迎接，请我们坐下后，田荣光妻子给我们端来了两杯茶，田荣光高兴地给我们介绍道："正宗的普洱茶，特别纯，你们可以喝一点。"[①] 听主人这么介绍，便端起茶杯喝了几口，虽然不是品茶高雅之人，但还是能够明显的感觉到茶入口之后的滋味醇厚回甘，具有独特的陈香味儿，这正是普洱茶的独特之处，果然是普洱茶中的好茶。于是便再细喝了几大口，喝茶完毕，我们的访谈也就正式开始了，由于李春华只能听懂普通话，但是却不能用普通话和我们交谈，所以，所有的问题差不多都是田荣光回答的。

田荣光，2010 年 45 岁，佤族，在 7 岁时，就到多依树村东佤寨小学读小学，当时田荣光读小学时是先学两年佤语，从三年级开始才学汉语，汉语学六年，这样，两年佤语、六年汉语，就总共是八年，所以，田荣光一共上了八年小学，由于学习成绩不怎么好，没考上初中，所以小学一毕业就没有再读书了。小学毕业后就回到了家里帮父母种田，干农活。

李春华，佤族，2010 年 41 岁，家中一共有六个兄弟姐妹，其中，最小的弟弟在 2010 年多依树村选举中被选举为多依树的村主任。由于兄妹众多，再加上家境不怎么好，所以，她读了一两年小学就没有再去读书了，就在家里帮助父母干一些家务。在家里干家务的时候，看见母亲经常做一些佤族的民族挎包[②]。耳濡目染下，她逐渐对做这些挎包有了兴趣，便在母亲的教导下，开始学习怎么做挎包，很快就学会了做挎包，并且做的样式、花样，绘的图案都特别好看，很多人都请李春华做或者购买。就这样，李春华就开始替人

① 普洱茶属于黑茶，因产地旧属云南普洱府（今普洱市），故得名。现在泛指普洱茶区生产的茶，是以公认普洱茶区的云南大叶种晒青毛茶为原料，经过发酵后加工成的散茶和紧压茶。外形色泽褐红，内质汤色红浓明亮，香气独特陈香，滋味醇厚回甘，叶底褐红。有生茶和熟茶之分，生茶自然发酵，熟茶人工催熟。"越陈越香"被公认为是普洱茶区别其他茶类的最大特点，"香陈九畹芳兰气，品尽千年普洱情。"普洱茶是"可入口的古董"，不同于别的茶贵在新，普洱茶贵在"陈"，往往会随着时间逐渐升值。

② 佤族挎包，主要用于日常生活，人们用它装弹丸、烟盒之类常用物品。和佤族服饰一样，这些挎包多用腰机织的窄口面土布缝制，以红色和黑色为基调，间以少量白、黄色作为装饰，图案一般不太复杂。

做挎包或者做挎包卖，一天就可以做完一个，做好的一个挎包能卖 15 元，一年下来大概要做 100 多个，能挣到 1000 多元。2006 年，李春华的母亲去世，让李春华伤心了一段时间，然而不到一年，也就是 2007 年，父亲也去世了，两个老人的离去，让李春华非常难过，过了很长一段时间心情才好起来。

1984 年的时候，田荣光在村里的一次聚会中，认识了李春华，之后田荣光便经常去帮李春华干一些农活。1985 年，田荣光和李春华经过媒人撮合便定下了婚姻，1986 年，两人正式登记结婚，结婚之后，两人主要还是务农，种甘蔗、玉米和水稻，农闲的时候，李春华依旧还是做一些佤族挎包，1988 年，田荣光和李春华的第一个孩子出生，是个男孩，长辈给孩子看了手相之后，认为这个孩子五行缺水，取名的时候需要取一个有水的意思的字。经过考虑，田荣光认为江里面包含了水，况且“田江”这个名字还不错，便给孩子取名田江。1990 年，田荣光和李春华的第二个孩子出生，是个女孩，取名为田月成。随着两个孩子的出生，家中的日常开支也逐渐多了起来，田荣光的压力也开始大了起来，不过靠夫妇俩务农和李春华做挎包挣到的钱，倒也能够维持这个家庭。

到田江七岁时，田荣光就送他去多依树村东佤寨小学开始读书，这个时候，多依树村小学已经改革，不再需要先学两年佤语，再读六年汉语，而是跟中国其他地方一样，小学也就只读六年了。小学毕业时，田江的成绩刚好够上澜沧民族中学，于是就到澜沧民族中学就读，上了初中后，田江几门课程都跟不上其他同学，成绩特别差，所以初中毕业时，没有考上高中，也就只好不再读书，回家帮父母放牛了。在家放了一年多的牛之后，经人介绍，儿子就去了澜沧县城打工，跟一家修路工程队干，工作就是修路。由于年纪小，又才到工程队，什么也不会，就只好干一些简单的体力活，包吃包住，但工资特别低，一个月才五六百元。在澜沧干了一年后，工程队所承包的公路终于完工。这个时候，工程队在四川一个县又承包了一个工程，由于田江干活特别卖力，也特别听老板的命令，所以，老板便叫田江一起去四川。田江犹豫起来，从小到大，还没有离开过澜沧，更别说云南了，现在一下就要离开云南去四川，有点让人不能适应。但后来田江一想，不跟工程队去四川，现在在澜沧也不容易找到其他工作。所以，最后就跟了工程队去了四川。由于已经在工程队干了一年，算是熟练工人了，所以，老板就给田江涨了工资，每个月从 600 元涨到了 800 元，同时，老板看田江人很老实，就没有再让他干体力活，就叫他跟一个开钻机的人学习。因为修路的时候，有时候遇见山路或大的石头什么的，需要用钻机把石头上钻个洞，把炸药放在钻的洞里边，需要把它炸开。因此，田江就跟着钻机师傅开始学。在四川，工程队一共干了一年半，工程才竣工。之后，工程队又在云南大理承包了一个工程，于是田江跟着工程队又去了大理，这个时候，田江已经算是两年的熟练工人了，老板又一次给田江涨了工资，田江工资第一次突破 1000 元，为 1200 元/月，在大理的时候，还是跟着师傅做，负责钻炮眼。在大理的这个工程很快就完工了，不到两个月，之后工程队又去了贵州修路，到贵州后，老板再次给田江涨了工资，一个月涨到了 1500 元，并且在这个时候，师傅开始让田江尝试一个人承担钻炮眼的工作了。几个月后，田江逐渐有了能力一个人干了。

在贵州这段时间，经贵州当地工人介绍，田江认识了一个贵州女孩子，经过几次相处，双方对对方的印象都不错，于是两人确立了恋爱关系。确立恋爱关系几个月后，田江想带她出去旅游，正好这个时候妹妹田月成在北京打工，于是田江便向老板请了十天假，带着女朋友去了北京，看了天安门、逛了故宫、爬了长城，在北京玩了一个星期后，才回到贵州。从北京回到贵州几个月后，工程队在贵州承包的工程完工了。于是，工程队又要去云南丽江，而田江的女朋友不想离开贵州，又不想去丽江，便叫田江留到贵州。而田江则认为，自己离开了工程队留在贵州，什么也干不成，于是就劝女朋友跟着去贵州，但女朋友却坚持不去丽江，要留在贵州。结果两个人相互谁也不服谁，谁也说不过谁，最后一气之下就分手了。最后，田江跟着工程队又去了丽江。到了丽江后，老板再次给田江涨了工资，涨到了 2000 多元一个月，但是田江却高兴不起来，毕竟失恋之痛，是不太容易让人忘怀的。老板见自己的员工情绪那么低落，就主动给田江介绍了一个老乡，云南玉溪的漂亮女孩，经过相处，田江被这个女孩的纯洁细心所打动，很快忘却了前一段伤心的恋情，投入到了新的感情中去。之后，工程队又先后去了普洱等地，现在到了玉溪，哪儿有工程，就去哪儿，田江的工资也从丽江的每月 2000 多元涨到了现在的每月 5000 多元，现在，田江的钻炮眼技术也早已经超越了师傅，现在也带起了徒弟，自立门户了。从跟着工程队干起，田江差不多都只有每年圣诞节才回家住几天，平时都跟着工程队，最开始的时候，由于工资低，所以往家里寄的钱也少，现在几乎两个月寄一次钱，每次大概都有 2000 多元，总共往家里寄了不少于两万元了。现在，每月 5000 多元的工资，在多依树村已经算是高收入了，不过，田江认为，钻炮眼是一个比较危险的事情，很想换工作不再干了，但是又发现如果不干这个，自己一没知识，二没文化，干不了其他的，转型很难，所以，也只好继续干这行。现在田江的打算是，努力地工作，跟着工程队继续干几年，等过几年，存到一定钱后，就回家建个新房，之后便和女朋友结婚，然后安稳地过日子！

田月成，跟哥哥田江相比，小学初中成绩都还不错，但是初中毕业也没有上学，倒不是没有考上高中，而是田月成不想上高中，不想上学了。因为在田月成初中毕业那个时候，很多女孩子初中没有毕业就出去打工了。田月成也有很多同学朋友都已经出去打工了，并且有些人还挣了不少钱。看见这样，田月成也就没有了读书的想法了，所以田月成能读到初中毕业已经算是一种坚持了。初中一毕业，田月成都没有参加中考就直接回家了。回到家呆了几个星期，正好村里有一个在北京打工的人回来探亲，田月成就跑去找他，请他带她去北京。老乡看见田月成的父母也都同意她出去打工，就同意了田月成的要求，不久后就带她去了北京，还给田月成找了一份餐馆当服务员的工作，负责端菜和洗碗等，一个月包吃包住，工资 800 元。在这个餐馆田月成一干就干了三年，期间一直想换工作，不想在餐馆里工作，因为在小餐馆当服务员算是没有出路的，工资少，还累。但是，由于田月成只是一个初中文化水平，又没有其他方面的技术和能力，也就只能呆在餐馆里边干服务员。在餐馆当服务员期间，田月成认识了不少朋友，有一次，有一个朋友看见田月成长得漂亮，人也很聪明，就问她是否愿意去当保姆，工资比餐馆服务员高，还没有这么累。田月成一听，当然说愿意。于是，在朋友的帮助下，田月成便去了一家有钱的家里当了保姆。当了保姆之后，田月成才发现，当保姆工资是高，但是也很累，因为田月成当保姆的家是一家外国人，他们来到中国做生意，每天的客人特别多。田月成每天要做的饭特别多，有时候半夜来了客人都要起床去做饭，还要打扫房间、洗衣服等各类家庭琐事。在这家干了一年后，她觉得太累了，再加上田月成不会说外语，不能跟他们沟通，想找个人聊天都找不到，这让田月成感到特别憋屈，于是便辞职不干了。不当保姆后，田月成在北京又在一家小餐馆找到了一份工作，不过依旧还是当服务员，工资每个月 1000 元，后来涨到每月 1200 元，仍旧包吃包住。

在这段时间，经过一个老乡介绍，认识了一个在北京通州赛马场工作的四川小伙子，两人经过几次相处，都觉得对方不错，于是便确定了恋爱关系。

2009 年圣诞节，田月成便带着男朋友回到了家里，给父母观察下男朋友。回到家里，父母看见田月成带着个英俊的四川小伙子，聪明并且还勤奋，当然喜欢的不得了，就同意了两人交往。2010 年圣诞节，田月成和男朋友又回到了家里，从此就再没有回过北京。后经过和家人、男朋友商量，最后田月成和男朋友决定去浙江杭州，在那里正好也有一个老乡。于是两人去了杭州，经过老乡介绍，还是进了一个餐馆，田月成负责帮助客人点菜，男朋友负责餐馆的后勤工作。田月成每个月工资 1500 元，男朋友每个月 1800 元，包吃包住。现在田月成想的就是，等自己和男朋友挣够了建新房的钱后，就回到男朋友老家，建一个新房，然后就结婚，然后再慢慢打拼。

对李春华进行调查问卷，我们得到了以下数据。（见表 2－17、表 2－18）

表 2－17　　**2009 年李春华家收入及其来源情况表**　　单位：元

职业	收入	职业	收入
种植业	10000	本乡镇就业工资	0
渔业	0	外出打工	30000
家庭手工业	2000	运输业	0
畜牧业	0	政府补贴和社会救济	0
养殖业	3000	出租草场耕地房屋等	0
旅游业	0	其他经营收入	0

表 2－18　　**2009 年李春华家庭支出情况表**　　单位：元

总支出	生产性	衣服	食品	看病	教育	娱乐	红白喜事	交通	通信	住房
16000	7000	2000	3000	0	0	1000	1500	1000	500	0

从表 2－17、表 2－18 中，我们可以看出，李春华家，收入来源主要有三个：外出打工、种植业和养殖业，其中外出打工占了 66.7%，种植业占了 22.2%，而在支出方面，生产性、衣服和食品的支出占了很大的比重，其中生产性支出比重为 43.8%。2009 年，李春华一家结余 29000 元，在多依树村属于富裕收入水平。

对于今后的打算，田荣光和李春华计划是，现在女儿田月成跟男朋友一起出去打工，等圣诞节女儿回家的时候，就会劝女儿和女儿的男朋友，早点把婚结了。田荣光和李春华打算等女儿结婚的时候，准备多送点嫁妆给女儿，所以现在两人正努力多挣点钱。而现在最让田荣光和李春华操心的还是儿子田江。田江跟第一个女朋友分手的时候，田荣光和李春华看见儿子情绪低落，特别为他担心，幸好老板又给介绍了一个不错的姑娘，现在看见儿子和他现在的女朋友相处的特别好，也就感到一点放心了，但又完全放不下心来。儿子现在已经22岁了。在多依树村，22岁的男的，大都已经结婚，而儿子现在总跟着工程队到处跑，按照儿子的想法，肯定一两年是不会去结婚的。这让田荣光和李春华有一点担心，担心田江跟女朋友会不会又分手，所以，按照田荣光和李春华的想法，早让儿子结婚，就可以早一点放心。所以，现在正准备建一个新房，以准备给儿子结婚用，准备等几年圣诞节儿子带着女朋友到家里的时候，就跟儿子一起商量结婚的事情。

看着田荣光和李春华幸福地盘算着儿子女儿的结婚的计划，笔者倒有一点被田荣光和李春华一家的幸福所感染了。现在田荣光和李春华的儿子女儿都已经长到成人，有了工作，儿子工资还不低，再过几年，等儿子女儿结了婚，建了新房，生了孩子，两人就可以每天照顾孙子，享受天伦之乐了！

（四）寻求技术致富的陈忠明家

把陈忠明家选为访谈对象，是源于一个特别偶然的机会。来到多依树村的第二天，大家还不熟悉村里人的吃饭规律，早上七点多起来一直到了快九点，帮忙提供早餐的教堂食堂还没有人出现，大家只能四处打探寻找能提供食物的地方。后来终于找到了一家提供方便面的小商店，那就是陈忠明家。我们还发现了陈忠明还是东佤寨唯一的一个摩托车修理家。

陈忠明家有四口人，陈忠明，陈忠明的老婆魏小三，再加上一双儿女。陈忠明1974年生，家里还有其他四个兄弟姐妹，一个哥哥，两个姐姐，一个妹妹。因为家庭条件和学校太远的原因，陈忠明10岁的时候才开始读书，小学期间一直读读停停，再加上四年级和六年级的时候因为成绩不合格而留级两次。一直到初中毕业，陈忠明用了12年的时间。初中毕业后，本来陈忠明自己想继续读下去，可是昂贵的住宿费彻底打消了陈忠明的想法。家里五个兄弟姐妹，除了哥哥和他是初中毕业，妹妹只读过四年级，两个姐姐都没有读过书。陈忠明说，那个时候经济困难，家里还是更重视男孩子些，女儿在教育上就没有过多的要求，所以家里姐姐和妹妹文化水平都比较低。陈忠明由衷感叹，“文化真的很重要，这么多年来，非常庆幸当初自己读完了初中，要不然今天我可能和村里的大部分人一样每天守着一亩三分地起早贪黑地在田里忙”。

陈忠明的老婆魏小三，也是小学没毕业就辍学了，是一个很典型的云南农村妇女，五官长得很秀美。两人在 2001 年结婚之后，就分家搬出来住了，到现在已经有了一个九岁的儿子和一个三岁的女儿。当天我们去她家买方便面的时候就她和孩子在家，正在给家里打扫卫生，洗洗涮涮。我们在小卖店买到了久违的方便面，虽然只有 1 元一包的那种很原始的方便面，我们几乎都群体喝彩了。想起在学校小卖店能买到的香软泡面，我们临时起意，想试试能不能在她家煮面吃。和她比划着表达了我们的意思后，她欣然同意了。在我们的建议下，用了家里最大的锅，用柴火烧了一锅水，煮了两大锅方便面，还在里面加了鸡蛋，配上村里家家户户都有的辣子。想在回想起来，那一餐真是难以忘怀的美食。我们走时，想给她一点手工费，她坚持不要，只收了方便面和鸡蛋的本钱，最后我们一群人只能留下 17 元和一堆待洗的锅碗瓢盆满足着且愧疚着走了。所以，那天美丽朴素的陈家媳妇儿给我们留下了深刻的印象。

陈忠明从事修摩托的时间并不长，一年前才开了这个修理店，之前的他一直和妻子在家务农。1997 年的时候他还去过景洪打工，找到了工作，可是家里农活繁重，就只能回来了。之所以有了做修理工的想法，是他觉得村里的摩托车越来越多，经常出现大大小小的问题，大家都不会自己修，每次坏了都要跑去另一个寨子的摩托车修理店，特别麻烦。所以，一年前他趁着农活不忙的时候，自己跑去摩托车修理店偷学了技术回来。说起学技，他憨憨地说，“当时自己也没钱去学校专门学修车，也没时间呆在修理店跟着师傅学，所以就只能趁自己有空的时候去修理店旁观。修车这个东西，主要是看经验，久病成医，我自己也有摩托车，看多了，一些简单的问题就知道怎么处理了”。偷学了半个月之后，陈忠明觉得该会的基本技术都学会了，便在家里开了一个摩托车修理店，帮村里的人处理一些简单的问题。开店的时候，他花了 1 万元买机器、零件等一些修车必用的工具，其中借款 4000 元。当我第二次去他家的时候，他正在帮村里的小伙子换零件，满手都是黑乎乎的汽油。旁边还放了几辆待修的摩托车，看起来生意还不错。他说，在周末的时候生意最多。周末大家要做礼拜，很多人都在家休息，就趁这个时候，村里的人会把有问题的摩托车送到他那里去。陈忠明自己说，他知道自己的技术可能不扎实，但是他有空的时候就会琢磨，怎么把技术提高一点。有时候遇到技术问题了，自己会跑去专门的修理厂咨询一下，自己实在处理不好的就建议村民把车子送到专门的修理厂去。陈忠明的技术完全靠自学，一年以后，他已经能基本处理摩托车的常见问题了，大家对他的技术也很信任。当时在旁的一个村民就说，“他（指陈忠明）很老实，会修就会修，不会修也不会骗我们乱修，收的钱也不多，有的时候比外面要便宜多了。自从他开了修理店后，村里的人修车就再也不用跑到外面去，方便了不少”。修车，可以说是陈忠明根据村民的需求并结合自己的兴趣爱好而形成的一项职业。对于他来说，不仅仅是赚钱的一种手段，更是自己的精神寄托。他喜欢探索，坚持学习，不断完善自己，虽然没有专门的老师，没有受过正式的训练，他照样能掌握一门技术，养家糊口。他说：“我希望自己经验更丰富些，有资金了再准备扩充些店里的机器和零件，现在有很多修车用的工具我还没有买，一是因为还差本钱，二是怕自己技术还不过关，用不好。2010 年开始，我去了更正规的修车厂看他们怎么修，觉得自己需要学习的地方还很多，希望以后有机会有条件变得更专业些。”陈忠明平时都是处理一些小问题，修摩托的收入虽然还不够乐观，但是现在的陈忠明，对学习充满渴望，自觉性非常强，相信在他不断的努力下，修车技术肯定会更上一层楼，那样就有能力接一些更专业的修车活。

陈忠明还当了寨子里 5 年的会计，直到 2010 年，因为实在是忙不开，才停止了工作，让给村里更有文化的人担任。陈忠明在村里当会计，每年会有 80 元的补助，这都不是陈忠明当会计的主要原因。村里的会计，都是村民们选举出来的。村民们信任才会推荐，因此证明陈忠明在寨子里的评价很高。为了不辜负乡亲们的信任，陈忠明在平时农忙修车之余，会计一当就当了 5 年。陈忠明说，“现在村里有文化的人越来越多了，我可以放心把会计的事交给他们做。现在修理摩托的生意也越来越忙，正好趁这次换届的机会，我就卸任了”。

陈忠明家的小卖店是从 2008 年开始运营的，主要是卖一些饮料和烟。我们参观了他们家的店面，商品的种类非常少。就冰激凌来说，只有五角钱的品种，饮料也只有一种，小孩吃的零食最贵的也是五角钱一小包的熟食。就我们在他家买的方便面，存货也只有一箱，被我们洗劫后，已经所剩无几，想吃第二顿方便面，也要等进货以后了。其他的就是些常用的生活用品。饮料和烟主要是被村里的年轻小伙子们买走了。陈忠明家的小卖店是和摩托车修理店结合起来的，因为摩托修理经常要卖给村民一些小零件，加上陈忠明觉得村民出去买东西很不方便，自己家里也有两个小孩子，平时想吃零食，还得自己隔些日子去外面购买，所以陈忠明认为小卖店在村子里很有必要。开小卖店以后，不说能发大财，每年也能给家里带来2000元左右的收入。

除此之外，陈忠明家还种了10亩甘蔗，一些玉米和水稻。平时地里的活一般由老婆承担，陈忠明修车之余也会帮着老婆做一些地里的重活。他们家的田离住的地方很远，有七公里。为了让老婆轻松一点，陈忠明每天会骑着摩托车把老婆送到田里，一有空，也会骑车去接老婆回家。另外，家里还养了4头猪，20只鸡，大部分都用来卖，一年也能有近2000元的收入。

表2－19　　**2009年陈忠明家全家收入的来源情况调查表**　　单位：元

职业	收入	职业	收入
种植业	6000	本乡镇就业工资	0
渔业	0	外出打工	0
家庭手工业	0	运输业	0
畜牧业	0	政府补贴和社会救济	600
养殖业	2000	出租草场耕地房屋等	0
旅游业	0	其他经营收入	2500

陈忠明家算是东佤寨村民里和外界接触比较频繁的人，所以陈忠明的想法很开放，他不把眼光停留在种田种甘蔗之上，把农务和修理结合起来，一步一步盘活家里的经济，这些年，家里的经济条件已经慢慢好了起来。

表2－20　　**2009年家庭支出情况表**　　单位：元

总支出	生产性	衣服	食品	医疗	教育	娱乐	红白喜事	交通	通信	住房
15900	4000	1000	1000	1500	200	5000	500	100	1100	1500

表2-20是陈忠明家在2009年的支出情况表，反映了在2009年陈忠明一家的基本生活状态。

陈忠明夫妇结婚的时候，花了2500元修了新房，那个时候还是土房子。陈忠明家现在住的房子是在2004年的时候由土房子改造成的砖房，花了1500元。在2006年的时候，又花600元在砖房的基础上给家里添了天花板，现在看来，虽然算不上村里体面的房子，但是比起村里一些家徒四壁，还住着茅草房的家庭还是好多了。陈忠明还把厨房和猪圈、牛圈修整了一番。

家里2009年花费的医疗费用，主要是母亲和老婆。陈忠明的母亲已经有63岁了，身体一直不太好。陈忠明的父母没有和陈忠明住在一起，老两口坚持自己单独住在以前的老房子里，因为不想离开熟悉的环境。从1998年开始，陈忠明的母亲就开始生病，去过文东、澜沧、上允，可是一直没有把病根治好，甚至找不到具体生病的原因。从那开始，母亲就一直在家休息。2009年的时候，又发病了，送到医院住院，总共花了3000多元，所幸的是，政府报销了大部分，自己家里只承担了很小一部分的医疗费用。陈忠明的老婆在2009年学开摩托车的时候不幸出了事故撞上了猪棚，伤的比较严重。第一次在文东住院的时候花了500元，基本上都报销了，后续治疗花了700元，几乎没有报销。所以在2009年一年时间里，家里因为生病，总共支出了1000多元。

200元的教育费用，主要是9岁的儿子读书所用。陈忠明的儿子2010年读三年级了，平时很调皮，不爱学习，成绩一般。陈忠明说，“读书看他自己，我虽然知道读书很重要，但是他自己不愿意我也没办法，只能是他想读到哪，我就支持到哪，以后长大了让他出去打工”。好在儿子还比较听话，平时家里有事，也能帮忙干干农活，喂喂猪，有时候也给父母挑水做饭。女儿才三岁，还没有开始读书，没有什么特别的花费。平时就是赖着父母，每次出门的时候买回点牛奶。儿子呢，也就喜欢吃吃零食，都是从自己家的小卖店带出去的，也花费不了多少钱。

表2-21　**陈忠明家耐用消费品情况表**

项目	个数	项目	个数
电视	1	农用车（拖拉机）	0
电冰箱	0	卡车	0

续表

项目	个数	项目	个数
洗衣机	0	小轿车	0
照相机	0	电话	1
影碟机	1	组合音响	1
电动车	0	手机	1
摩托车	1	自行车	1

陈忠明家的电视还是分家的时候买的，一直用到现在。除了电视机和音响之外，陈忠明家还有一套沙发，是 2009 年花了 800 元购买的。陈忠明说，觉得家里有了沙发，才觉得像点样子，没有沙发，家里来人了坐着也不方便。等家里资金稍微松下来了，陈忠明准备把家具都更新一下。因为除了家里的新沙发，其他的东西都是很多年前的老物件了，破旧不堪，有的甚至已经不能用了。陈忠明家是农村少有的拥有自行车的家庭，可能是因为喜欢修车的原因，陈忠明买了一辆自行车。由于地处山区，出远门的时候一般骑摩托车，所以平时用的也不多。

陈忠明一家人都特别喜欢听歌唱歌，令我惊奇的是，陈忠明的手机里还存有很多佤族歌曲和流行歌曲。他说有的是村里的年轻人给他下载的，有的是朋友用蓝牙传给他的。平时自己休息的时候，就喜欢放着手机里的歌自己学。小女儿才三岁，但是每次爸爸放歌的时候都会咿咿呀呀的跟着唱。我们特意让陈忠明现场放了一首平时常听的歌曲，活泼的小女孩一听见声音就跑了过来，倚靠着爸爸跟着哼，有模有样的，虽然听不清歌词，但是曲调已经成形，相信长大了，也会是个能歌善舞的佤族姑娘。

陈忠明说，现在的条件比当初结婚的时候好多了，虽然有两个孩子，负担还是比较重，但是自己一点都不担心，始终相信生活会变得更好。现在国家的政策是对农民越来越好了，孩子在慢慢长大，他的修车技术也日臻成熟，所以，他的这份自信非常有保证。问起陈忠明对将来有什么计划，陈忠明说了几点对未来的期望。他希望自己家里的地能够更多一点，不奢求更多，有十五六亩就行了。陈忠明还想做大一点的生意，但是苦于没有门路和本钱，所以他还希望不久的将来等有钱了，自己能出去闯荡一番。对于房子，他有一个确定的想法。他准备在三年之内，翻新房子。因为孩子一个个的都大了，现在的空间很快就不够了，新盖一个房子可能需要5万元，所以在这三年里，自己还要努点力多存点钱，再贷一点款，给家里修间新房子。对于子女，他还是希望他们能够尽量多读一点书，弥补当年他的遗憾，可能的话，希望自己的孩子能有上大学的，给家里争光。说起老婆，陈忠明告诉我们，他正想着给老婆买一部手机。因为平时老婆在地里干活比较多，自己又经常出去进货、修车买零件，联系很不方便，所以准备在甘蔗卖了之后给老婆换一部手机。这些希望，都是平淡而琐碎的，是一家之主对自己家庭未来发展的规划，代表着陈忠明一家对美好生活的期望，让我们在这里祝福他们，愿他们希望成真！

（五）村落中佤族神医魏文学家

当我们在村里询问村寨的风土人情时，村长向我们介绍了通过梦来学习治病的神医——魏文学。当听说神医的故事后，我们不由得对他产生了极大的兴趣，同时也产生了大大的疑惑。就这样，我们怀着忐忑不安的心情，踏上了去神医家的山路。

到了神医家的所在地，我们远远的就看到一位有些清瘦，但精神矍铄的中年人朝我们这边走来。村长向我们介绍说这位中年人就是他所说的神医——魏文学。魏文学，男，佤族，47岁，半文盲，信仰基督教，是佤族传统医药的发扬者。魏文学叔叔很亲切地跟我们打招呼，声音很洪亮，面色红润。魏叔叔思路很清晰，谈到自己的从医经历和自家的经济情况更是如数家珍。他不但通过抓药给人治病，还精通针灸。最为奇特的说法是，魏文学说他是通过梦来学习佤族传统医药的。据他介绍，他最早做关于药材的梦是在1994年。从那以后，他就不断做关于药材的梦而且还梦到了药效。据他自己介绍，自己最早梦到的药材是“莫让”（佤语），这种药材可以治疗发烧发热。此前，他并没有学习过相关的医药的知识，也未从广电传媒里了解到相关的医药信息。开始，他并不相信他梦中的药材能够治病，但是当他结婚后妻子怀孕期间的事情使得他开始逐步相信自己梦中的药材可以治病。据魏文学介绍，当时他的妻子要生小孩，但不幸染病，发起了高烧。在他妻子生病的这段时间里，他不断做梦，梦中显示出不同的药材形状。但由于当时家里贫穷，无法送妻子去医院就医，他就本着试试看的态度，把梦中显示的药材抓来给妻子治病，妻子真的很快就好转康复了。至此之后，他开始逐渐相信自己可以通过梦到的药材治疗疾病，并将治病行动付诸实践。在梦见药材后，他便在早上起床后第一时间将做梦梦见的药材形状、名称和药效记录下来，然后上山寻找这些药材，并把它们储存起来。当有病人来看病时，神医便回想以前的梦境，将梦到的情况和病人病情相结合，来配药给病人治疗。他给病人看病的时候，只看病症，而不知道具体的病的名称，通过病症来对症下药进行治疗。当病人的病好后，相对应的梦就断了。在魏文学靠梦行医的期间，神医治疗过不少如肾结石、羊癫疯、骨折筋断、肚子剧痛之类的疑难杂症。比如，他的一位亲戚经常出现休克症状，在澜沧人民医院治疗了多次未有好转，后来经他依靠梦境来治疗，仅用一年时间就彻底治愈。又比如他的妹妹在初二的时候经常无缘由的恐惧，经他用酒配制毒性极大的药物涂于脚心后，不到一周的时间，妹妹恐惧的病症便消失了。到现在为止，他用他独特的方法已经治疗好了七例肾结石病症。随着神医治好的病症越来越多，他的名声便传播开来，一些外乡甚至外县（例如粮子寨、勐腊县）的病人都来找他看病。

尽管神医名声在外，但他并不靠行医治病来谋取钱财。每次看完病，他并不主动收钱，也无固定的药费，只是让大家给些心意钱。每次治好病后，大家给的心意钱也就 30 ~ 100 元。当然，神医的出诊时间也不固定，完全是根据大家的需要来安排的。当有病人时，即便自己很忙，他也会放下自己手头的事情，去找药治病。有时为了找一种药，最长要花一个月的时间。当然，在通过梦境治疗的过程中，神医也形成了一些禁忌。最主要的就是，药方不能记录，他认为把药方写下来比较晦气。

表 2 – 22　　**一些常用药材和主治病症**

一些常用药材名称	主治病症
叶子兰	外伤、皮外伤
黄根龙	肾结石
瑞思帮（佤语 rix si bang）	感冒
特点兰	感冒咳嗽
红白改	发烧
以上药材的混合物	羊癫疯

虽然通过治病可以给神医家带来一部分收入，但是由于他一直从事纯农业活动，所以收入一直偏低。他家不大，只有70平方米，还是有些年头的砖瓦石房。屋子里的物品和设备虽然比较多，但已经有了年头，有1台电视，组合音响1套，电话和影碟机各1部，手机2部，除此之外，屋外还停放着1辆略显陈旧的摩托车。

表2－23　　**2009年家庭耐用消费品情况表**　　单位：个

项目	个数	项目	个数
电视	1	农用车（拖拉机）	0
电冰箱	0	卡车	0
洗衣机	0	小轿车	0
照相机	0	电话	1
影碟机	1	组合音响	1
电动车	0	手机	2
摩托车	1	自行车	0

他的妻子是个安静的人，不怎么说笑，但是很懂礼节，当我们把访谈用的礼品香皂赠送给他们时，尽管是小小的礼品，但她依然十分感谢。我们进屋后看到他妻子的面容，发觉她的脸色不太好，一问才知道，他妻子身体不太好，在2010年3月得了肾结石，又有腹积水。当时想用西医的方法来治疗，于是去县医院住院看病，花了家里3200元。尽管根据相应的政策，这些医药费可以报销一部分，但是毕竟耽误了许多农活，而且由于最终没有治好，这既给家里带来了精神负担，也给家里的收入带来了不少的损失。由于妻子身体不好，干活不方便，所以家里现在以神医做农活为主要的收入来源。家里有20亩地，主要种植玉米，收入一般，但还过得去。而在妻子生病之前，家里的收入除了来自于以上收入项目外，还来自于夫妻二人外出打工的所得。一般来说，在附近县城做工的话，夫妻二人一年可以赚近1万元。

表 2－24　　2009 年家庭收入来源情况表　　单位：元

职业	收入	职业	收入
种植业	10000	本乡镇就业工资	0
畜牧养殖业	0	外出打工	0
家庭手工业	0	政府补贴和社会救济	0
渔业	0	出租草场耕地房屋等	0
旅游业	0	其他经营性收入	500
运输业	0		

说起今后的打算，神医说他打算先利用自己掌握的医药知识把妻子的病治好。治好妻子的病后，他想种植一些像油茶这样的经济作物，然后看能否租一些乡亲的地，进一步扩大经营。如果租地不可行的话，则想把养殖业搞起来，进行小规模但附加值高的养殖。对于自己的医疗事业的传承，他则认为这主要是靠自己做梦，传也传不全，但还是想将自己的事业发扬光大，传授给有缘人。另外，他有两个女儿，均初中毕业后在外打工，其中大女儿魏忠兴现年 20 岁，在北京教人骑马，小女儿魏忠华，现年 18 岁，在西安从事建筑行业工作。

访谈结束的时候，我们准备离开，转身回眸时，发现魏文学叔叔又拿着农具到山里为乡亲们寻找药物去了。他脸上的微笑依然，而这微笑背后是他用朴实的心态在热忱地生活，我们也希望他永远都不会放弃这份对生活的热忱，不要放弃这份朴实。

（六）经历丰富的种植户魏荣学家

在到东佤寨之前就曾经听说这里有很多人到缅甸的佤邦去当兵，一直很困惑。想过千百种理由，但我想最有说服力的应该还是经济原因。既然如此，那到佤邦当兵的人的家庭应该都是很富庶的了。但村长告诉我，事实并非如此，他告诉我到佤邦当兵的几十人中，只有一个人的家庭富裕了起来，其余的都还处于中等或是贫困状态。这样一来，我更加困惑了，决心去采访当地到佤邦当兵的第一人——魏荣学。

访问在一个晚上开始，进入魏家的第一眼注意到的就是屋内那盏昏暗的白炽灯。灯被随意的吊在屋子的中间，没有装饰，甚至都没有固定，只有一只用了多年、布满粉尘的老式白炽灯。可能是使用太久的缘故，灯内的钨丝已经开始升华，灯的内壁附着升华后又凝固的黑钨，使灯光的亮度又下降了几分。屋子是狭长的，横向只有三米左右，若是三个人并排坐着，便会觉得拥挤。我骤然觉得夜晚来访是个错误的选择，因为屋中唯一的那盏灯的光线完全不足以正常的写字，但由于主人家白天很忙，这是唯一可以采访的时间了。

魏荣学2010年53岁，他的妻子魏文芳59岁，是那个年代村中少有的初中生。对于没有上过学的魏荣学为什么能娶到当年的“高材生”这个问题，魏荣学夫妻俩笑而不谈，但从他们甜蜜的眼神交流中，我想我已经知道了答案。夫妻俩有四个儿女，大女儿出生于1980年，于1996年被拐卖，直到2010年才带着上初中的儿子回来看父母。一别14年的感受，魏荣学夫妇没有太多的谈及。“其实，至少知道活着回来就好了。”魏荣学夫妇说到这里的时候，表情已经很平静了，我想，多年的思念和自责，想必早已让夫妻二人将这份情感深埋心底了。魏荣学夫妇还有三个儿子，分别是生于1984年的魏永林，生于1986年的魏正南和生于1988年的魏老三。大儿子已经成家，小儿子则到深圳打工，现在唯一和老两口生活在一起的只有二儿子。

魏家有2亩水田，10亩山地，和半亩茶地。粗略的估计了一下，一家人一年的毛收入大概在3万~4万元，虽然在除去种植农作物的成本以后，收入并不是很多，但在当地，这个收入也算是中等。环顾四周的环境，我还是很难相信这是个中等富裕的家庭，至少，生活水平不像。但魏荣学跟我们说他打算用存款买一辆拖拉机自己用，我们才确信了魏家并不像我们想象中的贫困。在聊天中我们得知魏荣学家中简朴的摆设是出于以前的生活习惯。“刚从佤邦当兵回来的时候经济情况是很差的。”魏荣学说，“稍微富裕起来也是近几年的事情了。”

魏荣学的父亲在解放之前是当地有名的富农，父亲经常到国外做生意，家中极为富庶。于是他的父亲娶了附近村寨的汉人女子（也就是魏学荣的母亲）回来作为二房。魏荣学的母亲是佤族寨子里自古以来的第一位汉族媳妇，受尽了歧视。虽然她为魏荣学的父亲育有4男3女，但在家中仍然受到排挤。解放以后，正室依然经常虐待魏荣学的母亲和子女，于是她的母亲在魏荣学出生不久后便带着7个子女单独出来过。魏母很有生意头脑，离家以前就常常做药酒卖给别人赚钱，单过后她用以前偷偷积攒下来的钱和别人交换了一些房屋和土地，用以维持生计。平时她也经常做一些小生意，用来赚钱养活家中的7个子女。她灵活的头脑也使得她的7个儿女在困难时期得以活下来。

1971年，全国的经济状况很糟糕，少数民族村的这一情况更加严重，大家基本上都不能吃饱饭，村中有不少人都饿死了。魏荣学的母亲想尽一切办法想要让自己的几个孩子吃上饭。她听说可以从边境出去到缅甸买一些米和面，为了活命，她冒了极大的风险，派年仅12岁的魏荣学偷偷地从最近的边境线跑到了缅甸，想要给全家人在那边买些粮食回来。然而去了很多天，魏荣学不但没有买到粮食，反而连自己吃的饭都找不到。找不到粮食，回去也会饿死的，为了先养活自己，魏荣学想到在缅甸找点事情做。听说当时佤邦军政府的警察每个月会发20元人民币作为工资，这个工资即使是在国内也是非常高的，更重要的是军政府提供饭和住宿，魏荣学听说能吃饭活下来，想都没想就报名参加了缅甸佤邦军政府的警察队伍。佤邦说的是佤语，语言上没有任何障碍，虽然年纪小，但军政府还是收留了他。当地治安不好，作为警察也是很累的，魏荣学在压力状态下学会了抽烟，每个月20元的工资也就基本被他用来买烟了。虽然没有钱积攒下来，但至少自己活下来了，对于当时的他就是最大的满足。而此时的他也无心关心家庭里面的情况了。

1973年，在这一年的战争中，魏荣学的大腿上中了一颗子弹。由于当年缅甸医疗条件太差，没有办法将子弹取出。直至现在，这颗子弹就一直留在他的体内，再也没有取出来过。阴天下雨的时候，魏荣学的腿还是会疼得难以动弹。这样的戎马生活，魏荣学一共过了8年，期间，他当到了当地的区长，曾经获得过很高的荣誉，也过过上等的生活。虽然他再也不会因为吃不饱饭而饿死，但战争带来的死亡的阴影却一直困扰着他。这个时候，他时常想起在国内的亲人，也怀念着在国内的和平安宁的生活。

1979年，魏荣学生了一次大病，虽然在缅甸他已经贵为一个地区的区长，但当地的医疗条件根本不可能医好他的病。当时，他以为自己将不久于人世，但是没有想到这时还是自己祖国的政府伸出了援助之手，将他接回了国内在云南进行治疗休养。大病期间，魏荣学的母亲被接过来照顾他。这次回来之后，魏荣学深深感到了祖国的变化，尤其是国家的政策越来越向人民的需求倾斜。人民已经不再吃不饱饭了，而且过上了非常安定的生活，虽然不算非常富足，但是大家的生活已经上升了一个档次。魏荣学被这一切所感染，感到终究还是祖国好，所以在这次疗养之后，他毅然放下了在缅甸的身份和荣耀，只求回国当一个平平凡凡的农民。魏荣学回家后正好赶上了国家包产到户，他分到了自己的土地，心中异常欢喜。在他生病期间，母亲为他物色好了一个好姑娘，也就是后来他的妻子，在他回家后两人便结婚了。

重新组建一个家庭的过程是困难的。魏荣学多年在外，家中的房产已经被分给了自己的6个兄弟姐妹，而自己种田种地的手艺也已经荒废多年。夫妻两人自己搭建房屋、自己开荒种地，日子虽然很苦，但是魏荣学觉得非常满足，因为这才是他想要的真实的生活。1980年女儿的降生让这个家庭更加有了家的感觉，夫妻俩省吃俭用，家中的一切被打理得很好，这个家已经不再有人吃不饱饭，也不再会生活在战争的阴霾中。1996年大女儿被拐卖曾经给夫妻俩很大的打击，但是想着其他的孩子，两人还是坚强地站了起来。现在，大女儿已经回过家，看着女儿一切都好，老两口也觉得欣慰了很多。“前两年家里孩子多，供他们读书的时候还是有点困难的，但是现在所有的儿女都读完了，该做农活的做农活，该打工的打工，日子也就好过了！”魏文芳一边摸着大孙子（大儿子魏永林的儿子）的头，一边笑着说，她的笑容显得非常满足。

魏荣学一家现在的收入来源还是靠着种植农作物所得，每年种植甘蔗大概40吨左右，魏荣学也是当年第一批报名种植甘蔗的人之一，虽然辛苦，但是种植甘蔗的钱足以让他们在20世纪90年代供3个儿子上学。“现在的政策是越来越好了！”魏荣学感慨道，“现在小孩子上学都不要钱了，国家是下了大力气了！”2010年村中开始试验种烤烟，魏荣学说自己非常想报名，但是烟地要规划，自己家的烟地不在规划范围内。“听说种烟苦，但是我们两个不怕苦！我们家现在的房子不行，小，你们也看到了。我们在后面盖了个大的，全部用的是我们俩这些年赚来的钱，一分钱都没有借！一分钱都没有贷！”魏荣学自豪地说，“马上又要买拖拉机了，我们家用拖拉机的地方多，老是跟人家借也不好，但是我们买也不会借钱的，我们都要用自己的钱买！”从魏荣学夫妻的言辞中，我们深刻地感受到了这一对勤劳的患难夫妻的坚毅的品格。之前对于魏家家中简朴的摆设的疑问也得到了回答，我突然对他们肃然起敬。他们是如此的刚毅，如此的有骨气。霎时，我在他们的身上品到了人生的意义——活着，有尊严地活着。虽然他们不是最有钱的，但是他们心里是最富有的。他们满足的笑容、坚定的眼神，一切都显示着他们精神的富有。

当问及其他人为什么去佤邦当兵时，魏荣学笑着说，“还是为了钱呗，我当年是为了吃饱，现在他们年轻却想着不辛苦也能赚最多钱哪。”那边的工资很高吗？我很困惑。“现在和以前一样，一天 20 元。”魏荣学解释道，“但是那边有很多的土地，他们现在都去那边组建家庭，然后就可以得到土地。一年打仗的时间不是很多，打仗的时候他们就去打仗，不打仗的时候他们就在那边种田种地。”魏荣学告诉我们，现在在那边当兵的人回来中国都不算富裕，但是在那边他们的生活算是比较上等的。当然，村里现在有一个人在那边当到了大官，妻子儿女都还在多依树村，他每年拿回来的钱都能让家里的人过上非常富裕的生活。“不过，打仗嘛，始终还是有生命危险的，为了那点利益去当兵，我觉得很不值。现在国家政策好了，只要勤劳一点也可以过得很好的。现在去的那些年轻人哪，主要还是不想吃苦。那边土地多而且还很肥，不用加农药不用太多照顾一年也可以收成很好，他们就是不想吃苦也吃不得苦。”魏荣学摇摇头说道，“这两年佤邦那边还让我过去休养，始终认为我对他们有功劳。但是我不想去了，再也不想去了。我在祖国过得挺好的，而且是越来越好了。我不想再去看打仗了。”

听着老人讲着他的一生，我看到了人生中比钱更有价值的东西——有尊严的活着。活着，说起来很平凡，但这一过程，真实而并不平凡。作为到缅甸当兵的第一人，魏荣学是迫于无奈的，他与别人不同，他追求的并不是沽名钓誉，也不是金钱财富，他只是想在那个年代活着。经历了战争生死的洗礼，他更懂得活着的重要；看过了祖国的沧桑变化，他更感激国家的政策赐予他的一切。魏荣学的一家人很容易知足，虽然经历了那么多的磨难，但他们觉得自己是幸福的。魏荣学一家人又很坚毅，不论有多少困难，他们都会靠自己的双手去赢得一片天空，他们不会轻易的求人，更不会像当今很多年轻人一样浅薄，为了利益而出卖自己的尊严。他们是有尊严的，是幸福的，更是富足的。

十三、贫困户

（一）因病致贫的魏兴华家

低矮的土坯房，墙上快要脱落的土块，看上去，这个房子年代已久，里面住的应该是一个贫困户。我走上前去，在门口看了看，房子里摆了一张床，锅碗瓢盆都放在火坑旁边，落满灰的黑白电视机搁在木桌上跟罢工了一样，几个大大的塑料酒壶则放在地上，里面盛满了从井里打来的水。房子里简陋的环境，看了不禁让人心酸。忽然听到痛苦的呻吟声，声音是从床上发出来的，声音一声比一声痛苦，正当我们不想继续此次采访打扰病人，准备离开时，火塘旁坐着的老奶奶突然发现了我们，忙示意让我们进来。老奶奶没有介意我们的到来会打扰到他们一家，让我们进了屋。

待坐定，老奶奶忙起身洗了四个玻璃杯。洗的通透干净后，她拿出家里的酒瓶儿，给我们倒上了白酒，立刻，整个房间就满溢着白酒的醇香。虽不喝白酒，但却难逃盛情，只得入乡随俗喝了一杯。老奶奶也陪我们喝了一杯。床上的病人此时也起身了，老奶奶忙上前扶着，病人下了床，我们满怀歉意地笑了笑，希望他不要因我们吵着他了而气恼。他拖着病快快的身体，坐在了火塘边，没有丝毫介意，反倒加入了我们的谈话。

生病的老爷爷名叫魏兴华，老奶奶叫鲍小大。他们共有 5 个子女，4 个儿子和 1 个女儿。子女只上过小学，现在都是农民，都已成家立业，最小的孩子已有 28 岁，最大的已经有 50 多岁了。现在已经有 10 个孙子了，最大的孙子也有了一个小孩儿。虽是四世同堂，但是两个老人却不和子女住在一起，大多数时间只有两个老人相依为命。刚听到老爷爷的呻吟声，不禁关心起来，问他是怎么了。原来前不久老爷爷在田地里干活儿时，一不小心，把腰给扭了，刚刚躺在床上，腰疼得实在是厉害就呻吟起来了。老奶奶每天负责扶起他，给他喂药，喂完药，给他揉揉背。服侍好老伴儿后，她又得去田地里劳动，十分辛苦。但是她并没有半句怨言，只是盼着老伴儿能快点好起来，少些痛苦。这种相濡以沫的亲情，平凡却充满感动。

子女每个月会给老人钱，但是并不多，只能买几斤米和几袋盐。子女认为，老人现在身体还算健康，可以在田里干活儿，可以靠自己养活自己，也就不需要给多少钱。老人也并不介意子女给了他们多少钱，他们觉得子女现在也不容易，不仅得养活自己，还得养活自家的小孩儿，负担比老人重。老人虽年事已高，仍在勤勤恳恳地干活儿，为的是给子女减轻负担。问及子孙是否会经常来看看他们时，老人脸上开始有了笑容，因为子女和他们住的比较近，平时和过节都会来看看他们，虽然不带任何东西，但是能经常陪陪老人，便心满意足了。

看着眼前这对沧桑的老人，我不禁好奇，他们家一直就这样困难吗？老人回忆了一下，点点头，告诉我，他们家里一直很穷，主要就是因为子女多，土地少。年轻的时候，家里一共才两亩地，田地里种的粮食远远不能满足这一大家子的需要，虽省吃俭用，但每年省下来的东西却没有，只能勉强度日。由于老两口儿没有读过书，也没有一技之长，家里的经济增长就完全依靠田地里不多的收成，虽心急，但也没有任何办法。无奈、懊悔、心痛一齐奔向了老人心间。老奶奶告诉我，分家后，田地就更少了，家里也就剩不了多少生产生活用具了，日子也变得更加艰难了。虽然也想多种地，但是却没有多余的钱拿来租种人家的田地。一穷百事难，只能靠几分薄田来维持生计，老人硬是坚强地挺了过来，一直在积极地生存着。

老两口儿年事已高，自然逃脱不了病魔的袭击。因为没有很多钱，老两口儿生病了从没有到大医院检查过，更别说去县医院看过病，他们最多只是在乡上或村里的卫生室让大夫看看，只能治标却不能治本，过不了多久，病又会犯，但是老人也没办法，没钱只能简单看看，买药也不敢往贵里买。2008 年，魏兴华老人因肚子奇痛无比，在老伴儿的陪同下，来到了乡上，经大夫检查，也没有查出什么问题，最后只开了几服药，打了一针，总共花了 100 元，便回家了。现在病并没有得到根治，肚子还是会疼得厉害，魏兴华老人只得咬牙忍忍，喝几口老伴儿熬得野菜汤，暖暖胃，再揉揉疼痛部位，以此来减轻病痛的折磨。一家人平均花在看病方面的钱，一年下来就有 100 多元，因家庭经济条件差，小病通常都是忍忍就过去了，只有那种无法忍受的大病，老两口儿才花钱去医务室看病买药。老两口儿平时的生活很节俭，吃的用的都舍不得花钱买。从田地里挖来的野菜，或是在人家的竹林里挖来的竹笋，构成了他们这个季节饭桌上主要的菜，至于冬季，粮食不多的时候，他们则只能把咸菜当做下饭菜。明显一日所需的营养是远远不够的。生活的拮据和艰难，让老人连基本的身体健康都保证不了，这样的现象，让我的心感到了疼。在交谈中，我们也谈到了老人的担心。老人现在身体还能挺过去，但是万一哪天给病倒了，只得让子女轮流来照顾，虽然俩老人一直不愿给子女添麻烦，但遇到这种情况也实属无奈啊。是啊，万一病倒了，老人就觉得成了子女的累赘，至于子女是否会贴心照顾父母，老两口儿也不好说，也不是很有信心。子女会心甘情愿照顾他们吗，会依然惦记着老人的养育之恩吗？到时候，只能期望子女能有善良之心，不相互推诿责任，共同担起照顾父母的义务。看着眼前瘦弱的老两口儿，我眼睛有些湿润，想起他们每天还要去田地里干活儿，回来后却只能吃这些饭菜来补充能量，心中不免心寒，担心哪一天他们的身体真的倒下了，就再也站不起来了，辛苦了一辈子的他们，何时才能享享清福呢？我忽然想起我们，每天在教堂里吃肉吃瓜，清淡简朴，比起他们吃的，那真是好百倍，但有些人还在抱怨饭菜弄得不好吃，倘若今天看看这对老人，兴许就不会再说那么不懂事的话了。

老两口儿穿的衣服大多数是济贫时送给他们的，很难有一件真正算得上自己的衣服。穿着别人送给他们的不怎么合身的衣服，或胖或瘦，老两口儿心里还是很高兴。他们对那些献爱心的人心存无限感激，在他们的眼睛里，世界上大多数都是好人，有很多好人给他们送来吃的、送来穿的，干旱时还送来水，虽然没有见过那些好人，但是既然接受了别人的帮助，就要回报社会。淳朴善良的老两口儿，满怀感恩，现在他们没有经济上的条件去帮助别人，但是只要用得上他们，他们必定会站出来，去帮助那些需要帮助的人，让这个世界到处都充满了爱。老两口儿回想起这些年买过的衣服，最贵的才30元。听到这个，我没有很震惊，毕竟这是一家没闲钱花的人，每笔钱都得想了又想，才花在刀刃上，至于衣服之类的，则可以破了再补，补了再穿，完全没必要买那么贵、质量那么好的衣服。看着眼前这简朴的一家，我心有所触，心想回校了，那些不穿了的衣服就捐给学校三农社团吧，兴许可以给那些需要帮助的人一点儿帮助。

平时吃的简单，穿的简朴的老两口儿，最兴奋的是过年的时候。因为过年的那几天，就可以买点儿豆腐，再杀头猪，吃上猪肉了。过年那天的伙食，就是一年中最好的伙食了。虽然现在我们对过年没特别的感觉了，感觉每天吃的都跟过年差不多，对过年也没有了什么期待，只是把它当做一个普通节日来过，但是对老两口来说，就像我小时候盼过年那样，仍对过年有种期待，期待着每天的日子都能像过年一样，有好吃的，也有好玩儿的。一年之间，总有个可以盼的日子，是多么的幸福。

自家的土坯房子，和邻居家的小洋楼，和整个村大多数的砖瓦房，总是格格不入。在采访别人家的时候，听说土坯房都是二十几年前住的房子，可现在，老两口儿仍守着这旧旧的土坯房，已远远地落后于整个村的发展。他们家的土坯房是10年前建的，以前住的是茅草房，那时子女还没分家，挤在和现在差不多大小的茅草房里，茅草房里搁置五张床，一家7口人就在狭小的空间里一起生活着。待所有子女都分家出去后，老两口儿便在原地盖起了土坯房，虽不是盖砖瓦房，但是老两口儿也付出了极大的心血。为了在建筑材料上多省点儿钱，木头就沿用以前茅草房里的木头，不足的部分只有去林子里砍上几棵松木，泥土就靠自己挖和烧，手起泡了，肿了，也不放弃，全部靠老两口儿辛勤地努力，将所需的建筑材料都搞定。在建造土坯房的时候，村里人都过来帮工，没有收一分钱，让老两口儿很是感动。这种互帮互助的民风总是在淳朴的农村留存下来，温暖着每个人的心，联系着彼此的感情。土坯房就这样建好了，转眼已经在里面生活了10年，里墙本来是土黄色，现在已被火塘里的柴火熏黑了，外墙则斑驳了岁月的痕迹，正一块一块脱落。虽房子已这样，金钱和精力的束缚，让他们无法大施拳脚，但估计老两口儿再也经不起盖房子的折腾，不会再盖砖瓦房了，只得在这小而破的土坯房里，安度晚年。

小小的土坯房里，陈设着简单的东西，除了一个14英寸的小黑白电视机，就看不见别的家用电器了。电视还是1998年买的，当时花了400元，算一笔巨额开销了。这电视陪伴这贫困的一家人已经度过了12年。田间劳作完后，老两口儿回到家休息时，电视机就成了他们唯一的陪伴，虽然听不懂电视机里面说的什么，但是通过画面表现，也还是看得津津有味儿。现在电视机已经罢工了，灰色的屏幕上划过一道道漆红色，应该是里面的显像管给烧了，电视机壳上，落满了厚厚的一层灰，足见这电视已经好久没用了。老两口儿也没有想修修电视机再用或者重新买一台电视机的意思，他们口袋里早已空了，哪还有钱为电视这并不必需的产品支付呢。

我环顾了一下老两口儿家里，总共就两间房，一个木桌子，三个大水壶，五个小板凳，两张木床，再就是摆放在火塘边，林林总总的锅碗瓢盆之类的东西。家里值钱的东西确实没有多少。当问及老奶奶家里什么最值钱时，她笑了笑，仔细看了一下家里的东西，觉得实在是愧疚，竟挑不出一样值钱的东西了，和老伴儿商量了商量，也还是没有得到满意的结果，最后只好笑笑，指着火塘边杂七杂八的东西说，这些都不值钱。哪一个人说起自家的东西不是如数家珍，可是在他们这儿，我却看到了一种真实的悲凉。他们买不起值钱的东西，也不会自夸自家东西多么值钱，哪怕会惹来人家的嘲笑声，他们也会真诚地告诉别人，没一样值钱的东西，其间的真实和悲凉谁能体会？

老两口儿有生以来还没有见过大世面。他们连县城都没有去过，年轻时，想出去走走，可是家里的儿女却绊住了前行的步伐，只得安心在家抚养孩子。

现在老了，有时间了，身体又不行了，经不起环绕颠簸的崎岖山路。想想这些，不免觉得遗憾。现在，老两口儿最想去西盟县，虽然不是本县，但是那儿有自己的儿子，去了也有人接应和照顾。他们想去看看外面的世界，平时都是听别人说，外面的世界如何好，城里人的日子过得如何好，但并没有真正瞧见过。如果有机会，哪怕只是去一个县城，此生也值得了。老两口儿在村里等着，等着一天去县城，看那车水马龙，人来人往，却不知要等多久。

他们对自己的将来有一个小小的想法。待到老得不能再在田地里干活的时候，就在家悠闲地养老，不去想田里的收成，不去田地里劳作，不再和现在一样，日出而作，日落而息，就是安心地在家，靠着儿女每月给的钱平淡的生活。在这样的幸福动力支撑下老两口儿相濡以沫，互相搀扶，度过余生。没有怨恨，没有争夺，就这样安安静静地过完这一辈子。看房前屋后，自由的鸟儿缓缓飞过，看山头无限美好的晚霞边上，夕阳缓缓落下，看村里家家户户，炊烟袅袅，牛儿被主人牵着回家经过门前，老两口儿心里就充满了淡淡的喜悦和幸福，能有这等闲适，看云卷云舒，`花开花落，自是乐趣无限，小小的幸福在此间累积就成了大幸福。这种惬意的，无忧无虑的生活，老两口儿无限向往。

贫苦的家庭，也会无限追求精神上的愉悦，只是必须先得满足物质上的需求，才可以通往精神。问及老两口儿，如果现在经济条件允许的情况下，他们最想要的是什么。本以为这个问题会无限勾起许多人的欲望，列出好多想要的东西，这老两口儿应该也不例外时，他们的回答却让我很震惊，“现在最想要大米”，我心中一震，随之而来的就是阵阵心痛。老两口儿现在的温饱问题都没办法解决，他们没有其他的想法，也没有过分的要求，只想简简单单地，要充足的大米，能吃饱肚子就可以了。这种简单的想法，在这个复杂的社会，就像在一杯浑浊的水里，突然放下了一颗明矾，水就变通透了，简单而实用。如果，此时的我有能力帮助他们就好了，那一刻，我心中很不舒服，看见需要帮助的人在我面前，我却无能为力，真的有一种很愧对他们的情感在心间蔓延。但我相信，总有一天，我会帮到他们的。

临走时，本来不胜酒力的我，却主动端起了满满一杯酒，敬了老两口儿一杯，没有多说什么祝酒词，只是希望他们能健健康康，日子越来越好。我希望，这杯满满的酒，能真的代我入乡随俗，让上帝看到，他爱的世人中有这么对可怜可敬的人儿，能多多保佑他们。那一刻，我成了一个虔诚的基督教徒，一直在做真心的祷告。

（二）父亲早逝的魏岩详家

认识魏岩详是一个很偶然的机会。进入东佤的第三天，我们打算在村子里做一个简单的摸底，熟悉一下村子的基本情况和村子的农户。在魏忠城家里做问卷调查时却遇到了一个很大的难题，语言不通，沟通起来很困难。魏忠城年纪不算大，但是因为很少出去，只会讲一些简单的汉语。当时我们和魏忠城都很急，却没有什么更好的办法，我们原来找好的翻译数量不够。本来我们打算放弃，以后找到翻译再来回访的，但魏忠城没有同意，而是让我们稍微等待一下，并拿出手机打了个电话。没过几分钟，来了一个年轻人，年轻人看到我们便向我们自我介绍说自己叫魏岩详，是魏忠城的侄子，姑父说让他来帮着翻译一下。听着魏岩详的普通话很好，我们心里也很高兴，不用再为听不懂担心了，这对我们来说确实是一个不小的惊喜。魏岩详是一个很开朗很健谈的年轻人，帮助我们做完翻译后，我们聊了起来。这才发现原来他的普通话这么好是因为去北京打过工，而且家里的条件也很特殊，父亲在他 14 岁那年因病去世了，家里三个孩子都是母亲拉扯大的。虽然魏岩详现在年纪不大，却是这个家里年纪最大的男人，也慢慢成了这个家的顶梁柱。听完他的话，我们决定跟着魏岩详去他家里看看，也了解一下他们家的特殊情况。

魏岩详家里现在一共有 4 口人，分别是他的母亲鲍小大，弟弟魏志勇和魏岩详夫妻俩。本来他们家有兄妹三个的，他是老大，2010 年 24 岁，2010 年 5 月 1 日和妻子结婚；老二是妹妹魏小大，2010 年 22 岁，以前因为家里条件不好，妹妹 2003 年只有 15 岁就嫁给了同村的一个男孩，2010 妹妹的儿子已经一岁多了；最小的是弟弟魏志勇，2010 年刚满 20 岁，去太原打工了，没有在家。以前他们家也是一个幸福的家庭，自从十年前父亲因为肝癌去世，家里为给父亲治病欠下了很多债务后，家里就变了，变得很困难。父亲去世时孩子都还很小，最大的魏岩详也只是 14 岁，母亲独自一人背负着家里的债务并想方设法将三个孩子抚养成人，母亲一直努力撑着这个家。现在母亲年纪也大了，而且身体也不是很好，家里慢慢交给了大儿子魏岩详。刚打工回来的魏岩详也就自然而然的成了这个家的一家之主，肩负着让这个家变得更好的责任。

因为是村子基督教的礼拜天，我们去魏岩详家的时候他们家里人都在。他的母亲因为生病身体一直很虚弱，去的那天早上刚打完吊针，见到我们，还是强撑着身体起来和我们交谈，帮助我们了解他们家的情况。而他的妻子似乎有点害羞，没有和我们打招呼，只是一直在收拾家里的东西，看上去很勤快很贤惠。通过魏岩详的母亲和他的讲解，我们慢慢了解了这个家庭的情况。没想到，他们家家庭的情况很复杂。从魏岩详的爷爷那一辈开始家里就存在着很多的问题，其中的很多问题对魏岩详家后来的发展也产生了很大的影响。魏岩详的爷爷一生娶了两个老婆。爷爷的原配不会生育，为了能让爷爷有后，便给魏岩详的爷爷娶了二房，也就是魏岩详的亲生奶奶。魏岩详的亲生奶奶嫁到他们家后一共生下了四个孩子，一男三女，男的也就是魏岩详的爸爸，在家里排行老大。爷爷的大太太对魏岩详的亲生奶奶不好，经常会逼着她干很重的劳动，这让魏岩详的父亲很不满，并因为这个事和爷爷的大太太结下了矛盾。因为长期的重体力劳动，魏岩详的亲生奶奶在魏岩详的父亲十几岁时便因病去世，亲生奶奶的去世更是加深了魏岩详的父亲与爷爷的大老婆之间的矛盾。爷爷的大老婆也非常强势，爷爷完全在她的控制之下，没有什么自主性。魏岩详的父亲和母亲结婚后，本来是跟他的爷爷还有爷爷的大老婆一起生活的，因为爷爷就这么一个儿子，在农村，父母跟儿子一起生活是天经地义的。但是由于爷爷大老婆的强势和跟魏岩详的父亲之间的矛盾不断加深，魏岩详的父亲跟爷爷经常吵架。为了防止情况继续恶化，魏岩详的父母选择了自己搬出来住。魏岩详的母亲告诉我们，刚从爷爷那里搬出来那会，家里什么都没有，分到的田地也很少。刚搬出来什么都是从头开始，还经常会出现饿肚子的情况。那时候魏岩详刚满六岁，最小的弟弟才两岁，家里的负担很重，既要照看孩子，还得想办法让这个家慢慢好起来。魏岩详的父亲是个很能干的人，经过近十年的努力，家里不仅建起了属于自己的房子，还让三个小孩都能无忧无虑地去上学，家庭的情况一步一步向好的方向发展。可是2001年父亲的病改变了这一切，那一年也成为这个家庭的转折点。魏岩详告诉我们，他的父亲得了肝癌，本来在父亲生病之前家里的条件还是不错的，父母也有能力将魏岩详送到县城上中学，但是父亲的病改变了这一切。为了给父亲治病，家里花光了所有的积蓄，还欠下好几万元的高利贷。父亲最后也没能好起来，父亲的去世给了这个家庭很大的打击，家里失去了顶梁柱。从那以后，家里的经济也再没办法改善了。三个孩子还小，母亲一个人担起了整个家，一边努力还高利贷，一边还必须尽力让三个孩子吃饱。为了孩子，魏岩详的母亲不得不四处去找吃的。但魏岩详的母亲毕竟只是一个传统的农村妇女，有些时候也是有心无力，还好魏岩详家的几个姑姑很好，一直帮助他们家。魏岩详一提起自己的姑姑姑父，眼睛里总是充满了感激，并一直跟我们强调要是没有几个姑姑的帮助，说不定这个家早就散了。父亲去世仅仅六个月，魏岩详的爷爷也因为生病去世，医治和安葬爷爷更是让这个本来已经很难的家庭雪上加霜。没有办法，魏岩详只能辍学回家，因为家里实在没钱再支持他去县里上学了。当时，魏岩详的学习成绩还是不错的，妹妹已经辍学回来供他了，但是家里的情况也没有多大的改观，还是难以为继。虽然不愿意看到自己小小年纪就不上学，但母亲也无能为力，亲戚也没有那么大的能力一直帮助自己。为了能给家里减轻一些负担，他只能放弃，没有其他的选择。现在他的好多同学都在外边上大学。当说起这些同学时，魏岩详的语气里总是透着无奈，也有些伤感。当时为了给父亲和爷爷治病，家里一共欠下了 2 万多元的高利贷，这对一个失去顶梁柱的家庭来说无疑是一个天文数字，因为当地的高利贷利息相对比较高，所以要想完全还清这些高利贷对他们家来说是件很困难的事情。魏岩详的弟弟魏志勇比较听话，初中毕业以后一直跟着母亲努力地经营家里的土地，到现在家里已经还了一万多元的高利贷，还欠下一万元左右，魏岩详告诉我们，自己和家人会继续努力，争取能早点还清家里的高利贷，让家里的生活过得更好一点。

魏岩详刚辍学回家后的两三年，是家里最困难的时候。为了给家里减轻一些负担，2003 年，17 岁的魏岩详选择了跟村子的其他年轻人一起去北京打工。他在北京也做过很多工作，开始在马场里边打杂工，后来去了一个饭馆学习做菜，在我们的意识里，去北京打工应该是能赚到钱的，也可以帮补一下家里，但是魏岩详说自己很惭愧，2003—2009 年，自己在北京打工六年，没有攒到钱，也没有贴补过家里。当时年纪小不懂事，自己赚的钱都花在了吃喝玩上。说到自己在外边打工那么多年，没有帮过家里时，魏岩详的语气明显轻了很多，能感觉出来他对这个事感到很惭愧。但是和他相比，弟弟魏志勇就要听话懂事很多。他出去打工后，家里的农活一直是弟弟和母亲在承担，弟弟一直努力帮着母亲还家里的高利贷。但是弟弟也有自己的想法，也想自己出去闯一闯，所以2010年魏岩详回来后，弟弟选择了出去打工，把家交给了魏岩详。魏岩详目前是家里最大的男人，所以他有义务承担起这一切。魏岩详现在要想担起这个家，面临着很多的困难，抛开家里欠下的高利贷不说，魏岩详刚从学校回来没有多长时间就出去打工了，对于农村土地里的农活都不熟悉，以前都是弟弟一个人承担的，现在弟弟不在家，魏岩详一切都得从头开始，一件一件慢慢地学，这是作为一个男人必须做的，也是一个男孩向一个男人转变的开始。魏岩详是2010年5月1日和妻子结婚的，结婚没有花去他们家太多的钱，妻子家里人都很好，结婚的礼金只是660元，另外还有6条烟，一些茶叶和酒，一共加起来不到1000元，所以没有给家里造成多大的经济负担。但是女方陪嫁的东西却比较多，包括彩电、沙发、柜子等，2010年新添置的东西基本都是妻子娘家的嫁妆。说到妻子陪嫁的东西多，魏岩详的眼神总是在闪躲，似乎自己男人的自尊受到了伤害，但是却很无奈，家里的条件不好，这是暂时无法改变的事实。结婚以后，有了自己的家庭，也就有了责任，魏岩详告诉我们，现在妻子已经怀孕了，自己不久以后也将成为一个父亲，身上自然也就有了责任感，也成熟了很多，以后会更努力给家里人幸福。

2009年，魏岩详家里只有2个劳动力，也就是魏岩详的母亲和他的弟弟，种植了5亩玉米，1亩水稻，4亩甘蔗以及3亩茶叶，剩余的3亩旱地则主要是自己家里消费的花生以及蔬菜。收入方面，2009年魏岩详家种植业的收入为8000元，其中5亩玉米收了近4000斤，大概收入为3000元；4亩甘蔗砍了10吨左右，收入2000元；3亩茶叶收入1500元；1亩水稻大概收获1000斤，收入1000元，加上0.2亩花生的收入一共是8000元左右。养殖业方面，他们家2009年养了两头猪，收入1800元，有一头价值2000元的牛，另外魏岩详一年打工的收入为将近20000元，政府补贴大概为1000元。按照上边说的计算的话，魏岩详家里2009年的收入为31000元，但是由于魏岩详在外打工的收入基本都是自己消费，没有交给家里任何的东西，所以魏岩详家里2009年的实际收入只能按照11000元计，也就是母亲和弟弟在家的收入。而在支出方面，2009年他们家生产性支出3000元；衣服方面的支出1200元；生活支出2000元；看病3000元；交通费和通信费3000元，合计的话大约是12000元。支出方面，3000元的医药费是弟弟由于交通事故住院产生的费用。2009年只是一个特殊情况，所以按照上面的统计来算的话，不计入特殊的医疗费用，他们家一年的结余只有2000元左右，要想还清利息较高的2万元高利贷，至少需要15年，这就能解释魏岩详的父亲去世十年了他们家只还了1万多元的高利贷。他们家不是土地不足，而是缺少劳动力，导致土地不能够最大程度的利用，在农村，不能最大化的利用土地，自然会影响家里收入的增长；另一方面，他们家的土地的利用也相对粗放，土地的产量不高，导致最后影响收入，比如4亩甘蔗只砍了10吨，每亩2.5吨，甘蔗的亩产低于3吨在当地是低产了，只能勉强收回成本。因此，魏岩详家以后想要向更好的方向发展，除了劳动力的因素，还必须提高种地的科学性。就现在他们家的情况来说，增加劳动力不太现实，只能提高种地的效率和产量才有提升的空间。

魏岩详家里现在的房子是父亲母亲搬出来自己住的时候建的，砖瓦结构的房子，后来又有过几次修缮。房子大概是90平方米，现在家里只有三口人还勉强能够住，但是以后弟弟也要结婚，也需要房子。现在他们家打算把高利贷欠下的钱还清以后在慢慢想办法盖房子。房子的地板以前只是土的，2009年魏岩详结婚，才花1800元打的水泥地板。现在他们家里有1台电视机、1台影碟机、1部固定电话和3部手机，电视机和影碟机都是2010年结婚妻子家里陪嫁的。2007年，在家的弟弟还通过自己的努力买了一辆摩托车，为家里提供了很大的方便。从他们家现在拥有的这些东西来看，相比十年前家里的情况已经得到了很大的改善，而且现在三个孩子都已经成人，有能力帮助家里，这个家的以后肯定会越来越好。

魏岩详因为去北京打过工，也有一定的文化基础，所以2010年被选为小组的会计。有了责任，魏岩详说自己暂时不再出去了，在家里好好地照顾母亲，好好地担起这个家。弟弟在外边闯，自己在家里管好家里的一切，家的以后肯定会有更好的发展。魏岩详因为在北京学过做菜，自己也有一定的手艺，未来如果家里情况好了，他打算在乡上或者邻镇开一个小吃部，继续做自己的本行，而现在只能是暂时在家里搞种植业，等待机会，积累资金。魏岩详以后就是这个家的一家之主，有了以前的苦难和磨练，相信他一定能带着这个家走得更好。

2012年，再次进入多依树村又见到魏岩详。他抱着2岁的小孩子远远地冲着我们笑。媳妇帮别人家里干活去了，他独自一个看着孩子。眼见着天要下雨，我帮着他收着晾晒的谷物。我跟着他回他的家里避雨，却被他家的实际状况吓了一跳。这不是一个真正的房子，只是一个四边用篷布搭起的棚子。

里面的东西极其简陋。他说这是他的婚房。我更是觉得诧异。虽然我在北京没有房子，但这样的房子在这里还是很难算是一般。他说，父亲早逝，母亲很不容易，他不能像别人那样要求妈妈，更何况他下面还有弟妹。他笑笑说，好在他弟妹都已经结婚，家里最难过的岁月已然过去。他说，等孩子再长大些，我就带着妻儿去打工，一定能凭着自己的能力盖一个像别人家一样的房子。我看着家里这样的状况，听着他如此的话语，我觉得，时过经年，他已经从一个乐观的男孩成长为一个有担当的男人。

（三）贫困光棍户李少荣家

要说光棍，多依树村不少见，但是要全家都是光棍，那极其难见到。记得去李少荣家，是在一个下雨天的晚上，当时我们没有打算去访谈他们家。我们的访谈目标是住在他们家下面，当时男主人不在家里，只有女主人和他儿子在家。没有遇到访谈对象，我们就和他们母子俩随便聊天，聊着聊着，他们建议我们该去李少荣家看看。我们在她儿子的带领下来到了李少荣家，顺便也让小伙子帮助我们当翻译。由于是晚上访谈，没有看清楚他们家房子周围以及他家的院坝，不过从走夜路来感觉，他们家门口坑坑洼洼，全是泥地。在电筒光的照射下，看到了他们家的房子是砖瓦结构的，房子总共有三间，正对大门的一间比左右两间都大，左边是他们家的伙房，右边是他们的卧室。根据房间的灯光，带路的小伙子敲开了右边的门。门打开了，里面探出两个脑袋，小伙子和他交谈半天后，其中一个男的声音洪亮地喊了起来，原来他正在和在左边伙房里的人说话，他们嚷了半天，终于同意接受我们访谈。紧接下来，就是两位男子从左边的伙房出来，招呼我们进入右边的房间。刚进门，看到一个50多岁的男子正坐在火边抽旱烟。我们进去，他仍然不动。带路的小伙子就开始介绍，坐在火堆边的正是这家的主人李少荣，而招呼我们的是他的弟弟李少明，另外一个男子是村里来他们家玩的。

李少荣，男，44岁，佤族，小学文化程度，未婚。在他们家他是长子，是几兄弟中最大的一个。老二没有名字，大家都叫他李老二，男，41岁，佤族，文盲，已婚。老二常年在缅甸打工，2003年已在缅甸结婚，现定居在缅甸。老三名叫李少明，31岁，男，佤族，小学文化程度，未婚。目前在家帮忙大哥打理农活。老四名叫李国华，男，28 岁，小学文化程度，未婚。老四从小随母亲改嫁，现在广东打工，2010 年寄 2000 元回家给大哥。当年父亲的过世，给整个家庭带来巨大的打击，母亲的改嫁更是雪上加霜。目前家里只有李少荣和李少明在家。现在他们的母亲年事已高，重病在身，已经不能走动，近几年没有回家看望儿子们。在 2003 年以前，李少荣家一直住着 60 平方米的茅草房。他们家的房子因多年失修，是村子里非常危险的危房。2003 年，文东乡政府了解情况后，立即帮助他家对房屋进行修缮。当时，政府补助修房子所需的砖和瓦，他家只需自己出劳动力。目前，他家住的这个砖瓦房就是以前的茅草房返修过来的，在整个修建房子的过程中，李少荣家仅仅花了 3000 元。

家庭的变故。李少荣家原本是个幸福的大家庭，他家兄弟四个，父母曾经非常疼爱他们。据李少荣回忆，他们家祖祖辈辈都生活在这个村子，从来都不富裕，但是即使不富裕，有父母的时候他们还是非常的高兴和快乐。在他 20 多岁的时候，有一天，父亲突然病倒了，就再也没有起来过。三个月后，父亲离开了他们，只丢下了母亲一个人带他们四个。刚开始的时候，母亲还是很坚持抚养他们长大成人，但在父亲离开他们两年后，他们的母亲在无力改变贫穷的情况下改嫁了他人。母亲带着最小的四弟改嫁到本村另外一个寨子里，因为当时的四弟才有几岁。母亲改嫁后，本来就贫穷的家变得更严重。虽然说没有被饿过肚了，但是整个生活过得非常不容易。尽管母亲经常回来看望，但是他们还是摆脱不了对母亲的怨恨。他们固执地认为，要是母亲当时不怕贫穷，能和他们住在一起，即使辛苦整个家庭氛围会变得好一点。由于家庭的变故，兄弟几个从小心灵上就受到很大的创伤。虽说兄弟三个都已长大成人，但是他们却活在别人的冷眼里，别人说三道四，这就使他们变得更加自卑，不愿意与别人交流，生怕别人看不起他们。他们认为，他们的自卑是导致目前还是光棍的根本原因。

身兼重任的老大李少荣。目前，44 岁的李少荣显得比实际年龄还大，身体已经有点弯曲。在和我们的交谈中，他一直抽着旱烟，似乎没有停息过。对于我们的不约而至，他显得有些紧张，说话时还不好意思看我们。在父亲过世，母亲改嫁后，他就是家里的老大，担当起了家庭的重任。他不但要种植庄稼，还要照顾兄弟几个。老四虽然被母亲带走了，可是当时的老三很小，能干活的只有他和老二。自己家的庄稼地不少，但是由于没有化肥的施用，根本就没有什么产量。于是李少荣当时决定他自己出去打工，让老二带老三在家干农活。由于不会说汉语，李少荣只能在本村附近打工，同时还可以照管好兄弟。他从来没有出过远门，也不知道外面的世界是怎么样。经过多年的苦难，李少荣在不知不觉中已经变老了。他从来没有追求过女孩子，从来没有自信心去追求。他的这段历史他不好意思和我们说，是他的三弟李少明告诉我们的。李少明说，他大哥觉得自己配不上姑娘，加上自己家里穷，没有姑娘会看得起他们。如今，李少荣希望找到一位妻子，即使有过婚史或者有孩子，只要诚心诚意跟他过一辈子，那么他就心满意足了。

常年外出打工的三弟李少明。据李少明回忆，他还小的时候，曾经渴望读书，但是当时家里怎么也供不起，所以只好退学。年少的李少明好像从来都“不听哥哥的话”，不在家里好好干活，他常年在外面打工，2010 年刚刚回来。以前家里都是大哥李少荣当家，现在因为大哥常年喝白酒，脑子已经不听使唤，说话颠三倒四，所以他决定回来干活，顺便照顾大哥。李少明和他的大哥一样，不会说汉语，他出去打工的地方是在另外一个国家——缅甸，因为在那边的人都是说他们的语言，能方便交流和沟通。据我们调查所知，多依树村在外面打工的村民大多数的去向是缅甸，其次是北京。大家选择在缅甸打工，是因为在语言方面能够沟通。而在北京打工，是因为村子里曾经出现过一个跑马大师，把村民陆续带往跑马场喂马。李少明曾经有个缅甸籍的女朋友，不幸的是，他的女朋友在 2005 年的时候溺水身亡。后来，他再也没有喜欢过别的女孩子。他打算，以后好好在家干活，不再出门，因为自己没有文化，出门也挣不到钱。他打算以后找个女朋友结婚，不过他不在本地找，因为本地的人都知道他家的情况，不愿意嫁给她，他想娶个缅甸媳妇回家。当问及如果他以后结婚了，会不会分家出去时，他的回答是否定的。他说如果以后大哥一直找不到媳妇，那么他不会让大哥一个人过，因为他从小是大哥带大的，他不可能把大哥撇下不管。

李少荣家的收支情况。李少荣家共有土地 27.7 亩，其中旱地 9 亩、水田 2.2 亩、自留山 4 亩、责任山 7 亩、经济林和薪炭林 2.5 亩，自留地 3 亩。[①]

① 这是从他们家土地承包合同上抄写下来的。当问及他们家的土地情况时，都不知道自己家有多少土地，所以就找来了土地承包合同。

他家的收入来源主要有：种植业收入、打工收入、政府补贴收入和出租土地收入。以2009年为例，他家种植2亩玉米，收入2000元；2.2亩水稻，收入1500元；2亩茶叶，收入2000元。2009年，李少荣家种植业收入共5500元。打工收入：2009年，主要是三弟李少明在外打工，收入为9000元。2009年政府给他们家的各种补贴，共计890元；另外就是自己家部分土地出租给别人，每年收入为100元。李少荣家最近几年没有饲养牛、猪、鸡等家畜。原因有二：一是只有老大李少荣在家，管理不过来；二是没有卖小牲畜的本钱。2009年，李少荣家的收入共15490元。李少荣家的支出主要有生产性支出、生活性支出、看病支出和人情往来支出。以2009年为例，他家生产性支出主要是买种子、买化肥和买农药的支出，共花费400元；生活性支出为1200元，其中购买衣服200元，食品1000元。看病支出为50元；人情往来支出为100元。除此之外，交通费支出为50元。2009年，李少荣家的支出总共为1800元。

李少荣家的未来打算。李少荣年龄已将近半百，但是他并没有放弃娶个媳妇进门的想法，即使媳妇带着孩子嫁过来，他也愿意。他非常渴望自己像其他人一样，有个正常的家庭。其三弟李少明，也没有放弃取老婆的打算，他正计划存钱，想明年就娶个媳妇进门，让整个家庭彻底改变。几十年来，除了弟弟们时常回家看望李少荣外，他几乎是一个人住。他性格孤僻，很少参加村集体活动，很少和别人换工干活，平时是自己做自己的。就是去赶集，李少荣也不愿意，他一个月才去　两次，买些生活必需品就回来。东伍的人们都喜欢聊天，而他却不和别人聊天，干活回家后吃完饭，自己就坐在火堆旁喝酒抽烟，久而久之，他的大脑已被酒精麻痹，说话有点混乱。据李少明介绍，这种状况已持续三年。目前，除了几个碗和一口锅外，家里没有任何东西，15平方米的伙房显得很大很空荡。2010年，三弟李少明回家，不得不为家里添置新东西，因为以前的非常陈旧，几乎不能用。他买了一口锅花了60元，买了12个碗花了12元。除此之外，2010年上半年花费的生产性支出为1000元。2010年上半年，家里再也没有什么其他支出。他家不愿意买猪和牛来喂，其原因除了没有劳动力以外，最严重的是没有买牲畜的本钱。当问其为什么不向别人借或者贷款来买时，两兄弟显得有些惊讶，他们都害怕亏本，到时候还不了别人的钱。一直以来，他家从不向别人家借钱，即使借了都是很少，然后很快就还掉。所以他家目前既没有存款也没有欠债，他们是有多少就花多少，从不差别人的钱。

（四）因学致贫的李光明家

我们去李光明家好几次，由于他家没有人在家，很难碰到他在家。我们每次去都看见不懂汉语的李光明的母亲在喂牛。他们家院子不大，整个院坝低洼不平，有的地方填有石板，有的地方是泥地。他们家的房子是佤族典型的住房，是“凹”字形的，屋子里没有任何隔离的墙壁，就是长长的一大间，两头没有隔开。他们对我们已经不再陌生，因为我们到达东佤的第一天，他们全村人都没有去干活，都来接待我们。女主人和村子里其他妇女一样，穿着漂亮的佤族服装，为我们跳舞。记得第一次去做调查问卷是晚上，做完问卷后，我们发现他们家是因为孩子上学而贫困的，所以决定再次去访谈他家。有一天傍晚，我们第二次去了他家，还是没有遇到人，等到我们出了院子正往回走时，正好遇上热情的女主人干活回家。她会说一点点云南方言，所以我们勉强知道她要表达的是什么。她的意思是男主人马上就要回来了，她叫我们稍等。男主人会说当地的方言，所以我们能和他沟通。大概等了一刻钟，外面天色已黑，男主人才从外面干活回来。我们告诉他们，叫他们先做饭吃，我们可以等等。得到的回答却是先和我们聊天，于是我们就开始我们的访谈。而女主人一会给我们倒水，一会儿递香蕉给我们，一会儿帮我们削芒果，忙得不亦乐乎。

李光明家有一个和睦的家庭。李光明，54岁，佤族，文盲。妻子魏月花，55岁，佤族，不识字，是个典型的农村妇女，性格开朗大方，非常热情，会说部分云南方言。婚后，他们本应有四个孩子，目前只有三个男孩。第一个孩子在出生时不幸夭折。三个孩子均为男孩，他的大儿子李江，29岁，大专文化程度，未婚，中共党员，2002年毕业于澜沧师范，目前在文东乡中心中学当老师。二儿子李强，27岁，初中文化程度，未婚，2002年外出到缅甸打工，工作主要是开挖掘机。小儿子李勇，22岁，初中文化程度，未婚，在北京打工，主要是在马场喂马。现在儿子们都已出门在外，家里除了李光明夫妇外，还有一个76岁的老母亲。平时李光明夫妇上山干活，母亲就在家里帮他们打理家务，喂猪喂牛做饭等。家里有了母亲的帮忙，这让劳累一天的夫妻俩可以松口气。

高昂的学费是这个家庭日渐贫穷的原因。夫妇俩因为没有文化，不懂得科学技术，因而家里一直很穷。尽管这样，他们还是希望自己的孩子们今后胜过他们，即使倾家荡产也要让孩子们去读书，他们懂得只有当孩子们有知识、有文化，才能最终改变家庭贫弱的经济状况。据李光明介绍，他自己是想让三个孩子都能顺利地上学，可是现实往往不如人意。李光明向我们算了一笔经济账，他们家三个孩子读书，一年的学费至少要3000元。当年大儿子在澜沧县城读书，一年回家两次，一次至少要给1000元，所以大儿子在县城读9年的书，至少要花18000元。还有两个儿子读初中的费用，一年至少要花1000元。他们家读书的三个孩子都没有赶上政府的好政策，李光明说，要是以前像现在一样，有政府的补助，还可以在学校贷款，那么他们家二儿子和小儿子还可以继续上学。为了支付教育费，家里就向别人借高利贷，一年借1000元，到年底还5000元，所以整个家庭现在还欠款3000元。尽管现在大儿子有工作，两个小儿子已外出打工，但是他们家高昂的教育费，到目前都还没有还清。李光明夫妇辛辛苦苦劳累了大半辈子，全是在为孩子们的教育买单。因为大儿子在县城读书，每年的学费实在把整个家庭压得喘不过气来，所以他和妻子只好让小的两个儿子弃学回家，他们俩都只是初中毕业。这个家庭逐渐陷入了因学致贫、因贫弃学、不学更贫的怪圈而不能自拔。

李光明家的住房。李光明家祖祖辈辈都生活在多依树村，自他记事以来，家里一直非常贫穷。直到现在，除了种植庄稼以外，家里无任何收入来源。1976年，他和妻子结婚，婚后，为了给他们一个新家，他的父亲花了2000元和几天的工程给他搭了个竹子房。1995年以前，他们全家5口一直住在这个不到70平方米的小竹子房里。竹子房经不住风吹雨打，十几年过后，破败不堪，摇摇欲坠。为了有个安全的小屋，于是李光明夫妇决定对小竹房子进行彻底的修建。经过大半年的努力，以前破败不堪的小竹房子变成了现在的砖瓦房。这小小的砖瓦房花掉夫妻俩1万元，这笔钱主要是材料费，房子是自己请人修的，没有花工程钱。据李光明介绍，当时修建房子时，没有得到政府的补贴，所花的费用是自己向亲戚借来的，目前修房子的钱已还清。一直到现在，他们家的住房未曾修补过。

李光明家最艰难的日子。据李光明回忆，他们刚结婚时，除了父亲给自己盖的小竹子房外，他们夫妇什么也没有。当时还是大集体生活时期，所以吃饭、分粮都是靠工分。他自己刚分家出来，只有夫妻二人是劳动力，所挣工分不多，所以没有分到多少粮食。他们经常吃不饱肚子，甚至没有饭吃，于是在停工的时候夫妇两个就到山里去挖野菜来充饥。后来，随着土地承包到户，家里情况逐渐有了好转。孩子们的出生，给家庭带来了新鲜的活力，让李光明夫妇逐渐有了自信。几年过后，他们不得不为孩子的教育操心。于是，艰苦的供学生活开始了。

李光明家的种植业和养殖业。李光明家共有田地 16 亩，其中旱地 15 亩，水田 1 亩。他们家在种植方面，主要以种植玉米为主，其次是种植甘蔗。据李光明介绍，他们家土地土壤贫瘠，种植的庄稼收成不高。10 亩的玉米每年才收成 5000 多斤。另外，他们在玉米种植方面缺乏技术。由于他们夫妇俩不识字，没有办法学习新技术，现在种植玉米学到的一些技术是以老式的方法，从村干部和村民那里学到的。李光明说："自己不识字，在学习方面遇到了不少的困难，同学一样技术，比如农药用量，有文化的人很快就学会了，我自己却需要花很长的时间。"在化肥方面，最近几年，化肥不断涨价。2010 年，他家买了 3 包化肥花了 315 元，每包近 105 元。他家 10 亩的庄稼需要 15 包化肥。幸好，近年来，糖厂为了鼓励村民们种植甘蔗，对种植甘蔗的人家给予化肥上的扶持，每包化肥 70 元，等到村民们卖甘蔗后再还糖厂的钱。这不仅帮助村民们买到化肥，还可以缓解买化肥所需费用带来的压力。2010 年，李光明家得到糖厂扶持的化肥 20 包。据李光明介绍，他家 2010 年的化肥基本够用，除了这 20 包化肥，他自己只需买 3 包。要是没有糖厂的扶持，那化肥至少要花 2500 元。李光明家目前种植的甘蔗仅仅有 4 亩，其原因是儿子们都不在家，劳动力少，管理不过来。虽然说种植甘蔗的收入比种植玉米的多，但是种植甘蔗需要的时间和技术的投入大，由于他们人力少，加上没有丰富的管理经验，所以收入不高。他们家甘蔗是前年种植的，到了明年，要重新翻地、播种，所以明年花费的劳力更多。李光明家水田非常少。东佤的田大多是靠天下雨，没有专门的灌溉措施，所以在收成方面每年都没有定数。雨水好的一年收成就高，否则，就没有多少收成。有时自己家里吃米还得到街上去买。

李光明家的养殖业。李光明家主要是养猪和养牛。在村子里面，李光明夫妇勤劳能干，这已经被大家伙公认，他们不但种植那么多庄稼地，还要养好几头猪和好几头牛。夫妇俩整天的忙得没有时间直腰。不过 2010 年他们夫妇轻松很多，其原因是他家没有养猪。以前他家养猪，一直使用的是李光明弟弟家闲置的猪圈，他家自己从来没有猪圈。2010 年他弟弟家要使用猪圈，所以他家就没有地方养猪。一直以来，李光明家为了让儿子们读书而不停借钱还债，没有筹到盖猪圈的钱。2010 年，虽然还欠债 3000 元，但是李光明还是决定先盖个猪圈，方便养猪，才能赚钱。盖猪圈的石料他已经买好拉回家，目前农活比较多，所以没有时间盖猪圈。李光明打算，2010 年收成过后，把猪圈盖好。2009 年，他家养猪 9 头，带来的收入 4000 元。李光明家养的牛主要是耕牛。前 5 年，李光明花 600 元买了头小牛。两年过后，小牛长大下犊一头。他家并没有卖掉小牛，因为小牛在很小的时候不值钱，于是李光明的妻子建议要留着小牛养大再卖。2009 年 4 月，他家养的母牛又下了一头小牛，于是他们家目前一共养着 3 头牛。

李光明家在多依树村属于贫困家庭。李光明家的收入来源主要有种植收入、养殖收入和打工收入。种植收入：以 2009 年为例，李光明家共有田地 16 亩，其中，10 亩玉米收入 5000 元；4 亩甘蔗收入 2000 元；1 亩茶叶收入 600 元。李光明家种植的水稻主要是用来自己家吃的，在雨水好的年份，他家 1 亩水稻基本够吃一年，不好的时候不够吃。养殖收入：以 2009 年为例，李光明家共养 9 头猪，收入 4000 元；他家养的牛一直没有卖，目前三头牛价值为 6000 元，这不算入家庭收入之内。打工收入：李光明夫妇在农闲时，他们在附近村子里打工以补贴家用，主要是帮别人家做些重体力活。2009 年，打工收入为 2000 元。除此之外，2009 年，李光明家得到政府的补贴收入为 600 元。2009 年，李光明家的总收入为 14200 元。李光明家的支出结构。以 2009 年为例，李光明家的支出主要有生产性支出、生活性支出、教育支出、看病支出和人情往来支出。生产性支出主要是买种子、化肥和农药的支出，2009 年，李光明家的生产性支出为 2000 元；生活性支出，主要是衣、食和日常用品的支出，2009 年，李光明家的生活性支出为 1200 元；教育支出，主要是近两年，李光明的大儿子暑假期间到昆明读函授本科。尽管李光明的大儿子已有自己的工资，但是到省城学习费用大，他自己的工资不够教育费用，所以李光明每年要补贴儿子 1000 元。看病支出，尽管最近几年有了合作医疗，大大减轻了看病的负担，但是经常爱生病的妻子每年要花费 400 元的医药费。人情费的支出主要是送礼的钱，2009 年，李光明家在人情费的支出方面共花费 300 元。除此之外，他们家平时赶集的交通费用每年要花 50 元。2009 年，李光明家总共支出 4900 元。年结余 9300 元。李光明家除了有辆家用摩托车外，没有任何耐用消费品。在多依树村，甚至东佤大寨，他们家属于典型的贫困家庭。

李光明家的愿景。原本以为儿子们已经不读书，可以松一口气的李光明应该高兴，可他的表情和我们想象的相反。他认为，即使2010年年底把欠款3000元还掉，他还得绷紧神经存钱，因为儿子们已经长大成人，他们正值娶妻生子的年龄，可直到现在，29岁的大儿子仍然没有娶到老婆。看得出，李光明是在为儿子们担心。他在还完儿子们的教育费后，该存钱给儿子们娶老婆。所以当问及是否想去买个电视机回来看时，李光明想了一会说："电视机不用买了，反正我们也看不懂。"其实，看不懂电视只是不买的原因之一，最主要的是他要存钱。他说要是以后儿子们都挣不了钱娶媳妇的话，他还得帮忙，做父亲的不可能不管自己的儿子。现在娶一个媳妇至少要花1万元，3个儿子要娶3个媳妇就得有3万元，所以，李光明打算从今往后一直存钱。他希望每个儿子都顺利把媳妇娶到家，这就是典型的中国家长的想法。

（五）因病返贫的魏小五家

通过村长介绍我们了解到多依树村"因病返贫"的村民较多，其中魏小五家具有典型性。我们对魏小五家进行了采访。

魏小五，45岁，信奉基督教，是一个只有小学二年级的文化水平，连乡上都没有去过的妇女。2003年前，家里生活虽谈不上富裕，但也能够满足家里的一般需求，也算的上幸福。2003年魏小五花了15000元盖了一座新房子，其中借了五六千元，但按照当时家里的预期收入，这些债务是能够在可预期时间内还清的。但是，在新房子盖好后不久，魏小五的丈夫魏文兴在去县医院看病时，检查出患有癌症。为了治愈丈夫的病，魏小五一家到处借债，不仅原来的债务没有减少，反而增加更多的债务。魏文兴在得病两年后的2005年完全丧失劳动能力，魏小五家里失去了主要的经济支柱，家里的情况每况愈下。魏文兴于2009年去世，留下了长女魏学芳和次子魏学明。

魏学芳，21岁，未婚，是一个很腼腆的女孩。她上学上到了初中二年级，因爸爸于2003年生病，家里经济状况不允许继续上学便辍学在家，并于2006年出外打工，补贴家用。魏学芳19岁时，因无法找到工作在家呆了一年，于2008年1月又出外打工。她和几个朋友在一家小超市里当售货员，一直工作到现在。但是每个月工资很低只有400元，但是比较好的是管吃管住，这样每个月便花不了多少钱了。每年往家里寄 1000 元，到现在已经寄了 2000 元了。这些钱大部分都被母亲魏小五用来偿还以前治疗父亲魏文兴的病所欠下的债务。平时，魏学芳也会往家里打打电话问问家里的情况，每个月一般都是打两次，也是问问母亲的身体以及家里的农活都干得怎么样了。但是，因为母亲也不善言辞，所以每次也就打三四分钟。已经 21 岁的魏学芳当被问到是否准备找对象时，羞涩地说现在家里的情况不太好，等到弟弟能够养家了再说。而在村里许多同龄的女孩都已经结婚了，甚至有的都有了孩子。

魏学明，19 岁，从姐弟俩的名字可以看出，父母希望两人在学习上能够有所成就，但是，同姐姐一样，魏学明也同样因为家庭经济状况，读到初中一年级中途辍学。魏学明曾在东佤小学读到四年级，在文东完小读了五年级，在文东中学读了一学期的初一便辍学回家。辍学是魏学明看到家里经济困难自己主动提出的，魏小五考虑家庭状况也没有反对。但是在老师眼里魏学明也是个优秀的学生，魏学明的老师曾到家里找过魏小五两次，希望能让魏学明继续上学，但最后却仍是无果而终。魏学明班级有三十几个同学，他学习成绩中等能够排到十一二名，喜欢学习，但有时会逃课，比较调皮。在初一的一学期内，魏学明住校，一星期回家一次，每个星期生活费只有 15 元，就算这份并不充裕的生活费，对于魏小五家却是一笔不小的开销。魏学明辍学后一直在家干农活，因为有朋友在外打工做椅子，所以也想过出去打工能够为家里多赚点钱以尽早还清债务，也可以见见世面，毕竟魏学明连县城也没有去过。但出去具体做什么也没有打算，又不放心母亲一个人在家照顾农活，所以至今没有出外打工。当问到现在的愿望是什么时，魏学明并没有表现出特别兴奋，只淡淡说了“上学”两个字，接着又说自己已经 19 岁了，家里又是这个状况，上学已经不可能。干农活之余的闲暇时间，最多的就是看电视，偶尔也在周围转转，但是目前连县城都没有去过。

魏小五是一个非常朴素的农村妇女，自己能够做佤族民族服装。她平时喜欢穿着典型的佤族妇女服饰，每周末都会到教堂做礼拜。因为她丈夫刚去世不久，所以我们没有问太多关于她丈夫的信息，只是从她嘴里大概知道魏文兴生前性格开朗，在村里邻里街坊关系都处理得很好，但是生病之后丈夫变得忧郁了。当问到具体他们什么时间结婚时，她已经记不太清楚了。家里的农活是母子两人一起干的，他们每天早上七点起床就下地里干农活，大概十点时回家吃早饭，十一二点时又下地干活，一直到下午六七点时回家做饭。

家里农活多，所以魏小五也一直反对儿子出去打工，也怕家里生病也没人照应。当问到魏小五喜欢吃什么时，她不好意思地说了糖和肉。即便是村里每斤肉只要五元，魏家一星期也只吃一顿肉，每次会买二斤肉。当问到魏小五认为自己家不能脱贫的原因时，因为这是问卷上的一道题，所以我们把问卷的选项都说给了她听，她毫不犹豫地选了家里劳动力少，并且加了一个我们没有的选项家里地太少，这个是我们设计问卷时没有想到的。这对于这个母亲来说是一件矛盾的事，一方面家里劳动力不够农活忙不过来，另一方面，家里经济困难种庄稼又是家庭的主要经济来源，她又希望家里的地能够更多点。问到这位母亲的愿望是什么时，魏小五说，希望地里收成能够好。我们接着就问了，2010 年的旱灾有没有影响收成，魏小五说影响不太大。

魏小五家里一共有三间丈夫生病前盖的砖瓦房，一间厨房，两间卧房，家里没有厕所。大卧房里有一台电视机，是家里 2005 年花了 1500 元在上允买的。小卧室只有 10 平方米。家里还有一辆摩托车，是 2009 年花了 5500 元买的，只付了 2000 元，还欠 3500 元，打算 2010 年卖了甘蔗就还上欠债。一部手机是女儿外出打工时买的，这样可以方便和家里平时的联系。家里一共有十个小凳子，一个吃饭的桌子，一个放电视的小柜子，在大卧室的门后有三包玉米是用来喂猪的，厨房里还有三坛腌菜。

魏小五家在 2009 年全年收入一共是 4800 元，其中地里庄稼收入 2800 元，家里养猪赚了 1000 元，政府补贴和社会救济 1000 元。家里一共有 13 亩地，12 亩是旱地，只有 1 亩是良田。其中自己家只有 5 亩，8 亩是租亲戚家的，那个亲戚家因为缺少劳力而把地租给魏家，因此魏小五家每年要付亲戚家 1000 元的租金。这 8 亩地都用来种甘蔗，一年能够产 30 吨甘蔗，一吨的市场售价是 200 元，这样每年毛收入是 6000 元，但是每年肥料需要花 4000 元，再加上每年要付给亲戚的 1000 元，每年种甘蔗的净利润只有 1000 元。一亩水稻每年的净利润是 520 元，种玉米每年的净利润是 2000 元。在我们看来，养猪应该还是比较赚钱的，一年养成一头猪就可以赚 1000 元，在田边打猪草、喂玉米就可以，也花不了多少钱。但细问下才知道，2010 年前半年魏家一共买了五六只猪仔，现在只剩一只了，其他的都得病死了。猪仔现在又很贵，如果照这样，或许这个猪养成了，也赚不了钱，刚好够买猪仔的钱。

我们在采访魏小五家之前，心里总感觉有点害怕，因为魏文兴刚去世，怕魏小五不愿意接受我们的采访。但是，当村长带着我们进到魏家时，我们的疑虑打消了，魏小五一家十分配合我们的采访。尽管村长在采访之前已经给我们描述了魏家家境不好，但是，魏家的贫困状态还是让我们有一点震撼。一个半文盲状态的母亲，一个辍学的儿子，他们对生活没有过多的抱怨，没有说到政府的政策不好，没有要求别人照顾他们，他们只守着自家的几亩田地，希望能够风调雨顺，可以让收成更好点。现在，魏小五家已经参加了农村合作医疗，只是在魏文兴生病时，农村合作医疗制度还不完善，魏文兴治病所花的10000多元并没有报销。近三年来，魏小五家一共接受政府补贴以及社会救济大约1500元，这笔数目并不大的钱，对魏家一定产生了很大的帮助。离开魏小五家时，魏小五和她的儿子一直把我们送到门口，并说下次如果再来调研了，一定要再来他们家。或许下次再来，她儿子已经结婚了。

（六）努力脱贫的魏红家

2010年8月4日，我们来到了多依树村贫困户魏红的家里。在依山而建的多依树村，目前已经有多家较为富裕的农户盖起了新式砖瓦房，但是魏红一家仍旧住在破旧的老房子里，这是我们沿着雨后平平仄仄的石板路来到魏红家时的第一印象。

魏红一家住在多依树村东佤小组，从东佤寨的篮球场往东南而行就能找到魏红家。我们到达的时候，家中只有魏红和妻了二人，夫妇俩正围在火堆边上烧开水。在清楚我们的来意之后，魏红热情地拿出了自家树上新摘的青橘，其妻子也赶紧洗了玻璃茶杯给我们倒水。夫妇两人的热情与淳朴使我们备觉温暖，也再次体会到了佤族人民的好客风情。

魏红一家一共有5口人，而魏红正是家里的男主人。除了妻子之外，还有自己的父母以及12岁大的儿子。其实，在这之前，魏红家里一共是九口人住一起，当时生活的重任都在了魏红父亲一个人的肩上，家庭生活很困难。

魏红2010年36岁，正值壮年，信仰基督教，讲得一口较为流利的普通话，虽说有一定的文化水平，但是小时候因为家庭困难的缘故，魏红读书只读到了小学五年级。他在家里排行老五，上面还有四个哥哥。从退学之后，魏红就开始在家务农。家里的女主人名叫田小二，2010年28岁，看上去很瘦小，但一直满脸笑容。魏红告诉我们妻子并不会讲普通话，所以在访谈的过程中，田小二就一直静静地坐在边上边听我们讲话边给火炉添柴，偶尔会用佤语跟魏红说上几句。魏红上面虽有四个哥哥，不过他的父母现在跟他住在一起。我们问为什么他的父母会跟他住一起，他说，这是他们这个地区的习惯，老人一般都跟着小的住。其父魏永民，2010 年 60 多岁，是一个地地道道的农民，常年耕作在家。近些年来，老人的身体每况愈下，2009 年还出了一点事故，在干活的时候不小心让竹子把耳朵穿透了。为了给父亲治病，全家人都费心费力，1000 多元的医疗费让这个本就贫困的家庭更加雪上加霜。其母陈小三，2010 年也已经 60 多岁，相对而言魏父的身体还算硬朗。两位老人虽然年纪大，但是在农忙时期还是会帮着他们一起种地，收玉米、喂猪。说起儿子，魏红夫妇俩人的话明显多了起来。其子魏知生 2010 年 12 岁，目前在文东乡完小就读五年级。虽然家里比较困难，但夫妇二人仍然坚持让儿子在读完小学四年级后从村里转到乡上读书。几年前，家里办了独生子女证，政府每年都会给些补贴。儿子读书不用交学费，只需要拿课本费和生活费，一年下来家里的教育支出是 1500 元。儿子很懂事，不向他们乱要零花钱，在假期回家的时候也会帮着干农活儿。儿子现在是一家人的希望，魏红和妻子都希望他能把书读好，“只要孩子有力气读，我就会供他读书”，魏红如是说。

在我们来到魏红家之前，从当地村民的口中了解到魏红一家属于贫困户。不过，魏红看上去是一个聪明能干的人而且正值壮年，可是怎么就是贫困户呢，初次见面，我们就产生了不少的疑问。随着访谈的深入，我们发现，原来魏红家五口人才有十多亩地，据魏红说他们家是全村土地最少的一家。虽然父母和魏红一家生活在一起，但父母的地在当年分家的时候就分给了大哥，那个时候的魏红年纪小，没有跟大哥要地。其实，对于一个农民来说，务农是主要的经济收入来源，不怕干活儿累，就怕没地种。土地少和劳力少直接导致了魏红一家生活的贫困。魏红也想过要租地种，可是因为没钱，也没有租到别家的土地。虽然没钱，不过魏红也想过贷款，可是没有熟人，折腾了一番，最后还是没有贷到钱。从魏红的描述中，我们看到了一个普通农民的无奈，经历了这些困难之后，憨厚的佤族汉子便只能和妻子全力种好自己已有的土地。

在自家的土地上，魏红家 2009 年一年种的大部分农作物是玉米，收成还不错。此外，也种植了 1 亩花生和 2 亩水稻。除了种植农作物以外，家里还养了 2 头猪和 20 来只鸡。2009 年一年，2 头猪就卖了 1600 元，但是鸡都没卖，一般都是留着自家吃。佤族人的特色饭菜就是佤族稀饭，主要用料就是大米和鸡肉。逢年过节的时候，魏红一家人也会杀上几只鸡，做一顿丰盛的佤族稀饭。除了地里的耕地外，魏红家还有1亩的自留地，种些韭菜、瓜子、大葱、辣椒等常见蔬菜，还有一棵橘子树。魏红告诉我们 开始给我们新摘的青橘就是自家门前的那棵橘子树上结的。在自留地上种些蔬菜瓜果给生活带来了不少便利。魏红还拿出了自家的林权证，林地是村里划分的，当时魏红家分得了5亩。由于当地的林地一般都属于薪炭林，大部分村民对林地的利用都仅仅是砍树烧柴。魏红说，他们家一般每年都要砍上几排树，来年的时候又生根发芽了，有了自家的林地就不用去买柴火了，这也节省了一笔不小的开销。

由于家境的困难，魏红一家除了箩筐、镰刀这些最基本的生产工具之外，并没有其他的生产性资产。拖拉机、机动三轮车这些对魏红一家来说都是奢侈的梦想，至少在最近的几年内是买不起这些工具的。

说起2009年一年的家庭收入，是这些年来最多的一年，因为魏红在2009年一年和妻子出去打工了，打工给家庭增收了1.8万元，这笔靠着夫妻两人的血汗挣得的钱让家里的压力顿时得到了缓解。当初打工也是因为家里实在困难到了极点，不仅有一大笔的欠债，而且连日常的零花钱都没有了。魏红在澜沧勐滨镇红砖厂找到了一份工作，是干出窑的重活儿。魏红每天都要工作10个小时，一个月下来能有1500元的收入。由于吃住需要自理，夫妇俩一个月大概要用掉1000元的生活费，每个月还能积攒下来大约2000元。看来，打工的收入要远远高于干农活儿的收入，我们问道为什么之前不出去打工呢，魏红两口子觉得那个时候孩子还小，就不舍得丢下孩子出去。我们又问道之后有没有继续出去打工的打算，魏红说："没有，父母都老了，打算在家好好干农活，不想去打工了。"靠打工的收入，家里的欠债已经还了一大半，目前还有5000元的欠款，大都是欠的亲戚的钱，他们虽然没有催着要，但是魏红觉得他们的亲戚也不比他们家的日子好过到哪里去，老欠着别人的也不好。

除了种地和打工之外，魏红现在还开始打零工，主要是帮村里地多劳力少的农户打农药，每天能赚得30~40元，一般每桶水能赚得10元。

虽然每年的收入有限，但是一大家子人的生活开销却很大，孩子读书以及给父亲的耳朵治病占了一大部分。由于地少，家里的水稻又只有2亩，地里又有老鼠，水稻的收成并不是很好，粮食往往都不够吃，每年都要买大概

500 斤米才能满足一家人的需求。衣服、种子、化肥这些也都是一笔不小的开销。具体开支情况见表 2 - 25。

表 2 - 25　　**魏红家开支情况表**　　单位：元

总支出	生产性	衣服	食品	看病	教育	娱乐	红白喜事	交通	通信
11600	2000	1500	1000	3000	1500	0	800	600	1200

以上生活中必须的支出给收入甚微的魏红一家带来了很大的重担。说到生活中的重担时，魏红和妻子二人均不做声，魏红也跑去火炉边帮着加柴火。

家里目前居住的房子是 1998 年的时候建的。房子所在的位置是祖上留下来的地皮，一共有 67 平方米。在农村里，房子一般都是自家建造，不仅费心，而且也会花费家里的一大笔积蓄，因此也是一个家庭的重大事件，许多老百姓都是要积攒很多年的钱之后才能盖得起新居。魏红对建房子记忆犹新，那个时候的他刚成家，也没有多少钱。当初建房子的时候，政府除了给扶贫费 3000 元之外，还给他们买了砖瓦，魏红仍清楚地记得他们家的房屋一共用了 12000 块砖。他们自己买砖、沙子和水泥，在邻居的帮助下最终把房子建成。我们环顾了一下魏红家里的环境。和大多数佤族村民一样，魏红家也没有院子，住的屋子前面就是一条类似于胡同的通道，邻居们都紧挨在他们家边上。他家和邻居几家共用一个厕所，家里的猪圈就在屋子的正对面，中间隔着一条道路。我们的访谈是在魏红家的厨房里，所谓厨房，也就是用来烧柴做饭的地方。厨房很简单，一张矮矮的方木桌，一张不大的茶几，一个烧火的火炉支架以及墙上零星挂着的一些东西差不多就是厨房的全部。由于常年在屋里烧火，墙壁上是一层厚厚的黑灰。魏红家里的家用电器少之又少。冰箱、洗衣机、摩托车这些对他们来说在目前的阶段就是一个有点遥远的梦想。目前家里只有一台 1998 年买的小彩电以及配套的影碟机，他们是用了 1000 元从别人手里买的这台二手小彩电。由于用的时间很久了，这台电视常常出问题。我们去的时候电视是坏的，还没有来得及修理。说到这个，魏红觉得最对不起的就是儿子，儿子还小，喜欢看电视，但是家里又没有新的电视。电视坏的这段时间，儿子很懂事儿，从没有问他吵着买新电视，都是很乖地跑去邻居家里看。说到这些的时候，魏红的眼中流露出难过的神情。作为一个父亲以及一家之主，任何一个有责任心的人都想给家庭的建设做出更多的贡献，我想魏红也是这样，所以他才会无奈跟难过。不过，魏红告诉我们一句话，让我们看到了他们家未来发展的新希望，“千万不要胆小，现在没的，以后会有的。”说这句话的时候，魏红看了一眼身边的妻子，用眼神传递着一种力量。我们也相信不甘于贫困生活的魏红一家一定会凭借自己勤劳的双手过上越来越富裕的日子。

谈及对未来生活的规划，除了让儿子读好书之外，魏红告诉我们他打算攒钱争取在2012年盖一个牛圈。一般情况下，盖一个牛圈大约会花掉一万四五，砖、沙子、钢筋这些原料价格还都是比较高的。牛圈盖成之后，打算暂时先养1头牛，多了他们也养不起。

在聊天的过程中，我们一直鼓励魏红一家，致富的道路有很多，只要不怕辛苦总会过上好日子。在多依树村有很多村民靠种桑养蚕过上了较为富裕的日子，魏红一家为什么不尝试这种致富方法？魏红说，他们其实也想过养蚕，但是养蚕又需要较高的专业技术，他怕自己把握不好赔了本。不过，魏红觉得自己还很年轻，人也不算笨，打算和妻子二人开始试试养蚕。在访谈的最后，魏红说：“我们两口子会好好努力，把房子建的更好一点，让家里过的更好一点。”我们祝福魏红一家能够早日找到发家致富的路子，也相信他们能够凭借自己的头脑和双手过上越来越好的日子！

（七）坚忍与生活抗争的魏文胜家

当我们采访完东佤姐妹花——魏寒梅、魏寒冬姐妹后，她们便向我们推荐了她们的三舅魏文胜作为我们这一组的下一个访谈对象。魏文胜家位于村子的东边，一进门，我们便看到一位精神矍铄但略显沧桑的中年人站在院子里迎接我们。经介绍，这就是她们的三舅魏文胜。

魏文胜，1977年出生，佤族，小学四年级文化，信仰基督教。在2010年被村民高票推选为第三村民组的组长（三组共有26户人家，只有一两个人不同意他当选）。妻子名叫魏秀萍，1981年出生，小学五年级文化。

魏文胜于1997年结婚，1998年大女儿魏明兰出生，现在就读于澜沧县民族小学六年级。据三舅介绍说大女儿学习成绩很优秀，成绩一直在前十名。在最近的一次考试中，她数学考了96分，语文考了94分，老师们尤其是数学老师很喜欢她。在2005年9月1日，魏文胜的儿子魏发亮出生了，在我们采访魏文胜的时候，他正和妈妈在农田里玩耍。

1998 年的时候，魏文胜家原来的大家庭进行了分家，魏文胜一家人共分得了 12 亩农田和一间 10 平方米的小屋。当时魏文胜家里就只有自己和妻子两个劳力，但由于妻子即将临产，绝大部分活计还是由魏文胜来做——这使得原本劳力就不足的小家庭更是雪上加霜。虽然魏文胜拼命干活，劳力的不足使得 12 亩农田无法全部精耕细作，只得采用粗放的种植方法，避免农田撂荒。这样一来，农作物的产量和质量都受到了很大影响——不仅平均亩产比别的农户低了将近 15%，而且农作物也卖不了好价钱。这样一来，一家人的生活很艰苦。

为了增加家里的收入，魏文胜在 1999 年将要收割农作物时，来到缅甸帮人收甘蔗，收入了 1000 元。在 2000 年 1 月，魏文胜一家和来自文东乡、下允乡的 1000 多户人通过招工再次来到了缅甸，哪知道此次入缅使得魏文胜历经沧桑。到了缅甸后，他们才发现招工时的宣传存在着很多虚假内容，所在的地方还是很落后，需要自己开田，砍竹盖房。在 2001 年 4 月，魏文胜又被缅甸的当地武装抓去当兵，给当地的军阀干活，既没有工钱也没有粮食。在魏文胜给军阀做农工期间，只有他妻子独自一人带着孩子，种植水稻来养家糊口，这一年水稻收获的时候，家里只收了 30 袋水稻。在 2002 年 10 月的时候，魏文胜的父亲魏荣惜老人冒着危险，第一次来到缅甸，寻找自己的儿子。在 2003 年 2 月，魏荣惜老人第二次来到缅甸，帮助魏文胜从缅甸逃回国内。随后，同年 10 月，魏荣惜老人又去接了魏文胜的妻儿一起回国。

回国后，魏文胜起先和母亲一起住了半年。在妻子回国后，就搬出来和家人一起种植甘蔗。魏文胜说，此后的两年是他经历的最为困难的一段时间。2004 年，家里只有 1000 元。当时为了盖房，虽然政府给提供了 1.2 万块砖，但是为了凑齐其余的资金，魏文胜背负了两万元的债务。这两万元的外债对魏文胜来说，无疑是笔巨大的负担。但当时，魏文胜的妻子依旧没有埋怨魏文胜，她鼓励魏文胜，若坚持下去，两个人一起努力，日子总能过下去。在魏文胜的妻子的理解与支持下，魏文胜一家人，对原有的 12 亩土地的利用进行了合理开发，一半用来种植甘蔗，一半用来种植玉米。在 2005 年，获得好收成后，逐步开始偿还建房的债务，最终在 2009 年 2 万元的建房债务全部偿还完毕。在偿还完全部债务后，魏文胜又开始了新的经营。通过向亲属和高利贷放贷者借钱，魏文胜用 10 万元购买了翻斗车，做起了运输生意。目前，他主要往周边运输沙石等建筑用料，生意还不错，依靠运输的收入，已经逐步偿还了 4 万元的高利贷。

表 2－26　　2009 年家庭收入来源情况　　单位：元

职业	收入	职业	收入
种植业	17000	从事乡镇就业工资	0
畜牧养殖业	3300	外出打工	0
家庭手工业	0	政府补贴和社会救济金	0
渔业	0	出租草场耕地房屋等	0
旅游业	0	其他经营性收入	0
运输业	15000		

在家庭收入逐步提高的同时，魏文胜也深深地感到妻子负担的沉重。由于自己常年跑运输，家里的负担都落在了妻子的肩头。妻子一个人不但要干农活，还要照顾两个孩子。说起自己这些年的经历，魏文胜觉得自己能够走到今天，很大程度上是过好了夫妻关。在自己生活困难的时候，妻子不会嫌弃自己的贫穷，会和自己一起吃苦；而也爱着妻子，没有大男子主义，处处体谅妻子，关心妻子。谈到这里的时候，妻子讲的一件小事更能体现这一点。最近魏文胜在外出车，很晚才到家。每天，妻子都等着魏文胜回家。而魏文胜也会从外面给妻子带来好吃的东西和一些小玩意。所以，尽管魏文胜经常外出，但是家里的事情妻子打理得井井有条，不仅家中一切都归置得很妥当，而且和邻居之间的关系也很融洽。

这不禁使我们想起刚进魏文胜家时的情景。当我们一进魏文胜家门时，就看到屋里坐着一些人，看上去都非常的亲切，有一些是他们的亲戚，有一些则是周围的邻居。魏文胜和妻子二人更是显得很恩爱，男女相随，形影不离。正是两个人知道了要努力，才知道不能等不能靠，才使得他们更知道珍惜现在的生活、珍惜现在的感情。

在魏文胜家会客的堂屋里，我们看到屋子里布置的整齐有序，尽管没有什么非常崭新的物品，设施也稍显简陋——只有 1 台电视机、1 台影碟机和一些普通的桌椅、床柜——但桌椅、床柜都十分整洁，再加上一些碎花布的点缀，既美观又温馨，足见一家人的心细。魏文胜的房子有 100 多平方米，另有一个 50 多平方米的小院。正是这将近 200 平方米的居住地，凝聚着魏文胜一家近几年来的心血。

表 2－27　　2009 年家庭耐用消费品情况表　　单位：个

项目	个数	项目	个数
电视	1	农用车（拖拉机）	1
电冰箱	0	卡车	0
洗衣机	0	小轿车	0
照相机	0	电话	0
影碟机	1	组合音响	0
电动车	1	手机	2
摩托车	0	自行车	0

据魏文胜介绍，现在家里最大的花费一是还高利贷的开销，现在，家里还欠着将近 6 万元的高利贷，每月的利息就是一笔很大的开销。另一个就是生病所带来的损失。这种损失不仅仅是金钱损失，也给自己和家庭带来了不利影响。在缅甸的时候，魏文胜由于劳动强度大，再加上不适应当地的水土，就大病了一场，患上了羊癫疯。在 2010 年初，由于手臂烫伤，不仅花费了 4000 元的医药费，也耽误了一个月的工作。

表 2－28　　2009 年家庭支出情况表　　单位：元

总支出	生产性	衣服	食品	看病	教育	娱乐	红白喜事	交通	通信	住房
14200	5400	800	2000	1300	1000	500	1000	1000	1200	0

说起今后的打算，对于生活，魏文胜希望自己的运输生意能顺利地进行下去，车子不要坏，只有这样，才能更好地供应孩子读书。说起孩子，舅舅表示，自己的女儿听话爱学习，爱护弟弟。他表示不管多难，只要她争气，自己一定会供应她读到大学。而妻子则希望，一家人平平安安，即使苦点、累点也没有关系。对于生活，妻子则表示，如果经济状况允许的话，她想做

些像收购农作物进行贩卖这样的小生意。

虽然辛苦，却乐观豁达、勤劳明理，魏文胜一家人，尤其是魏文胜的言行让我们感动。他无论是在讲述自己过去的困苦，还是诉说自己当下的情况时，都面带着微笑，那微笑中透出的坚强和坚持让人为之振奋。我们相信这样坚韧不拔的家庭，未来一定会过上好日子。

（八）因超生而陷入贫困的李应生家

李应生家之所以成为我们的访谈对象，不是大组长的介绍，而只是在我们走访时自己发现的。李应生家在外表上看比较新，应该是新盖不久的，而且也挺漂亮的，按理来说应该比较富裕。稍加商量之后，我们当即决定上去聊聊。去的时候是中午，当时他在家吃午饭，看到我们进门后非常的客气，拿来凳子请我们坐。但是我们表明了来意之后，他显得有些犹豫，并表示现在没有空闲时间，吃完饭还要下地干活。我们也不再勉强，只能约在晚上八点再来。第二次去的时候已经是晚上八点，是跟着几位当地小学和中学的老师一起去的，李应生很少应对这样的场面，对我们更加客气，也比较拘谨。几位老师用佤语为我们再次道明了来意，李应生这才答应接受我们的访谈。

李应生，男，52 岁。家中两位老人，四个孩子。大女儿 25 岁，已经出嫁，二女儿 21 岁，刚出嫁不久。最小的两个孩子是龙凤胎，15 岁，正在读初一，在同一个学校上学。第二次去的时候我们才有机会完整地观察李应生家的整体情况。和其他佤族人家的房子一样，李应生家主要分成两部分，厨房和客厅分处两个房子。厨房所在的房子只是低矮的平房，厨房里面虽然有灯光照明，但还是很昏暗。厨房的对面是一座小洋楼，这座小洋楼也就是我们白天的时候看到的比较漂亮的新建的房子。客厅和卧室设在这个两层的已经装修得很漂亮的小洋楼的二层，小洋楼的第一层是牛圈。客厅里面的家具不多，沙发有些破旧，电视及其配套设施占了蛮大的空间，茶几放在沙发的前面，整体来说布局比较简单。

看到这样的场景，我们已经明显感觉到这户人家并不像我们想象中的那么富裕。访谈之后，我们才真正认识到我们被华丽的外表欺骗了。李应生两位老人因为长期辛苦务农，皮肤黝黑，脸上的皱纹已经非常明显，头发花白。他们的面容给人的整体感觉是比较衰老，与其年龄很不相称。李应生本人并不健谈，在与我们交谈的时候，很多问题都没能顺利回答。但老伴非常爽朗，聊天的时候笑声不断，聊天的时候也非常积极主动。从聊天的情况来看，这个家庭的大大小小的事主要还是女方经手的。除了两个已经出嫁的女儿之外，他们还有一对15岁的龙凤胎。四个孩子之间年龄差距之所以这么明显，是因为生完二女儿之后，因为再生的话就算是超生，所以二老曾经犹豫过要不要再生。几年之后才决定要生一个男孩，最后生了龙凤胎。在这个家庭里，两个比较大的女儿已经不用过多的操心，但是还有一对儿女需要他们发愁。况且两个女儿已经出嫁，她们也很少能顾及这个家，整个家庭的重担就压在两位老人身上。虽然两位老人一直非常辛劳，但是这个家庭并不是像我们想象的那么富裕，反而是长期处于贫困状态。“欺骗”了我们的小洋房是夫妇俩两年前借钱盖起来的，为此这个家庭还负债两万多元，至今尚未还清。况且，老人已经提前苍老，两个儿女还没有长大成人，家庭的重担不能顺利移交。总之，这样的人口结构导致了未来家庭具有更多的不确定性。

李应生全家均没有接受过较好的教育，因为家中清贫，大女儿只读到小学二年级便辍学，二女儿也仅读了初二便外出打工。两个女儿都早早外出打工，在很长一段时间，这个家庭都是依靠两个女儿的工资来维持。现在最小的一对儿女都还未成人，还在九年义务教育范围之内，支出并不算太多。但二老对儿女的教育比较重视，表示只要两个儿女能够考上，就会一直支持他们读书，教育上的支出将会成为这个家庭的长期负担。

当前，李应生家生活比较拮据。同其他农户一样，李应生家的经济来源比较单一，主要是源自农业生产。但囿于多种因素，农业生产条件却只能维持家庭，很难倚之走上致富路。李应生自己也总结了自家在农业生产中的缺陷。首先，田地较少。整个家庭只有三分水田和八亩旱地。除了这些田地之外，家中还向其他农户租种了五亩地。当然，这样一来，种植的成本无疑会增加不少。令他印象深刻的是，当初分家的时候，因为田地少，生活非常的贫困，还需要向他人借米才能维持下去。其次，农业生产不稳定性高。这也是东佤寨人所要面对的问题。东佤寨的大部分田地都是在丘陵上，土地的质量本来就不好，再加上天气多变，收成浮动的幅度较大。再次，自家种植的作物类型比较单一，而且都是一些盈利较少的经济作物，如甘蔗、玉米等。近年由于种植甘蔗的人有所降低，甘蔗的价格稍有上涨，李应生家在这其中还稍有收获，但是几年来生产成本不断上涨，玉米的价格却始终浮动在0.8

元每斤，玉米种植的利润非常少。最后，自家特殊的家庭人口结构导致了其劳动力的短缺。由于田地不是在平原上，农活很难用机械代替人工，再加上自然条件比较差，大量的农活是两位老人所无法承担的。虽然偶尔可以请亲戚朋友过来帮忙，但这也同时增加了开支。李应生认为，在这些原因的共同作用之下，自家的农业生产收入始终无法带其走入致富的康庄大道。

除了农业生产之外，李应生还会在农闲时去帮别人做短工挣钱。家庭也是低保户，能够领取一定的低保补助。这就是李应生家的收入来源的有益补充。李应生家的家庭年收入大概是1.7万元。其中打工大概能挣4000元，种植收入大概是1.2万元。每年的低保补助是800元。另外，家中还养着两头牛，但牛一直留着耕作，从未卖出过。对于农村家庭来说，这样的收入算是中等水平，但是算上家庭支出，李应生家就几乎陷入入不敷出的境地。李应生家的家庭总支出大概是1.25万元。其中两个孩子的教育费用大概是4000元，生产要素费用大概是4500元，医药费用大概是1500元，家庭一般支出大概是2500元。要是量入为出的话，李应生家确实还能维持下去，但是一旦出现意外的事件家庭的收支链条马上就会断开，或者说这个家庭的抗打击能力比较差，一些在普通家庭里很小的事情对它来说便是严重的打击。正如前两年盖新房的时候，本来以为政府是有补助的，但是因为新房是建在牛圈原来所在的位置（东佤寨普遍将房子建在牛圈之上），所以被当成是牛圈，没有获得相应的补贴。这件事情之后，李应生家就一直处于负债的状态，至今仍负债两万元左右。也因为长期的负债，李应生家一直被当成贫困户，并每年领取着低保补助。

虽然李应生家一直比较清贫，但是作为一家之主的李应生，他表示自己还是希望能够依靠种植业来继续维持家庭，而不是想要有什么本质上的变化。一方面，李应生认为自家所有人文化程度都不高，缺少变革的自信心。另一方面，突然的变革的风险太高，而且自己年纪也比较大了，这些风险的成本是自家无法经受得住的。东佤寨从2010年开始种植烟草，但是李应生家一亩都没有种，因为烟草种植虽然很有利益，但是毕竟是第一年，而且政府的规划中也没有对李应生家的土地做要求，所以他没有参与种植。而未来是否会种烟草，还是要根据2010年的收成、烟草价格和国家政策等，通过综合的考量再做抉择。

虽然李应生不会首先尝试改变，但这是因为自身条件不允许，他还是希望未来能够在变化中发展。如果有政府的牵头，并许以一定的利益保证，并提供种植上的支持，李应生家还是会跟上社会进步的步伐，改变当前的工作生活状态的。

从眼神到举止，李应生对自己家庭的未来充满希望。在自身方面，由于玉米长期以来价格低廉，所以李应生希望未来能够多种甘蔗挣钱。同时，李应生还打算多承包些土地，扩大种植规模。

然而，李应生要采取这些变化的原因却不是为了自己，有很大一部分是为了自己的女儿和儿子，他把富裕的希望都寄托在了儿女的身上。也许是因为全家都没有接受过良好的教育导致了一生清贫，两位老人都希望儿女能考上大学，将来能有稳定的工作和收入。而如果儿女没能顺利考上大学，或者是在家务农，或者是外出打工，两位老人也会尊重儿女的选择。

李应生家的小女儿在旁边倾听了整个访谈，她与很多的佤族少女一样都比较内敛，期间她很少说话，但是在教育这个问题上，她谈到了自己的看法。她非常羡慕现在村里唯一的女大学生，云南大学的魏寒冬，也很羡慕那些有稳定的工作和收入的人，她说这些人一直都是她奋斗的榜样和目标。从她眼中看到的，有些许的无奈，又流露着掩藏不住的自信与激情。而在很多佤族孩子的眼中，我们都发现了这种复杂的目光，或许她们内心深处还处于某种矛盾之中。

从长远来看，这个家庭中的两个孩子还是很有希望的。但是当前，家庭的重任留在了两位知天命的人身上，两位老人也仅能勉强维持。我们不得不为这个家庭担忧，也许对一般家庭来说只是一个小小的变故，但是，对这个飘摇的家庭来说，便是不可经受的。

第三部分　村民

十四、村干部

（一）阅历丰富的村支书田学明

第一次见到书记田学明是在村委会，田学明的家跟我们住的村子还有一段距离，所以能见到田学明的地点也只能是村委会。去村委会查找资料的那天，把相关资料整理完以后，我们就向田学明了解了一些村子的具体发展和建设情况，也对田学明做了一个简单的专访。田学明是这个村子的带头人，他的想法决定着多依树村今后的发展方向，了解田学明的想法对我们了解村子的发展情况有很大的帮助。第一眼见到田学明，他给我们的是一种很严肃的感觉，刚开始我们还以为这个田学明不苟言笑，肯定不好沟通，已经做好了跟田学明在严肃的气氛中交流的准备。可到真正单独跟书记交流的时候，我们才发现原来的感觉是错误的，田学明在平常的生活中是个很开朗的人，跟我们交流的同时还经常会开开玩笑，逗逗大家。总之，整个交流的过程都是在一种很轻松的气氛下完成的，既没有多大的压力，又得到了我们想要的信息。

田学明 1972 年 8 月出生在多依树村大满堆小组，是非常纯正的佤族，函授中专学历，田学明家一共兄妹四个。田学明家以前是地主家庭，所以新中国成立后，特别是“文化大革命”期间家里受到了很大的影响，家庭条件也发生了很大的变化。在那时候来看，他们家的家庭成分不好，在村子里自然会受到一些歧视。因为家庭条件不好，父母都是农民，还得抚养他们兄妹四人，所以田学明小时候的生活条件也很艰苦，基本能吃饱就算得上是好日子了。让田学明觉得最难受的却不是日子过得苦，而是母亲的早逝。田学明的母亲在1976年也就是田学明四岁的时候就因为生病而去世了。小小年纪就失去了亲生母亲，失去了母爱，这让田学明从小就养成了独立的好习惯。田学明的母亲去世以后，他的父亲既要劳动，还要照顾四个孩子，家里的条件变得更差。即使家里的条件不好，田学明的父亲也没有像村子里的其他父母一样放松对孩子的教育，田学明的父亲因为小时候是地主，所以也上过学，在村子里算得上是比较有文化的人，因此，田学明的父亲深知读书对孩子以后发展的重要性，不管有多苦也一直支持田学明他们上学，让几个孩子能够受到正规的学校教育。为了让几个孩子能得到更好的照顾，1980年，田学明的父亲娶了第二个老婆，后妈对田学明他们几个孩子都非常好，但是不幸的是后妈到他们家刚半年就又生病了，后妈的生病给这个本来就条件不好的家增加更大的负担，家里的日子也没能因为后妈的到来而发生改变。1983年，田学明的后妈也去世了，那时候的田学明也不过只有10岁，田学明告诉我们，虽然那时候只有10岁，但经历了家里这么多变故，田学明已经变得坚强了，虽然过得很苦，却为田学明以后的路做了很好的铺垫。田学明的父亲一个人很难照顾几个孩子，也不忍心看着几个孩子这么小年纪就一直没有母爱，在田学明的后妈死后不久，父亲又娶了第三个老婆，田学明的父亲第三次娶的是田学明的小姨，虽然家里还是很苦，但是田学明的小姨一直把田学明他们几个孩子当自己的孩子对待，把家里照顾得很好，让田学明他们能够安心的去学校里上学。就这样，在不停的家庭变故中，田学明度过了他的童年。田学明1988年初中毕业以后，因为家里条件实在不好，没有能力再让他上学，懂事的田学明也很理解家里的情况，主动放弃了上学的机会，回家帮助父母减轻一些家里的压力。

初中毕业以后，田学明遇到了后来改变他人生轨迹的机会，那就是去当兵。如果没有当兵的经历，田学明也许一辈子就在农村里做一个本本分分的农民了。当兵让他见识了外面的世界，也让田学明学到了很多东西，改变了田学明的许多想法。田学明当兵也不是一帆风顺的事，因为家里以前是地主的事，刚开始时，田学明去当兵遭到了很多人的反对，还好田学明和他的家里在村子的口碑都很好，经过努力，田学明最后还是幸运的去了部队。田学明是1990年的兵，也就是1989年的12月去的部队，当时田学明去的是云南省红河州蒙自县的某部队当侦察兵。侦察兵在部队里边是最出色的士兵，侦察兵是在中国的叫法，按外国的说法，田学明当时在部队应该算得上是特种兵的。田学明是1993年1月复员的，在部队当兵的三年给田学明留下了深刻的印象，也是田学明人生的宝贵经验。说起他当兵时候的事，田学明总是感到很高兴，也很自豪，也给我们讲了许多他当兵时候发生的一些事，这些事我们一般都是只有在书上或者电视上看到的，这些事给田学明留下了很深的印象。田学明是1990年到的部队，因为思想和军事素质都非常过硬，到部队六个月后，部队就让田学明写了入党申请书，然后通过半年的观察田学明就光荣地加入了中国共产党。部队因为其特殊的性质，对士兵入党也相对严格，入伍一年就能入党这在部队是很难得的，但是田学明能一年就入党，充分的说明了田学明的能力。因为军事和思想素质过硬，田学明在部队获得过很多荣誉，其中还包括一次三等功。1991年，部队组织新兵在蒙自某军事训练基地军事训练，因为军事素质好，田学明被选为新兵训练的教官，负责新兵的军事训练。在做投弹训练时，一个四川女兵因为紧张，手榴弹没能顺利投出去，而是脱手掉到了地上。田学明当时就在女兵旁边指导，见到手榴弹脱手，迅速做出了一个勇敢的决定，跑过去将手榴弹用脚踢了出去，谁知刚把手榴弹踢出去，手榴弹就爆炸了。田学明告诉我们，当时他要是有一丝的犹豫，手榴弹肯定就在人中间爆炸了，如果真的没能将手榴弹踢出去，会死很多人，后果将不堪设想。田学明在女兵投弹的时候离女兵还有一定的距离，手榴弹脱手的时候，他完全可以避开，但是他没有，而是冒着生命危险冲向手榴弹，用自己的果断和勇敢化解了一场危机。这种事我们一般只是在电视上才能看到，听到田学明亲口讲出这件事，我们对田学明也产生了一种敬佩感，能在关键时刻冒着生命危险做出这样的决定，田学明不愧英雄两个字。我们也问田学明怕不怕，因为当时一旦手榴弹爆炸，他肯定也会有生命危险，田学明给我们的回答很简单，他说他当时也没想那么多，只想着自己过去了还能救人，不过去后果会很严重，只要有一丝的希望，他当时就会毫不犹豫地冲上去。这件事以后田学明立了三等功，在部队里也可以算得上是小有名气了，但是田学明并没有因为立功而放松对自己的要求，而是坚持提高自己，完成好本职工作。1992年，田学明所在的部队被派到云南河口排雷，那些地雷都是对越自卫反击战时留下的，很危险，一不小心触雷了可能命就丢了，田学明的一个战友就因为触雷而失去了腿。田学明看到自己的战友出事，心里很难受，也很害怕，因为下一个触雷的可能就是自己，但是田学明没有打过退堂鼓，而是坚持排雷，田学明说排雷意味着一种责任，一种对百姓的承诺，自己作为一个士兵，宁可自己受到伤害，也不能让百姓受到伤害。排雷结束后，1992 年 9 月，田学明因为过硬的军事素质成功地代表所在部队去昆明参加军事比武，在三个月的比武中，田学明参加了散打、射击等许多科目，并且表现出色，被评为优秀士兵。从河口排雷回来以后，差不多也可以准备退伍的事了，当时田学明的营长不同意让他退伍，希望他能留下并调去贵州，但在战友和家人的劝说下，田学明还是选择了退伍，选择回来在地方发扬军队的精神。1993 年 1 月，田学明从部队退伍。

退伍回来后，田学明去了离家不远的上允白糖厂保卫科干保卫工作。因为工作出色，在糖厂工作六个月后，田学明被调到了文东乡派出所。当时文东乡的社会治安比较乱，需要像田学明那样素质过硬的人。田学明也给我们讲了一个他在派出所工作的小事。有一次，田学明一个人抓到了 8 个小偷，但是没有东西绑，田学明只能用自己的皮带来解决。直到现在，当地人们依然还记得他一个人用皮带捆 8 个小偷的事，也很佩服他。这虽然只是一件小事，但依然有足够的说服力来证明田学明的能力。因为在派出所工作成绩突出，1995 年，澜沧县组织部下文件直接将他调到了多依树村委会做书记，当时的书记不是选举产生的，而是上级直接认命。

在 1995 年上任后，田学明首先带领着村民通电修路，这两样是多依树村要继续发展所必须做的。1996 年田学明召开村民大会，要求村子里每人集资 40 元，并且自己亲自带领村民去挑电杆，拉通村子的高压线，保证村子的正常供电。当时很多人劝他可以不用自己干重活的，但是田学明没有理会，依旧是每件事都亲力亲为。在保证了供电以后，田学明又开始带领村民修路。因为路不通，多依树村也就没有发展的便利条件，修路的资金不够，炸药不够，田学明就想办法自己解决。为了能找到炸药，田学明亲自去缅甸的佤邦寻找帮助。最后通过田学明和全村人的共同努力，村子的所有自然村都修通了公路，为村子后来的发展奠定了基础。修路和通电工作完成后，田学明又把工作的重点放在了扫盲和扶贫工作上。多依树是一个佤族村子，相对比较落后，如果不能及时地改变村民的思想和提高村民的文化素质，很难从本质上改变村民的生活。在开展扫盲工作那段时间里，田学明几乎天天在村子里跑，找人教汉语，也组织村子的人学习汉语和文化知识。在扶贫工作方面，田学明硬是用 80 万元带领村民修通了 23 公里的自来水的管道。原本 80 万元的资金根本就不够，但是田学明还是通过节省和提高利用效率的途径解决资金的紧张，最后修通了自来水，受到了上级的好评。

1995—2000 年，田学明都在多依树做书记，2000—2002 年先后任过文东乡小寨村和帕赛村的书记，2002 年 8 月调回多依树继续做村支书。2006 年退职后，于 2010 年再次任职。田学明也多次对我们说到一句话“在这个位置，就得对得起群众”。田学明也一直是认真去实践这句话的，为了群众的利益，田学明一直是有什么事都亲自去做，付出了很多。在做书记的近 15 年里，田学明获得了很多的荣誉，也给我们展示了他获奖的证书：2000 年 9 月获得“村建先进工作者”；2000 年 12 月获得乡“村改”先进工作者；2001 年 3 月获得“扶贫先进工作者“；2004 年 9 月获得“扫除青壮年文盲先进工作者”；2005 年 7 月获得“乡优秀共产党员”；2009 年 6 月获得“乡优秀共产党员”……这些荣誉只是田学明工作的一个缩影，也是对他工作的肯定。

田学明是在 1997 年结婚的，妻子的家是文东乡街上的，是一名优秀的教师，现在在小寨小学教书，现在两人有一个 9 岁的儿子。田学明跟妻子是在多依树村认识的，田学明刚调到多依树的时候，他的妻子也在多依树教书，两个人一起劳动，一起吃饭，慢慢地也就产生了感情。当时田学明跟妻子打了一个赌，如果妻子考上大专两人就结婚，考不上就分手，在结婚的动力支持下，妻子顺利地考上了大专，两人自然走到了一起。结婚以后，他们的生活很幸福，偶尔会闹点小矛盾，但从来不会大吵大闹。2006 年退职后，田学明去了上海打工，在一个机械厂做零件，待遇发展前景都很好，但是因为放不下家人，也不想家庭最后破裂，田学明选择了回来。他一边跟着父母做农活一边开始学习做生意，杀猪、牛买卖都做过，一直到 2010 年重新上任做村支书。村支书自己种了 10 亩甘蔗，还承包了 30 亩土地种桉树，本来政府是扶持树苗的，但最后没有兑现，田学明自己掏钱买了树苗。田学明告诉我们种树虽然花了他将近 2 万元，但是按现在的市场行情，20 年到 30 年的桉树一棵值 5 万元，自己种树是为长远打算，将来肯定有前途。2010 年 9 月，通过选举，他又被选为了多依树村的书记，村民信任他，所以在他退职三年后又选择了他，相信他能像以前一样带领村子取得发展。

对于村子以后的发展，田学明说主要有以下几个方面，一是搞好团结，团结村民，团结干部，全心全力搞发展；二是要修好村子道路，把部分不好走的土路改成水泥路、砂石路；三是搞好党员和干部的教育，只有党员干部的素质提高了，才能真正起带头作用；四是要搞好坡改地的工作，提高粮食产量，保证粮食稳定。对于村子的以后，田学明说不想说得太多，因为现在说了也是空话，现在先一步一步地走好，实事求是、按照实际情况去搞好村子的建设。而对于家庭以后的发展，田学明也有自己的想法。首先是自己先做好自己田学明的本职工作，以后不做书记了再根据实际情况来定。其次是搞好孩子的教育。对孩子的教育上主要是侧重于学做人，培养孩子的独立性。最后是管理好自己的树，为孩子和自己的将来铺路。

田学明是那种不太喜欢说空话的人，特别是对以后，他希望的是别人能真正看到他做的事，他喜欢实实在在，他认为只有成绩出来了才有说服力。敢想、敢说、敢做，哪里跌倒就在哪里爬起来是田学明的性格。我们相信在田学明的领导下，多依树村和田学明的家肯定会迎来更好的机遇，得到更好的发展。

（二）朝气奋进的村主任李先胜

在乡长的引见下，我们在多依树村东佤寨的教堂里，见到了2010年4月新上任的村主任李先胜。他小小的个子，显得很年轻，看起来比我们大不了几岁。第一次见面，大家没有过多的交流，但他在大家心中留下了年轻有为的印象。

当我们第一次去村委会所在寨多依树找资料做问卷的时候，趁着他带领我们走访问户休息的空当，我逮着机会向主任提出了做专访的要求，他很欣然的就答应了。

村主任名叫李先胜，佤族，于1976年8月21日出生，30多岁了，在我的意料之外。问起他的求学经历，他从公事包里拿出个人简历，让我详细记录了他的学习工作经历：

1984年9月—1989年7月在文东乡多依树村东佤小学读书；

1989年9月—1991年7月在文东乡中心小学读书；

1991年9月—1995年7月在文东乡附属中学读书；

1995年9月—1998年7月在澜沧县一中读高中；

1998年10月—2006年1月在文东乡多依树村水塘社小学任教；

2001年9月—2003年7月在澜沧县高级职业中学读中专；

2009 年 5 月至今任文东乡多依树村计划生育宣传员；

2010 年 4 月至今任文东乡多依树村民委员会主任。

李主任告诉我们，他 2010 年又在县党校报了一个大专班，准备把自己的学历再提高一些。在多依树村，像李主任这样学历的人不多，他曾坦言告诉我们，能当上村主任，最重要的原因还是大家觉得他有文化，学历高，能带领大家致富搞建设。

李主任家里，还有三个兄弟和三个姐妹，小时候家里条件很艰苦，但是他们的父母都是有远见的人，坚持几个兄弟一定要读完初中，所以那个时候的李家，不能负担多个孩子沉重的学杂费，每年只能靠借高利贷过活，勉强维持生计。虽然苦，但是长大后的几个兄弟都算是村子里比较有文化的人，一步一步改善着家里的生活条件。

李主任在高中毕业后，就回到乡里当起了代课老师。当时在澜沧县，代课老师都是一人一校，一个老师要负责所有学生所有科目的学习。那个时候的李老师，以一人之力负责小学生们语文、数学、品德、社会、自然、音乐、体育七门课的教学。李主任说，几门学科中自己最喜欢也最擅长数学，高中时候是学理的，数学学得最好，每次遇到数学天赋好的学生都特别开心，特别希望他能一直读下去。在当代课教师的几年时间里，李老师教学成绩斐然。由于教学成绩突出，班里的学生多次在乡里平均分和升学率评比中名列前茅，李老师曾获得过三次乡级优秀教师，一次县级优秀教师。可惜的是在 2006 年，面对生源减少的现状，乡里取消了代课老师，集中师资办起村里的小学，而李老师三次转正考试都以几分之差与正式老师失之交臂。李主任说，当时的自己可能是老师当久了，一下面对高强度的考试和复习不适应，虽然教学经验丰富，但是还是无缘继续做老师。

失业之后，李先胜没有好的出路，就决定和乡里的青年出去一起打工。第一次出来，李先胜来到了天津，远离家乡。在老乡的带领下，因为自己有一定的知识，他在天津一家租赁店里干起了收发员，李先胜的工作就是对租赁的物品进行记录并收费。相对于以前当老师时多样的生活，李先胜感到非常无奈，因为收发员的工作实在是非常单调和无聊。工资每月 900 元，包吃包住，和他之前的期望值有一定的差距。加上天津离家远，回去一趟很不方便，又不放心家里。所以，在天津干了 8 个月之后，李先胜回到了家乡另谋出路。

回到云南，李先胜在糯扎渡的电站找了一份打钻的临时工作，整天与重型机器为伍，工资每月1200元，包吃包住。李说，这份工作，就是一个力气活，没什么技术含量，工作也很累，不过面对这种情况，自己也没有资格抱怨，毕竟自己没有技术专长，没有老板会花大价钱聘请。在电站干了一年，工队转移工作地点，李先胜就没有继续跟随，结束了自己的第二份工作。

2008年初，李先胜就近在孟连县的割板厂勉强找了一份包工的工作，一个月才五六百元的工资。2008年6月的时候，李先胜正式入党，成为了一名中共党员，这时的他决定回到村里，利用自己有知识的优势，租地种起了甘蔗和玉米。李先胜种甘蔗很有一套。以前当老师的时候，虽然精力主要放在教学上，但是家里的地也没有荒废，所以李积攒了多年的种植经验，加上自己能看书，把自己的经验和书上介绍的技术结合起来，自己家种的甘蔗和玉米产量总能高出村里的一些村民。李先胜总共承包加租地共有近60亩，干起活来算是大工程，但是他说自己最不怕的就是吃苦，只要能改善生活，自己什么努力都愿意付出。在2009年收成之后，李先胜家通过种甘蔗玉米加上卖猪的钱，总共收入了4万多元，一改之前每年需要贷款生活的状况，经济条件开始转变。

2009年5月的时候，乡里的领导考虑到李先胜是村里文化水平高的人，所以找到李先胜希望他参与村务工作。作为中共党员，李先胜接受了组织的托付，开始在村里干起了计划生育宣传员的工作。作为宣传员，每个月只有320元的工资，但是工作特别烦琐。上面有通知下来，李先胜必须亲自跑到各个寨子传达上级精神。要求统计数据了，李先胜必须亲自走访到各组，和各组组长协调工作完成任务量。有时候乡里还会要求宣传员对各组村民进行计划生育教育，这也需要李先胜各个寨子轮流来，每个月李先胜都得下去各个组两三次。各个自然寨根据地理划分，相互之间的路途都不近，给李先胜的工作又增加了难度。总之，自从干上了宣传员的工作，李先胜变得更加忙碌起来。

通过近一年的工作，多依树整个村子都熟悉了这个骑着摩托车带着公事包的年轻宣传员，对他认真的工作态度和统计数据时的严谨，都产生了深刻的印象。所以在新一年的村主任选举中，李先胜被村民提名为新的村主任候选人，最后以绝对的优势当选为新一任的村领导。李先胜说，对于自己能当选村主任，他也比较吃惊。因为村里有其他资历更老的，经验更丰富的人，再加上自己干村务工作也没多久，所以当村主任对他来说的确是一个挑战。当调研人员走访村民的时候问到大家为什么愿意选现任村主任的时候，大部分的村民都说，“李主任文化高，有知识，做事踏实又认真，我们相信他，觉得他能把工作干好”。对于他当年的工作，大家的认可度非常高。在李主任家里的墙上，还挂着一打一打的统计资料，都是他之前干计划生育宣传员的时候自己统计的，他对于村里的人口情况如数家珍。当我们问起村里总人口、新生人口等情况的时候都能随口说出数据来，而且一本本数据资料都条理清楚的整理得整整齐齐，给我们在搜集资料的时候除却不少麻烦。

我们第二次去村委会的时候，李主任正忙着统计乡上要求搜集的关于贫困人口的情况，数据很繁杂，时间很紧张，新上任的主任正头疼着。他看见我们来访，马上迎了出来，之后还积极地问我们有什么好的建议，能让他快速地在时间限制内把工作做好。看着他忙忙碌碌地跑进跑出，大家觉得有必要帮帮这个给我们工作提供了很大便利的村主任。我们一伙人就在自己的能力范围之内，帮着村委会的工作人员干起了填表誊表的工作。主任对我们的行为非常感谢，在之后的资料搜集中，以最大的热情回应了大家的轮番轰炸，把自己知道的关于村庄的现状以及发展全方面的资料都吐露出来，让大家满载而归。

李主任介绍，自己刚上任，对工作还不是很熟悉，但是村务工作很紧张，现在村里就有两个大头的工作。一个是上级要求执行的农业科技示范推广工作，另一个是省级公益林建设的任务，再加上每年村主任签的责任书上的要求，村务工作已经把李先胜的精力全部占住了。家里的农活现在只能主要靠妻子。

对于村务工作，李主任有自己的期望和设想。他觉得，现在村里有一部分年轻人有文化有能力的，没有被组织起来给村里的工作做贡献，希望在他的任期之内，能够给村委会换血，吸收一批年轻有为的工作人员，提高村委会的工作效率，由有活力的接受过教育的见识广的人，带领全村走向富裕。另外，李先胜希望借助这次当村主任的机会，实践自己这些年的一个想法。他一直觉得村里的产业结构有很大的缺陷，大家搞种植业都是没有组织和计划的，他提出要搞优势产业，继而转向专业化，改变之前大家跟风或者自己猜测而选择种植产品的状况。李主任认为，大家要集中精力把适合种植的品种种出高质量来，这样才可能在市场上有份额，才能走向富裕而不是徘徊在温饱与贫困之间。

问起当了四个月的村主任，有什么感受没有，李主任用一个字概括：累！选举那天是这几个月来最开心的一天，因为在那天，自己之前兢兢业业的工作得到了认可。得到了大家充分肯定，这特别让小李主任有光荣感。当上村主任，除了给自己增加了一份工作外，更大的是提高了自信心，让自己对生活更期待和充满希望，每天都过的很有活力和冲劲。李主任对自己的工作前景很看好，用他的话说就是，“我很勤劳，不会浪费时间，不会贪图享乐。既然被选上了，我会尽自己最大的努力做好，不辜负乡亲们的信任，而且我相信自己的能力，毕竟我接受过多年的教育，而且没有放弃进步的机会还在努力学习，这三年，我会做好的”。

在生活上，李主任也越来越满意了，一家三口都为共同的家庭努力着。李先胜的老婆比自己小六岁，两人是读初中的时候认识的，1998 年在李先胜做代课老师期间确定了恋爱关系，2000 年结婚。两人一起这么些年，可以说是同甘共苦，一路互相扶持过来。李先胜说，“做代课老师有段时间，是家里最困难的时候”。代课老师每个月只有 175 元的工资，为了维持一家人的生活，李先胜每年都需要借贷款，至今都还欠着几千元高利贷。除了经济上的困难，给李先胜和老婆打击最大的是他们三个有缘无分的孩子。结婚第二年，李先胜的老婆就怀孕了，可是没有保住，接着两年又流产了两个孩子。李主任说起这些事，心情很沉重，说老婆流产有一部分原因是家里农活繁重，老婆挺着肚子也得下地干活。孕妇干农活在当地是再普通不过的事情了，但是李先胜心里还是很愧疚，没有给家里创造好的条件。因为这个接二连三的打击，老婆的身体也不如以前硬朗了。在 2004 年的时候，两人终于迎来了第一个健康出生的女儿，十分欣喜。在当年，二人就借了 1 万元，盖起了自己的第一间房子，虽然条件简陋生活依然困苦，但相比之前的茅草房，已经进步很多。女儿降生使得他们两口子一切奋斗都有了更大的动力。家里的氛围从那以后，就变得轻松快乐起来。

李先胜说起女儿，非常高兴，说她从小就长得漂亮聪明，希望她以后能有机会多读点书考上大学，读研究生，走出农村。有机会的话，还希望自己的女儿能当演员当歌星。可能在他的心中，女儿这样美好，应该过上最光鲜璀璨的生活，而演员歌星在他们的心中就是这类人的代名词。现在虽然家里条件不是太好，但是每天还能坚持给女儿几元的零花钱，让女儿买自己喜欢的零食。李说，就一个独生女儿，不疼她疼谁呢。

李先胜说起自己，言语并不多。他没有特别的兴趣爱好，每天做的事情之前是干农活，现在是干村里的工作，几乎不会有闲暇的时间供自己娱乐。喝酒都是做宣传员以后学会的事，李说，“没办法，工作需要，在我们这儿，很多事情不喝酒就没办法解决，为了干好工作，就只能逼自己学喝酒了”。李没有特别铁的朋友，这么些年来，和朋友之间都是淡淡的，但是有自己佩服的人，也暗暗学习效仿着。平时有了困难，求助的对象最可靠的还是自己的亲戚。评价自己的性格，李先胜用了之前提到过的一个词语：勤劳。他正是意识到了自己生活中的发展空间，才会节省利用一切可以利用的时间和精力，为家庭的未来努力，为村子的发展用心。他并不想过城里人那种奢侈的生活，在他看来，平淡是福，但是自己也不能以这个作为懒惰的借口，作为一家之主，要为其他家庭成员的更好生活而担起一份责任。

对于现在的生活，李先胜觉得还不够圆满。首先是自家的经济条件刚迈出改善的步伐，和自己的理想相差甚远。其次是工作，自己正在寻找一个更好协调村务与家务的方法。因为村委会的工作是非常耗时耗力的，但是家里的农活也不能荒废或者完全靠妻子一个人，现在是分身乏术。现在的他，最想做到的事就是能翻修一下房子。现在住的小平房自六年前修好之后一直没有改变。前几年因为经济条件拮据，又要还贷款，而现在不同了，2008 年开始搞种植业之后，每年都有固定收入了，自己当村长每个月也有 1000 元的工资，现在女儿还小，在教育上不用花费很多，趁着这几年干劲十足，多攒点积蓄，给家里修个新房子，配好厕所和太阳能。而工作上，由于自己在村委会的资历浅，年纪又算比较年轻的，所以和老同志在分配工作上还需要协调，尽量能做到工作农活两不误。对于自己的工作前途，李先胜有一个很大胆的设想，希望自己有朝一日能提干到乡上去工作。因为现在的乡长就是原来的代课老师上去的，有一个榜样摆在面前，李先胜觉得一切皆有可能，虽然机会很难拥有，但是保持美好的期望，工作才会有热情和积极性。

一切的一切，在李主任看来，都是朝着好的方向在发展，我们也在此祝福，希望能如他所愿！

（三）村务老干部村副主任田艾明

在离开多依树村的前一天，我们才有幸见到了本村的副主任田艾明。本来在见到他的头一天，我们去了趟村委会，当天他家里有事情，没有去上班，所以我们只好第二天再去。因为去多依树村找资料时，村主任刚上任，他说本村的事情副主任比他更知道，所以我们大家都盼望副主任能给我们提供信息，可是，当见到了后，我们才发现不是这样的。不知道是副主任这两天所填的表太多还是喝酒喝多，他说话总是没有逻辑，且经常忘词。我们和他交谈时感到很困惑，了解一个问题我们会花掉半个多小时。后来听村民说，由于副主任常年饮酒，现在说话不清楚。回来后，通过对当时记录和录音的整理，大概知道田艾明的工作经历。

田艾明是多依树村的“老干部”。年仅49岁的田艾明却有33年的工龄，是多依树村真正的老干部。田艾明，1961年生，佤族，中专文化程度，中共党员。1977年，田艾明初中毕业后，正好遇上村子里选举会计，在父母的支持鼓励下，他参加了选举。严格来说，当时的田艾明才16岁，没有资格参加选举。但是当时在村子里，读书人实在太少，上完初中的只有他一个人，而且会计工作是需要有基本的算术计算能力的。就这样，他顺利地当选了多依树乡中芒堆村[①]的会计。在老会计的带领下，年轻的田艾明很快就学会了整个操作过程。寨子里当会计事情不多，田艾明就在闲暇的时候帮助父母干农活。时间过得真快，很快田艾明当会计已经3年了，人也懂事多了。1980年，当省里来人到各个乡镇来招兵，乡镇又到村子里做宣传动员的时候，田艾明在知道这一消息后，非常高兴。平时就对军人那神秘的生活感兴趣的他，不顾家人的反对就去报了名。当时的田艾明很壮实，经过严格的体检后，小伙子顺利地过关了。1980—1986年，他一直在云南省江川县35015部队52分队服役。在当兵期间，曾经当过班长、副班长、代理排长等职务。他兴奋地回忆这一段时光里，他说他还曾经参加过《郑和下西洋》这部电影的拍摄。1986年退伍回来后，他一直到现在，都在多依树工作。1999—2002年，到云南省

① 当时的乡就是现在的多依树村委会，当时叫多依树乡。而他所在的中芒堆是多依树乡的一个行政村。

干部分校中专班读书，顺利地拿到了毕业证。2002—2005 年担任多依树村文书；2005—2010 年 3 月，一直担任多依树村党支部副田学明；2010 年 4 月至今，担任多依树村副主任。

田艾明有远大的政治抱负。刚参加工作的时候，工资非常低，但是田艾明从不退缩，一心想为村民做事，想让整个村庄更好的发展。据田艾明介绍，1986 年，他转业回来后，本是想参加选举多依树乡的副乡长，因为自己多年来都是当兵，没有什么工作经验，于是落选了。田艾明经过这一次深刻的教训后，知道要能真正为村民做事，就得先从小事情做起。当时多依树村给他安排了“文书”这一职务，他无怨无悔，勤勤恳恳地工作。对于这些改变，乡领导都看在眼里，村民都记在心里。1986 年，再次换届选举的时候，田艾明参加了选举，并顺利地当上副乡长。天道酬勤，这次终于实现了自己的梦想，尽管当时的多依树乡只有现在的多依树村大。1988—2000 年，他一直在多依树村当文书，这时的多依树已经改为村级自治组织。多依树，从曾经的乡一级行政机构，变成今天的村级自治组织，整个过程田艾明都清清楚楚，他接待过多少干部、多少工作人员，他的心里都数不清。他把自己的大半生都贡献到这个村庄，从没有一条公路到通组公路打通、从传统种植到新技术推广、从无水无电到有水有电，大到道路的修建，小到村民两口子吵架，他没有哪一项工作没有参加过。他在工作的过程中兢兢业业，从不埋怨。

“科技书记”这一称号是村民们送给田艾明的。他在向我们讲述这一光荣称号的来历时非常兴奋，以至于常常语序颠倒。据田艾明介绍，2000 年他成功当选为村支部田学明（2000—2002 年，他当上了多依树村支部田学明）。也就是从 2000 年起，多依树正式推广杂交水稻和杂交玉米。刚上任的他，就主管杂交玉米和杂交水稻推广这一工作。以前，杂交玉米和杂交水稻的推广在八几年的时候试图推广过，但是没有成功，其原因是工作技术人员没有很好地掌握推广的技术，另外是老百姓也很难接受这一新事物。所以杂交技术推广在轰轰烈烈搞了一年后无疾而终。但这次技术的推广范围更广，不仅限于杂交玉米和杂交水稻，还有旱稻上山技术的推广，这三项重要的任务都落在了田艾明的身上。田艾明刚接到任务时，心里很是没有底，不知道自己能不能胜任。通过好好总结工作以来的经验后，田艾明发现，要想说服老百姓，首先得自己种植成功。于是他就和老婆商量好优先种植，顺便把自己从县里培训来的技术和在书上学到的技术试验一下。就这样，在杂交技术推广的第一年，田艾明并没有做真正的推广，只是做些象征性的宣传。当他试验成功之后，他发现自己不但在技术方面有很好的掌握，而且还能很好地说服村民。百闻不如一见，村民看到田艾明和他老婆的庄稼产量剧增，他们心也动了，都纷纷向田艾明学习，要求他传授新技术。这时田艾明趁热打铁，把这三种技术做了推广，不到半年，整个多依树都知道新技术的种植方法。他不但用开会的形式向村民做宣传，而且还亲自到田间地头指导老百姓。比如种植旱稻，一亩地需要多少底肥、需要多少种子等，这些都是严格要求的。除此之外，还有农药的使用技术，即用量、品种及其如何防护等一一传授。就这样，经过两年多的手把手教，多依树大部分村民掌握了杂交技术和旱稻上山技术。如今，除了在方法上有改进外，他们还一直沿用以前的技术。这是田艾明任职副田学明期间做得最成功的。如今的村民们提到当时推广杂交技术时不得不提起当年的科技田学明。

多依树乡在经过多次的合并撤销后，变成如今的多依树村。而田艾明也从以前的乡一级领导变成了村一级干部。这种降级并不是一般意义上的降级。当时，田艾明可以在乡里也有一份很稳定的工作，但是他依恋这片土地，不愿意离开当地的老百姓，不愿意离开多依树村。村民们也不愿意流失这样的好干部，于是在变成村一级自治组织后，他一直在村里当文书，直到 2000 年，村民们极力拥护他为村支部田学明。田艾明认为村子的发展首先得有几个带头的人，因此他打算培养一批骨干人才，发展一批有先进思想的党员。而这些骨干人才该怎么培养？该怎么挑选？这些都是田艾明要去考虑的事情。目前的多依树村辖有 9 个自然村，所辖国土面积在整个文东乡是比较大的。要寻找这些人，相当不容易。经过两个月的思索，田艾明把标准订好，然后用了半年多的时间，通过明查暗访，把自己心目中的人选选定，便一个一个去做思想工作，让他们从整体上意识到要想富裕，就得先从思想上富起来。据田艾明回忆，任职田学明期间，他发展党员最多的一年有 24 个。他每年发展这么多的党员，目的是想让这些党员带动其他人，让大家共同生产、生活，共同富裕。

多依树乡变成多依树村后，文东乡为了方便村民，发展经济，要求每个村要开挖公路。而以前的多依树村只有多依树大寨通路。因为在还没有变成村一级自治组织时，多依树乡政府就设在现在的多依树大寨。目前还可以看到当时的乡政府遗留下来的房子、学校等。谈到修路，田艾明还有点后怕，他说如果一个人一生中经常经历这样的事情，那么人的寿命都会缩短。作为当年的村子第一把手，他不得不对每件事情认真负责。以前的多依树，泥路都不存在，只有毛狗小路。所以从开始规划路线到协调土地到组织人力，田艾明不得不在每个环节上亲自动手。他说整个村所有的道路建设，花了他整整四年的时间。最难的就是协调村民们的土地。因为土地涉及补偿问题，所以协调时他们的要求不一致，后来幸好有乡政府出面，整个土地才协调下来。田艾明在整个过程中，白天黑夜都绷紧神经，生怕哪儿出错，生怕村民们反悔，不同意。所以在以后工作中，他是一个大组一个大组的开挖，只要协调成功一个大组，就马上开挖，避免以后事多。在整个过程中，他回忆说自己累不说，有时还不讨好。不过现在好了，村民们以后都发现道路带给他们的好处，现在大家都说当时的田学明真好。长期以来，田艾明的工作得到党和政府的肯定。从 1977 年参加工作以来，田艾明获得了不少奖励。如今的奖品有的已经几十年了，已经开始发黄了。当兵的时候，他担任过班长、副班长、代理排长等职务，还荣获“雷锋标兵”这一称号。当时的军队里，“雷锋标兵”一个团才推选一个。在任职书记、副书记期间，田艾明推广杂交水稻、杂交玉米和旱稻上山技术，荣获“科技先进工作者”“优秀代表”“优秀党务工作者”等，在发展骨干人才和发展党员时，荣获了“优秀党员”“优秀党务工作者”“组织奖”“先进党支部奖”等。

田艾明的家庭和睦美满。田艾明有个幸福美满的家庭，田艾明夫妇结婚后，有两个活泼可爱的儿子。现在，儿子们均已长大成人。大儿子在家帮母亲干农活，小儿子正在文东乡念初中。田艾明在照顾整个家庭和孩子方面似乎有点失职，他整天与村民们打交道，很少有时间帮忙妻子干活和照顾儿子。交谈中，我们能感受到他对家庭的歉意。但是在他的话语中，不时提及他的妻子。他说他能取得今天这样好的成绩，大半部分是他妻子的功劳。他的妻子温柔贤惠，默默地支持他。从结婚到现在，田艾明很少呆在家里，家里的农活也没有时间帮忙，孩子也是妻子抚养长大，整个家庭的里里外外都是妻子一个人在打理。她从不埋怨从不抱怨，默默地干她的活。田艾明看在眼里，疼在心里。自己都感觉到自己妻子是有委屈的，但是她从来不说出来。田艾明为了减轻妻子的压力，几次三番要求把自己家的土地租给别人，但是妻子不同意，总是说她自己能行，干得过来。在妻子的坚持下，他家的十来亩土地一直是自己种植。田艾明工作繁忙，有时甚至不分白天黑夜，很少有休息日，只要一有空，田艾明就赶紧回家，从不耽误。

田艾明的未来设想。田艾明 2010 年 49 岁，当我们谈及他对于退休有什么想法时，他刚开始不是那么愿意说。想了一会，他告诉我们其实他早就想过退休这事了。然后娓娓道出他对退休后的打算。直到现在，田艾明承认，从某种意义上说，他没有那么伟大，他为村民办事，他不只是想着村民，他还存有一份私心，就是他的政治前途。据他回忆，要是当年当兵他不主动要求转业，可能现在会比这个时候好，他还告诉我们，说他的战友们现在都在县里面工作，生活过得很愉快。这是他的第一个遗憾。他的第二个遗憾是，在多依树乡变成多依树村时，他本来可以到现在的文东乡去工作的，但是他没有去。就因为有太多的牵挂，所以现在他也有些遗憾。当他诉说完他工作这么长时间的遗憾时，他把话题转到了他自己认为为村里做的最值得他骄傲的事情。一是农业科技的推广；二是为村里修路；三是发展党员。他认为这是他自己对得住老百姓的地方。诉说了半天，他才说出他以后退休的真正打算。他的打算是，如果以后退休了，他就回家养猪。虽然说他没有养猪经验，但是他可以继续学习，打算自己买书来自己看。他认为目前在多依树村没有多少人养猪，即使有人养猪，规模也很小。他认为在以后的几年里，养猪的市场价格比较好，所以觉得以后回家弄个大规模的养猪场。对于对孩子们的想法，田艾明副主任说，大儿子比较听话，他说什么大儿子几乎不反对。头疼的是调皮的小儿子，如果以后小儿子考不上高中，田艾明就准备把他送去当兵，磨练磨练他，让他健康成长。

十五、村落权威

（一）与时俱进的魏荣惜老人

初进多依树村东佤寨时，一直在怀疑自己还没有到达目的地，直到将消失在民居前的水泥路看了三遍，才相信自己是真的到了。令我怀疑的原因，不仅是萦绕在脚下的云，更是在雾气消散后赫然眼前的密密麻麻的平顶房群落。是的，平顶房群落。在我的印象里，云南的少数民族村子应该有更小的规模、更多的土坯砖瓦房，而不是眼前这般几百户人家，上千的人口住在密集的都装有太阳能的平顶房中。这里，更像一个没有集市的小城。

将东佤寨子看过一遍，总觉得这里的民居建筑有些不一样，细想之后才恍然察觉寨子里几乎没有人家造了围墙和大门。这可谓真正是夜不闭户了。听村民说可能是由于信仰的缘故，村里的治安很好，建造围墙和大门又价格不菲，所以村中只有极少数人家是有大门的。虽然初次见到如此庞大数量的没有大门的民居个人心理上总觉得不妥，但看多了，也就适应了。回住宿地点时，特意向老乡问了寨子里是否有小卖店，也好日后补充一些日用物品，老乡指了一处建在岔路口处的房子道，就是那里。细看了这所房子，骤然觉得眼前一亮，这不正是村民口中所说的少有的有门的房子之一吗？顿时觉得喜出望外。特意取道从侧门观察了这所民居的全貌，除了有门以外，这家的房屋的设计也很有特色。房屋刻意分为了前后两段，前段是装有防盗窗口的两间屋子，只有一层，应该是用来作为小卖店的；而后段则是有四五个房间的两层建筑，作为主人的起居室。由于山地地形的原因，房屋的院子和后段楼房的二层齐平。二层阳台的扶手上贴了青色复古瓷砖，颜色式样均与别家不同，想来这户主人也不是一般的村民。回到住宿地点后，特意打听了村中最为富裕和传奇的几户人家，果然，这家小卖店的主人正在其中。约定了时间，我们开始对小卖店的主人家展开了访问。

受访家庭的家长是一位61岁的老人——魏荣惜，常年在这个家中居住的还有老人59岁的妻子魏小大和已经过世的大儿子的一双儿女。魏荣惜老人夫妇膝下共有子女六名，四个儿子和两个女儿，现在都已经成家。对于我们的到来，魏荣惜老人夫妇显得异常欣喜，只一个劲儿地重复着："你们年轻人来，我就很高兴！"走进老人的家中，电视机正在播放新闻联播，在整个访谈过程中，电视一直定格在新闻频道。虽然年逾花甲，但魏荣惜老人口齿清晰，而且记忆力超群，从十多岁到六十多岁的事情，他都能一一讲出事情发生的具体日期。

魏荣惜老人的家庭是很富有传奇色彩的，他的母亲是一位英国传教士的遗孤，还在襁褓之中便被人以3元的价钱以家中的童养媳的身份卖给了他的奶奶。这位英国血统的老人一直活了104岁，可谓是非常高寿了。细看魏荣惜老人，虽然从皮肤的颜色上看确实是黄种人，但其眼窝深陷，眉毛宽且浓密，确实有几分异域风情。魏荣惜老人母亲的照片挂在家中的墙上，虽身着佤装，但其身高和长相却非常符合英国人的特点。看墙上照片时，忽然发现墙上还有一张老式的彩色照片，照片中是一个年轻人，带着红花和“代表证”正襟危坐在凳子上。老人告诉我们，这是1971年1月14日他作为民兵队长参加第一届澜沧县党代会的照片。老人说到这里，脸上洋溢出自豪的神情。老人当时是第一个从佤乡走出去参加代表大会的人，而他的“第一个”远远不止这一次。

魏荣惜老人的家庭是东佤寨最先带头富裕起来的家庭。1962年，在政府的帮助下，魏荣惜的父母以6800元购买了东佤寨第一台电影放映机，通过柴油发电，在村中放起了电影。村民对这一新奇的物品都非常感兴趣，四邻八乡的村民蜂拥而至。“那个时候人真是多啊！每天都有很多人爬在墙上看，还有很多人看不上。”老人说着，眼角露出了笑意，似乎又回到了那个美好的日子，“我们是收钱才给别人看的，但还有一些人没有钱看电影，他们就会拿着家中的米面或是其他的吃食来换着看一场电影。”根据老人的说法，虽然6800元在当时是个大数目，但是几年下来，他们买电影机的钱不仅回本了，还为他们家带来了不小的经济效益。

20世纪70年代末，成家后独立的魏荣惜通过卖剩余的米给供销社的方式，积攒下了一笔钱。也许是遗传了父母优秀的经济头脑，年轻的魏荣惜并没有像当时大多数富裕起来的农民一样，将这笔钱积攒后放置或存入银行。相反，他从报纸上看到了当时政府在推广一种用电来碾米的机器，于是，他用这笔钱投资买了村中第一台碾米机。正如魏荣惜所想，当时的农民为了从烦琐的碾米程序中解放出来，四邻八乡的人们又再次聚集到了他的家中。一年大部分的时间，碾米机几乎都是在24小时运转。几年之后，勤劳且有思想的魏荣惜一家再次成为了村中的首富。20世纪80年代，中国的农用车辆开始走入乡村，魏荣惜老人第一时间拿出了4900元存款买了乡里第一辆拖拉机。不过由于当时乡间公路路况极差，买回的拖拉机不久后就坏了，虽然这次投资算是一次失败的经历，但老人说他并不后悔这一决定，因为作为第一个尝试的人总是会有风险的。

风险和利益往往是相伴相生的，作为第一个尝试的人，魏荣惜经常遇到风险；但作为第一个尝试的人，魏荣惜也总是能获得别人不能获得的好处。拖拉机投资失败之后，魏家的经济实力受到了一定的打击，全家人过了一段较为艰苦的日子。但很快，魏荣惜老人将目光转向了农作物的培养。东佤阳光充足，土地肥沃，政府决定在这里推广甘蔗的种植。然而，当地人在此之前并没有见过所谓的甘蔗，只知道这个东西不能当饭吃，因此，村里没有人愿意去尝试。魏荣惜之前在报纸上看到过甘蔗推广的事情，清楚甘蔗是做糖的原料，而且价格不低。虽然对于当地能不能成功种出好的甘蔗，魏荣惜很担心，但是政府承诺的价格还是让魏荣惜觉得这个“第一”值得去冒险。于是，他的家庭成了村中极少的第一批尝试者之一。作为第一批试验的人，魏荣惜一家子也不清楚怎样种植才能获得最好的收成，所以他们把政府派来指导的专员的每一句话都记得清清楚楚，每一个步骤都按要求完成。收获时节，甘蔗长势很好，达到了预想的效果。当时，收割的工作由各家自己完成，并自己找车拉到附近的甘蔗收购点。乡里一再强调收割好的甘蔗不能砍成小段，必须一整根拉走，但很多农民觉得一整根太长难以运输，都砍成了小段，只有魏荣惜等少数的人按要求进行。结果砍断后的甘蔗被拒绝收购，很多农民受到了严重的损失。这一年以后，很多农民退出了种植甘蔗的行列，只有魏荣惜带领几户人家坚持了下来。由于甘蔗种植量少，糖价却在接连攀升，甘蔗的价格越来越高。几年之后，魏荣惜等几户坚持下来的种植户富裕了起来，周围的群众看到之后再次纷纷效仿。由于种植的人多了，糖厂将新的厂房建在离东佤不远处的上允镇，农民的运输成本也得到了大大的降低。然而，根据经济学供给量与价格的关系，供给增多，价格降低。随着种植人数的增多和糖厂的建立，甘蔗的价格降低了，已经初见规模的种植户魏荣惜一家深感随大流是不会得到高回报的。此时，由于同一种甘蔗品种种植过久后，容易得病虫害，所以，政府鼓励农民换新的品种。但是新的品种有可能不一定适合本地种植，因此存在风险。魏荣惜觉得，机会又来了，于是，他带领全家人到乡政府报名要求试验新的品种。一年以后，看到魏荣惜家的新品种确实比老品种长势旺盛，能卖更多钱，很多人又心动了。此时到政府购买新品种的甘蔗苗价钱比较高且新品种苗比较少，还不一定能排上号。于是，魏荣惜又为自己想到了一条不一样的赚钱之路，他在自己家地里秧好了新品种的苗，再把这些苗以比较低的价格卖给想要种的村民。乡亲得到了实惠，纷纷向他买新苗，魏荣惜家的日子也越来越好。此后，每隔三年魏荣惜便会带头尝试新的品种，试验成功后再把新苗卖给其他人。现在的东佤寨很大的经济来源都是甘蔗种植，村民通过这一产业获得了很大的经济利益。通过这种方式，他们家的经济情况一直在村中数一数二，而魏荣惜在村中的地位也越来越高。

进入20世纪后，魏荣惜通过电视得知养鸡也可以产业化，而且获利很高，从此，已知天命的他除了种植甘蔗以外，又带全家人养起了鸡。虽然养殖的规模并不像真正的养鸡场那么大，但家中每年至少要养四五百只鸡，这一产业也给魏家带来了不小的经济效益。魏家的儿女也很成器，魏荣惜的四个儿子中有两人在外工作，一个是中学的校长，一个是乡公安局的队长。其余儿女在村中组建了家庭，家庭条件在当地也是很不错的。有了甘蔗、养鸡的收入来源，魏荣惜夫妇俩成了村中最早建起平顶房的一批人。为了防止院中养殖的几百只鸡跑散，老人特意让人做了大门。魏家的房子比别人家的都气派，从房间数量上就远远超出了其他普通的人家。“盖房子的时候儿女都出去了，我就说不用盖那么多了，他不听。现在那么多间，就我们，住不完!”当我们说到房子的问题时，魏荣惜的夫人魏小大笑着说，“还好老大（已故的大儿子）的两个孩子回来跟我们住了，要不然住着都害怕。”

接近60岁后，魏荣惜越来越觉得自己的体力下降了，深知迟早有一天自己不能再做种甘蔗这样比较重的农活。虽然这些年家中积攒下了不少钱，但是眼看大儿子留下来的两个孩子就要到上大学的年龄，每年的学费、生活费也是一个问题。虽然可以养鸡，但是鸡瘟很多，保不准哪年得的时候全部的鸡都会死，到时候就是雪上加霜了。魏荣惜想到这些问题，不免担忧起来。一天在听人说到赶集的问题时，他突发奇想：“对！可以开个小卖店!”虽然村里有人家在卖一些东西，但种类不全，很多日用品还得上乡里买。想到这里，魏荣惜拿出了存款，在屋前的地势较低的空地上又单独加盖了一间宽大的小屋，弄上了防盗窗口，取得了正规的营业执照，开始卖东西。小卖店里东西比较齐全，从小孩的零食到当地人喜欢喝的啤酒，从牙膏到毛巾……所有当地人最常买的东西，他都有备货，甚至在家里卖起了烧烤，供年轻人聚会。很快，他的家就又成了年轻人经常光顾的场所。

在采访结束后的第二天，当地人又带我们到了魏荣惜的家中，不过这次到来不是为了采访，而是邀请我们参加当地年轻人的聚会。魏家宽敞的客厅摆满了各种吃食和酒类，老人虽然不参加年轻人喝酒，但他却一直坐在大家中间看着聚会。他说每次年轻人到他的家中聚会他都非常高兴！其实，对于能再次和老人说话我们也都很高兴。老人传奇的一生，那么多次“第一次”勇敢的尝试，以及他长远的眼光……一切的一切都是那么令人肃然起敬。临走时，老人还是非常激动，他跟我们说：“年轻人一定要紧跟时代，一定要跟着政策时代走，一定不要怕有什么困难，政策很好，国家会帮助你们的，一定要敢想敢做，你们会成功的！”

敢于尝新、不怕困难、懂得抓住机遇、不随波逐流、善于学习，我想，这就是魏荣惜老人一家的成功之道吧。魏荣惜老人只上过三年的小学，但他却从来没有停止过学习，他做过村里的会计，做过民兵队长，做过15年的村长……但不论做什么他都会通过学习把这一工作做精，不会看的字他就查字典，不会做的事情他就虚心向别人学习。从20岁开始，魏荣惜老人一直订报纸看，没有一年中断过，直到家中有了电视，他才停止了订报纸。但买了电视机后，电视里似乎就只有两个台——中央一套和中央新闻台。对于国家有什么政策，发生了什么事情，会有怎样的机遇，魏老人都记得清清楚楚。在村子里，他，是特别的；他们家，也是特别的。他没有上过几年学，却引导了一个村庄富裕起来；他们身在边远闭塞的农村，但思想却与时俱进；他们看似没有选择发展的能力，但他们的家庭却通过抓住机遇发展了起来。我想，不要说没有权利选择自己的未来，再多枷锁的限制都一定会有机遇。没有任何一个地方的人是同样的贫穷，也没有任何一个地方的人是同样的富裕，横向对比，发展的最后差距在于对机遇的把握。

（二）一心为民的老干部魏金良

魏金良，男，佤族，中国共产党党员，1941年生人，2010年70岁，退休之前曾担任文东乡司法所所长。魏金良1953—1954年期间曾到芒堆小学上过两年的学，但后来由于家庭原因，只上了二年级就辍学了。回到东佤寨后，魏金良老人白天种地、放牛，每个星期六的晚上就到村寨教堂的佤文学校专门学习佤文，断断续续一共坚持了三年，魏金良老人回忆那时候自己不认识汉语，只能用佤文书写。1958年，魏金良老人经村寨的推荐，到澜沧县城参加培训，一边学习汉语，一边学习会计的相关知识，在这段时间里，他渐渐地开始认识汉字，还学会了怎么使用算盘。

澜沧培训结束后，魏金良老人1958年7月起开始担任村寨的总会计，一天的工作可以抵10个工分，另外一年还有30元的笔墨补助。魏金良老人至今还记得那段艰苦的岁月。1958年9月到1959年5月期间，村寨在教堂盖集体食堂，每家每户将粮食、炊具、牲畜等都入社，集体食堂从刚开始号召宣传的“放开肚皮吃”到后来的一天三餐都只能喝稀汤，到1960年村民的生活困难到了极点，只能用芭蕉、挖山上的野菜充饥，一顿饭煮一碗米要六七个人来分。据老人回忆，村寨当时有两个人死于饥荒，并有一部分村民逃荒到缅甸。算账仔细认真、踏实能干的魏金良老人在集体生活中逐渐成为村寨不可缺少的一名重要成员。1965年4月起，魏金良老人开始担任多依树乡的会计辅导员，当时的多依树乡辖9个自然村，38个合作社，每个合作社都有一名会计，魏金良在每个月的27、28日两天会集中给合作社的会计们培训，将自己多年来工作的经验传授给大家，让大家可以更好地为村寨的集体生活服务。1968年5月—1972年12月，魏金良老人担任乡文书，清算账目。同时，他也到田间地头与村民们一起干农活，将化肥等生产资料的使用方法手把手地教给村民，帮助村民发展生产。1972年，魏金良老人被抽调到上允乡参加整党工作队，在整整一年的时间里，白天到合作社与老百姓一起劳动，晚上集中学习党章等知识。期间，魏金良老人表现积极，曾被评为优秀工作队队员。1973年1月—1984年4月，工作认真负责的魏金良老人连任四届的乡党支部书记。担任支部书记期间，魏金良老人定期组织党员干部、民兵、村寨百姓学习，宣传党的方针政策。同时，他还严格要求自己，给老百姓作榜样，带头劳动，带领百姓生产致富。他不仅切实发挥好党员干部的表率作用和带头作用，想在百姓前面，做在百姓前面，让群众得实惠，获得了群众的认可，而且勤思考、善观察，兼顾了群众的所思所想，及时化解了不稳定因素。据魏金良老人讲，他吸取1958年附近村寨发生邪教动乱的教训，从1973年开始，他每个月都会组织乡里的宗教人士进行相关法律法规的学习，老人说“不论你信什么教，都是在中国共产党的领导下，要服从党的领导”。乡里的“伙头”和“传教头”对这每月一次的学习也是非常认真地对待，他们也表示，“我们晓得没有共产党就没有老百姓，没有我们这个教。我们信什么教共产党不干涉，只要有信仰的自由，我们就拥护共产党的领导”。魏金良老人说百姓的心里都犹如明镜一般，干部只有说到做到，用自己实际的言行为百姓着想，就能赢得百姓的信任。据魏金良老人的孙女讲，她最佩服爷爷的是他的坚持和忍耐。她说当时爷爷抽调到上允乡整党工作队时，条件很艰苦，有些人认为工资低、任务重、条件差的原因中途就离开了，但是爷爷却认为组织提供的这个机会是来之不易的，应该珍惜，即使条件再差，自己再苦再累也要坚持下来。爷爷的诚恳以及对待乡亲们的真诚，一心想着老百姓的优秀品质也给我们留下了深刻的印象。

1984 年 4 月—1989 年，魏金良老人任文东区司法所司法助理（1988 年文东区改为文东佤族乡）。1989—2002 年退休前任司法所所长。在司法所工作的 20 多年里，魏金良老人勤勤恳恳，一丝不苟。由于表现出色，魏金良老人曾于 1996 年、1998 年被评为澜沧县司法系统的先进个人，2000 年被评为思茅市先进个人。文东佤族乡司法所也于 1998 年、1999 年、2000 年被评为先进集体。谈到这些年来工作的感悟，魏金良老人告诉我们："工作要靠老百姓，既然是领导，心里就要装着百姓，工作一天，就要一天心里想着百姓的事情。"所得的荣誉也成为鞭策魏金良老人更加努力的动力，魏金良老人说自己所做的工作比起那些英雄事迹还要差得远，但是每一次获奖都会激励他自己要更勤奋、更认真地对待本职工作，争取能取得更出色的成绩。

（三）朴实正直的东佤寨大组长魏中生

由于道路整修，我们被迫绕道前往调研目的地——文东乡多依树村，在丛山中盘旋，经过 10 个小时的长途颠簸到达文东乡时大家已是疲惫不堪。还好，这里的佤族人民豪爽好客，他们的勤劳、质朴打动着我们，很快就扫去了身上的劳累与尘土。

在调研过程中，我们吃住在多依树村东佤寨，这里没有商店、没有饭店，8 月初正是当地的农忙时节，然而热情好客、勤劳的佤族同胞主动提出为我们解决吃饭的难题。东佤寨山顶的教堂里有个大锅灶和休息室，这里就是我们每天吃饭的地方。每天从劈柴、洗菜到做饭、收拾碗筷是一项繁杂的工作，承担起这些的正是东佤寨的魏中生和他的妻子，他是现任的多依树村东佤寨的大组长同时兼任多依树村的养蚕辅导员。在接触的日子里，大家习惯的叫他大组长。魏中生习惯穿一套迷彩服，他话不多，在交谈的过程中经常发出爽朗的笑声，笑容憨厚而灿烂，黝黑的皮肤、健壮的身板、粗糙的双手仿佛在向我们诉说着他几多磨难的人生经历和对待生活勤劳、坚强的态度。

我们刚来到文东乡，就听乡长魏文林介绍说该乡正在大力发展桑蚕产业，计划将其培育成新的经济增长点，促进村民增收，目前正处于起步、试点阶段。关于试点具体情况的了解，乡长向我们推荐了多依树村种桑养蚕的辅导员和领头人，这正是魏中生，因此，我们早就想找他了解桑蚕产业在该村的发展情况。在农忙的时节，魏组长白天在田里耕作，在桑树林里打药、采叶，期间还得往寨里跑两趟为我们做饭，晚上又得去厂房里喂养蚕种，忙得不可开交，期间的沟通大多都是饭间短暂的交谈。直到某个夜晚魏组长在给厂房消毒后终于有空闲接受我们的采访，晚饭休息后我们如约来到了位于半山腰的他家里，聊了整整 3 个小时。

魏中生 1972 年出生于多依树东佤寨，家中一共有八个兄弟姐妹，他排行老五，与当地其他大多数家庭是长子赡养父母不同，现在 70 多岁的父母和他生活在一起，魏组长担负起了赡养父母的责任。据魏组长回忆，小时候由于父亲身体不好家里缺少劳力，加上土地比较少、孩子又多，全家生活非常困难，兄弟姐妹们都吃不饱，他也没有穿过新衣服，都是哥哥姐姐们穿不了的又给他。当时义务教育普及程度还很低，魏组长的父母都没有文化，加上家里条件紧张，因此不愿花钱让他到学校里上学。看着同龄人大多走进教室里开始学习，他感到非常孤独，心里很不是滋味。然而，魏中生并没有放弃学习文化知识的机会，每天做完农活后，他都会到魏文林家里跟他学今天老师新教的汉语。在自己的争取和村干部的工作努力下，父母终于同意让他和其他的小孩一样去学校里上学。1984 年 12 岁的魏中生第一次走进了教室，成了班里的大龄学童。他倍加珍惜这来之不易的学习机会，学习刻苦努力。魏组长回忆，当时他在班里的年龄是最大的，由于接触汉语环境太晚，他在语言学习上感到很吃力。谈起自己的求学经历，魏中生特别感谢自己的汉语启蒙老师，是他耐心、细致的翻译、讲解，让他逐渐掌握了汉语拼音的正确发音，直到现在他还清楚地记得这位老师的名字——魏荣昌。澜沧县文东乡地处边疆、山区，20 世纪 80 年代基础教育还很薄弱，村里的小学招生都是分阶段的，魏中生在多依树平掌寨上的二、三年级，在东佤寨上的四年级，最后在多依树村完小上的五、六年级。魏中生和现任文东乡乡长魏文林是儿时最好的玩伴。他回忆从上学开始他们每天都是一起去学校，放学后又互相等着对方结伴回家，不上学的时候他们经常一起到山里挖鳝鱼回家改善生活。访谈中，魏中生俏皮地说到三年级的时候有一天他父亲打了他一顿，很巧的是魏文林家里也打了他一顿，赌气的他俩相约离家出走，到山上的洞里过了一夜。从这些细节中我感受到了魏组长童年调皮、倔强的性格。16 岁的时候，魏中生小学毕业，在小学升初中的考试中，他因为 0.5 分的差距落榜了，家里也不支持他复读一年重考，他只能看着考取的同伴们到乡里去上中学，自己回家务农。谈到这里，他的神态中透露出了遗憾与无奈。人生就是这样，总有遗憾与无奈，也只有经历了挫折与痛苦，人才会成长、成熟。

落榜后的魏中生并不甘心待在家里务农，没过多久他就跟着亲戚走出大山决定到外面闯一闯，这一走就是6年再没回过家。1988年16岁的魏中生来到了当时的临沧地区（现在的临沧市）耿马县的一个大型农场里帮人削甘蔗，每天重复着简单、枯燥的动作，甘蔗坚硬的外皮时常划破他的手掌、手臂。魏中生回忆起那段时光眼神显得感慨万千，做着这样辛苦的工作，他领到的报酬却仅仅够维持生活，没有什么储蓄可言。身在异乡的魏中生没有亲人、朋友的帮助，做的都是一些没什么技术而且报酬很低的活计。后来，他打过临工、在建筑工地上帮人挑过沙石……这些繁重的工作磨砺了他的意志力，更锻炼了他的体魄，今天看到魏中生健壮的身体也许就跟那段经历有直接的联系。在临沧地区的打工生涯持续了近10年，1998年的时候，经朋友介绍，魏组长回到了澜沧县进入了澜沧县中云孟滨糖业有限公司工作。在这里他从事简单的管理、调度工作，有了一定的学习、提高，1年后他辞去了工作，选择回家务农。谈起自己外出打工的生涯，魏中生总结说，那段时间里虽然生活是比较艰苦的，但走出多依树、走出文东乡、走出澜沧县让他见识了许多新的事物，开阔了视野，也有了一定的经济头脑。当问及当时为什么又选择回来东佤时，魏中生笑了笑说，因为家在这里，这里有年迈的父母，当然要回来，他觉得这里才有他的生活。

到外面打工多年的魏中生回到东佤后在生产技术上是具有一定优势的，他回忆道，当时村民们把作物播种下去之后，除草是一项耗费很大劳力的工作，大家扛着锄头在田间地头干了一整天，好不容易把杂草挖干净了，不过多久又会成片成片的长出来。这样一来，顽固的杂草让村民们忙得团团转不说却收不到理想的效果，杂草抢走了土壤的养分，耕种的作物总是收成不好。面对这样的情况，魏中生是寨子里第一批尝试用农药除草的人，当时有很多人不理解，觉得买农药和打药器还得花费一笔钱，很不划算，然而经过魏中生这些带头人的实践后发现用打农药的方法除草不仅花费的劳力、时间大幅减少，而且效果很好，这样作物的产量和质量都上去了，更重要的是腾出的劳力又能去做很多事情，劳动力对于绝大部分耕地都是坡地和梯田的文东乡来说是一种稀缺资源。

在我们访谈过程中，魏中生的妻子和儿子在一旁坐着，妻子不时地会用佤语和他说话，当我试图用汉语和她沟通时，魏中生告诉我她听不懂汉语，只会说佤话。原来，魏中生的妻子是从缅甸佤邦那边嫁过来的，魏中生开玩笑地说他这是外交婚姻。魏中生的妻子叫李康绿，2006 年的时候东佤寨的魏荣富从缅甸娶了她的姐姐．她跟着姐姐来到东佤，认识了魏中生，2007 年 1 月 29 日和魏中生结为夫妻，2008 年 4 月 29 日结婚一年多后有了儿子魏豪科。像这样的情况，在当地是比较常见的。这种跨国婚姻后面对的最大问题就是很难解决配偶和子女的户口问题，当问到这个问题时，魏中生顿时显得很无奈。他说妻子的户口可能是解决不了了，只能每年到派出所里登记一次暂住人口，儿子的户口问题他正在抓紧解决，魏组长之所以对儿子的户口问题如此着急，他补充说道如果不能尽快解决这个问题，到时候儿子的教育就会受到影响。或许是自己小时候因为家庭贫困而没能多读几年书对魏中生来说太过遗憾，他吃够了文化水平低的亏，对于儿子的教育问题，魏中生的态度十分坚定，因为家庭条件不好而没能好好读书的这种事情绝不能再发生在孩子身上，自己一定要让儿子将来好好读书。

话题渐渐聊到了魏组长担任村干部的经历，他在东佤寨里以正直出名，在群众中有着很高的声望。2003 年 31 岁的魏中生在村民的推选下担任起东佤寨综合会计的职务，这是他第一个干部身份。2004 年当地农村恰好开始试行农村低保，新政策的推行考验着当时的魏中生。文东佤族乡位于澜沧县境内最北部，距县城 120 多公里，由于地形等自然条件的制约和当地村民文化素质普遍较低等条件影响，大多数村民生活都很困难。以多依树村为例，该村人均纯收入仍在 1000 元以下，如果从数据来看，大部分家庭都属于贫困家庭，都符合享受农村低保的条件。然而上级给的名额是有限的，在这样的情况下，将最低保障金分配给哪家对于时任东佤寨综合会计的魏中生来说都是一件很为难的事情，如果处理不当村民的就会有很大意见。魏组长回忆道，当时他们负责此事的村干部经过慎重考虑、并在向村民了解情况和征询意见的基础上，决定结合当地的实际情况，采取贫困家庭轮流接受最低保障的办法来协调、解决此事，最终照顾到了绝大部分的贫困家庭，获得了村民们的认可与好评。在担任东佤寨综合会计期满后，2006 年魏中生当选为东佤寨的大组长，并在 2010 年换届选举中连任，作为东佤寨的领头人，这几年来他一直以正直要求自己。就以农村低保的分配工作为例，他虽然担任大组长，但只负责将名额分配给各个小组，每个小组具体将名额分配给谁家，魏组长是毫不插手的，他自己能否获得低保的名额也是由第五小组的干部决定的。谈起现在的主要工作，魏组长欣喜地说，近几年来，从中央到地方都出台了一系列的惠农政策，从农业税的免征、水稻的直补，扩大到种植小麦、甘蔗、玉米的补贴，发展到2008年的种子补贴和母猪圈养的保险，村民们做梦都没有想到，如今种田再也没有任何负担，而且种一亩田加起来还可以领到50多元的补贴。与此同时，近年来像水稻、玉米、甘蔗这些作物的价格一直以较快的速度上涨。这些变化极大地提高了东佤村民的生产积极性，以往成片的抛荒田，如今再也看不到了。农民争着要种田，魏组长激动地总结道："党的政策好，农民得实惠。"另外，身为东佤寨的大组长，他还肩负起带领村民致富的责任，在当地农村，村民们的意识还比较保守，对于新的产业、项目试点，由于存在一定的风险，村民们都不敢贸然尝试，处于观望态度。"身为村干部就要有敢于冒风险、积极推行上级政策、为村民们做好示范的态度"，魏组长自信、坚定地对我说道。就这样在2006年桑蚕产业试点中，魏组长又成了东佤寨里"第一个吃螃蟹的人"，当时他带头承包了土地种起了桑树，向亲戚借钱建起了厂房，当地桑蚕产业的发展实行的是"企业—农户—企业"的模式，即企业向农户出售蚕种，农户养蚕吐丝后又把蚕网卖回给企业，在试点阶段企业向农户提供一定的支持、帮助，包括技术指导和无息贷款。2007年魏组长申请了贷款，在建好的厂房里建起了蚕台，在东佤寨率先开辟了养蚕的事业。刚开始的时候由于没能彻底掌握技术，他养的第一批蚕得了脓核病，损失很严重。"既然选择做了，就要坚持下去，如果我不干了，以后就更没人敢干了"，魏组长又一次倔强起来，他认准了失败的原因是厂房消毒不到位，于是在前期增加了石灰粉的使用量。经过努力，魏组长最终获得了成功，当他把第一张织成的蚕网以1000元卖回澜沧县鑫源茧丝绸有限公司时，魏组长说："我感觉自己找到了致富的路。"

由于坚持和努力，在实践中学习，他也成了当地养蚕的技术能手，魏组长在养蚕的道路上发展得越来越好，也带动了村里的村民。如今他已经被澜沧县鑫源茧丝绸有限公司聘为驻多依树村的桑蚕技术辅导员，负责推广桑蚕产业，为村民们提供技术指导。尝到了甜头的魏组长决定扩大种植桑树和养蚕的规模，目前他自己从平掌外出打工的一户家里租赁来13亩土地，在乡政府的帮助下从小寨村承包了10亩土地，这两块地都种上了桑树，大部分已经完成了嫁接。魏组长计划明年初就在桑树林旁建起厂房，以后自己和妻子就吃住在那里，提高效率、专心养蚕。根据他提供的数据，我粗略为魏组长未来养蚕的收入做了计算，建两个厂房大概花去 3 万元，建蚕台、铺蚕网、垫布的成本为 1000 元/个，使用周期为 5 年，桑林嫁接完成后，1 亩桑树林每年产叶可以养 4 回蚕，织成 2 张蚕网，也就是 1 亩桑树林每年可保障 2 张蚕网的产叶量，魏组长家大概有桑树林 30 亩，每亩种植成本为 3000 元，需要建 30 个蚕台，即 3 万元的投入，每亩桑林的农药投入为 100 元，即 3000 元/年的农药投入，每年养 4 回蚕，每张蚕种 30 元，蚕种成本为 $30 \times 4 \times 30 = 3600$ 元/年，每年购买石灰粉和漂白粉等原料大概花去 1000 元，以五年为周期、每张蚕网收购价为 1000 元、养蚕损失率为 10% 计算，未来五年魏组长家在桑蚕产业上可预期的纯收入为 8.2 万元，年均纯收入为 16400 元。当然了桑树林和厂房属于固定投资，使用期限远远长于 5 年，当我把计算出来的数据告诉魏组长时，他冲我笑了笑说："和我算的差不多"，从眼神里我看到了他对未来美好的憧憬与希望。

访谈结束后，已经是十一点半了，劳累了一天的魏组长已经显得有些困乏，明早他还得 6 点起床到地里干活。魏组长真是一个热情的人，当我们提出告别时，他坚持说天都黑完了要把我们送回去，就这样打着手电把我们送到了住处。望着他离去的背影，黑暗中那微弱的灯光，想起魏组长为我们做的这些，我心里十分感动。古语云"天道酬勤"，不论是曾经奔波异乡打工挣钱还是如今在家养蚕务农，我们发现魏中生一直以饱满的热情、不懈的坚持微笑着面对生活。他的勤劳质朴和他所怀揣的对生活的热爱和对更好生活的渴望，鼓舞着我们。相信凭着坚持与努力，魏组长家里的生活会越来越好，距离自己的目标会越来越近，衷心祝愿他的桑蚕事业越办越好。

（四）坚守责任的东佤寨传道员魏联南

他是一个普通的农民，春去秋来，奔走在田间地头，山间的小路上虽然看不清他的足迹，但他确实无数次从这里走过，在金鸡报晓之后，在佤山的云朵被夕阳染红的时候，为了一家四口的生计。同时，他也是一个不平凡的人，十多年来肩负着上帝赋予的责任，用心传道，任劳任怨，把爱传递给周围的人们。若要问是什么使得东佤的社会风气明显好于周围的村寨，当地人都会说是传道员们把上帝的忠告转达给村民，教他们一心向善。

魏联南于1973年出生在东佤的一个农户家庭中，和村子里的其他家庭一样，他家也信仰基督教。不同的是，他的父亲是一个牧师，长期以来都是村子里面宗教事务的主要负责人。由于信仰的缘故，老牧师对子女的生活习惯要求稍微严格，不让他们抽烟、喝酒。他就在具有浓郁的基督教氛围的环境中成长，从小对宗教的教义、礼仪等耳濡目染。慢慢地，他对基督教产生了浓厚的兴趣，希望日后能成为一个神职人员，加上自己学习神学知识有一定的兴趣，又愿意勤奋学习，他很快就学会了很多东西，在村子的年轻一代中出类拔萃。他的优异表现受到了上允镇淘金河村大牧师的关注，大牧师和东佤的几位长者开始刻意培养他，准备让他成为下一代牧师的候选人之一。1995年，他参加了唱诗班，学唱圣经、圣诗，1996年成为唱诗班的班长，直到2002年成为传道员，继承起父亲的衣钵。这些年来，他一直尽心尽力，农闲时一直在努力学习《圣经》，以期能对书本内容有一个更好的理解，并把它们用更加通俗易懂、佤族群众容易理解的方式传达给信徒们。他使用的《圣经》教材有佤文和汉文两个版本的，这样就能更顺畅地阅读经文和准确地理解经文的涵义了。

成为传道员之后，村子里面的宗教事务就主要由他来负责，其余12个基督徒辅助，特别忙的时候村干部也会帮忙。平时，他的职责是于每周三、周六晚带领信徒们祷告、唱圣诗，以及周日给信徒讲解耶稣和祭司们的事迹、训诫，周日需要祷告三次。在当地，周日是他们的休息日，村民不外出干活，只有部分人家外出放一放牛。因而，周日到教堂来的人比周三和周六要多一点，他的任务也相对重一些。当地最热闹的时候也是他最忙碌的时候，就是当地最隆重的节日——圣诞节、复活节、“9·23”桑梓爱国纪念日（即“文革”之后基督教在当地恢复的日子）欢度之期。届时所有的村民都会欢聚在教堂，外出工作的人也会尽量赶回来过节，邻近村寨的人们也会过来凑凑热闹，一起享受快乐的时光。村民们会主动带点蔬菜、瓜果、粮食之类的东西来，每家每户也会按照自己的心意出点份子钱，十五六元、二三百元不等，自己有什么就拿什么，能出多少就出多少，没有硬性要求，全凭自己的意愿——当地人把它叫做献爱心。节日期间，村民们会杀猪宰羊，在教堂里聚餐。还会组织多姿多彩的文艺活动，老人们唱起佤族传统的歌曲，吹起芦笙；年轻人则弹起吉他，用现代的元素来演奏民族歌曲。这些活动都由传道员来组织，活动经费则由村民们凑齐。当然，娱乐活动十分引人注目，宗教仪式必然少不了，而且内容更多。特别是圣诞节期间，参与活动的人最多，传道员们还需到每家每户去祷告，为村民们祈福。此外，村民们遇到家人生病或其他不顺利的事情时，也会请他们帮忙去家里祷告。

难能可贵的是，做这些事情都是没有报酬的，但他一直无怨无悔。传道员只有在获得政府认可的牧师称号后，才会得到县政协给予的每月600元的津贴。除了工作表现好之外，传道员必须在昆明神学院进修过，才有成为牧师的资格，这一要求在过去是不存在的。这些年来，他一直扮演着一个牧师的角色，但他还没有正式获得这一称号。他表示自己不打算去昆明神学院进修，认为“只要做好上帝要求去做的就行”，没必要去计较个人得失。有时家人也会抱怨一下，认为付出了很多却没有回报，但在他的开导下很快就释然了。虽然说平时的祷告活动都在晚上进行，过节时全村人都不会外出劳作，主管宗教事务对他的农活影响不大，但宗教活动进行时他必须在场。这就要求他不能出远门，农闲季节不能外出打工，只能在附近做点零碎活，客观上对他家的经济状况造成了一定的影响。

传道员家的收入水平在当地属于中等层次，每年毛收入大约有两万多元。他家的家庭经济主要靠为数不多的农地来维持，一般种植甘蔗、玉米、水稻等作物。通常情况下，每年可产玉米4吨、稻谷半吨、甘蔗30吨左右，种植甘蔗的土地大部分是从别人家租来的。有时稻谷还不够一家四口消费一年，不能带来经济收益；玉米和甘蔗则属于经济作物，按2010年每吨1000元的单价来算，玉米可以给传道员家带来4000多元的收益；甘蔗每吨400元，可以给他家创收12000多元。另外，他家每年都会养四五头猪，可以带来几千元的收入。和一般的农村居民一样，家里面的生活开支不大，绝大部分消费品都是自家生产的。目前，传道员家里最大的开支为长子的学杂费和生活费，长子现在就读于普洱市林业学院，书本费为每年470元，生活费每月800多元，这对一个农村家庭而言是一个不小的负担；他的女儿还是个小学生，享受着“两免一补政策”，不需要花家里的钱。从他家种植的作物及其产量可以看出，每年的劳动量不小，而这些农活主要靠他和妻子来做。虽然一年到头的大部分时间里，生活比较辛苦，收入也不多，但笑容常挂在这一家人的脸上。原因在于，他天性热情爽朗、性格随和，再加上一直遵循着耶稣的教诲；妻子和许多佤族妇女一样，勤劳、朴实善良；两个孩子也比较懂事，平时听父母的话，放假回家时帮着做点力所能及的事情。对于两个孩子，他不会刻意去要求他们必须做到什么，也不会因为自己的缘故而要求他们也成为神职人员，只是希望他们能顺着自身的资质、兴趣发展得很好。

他认为基督教的教义是有助于敦风化俗、促进社会和谐的，对村民个体也是有利的。因此，他成为了一个传道员，并希望基督教能在东佤寨传承下去。他经常鼓励年轻人参与到教堂组织的活动中来，让他们尽可能地了解基督教的教义和相关的礼仪。放假期间，他会把寨子里的小学生、中学生聚集起来，每周晚上九点无偿教他们学习佤族文字，教唱《圣经》里面的诗歌。学员们认真学习，取得进步便是让他最感欣慰的事情。这也在一定程度上促进了佤族青少年对本民族文化的了解。他也开始在孩子们中间寻找资质较好，对宗教事务感兴趣的学员，对他们着重培养，希望找到合适的接班人，让后代们依然能够聆听耶稣的教诲。但目前，年轻人大量外出已对宗教的顺利传承带来了一定的负面影响。随着城市化进程的加快和当地社会开放程度的提高，许多年轻人离开了佤山，来到大城市里打工，寨子里面的年轻人很少有留在家里务农的，参与唱诗班的大部分是在校学生，他们长大以后有的会外出求学，大部分依然会外出务工。这就加大了传道员培养接班人的难度。来到城市里的佤族青年虽然每年都会尽量赶回家来过圣诞节，但他们长期在外，无法听传道员传道，信仰程度必然会随着接触外部文明而降低。这些都不利于他向年轻人宣传教义。此外，村子里面缺乏配乐方面的人才也是传道员面临的一个难题。当地佤族青年们虽然能歌善舞，音乐天赋好的大有人在，但由于条件限制，精通乐器的人不多，无法满足传道员们对配乐的需求。这就降低了宗教仪式的完整性和内容的丰富性。因此，他想到普洱市里去请音乐方面的专业人才来帮忙培训几个年轻人，但又苦于没有经费。这个问题就一直没有得到解决。

因为信仰，生活的艰辛从来没有让他抱怨过，他的生活是过得充实的和快乐的，以前是，以后也一定是。因为奉献，普通的生命变得不平凡。不计较个人得失，任劳任怨，只因为坚信，上帝赐予了我们一切，用心去做好上帝要求去做的就行。

十六、教育工作者

（一）扎实耕耘在小学的魏校长

魏校长，1962 年出生在一个贫苦的农民家庭。家中共有 6 个兄弟姊妹，他排行老二。因家中孩子多，负担重，无力供养每个孩子都上学。哥哥为了他，主动放弃读初中。魏校长在哥哥的成全下，才有机会完成学业。在学校里，他格外懂事，认真读书，从来没有让家人为他成绩的事操过心。年幼的他，一直明白，如果不认真读书，就对不起因自己而辍学的哥哥。1970 年在距家两公里的平掌小学读书时，他每年都是三好学生，也是班里的学习委员。1975 年在文东乡读初中的他，表现也很优秀，虽然学校离家有 9 公里，当时是寄宿在学校，没有家里人的监督和管制，他依然严格要求自己，每年仍是三好学生和优秀班干部。如此优秀的他，自然特别受老师和同学的喜欢，老师重视他，学校有比赛就推荐他参加，同学崇拜他，大家都愿听从他的号召。学校如鱼得水的感觉，增加了他的自信心，让他丝毫不因为出身贫寒而萌生自卑。1977 年他考上澜沧二中，当时全村只有他一人考取了高中，其他人都全军覆没。家里人都为他感到高兴和自豪，却也感到压力重大。在县里上高中，就意味着要花更多的钱，学费和生活费家里怎么负担得起，但是绝不可以因为没有钱就断送了他的美好前程。父母想了很久，思考再三，决定把家里的三头牛卖了供他读书。三头牛，在当时值 2000 多元。牛是家里的致富宝，可以耕地，可以卖肉，这一下全卖出去了，可见父母是铁了心支持他读书的。就靠这 2000 多元的支撑，他完成了高中。高中人才济济，整个县的年轻有识之士都聚集在了一起，他努力拼搏，仍然保着较好的成绩。

1979 年毕业之后，他因不想为本来就贫困的家庭再雪上加霜，就没有再继续读书。再说，高中文凭在当时已经很少见了，能读到高中的人确实不多。以后要想继续深造，得靠自己挣钱供给了。因当时和他文化水平相当的人很少，他被选上当了五队的会计，主要是负责帮合作社记工分和分粮食。第一份工作让他尝到了艰辛和不易，如果有一丝纰漏，就会影响每天辛苦劳作的人们年底分得的粮食多少。每天晚上在记完工分之后，还得再三核对，他不敢有丝毫懈怠，紧绷神经，每晚都得干到半夜才能休息。虽然报酬和付出并不成正比，但是他干一行爱一行，在平凡的工作岗位上依然勤勤恳恳，努力发出自己的光和热。

1980 年 9 月，他被招进芒糯小学当正式教师，这份机遇让他从此开始了光荣的教师生涯。虽然年纪尚轻，没有老教师的经验丰富，但是他凭借着自己的满腔热情和丰富的知识在工作岗位上仍无私地奉献着自己。一人任教三个年级的语文、数学和体育，这在教师奇缺的年代并不少见，但是对刚初出茅庐的他来说，却是极大的挑战。每天要辛苦备课，备完语文，还得备数学，挤占了他大部分的业余时间，但是为了能教给学生知识，这些他都觉得值得。课堂上，他激情飞扬，享受着传递知识的乐趣；课间，他和学生打成一片，仿佛又重回童年。在一所平凡的小学，他无悔地付出，一如既往踏实认真地工作，深得村民和领导的认可。

1984 年，他被提拔为多依树村校长，当时全村共有六所小学，这就意味着他要总管这六所小学的一切教学工作，这远比当城镇一所学校的校长压力大多了。六所学校，从校舍到师资，从入学到升学，从教育到安全，方方面面，都得他管。才 22 岁的他，在风华正茂的年龄就被委以如此大的重任，这是对他的信任，更是对他的考验和磨练。他迎难而上，积极为各个学校的发展想办法，努力在全村六所学校间营造一种积极竞争的氛围，为提高教学质量敢抓敢拼，为培养优秀的人才打好基础。

风光得意的时候，总也免不了风浪的拍打。在任村校长的时候，他也碰见了令人头疼的事。当时各个学校的校舍都很简陋：晴天，阳光可以从屋顶不受任何阻挡地直直地洒下来，下雨天，雨水则可以纷纷扬扬地从上面落下来，教室的墙也裂开了许多大缝，呼之欲倒的感觉让坐在教室里学习的学生安全时刻都受到了威胁。为了改善教学楼情况，他发动全村的老百姓集资办学，但是贫困的老百姓衣食都解决不好，怎么会愿意出钱办学呢？老百姓只愿意出力不愿意出钱，这给他的工作带来了很大困扰。他知道百姓生活条件的困苦，自然也能理解老百姓的处境，但是这种功在当代、利在千秋的事情，必须做。他绞尽脑汁想办法，终于向上级申请得到了部分资金，然后再自己出钱补了缺口。教学楼终于在他的意志下改变了原来的面貌，虽然建成后的教学楼谈不上窗明几净，但是基本达到遮风避雨的要求，孩子的安全问题得到了保障。看着孩子们能重回安全的教学楼读书学习，作为村校长的他，自然有不言而喻的喜悦。

1986 年，他以各方面的突出表现获得高级教师的称号。这个荣誉，对他来说，既是对他以往工作的肯定，也对他今后的工作提出了更多的要求。魏校长深感荣誉带来的压力，觉得唯有把学生的需要视为最大的需要才对得起人民和组织的信任，此后，魏校长更是兢兢业业，以百分之百的热忱投入到了工作中去。随后，乡“直改”[①] 开始，由于他不仅教学成绩显著，而且为人正直，他被推举为“直改”小组成员。

1992 年，乡教委给他一个承诺，让他先在芒糯小学任教一年，一年之后便可以成为乡教委成员。气血方刚的魏校长，自然不会错过这么个更好的发展机会。在芒糯小学任教一年，虽然是过渡意义上的一年，但他没有懈怠，依然一如既往认真地教学，在知识的花园他甘当一个辛勤的园丁，勤于修剪枝丫和除草，这样的努力，为的是对得起为人师表的教师称号。一年之后，乡教委却没有实现承诺，以乡教委现在不缺人搪塞他。他对乡教委的失信感到恼火和气愤，心中觉得其间肯定有猫腻，冷静思考再三，觉得不去也罢，分分秒秒，他都认真努力地过着，一直以优秀的姿态在生活和工作着，岂能为乡教委那样的不守信折腰？接着，他在芒糯小学继续任教了 3 年，在平凡的工作岗位，他照样能实现自己的人生价值。

1996 年，为了和家里有个照应，他回到了东佤寨小学教学，任小学校长。近年来，他所在的东佤寨小学在文东乡排名一直都是前两名。虽然当地贫困，但是家庭越来越重视教育，孩子们父母的素质也比其他寨子里的父母素质高，家庭的配合加上学校的努力，学生成绩自然就上去了。魏校长谦虚地称教学质量的提高和家庭的重视有很大关系，对于自己的教学有道和管理有方却只字不提。可是，谁不知道，军功章里也有他的一半儿呢？他多年的教学和管理经验与学校取得的成绩是分不开的，现在他管理一所学校，相比于以前齐管 6 所学校来说，应该算作小菜一碟，更如鱼得水了。现在东佤寨小学一共 4 位老师，57 个学生，小学共有 3 间教室，只办到四年级，管理压力确实不大，他就把精力主要投在抓教学质量层面上来。谈及他是怎么带领学校抓教学质量的，他兴致变得高起来，原来严格管理，加强监督，奖惩恰当，人才感染等都是他的治理之道。2009 年，为了改善学生的学习环境，他拍下学生在昏

---

① 所谓“直改”就是教职工每年进行考核，作为今后晋职评审的依据。

暗的教室里穿着褴褛的衣服积极求学的场景。在上允举办的工作汇报会上，向所有人展示了这些令人心酸的照片。教学条件差的现实情况通过一张张照片反映了出来，既生动直观又触及人心。会后，上级单位拨款2500元。魏校长十分高兴，把这2500元一部分拿来改善教学环境，一部分拿来给家庭困难的学生买书包、作业本、裤子和衣服。虽然这些都没有硬性规定，要求校长为学生和学校的建设积极想办法，但是校长把学生看作自己的孩子，怎么能忍心他们在艰苦的条件下受折磨呢，条件好一点儿，他心里才觉得对得起这些孩子。就这样，他一直通过自己的努力争取，为学生，为学校提供了比较好的环境。

魏校长如此认真地教学和管理，一定赢得了许多荣誉。问他都获得了哪些荣誉的时候，他也记不清楚了。随即，他走到橱柜前，从里面拿出了一个大大的袋子，告诉我里面装的全是他获得的荣誉证书，已经不是很全了。我顿时震惊了，如果荣誉证书都全部完整地保留了下来的话，那该是多么惊人。他把荣誉证书从袋子里倒了出来，红色的本子散落了一地。“县级先进工作者”“优秀教师”“先进个人”“乡级优秀工作者”等都一股脑儿地全挤进了我的眼睛。魏校长边高兴地给我展示着他获得的荣誉，边饶有兴致地讲着每个荣誉是何时何地得到的，和我分享着其间的喜悦。渐渐地，我从中感知到了，魏校长始终是以一个具有使命感的姿态来面对他的教育工作。说起魏校长最高兴的事情，当然要属看见他教出的学生个个都有出息了。他自豪地告诉我，现任文东乡的乡长就是他学生。乡长是从云南民族大学毕业的，在当时算得上全乡考的最好的学校了。现在学生有出息了，过上了好日子，有了示范效应，促进村里一批一批的人才出现，这让做老师的他十分满足，也是对他教学的极大肯定和回报。

魏校长不仅在学校任职，而且也是村党支部成员。1989年他成为了党支部里的一分子，担任纪律委员，主要负责监督检查党员的工作，当发现党员犯了错误，就给予耐心批评指正，将党员的错误思想和错误行为扼杀在萌芽状态中。由于他耿直和说一就是一的性格，在党支部一直有很好的口碑，他的工作受到了大家的肯定。每次投票选举时，他都被选为纪律委员，一直担任该职务到如今。他坦言，纪律委员是个得罪人的活儿，许多人都不愿意揽这活儿，大家在一起都是熟人，碍于面子不好说人家的错误是正常的事情。但是这么多年的履职经验，让他总结出了一套自己的有效的工作方法，那就是说人要委婉，教育人要及时，打击犯罪要严格，另外还得从自身做起，严于律己，这样批评别人时才能更有说服力。目前，他在党支部工作了21年。他说，现在腐败滋生，是因为党员的自律意识和抵制诱惑的能力下降，共产党这个组织还是先进的，为了防止腐败，必须标本兼治，综合治理等。仔细思考过这个问题的他，在谈论起腐败问题的时候开始滔滔不绝，一时停不了口，其看法和见识让我也感触颇深。

魏校长有一个幸福美满的家庭。1987年他结婚了，不管我们怎样刨根问底地问这段感情时，他总是面露微笑，只字不语，留给我无限的遐想空间。不管那段感情曾经是多么的轰轰烈烈，抑或曲折动人，在魏校长笑容背后，我们只能想象，但有一点，我们很确定，那就是遇见彼此后，幸福也如期而至了。

1989年第一个女儿降临到这个幸福的家庭，取名魏寒梅。1991年小女儿也降临了，取名魏寒冬。两个女儿从小就在父亲的谆谆教导下，认真读书学习。在家庭良好的熏陶下，女儿变得知书达理，乖巧懂事，为这个幸福的家庭增添许多欢声笑语。魏校长对女儿寄予很高的希望，他要求女儿从小就得认真读书学习，努力拼搏，在同龄人中敢于争先。严父出好子，两个女儿在小学、初中和高中就一直是班上的佼佼者，在高考时，更是以骄人的成绩考上了好大学。大女儿考上了云南大学的英语专业，现在已经读大四了。小女儿考上了云南大学的法律专业，现在读大二。两个女儿的出类拔萃，让魏校长很自豪，每每说起两个在全村数一数二的女儿，他就难掩内心的喜悦。父母永远都希望自己的子女是最出色的，望子成龙、望女成凤的心态，游走在每个父母心间，如引导恰当确是一件合家欢乐的事情，如操之过急则会误了孩子一生。所幸，魏校长引导恰当，加上又给女儿营造了很好的家庭氛围，两个女儿才不负众望。

魏校长谈及两个女儿的教育，不免又说起教育费用的问题。特别是从两个女儿都步入学堂以来，她们的学费和生活费就涨很多，单靠魏校长在学校的工资是远不能供给的。于是魏校长决定拓宽家里的收入渠道。1990年，家里开始养猪，每年养两发，一发养十多头猪，一年就可以卖一至两万元。2008年，家里又开始养蚕，魏校长在书上学习养蚕技术后，教给妻子，妻子再负责起家里的养蚕大业，一年下来，可以靠养蚕挣得1000多元。这样，就凭家里养猪养蚕挣得的钱，就可以解决两个女儿的上学费用。魏校长自己的工资就主要用来贴补家用。贤惠的妻子和能干的魏校长，共同为这个家支撑了幸福的保护伞。

马上就要退休的魏校长，在谈及对生活的期望时，显得格外恬淡。他希望晚年全家能到县城度过，在县城买一套房子，然后过上衣食无忧的生活就足矣。也许，几年过后，他们一家人都去了县城，过上了无忧无虑的生活。当村里人再想起这户人家的时候，眼神中总有一份想念和羡慕。但是对女儿们的未来，他则希望她们能继续读完研究生，到时候至少在县里找到一份工作，当上人民教师就好了。他对女儿的期待，对女儿当教师的期待，源于他对自己所从事职业的那份沉甸甸的热爱。

（二）随和乐观的青年教师田耀明

在多依树村调研的日子里，我们每时每刻都能感觉到生活在这片美丽村寨上的佤族儿女的热情与质朴，他们淳朴的民风和好客的习俗让我们虽然身在异乡也感觉如家般的温暖。

在整个调研开展的过程中，我们更是得到了这里许多村民的帮助，有些人已经跟我们成为朋友。他们都是这个村寨中的年轻人，都接受过教育，都能够讲一口流利的普通话。在不工作的时候，我们听他们唱佤族民歌，看他们表演佤族乐器，听他们讲佤族传说，从他们身上体会到佤族人民独有的风情，了解到多依树村寨美丽的故事。由于我们和农户之间存在语言问题，他们便主动请缨自觉做向导，常常带我们深入不同类型的农户家里，在每家每户都耐心而热情地给我们做翻译，给我们这个调研小组的顺利开展提供了极大的帮助。在这几个年轻人中，与我接触最多的是一位从小在多依树村长大，目前在乡上完小从事教书工作的青年人，他姓田，名耀明，我们都亲切地称之为田老师。

与田老师的初次相识，是在我们刚刚抵达文东乡的傍晚。那天天气格外的晴朗，天上的云朵棉花般大片大片的舒展在蔚蓝的天空，在夕阳的映照下，显得更加纯净跟绵厚。往山下望去，烟雾缭绕，犹入仙境。我们和乡上的领导等一群人围坐在当地人特有的那种圆竹桌子边上，互相认识。一段时间之后，来了两个年轻人，乡长介绍说这是他的两个表弟，以后可以带我们熟悉村里的情况。其中一个瘦瘦的、黑黑的，有着一双大眼睛跟一脸灿烂笑容的年轻人便是田老师。那天，田老师人很是爽朗，给我们献上了一首佤族的月下情歌。乐观、爽朗、随和，这是田老师带给我的第一印象。

入住多依树村的第一天，村里安排我们分散居住在农户的家里，每个人都在村民的引导下开始安放行李，而我和另一个同伴的引导者恰巧是田老师。田老师主动帮我们拿行李，热情地把我们安排进了一家农户的家里，也让我更深一步地了解他的周到和细致。放完行李，我们都来到了村里的教堂，在这里每个人都得到了一份意外的惊喜，村民们穿着佤族盛装来到山顶的教堂，邀请我们围在一起跳舞，田老师也在，他给我们介绍了关于舞蹈的一些情况，并且教我们怎么走舞步，看他一边跳舞一边唱歌的样子，我不禁感慨他的多才多艺。调研开始后，在有一天深入农户家里时，田老师恰好是我的向导。我向他了解了村里的不同农户类型，听了他的介绍后，我们结伴前往多依树村委会附近的一户农民家里。在我做问卷跟访谈的两个多小时的过程中，田老师一直在边上耐心地听着，遇到我和农户之间存在语言问题的时候，他便及时地进行翻译。这本不是他的义务，但他却是那么认真，这种态度让我很是感动。

在以上种种机缘下，田老师和我们逐渐成为朋友，在平时的交流过程中，我了解到他曾经当过兵，退伍后当过代课教师等，对于他身上的故事以及他在这个佤族村寨中的特殊存在我都倍感好奇，于是我发出邀请，希望和他有次愉快地交谈，他当时爽快地答应了，并且告诉我："明天的采访，我会穿上我自己的民族服装给你们看一看。"就这样，我有机会对田老师个人的经历有了一个深入的了解。

田老师1975年12月25日出生在多依树村的东佤寨。他七岁时开始读书，在村里的小学读了三年之后，由于叔叔在乡上教书的缘故而去了乡完小。成绩一直很好的他，后来顺利考取了文东乡中学。然而，也正是在他刚读初一的那一年，他的父亲去世了。家庭的这一变故让年幼的他经历了一场打击，不过他还是坚持读完了初中，并且三年后成功考取了县里的高中。田老师告诉我，高中开学的时候，他是一个人乘车去了县里，家里也没有人去送他。谈及高中的那段时光，田老师说那对他来说是一段相对痛苦的回忆，他的眼睛也变得略带忧郁。在他读高一那年，母亲带着妹妹离开了家里，只剩下田老师和弟弟留在东佤寨，这一家庭的变故更是让他觉得难过，无心专注于学习。学费成了他读书的一大问题，除了叔叔帮他解决的一小部分之外，其余的学费都是靠他自己业余打工解决的。为了解决学费和生活费，那个时候十几岁的他卖过冰棒，也在建筑工地卖过劳力，而这些事情都分散了他学习的精力，高中三年后他没有去考大学。虽然老师都替他感到惋惜，但他最终还是放弃了高考。说起以上这些往事的时候，田老师的眼睛中流露出来的有无奈也有忧郁。不过，生活总是这样，会给人各种各样的磨难和考验，而在经历了这些考验之后，人才变得更加成熟。我眼前的田老师虽然经历过那样一段不愉快的往事，但现在的他也一定因为那些历练而变得更加坚强和乐观。

高中毕业后，田老师回到多依树村，在叔叔的介绍下进了村里的平掌小学做了两个月的代课教师。那个时候，村里的学校比较缺乏老师，而学历高的人也比较少，基本上初中毕业后都可以去做代课教师。不过，代课期间的田老师心里还有一种想法，那就是希望自己去当兵。在他读高三那一年就曾经报名参军，但因为还是学生就没有通过审核。代课两个月之后，县里开始征兵，田老师就报名参军了，和县里其他的青年人一起成为县里的第一批西藏兵。

在美丽的青藏高原当兵给田老师带来了一段丰富的人生经历。刚到拉萨的时候，田老师第一次见到大雪纷飞的风景，而这完全不同于家乡的四季如春的气候。他们的部队位于拉萨，即西藏军区汽车第十六团 56101 部队。忆起当兵的那段岁月，田老师总结说是有苦也有乐还有一些错过的机会。当时中科院在西藏建立了一所气象站，需要一名士兵去气象站工作，田老师恰好是高中毕业，而当时高中毕业的士兵也没有几个，这对他而言是一个很好的机会。不过那个时候的他对驾驶很感兴趣，一心要留在汽车团学开车。虽然错过了一个很好的机会，但是田老师最后也学会了优秀的驾驶技术。除了学会驾驶技术，田老师在当兵期间也学会了骑马，那是他们必不可少的训练之一。三年之后，田老师写了退伍申请，但是最终被部队留下来，又延长服役了两年，作为班长来带新兵。这期间，田老师又得到了一个报考军校里民族干部的机会，部队推荐他参加培训和考试，但最终因为种种原因没能考取。我问田老师有没有觉得遗憾，他笑了，说没考上也没什么，要不然现在也做不了老师了。两年后，他选择了退伍回家乡。

回到家乡的田老师，因为是农村兵，部队也不管分配工作，县里也没有安置工作，一开始就只能赋闲在家里。和他一起退伍的很多战友，都是选择外出打工，而那个时候的田老师也差点出去打工。在家闲了一个月之后，在叔叔的介绍下，田老师去了乡完小工作。他的第一份工作仍然和他在部队学到的驾驶有关，乡完小买了一部吉普车，田老师就去那里开车做司机。后来又开始做代课教师，但是代课教师的工资很低。为了早日转为正式教师，他报名参加了考试，通过函授的方式拿到了中专文凭。田老师笑着说，这其中其实还有一点曲折，由于在部队呆久了，拿书本的机会也很少，第一次考试他并没有通过，不过不服输的他认为既然选择留在乡里了就一定要转正。上天不负有心人，通过认真地复习，田老师最终通过考试，成功转正，工资相对于以前也有所提高。在拿到中专文凭之后，田老师趁机一路向前，给自己定了一个更高的目标，那就是拿到大学文凭。那个时候恰巧云南师范大学在澜沧县办函授班，田老师通过学习和考试，最终顺利获得了大学文凭，而此时，他的月工资也由代课时候的200多元涨到了2000多元。

自从进入乡完小之后，田老师一直承担着学校五、六年级学生的数学课这一教书任务。2009年他有机会去参加了一年的培训，回来之后，学校分配给他做少先队辅导员的工作。我问他平常的工作忙不忙，田老师想了一下答道："还是比较难的。"我想也许正是有了一份责任感才会郑重地对待自己的工作，因为想把工作做好，才会觉得有难度。因为自己负责了少先队的工作，平时的任务也还是比较繁重的，田老师于是承担了一门副科的教学任务，课时量相对于以前教数学的时候减少了很多。田老师说的副科是指地方教材课，主要介绍云南各地的风景名胜、古迹圣地以及云南各民族的风俗特色等。

当说起自己目前主管的少先队员工作时，田老师不禁感慨道："这项工作有时候也还是比较难做的，因为这边各方面的条件毕竟都不具备，学生的意识也不到位……小孩子的天性中有爱玩的一面，但是在我们乡有些村里的完小，到现在还是一个老师带多门课，有些地方甚至是一人一校，根本没有时间带领学生多做活动。乡上要求集中办学以后，村完小的学生到五、六年级以后就会来到乡完小，我还是会争取给他们多开展一些活动，让校园活跃了很多，希望通过开展这些活动让校园文化也挖掘出来。"的确，在教育资源相对匮乏的乡村地区，尤其是交通条件不便利的山区，教育的发展受到了严重的制约，基础教育的推广也受到了制约。田老师在说这些话的时候，表情显得很凝重，从他的眼睛中我也看到了一份沉甸甸的责任感。

为了丰富校园文化，田老师自从接管少先队员辅导工作以后，就不断地组织了一些新颖的活动。从2010年3月开学后，他就争取定期给学生们丰富一下课余生活。平时，他们会组织游园活动。在2010年4月，他结合清明节组织全校学生参加了扫烈士墓的活动，并结合这个活动进行了爱国主义教育。5月，他又组织各个班级举办了主题班会。6月，结合六一儿童节，文东乡完小又开展了一次全校范围内的广播体操比赛和校园文艺晚会。

当被问及做老师是否感到幸福时，田老师概括说挺好的。在做教师之前，他自己从来没有想过要做教师，但是真正从事了这一职业之后，还是收获了很多特有的经历。在多依树村，人们对老师是比较尊重的，因为老师代表一类有文化、有知识、有修养的人。田老师在当地也是比较受人尊重的，而且他与所教过的学生之间的感情特别好。田老师说在他教书的这几年中有一件事情给他留下了很深的印象："我教过的那届六年级一个班的学生，考完试之后其他班级都走了，但是他们却不肯毕业回家，集体要求我给他们再上一堂课，要求我给他们讲话，我讲不出来眼泪就直接掉下来了。"说到这些的时候田老师开心地笑了，他说他觉得自己特别幸福。从他的言语中，我看到的是一幅美好的画面。在教育资源相对匮乏的地方，有这样一位老师为学生辛苦地付出着，同时，也有这样一群学生为老师默默地祝福着。

当然，在日常的工作中，田老师说也会有感到很辛苦的地方。在一些农村的学校里，有些老师一人管一个学校，一整天都得上课，"起的比鸡早，睡的比鬼晚"。但是，田老师说，如果学生们以后能够成才，那会是对他最大的安慰。现在他教过的那些优秀的学生跟他联系的时候，他都会给他们很多鼓励。这也是一位乡村教师最大的幸福了。

在平常组织学生们活动的时候，田老师也是充分展示了自己的多才多艺。就才艺而言，除了唱歌之外，田老师很擅长吉他，也会一点架子鼓，而这些才艺都是他自学的。他还向我讲述了当地的佤族木鼓节。虽然他们本地现在已经不过这个节日了，但是关于这个节日的古老传说依然还在流传，"木鼓用的时间比较长了以后就要换一个新的，拉木鼓的时候是很隆重的，都是载歌载舞的。大家上山看好了树以后，在村里头人的带领下，一起上山去祭拜山神树神。祭拜完之后，由几位头人先动斧在树根上砍上几下，然后再由村民集体去砍树。第二天，树砍好了以后，村民们都会穿着民族盛装去山上拉树。大家用藤条把木头绑好挑起来，一边唱着古老的佤族民歌，一边跳着佤族舞蹈，载歌载舞地把树从山上运到村寨去。回来以后，村民们会杀鸡庆祝，把木头交给木匠去做木鼓，做好以后大家就开始击鼓和唱歌跳舞。那个时候每个村里都会有两个木鼓房，一个是雄的，一个是雌的。传说木鼓房是不能随便进的，尤其是女人。村里有什么重要的事情或者警报等的时候，都会去击木鼓。我们这个村子以前是很崇拜木鼓的，但是到我们这一代都已经没有了，许多的风俗文化到现在都消失了，没有保护好。”

田老师现在住在乡上，他的弟弟住在多依树村，他也会经常回到村子里面来，因为这里有他的很多亲人跟朋友。在田老师的眼里，民族文化的保护其实是很重要的一件事情。他自己爱好乐器，2009 年的时候乡上买了一台架子鼓，他自己就特别想组建一个佤族乐队，但是由于大家都各有各自的忙处，这个想法到现在也还没有实现。田老师喜欢唱歌，很多首佤族民歌他都能信手拈来。2009 年的时候，田老师也参加了，还去唱了一首《当兵的人》，当时还获得了三等奖。2010 年 4 月的澜沧县葫芦节①，田老师自弹自唱表演了一首佤族情歌——“月下情歌”，是很流行的一首佤族歌曲。这让我们看到了佤族人民生活中自由洒脱的一面，他们载歌载舞，用欢乐的精神去享受生活，与青山翠林共生，展示着佤族人民独有的魅力。

田耀明，这位优秀的佤族青年，作为一个多依树村民，他在用自己的方式为这个村子的发展做贡献；作为一个才艺能手，他希望能弘扬佤族文化；作为一个乡村教师，他希望能尽己之力让山区的孩子们早日成才；作为我们的朋友，他亲切爽朗而真诚。田老师在各个方面都是绽放光彩的，我们祝福他在教师的岗位上做的更加出色，祝福他的生活更加多姿多彩！

（三）回乡教书的热情大学生魏智雄

来到文东乡的第一天，我们遇见了回家乡工作的大学生魏智雄。第一次见面，魏老师给我的印象就是性格外向，热情，多才多艺。在后来的接触中，他的这些特征渐渐地放大在我们面前，让我们深深感受到佤族青年的魅力。

在多依树村进行调研的过程中，魏老师一直担任我们的翻译和向导，在他的帮助下，我们走进一户户佤族家庭，了解到他们生活的方方面面。当听

① 葫芦节是拉祜族的节日，因为澜沧县是拉祜族自治县，所以佤族人也会参加。每年文东乡都会组织文艺节目选拔活动，各个村之间通过比赛最终会选送优秀的节目去县里表演。

说我想对他本人进行一次专访时，魏老师难得的腼腆起来，直说："我没有什么好采访的啊。"后来，在我的强烈要求下，我们约好在他的姐姐家进行访谈。

8 月 4 日的下午，天空飘起了淅沥的小雨，我撑着雨伞应邀来到魏老师姐姐家。魏老师的姐姐嫁给了本村人，2009 年家中新盖了两层的小楼，家里装修的特别漂亮，白色地板蓝色的墙，客厅摆了长条的沙发，另一侧是电视机和饮水机。我们到的时候，主人都不在家，只有魏老师等着我们，给我们准备了很多的水果，就这样，在屋外滴滴答答的雨声中，我们开始了访谈。

魏智雄，1985 年出生在这个纯朴的佤族寨子，父母都是农民，家中排行第八，上面还有六个姐姐一个哥哥，由于是家里最小的孩子，从小就受到家人更多的疼爱。魏老师的求学之路比较曲折，在东佤小学（东佤小学当时只开设小学一到三年级的课程）读完三年级后，到离家 100 多公里外的竹塘乡小学、中学继续上学，直到初中毕业，在这段时间，他一直住在哥哥家。高中就读于澜沧县一中，一中离哥哥家比较远，所以只能住校。2004 年高考之后，由于没有发挥好，只考上专科，因此选择复读一年。在这一年中，经过不断的努力学习，终于在 2005 年考上了玉溪师范学院，学习物理专业。2009 年大学毕业后，他义无反顾地选择了回家乡，通过县事业单位人才考试，进入戛乡中学，担任初中二年级的物理老师，从 2009 年 11 月开始，正式投身家乡的教育事业。

当我问他为什么会选择回家乡工作时，他想了想说："我们这里的教育太落后了，老师不够，别人都不愿意来，当时参加县里的人事招聘考试时，就我一个人报这个专业。现在我们学校只有我一个真正物理专业毕业的老师，其他的物理老师都是别的专业上来的，教学质量上肯定会受到影响。再说，我的父母也老了，我想离他们近一点，好方便照顾他们，虽然我都住在学校，离家里有 70 多公里，但是平时经常回来，放假时也在家里住，像现在正好在放假的时间，我就回来和爸妈一起住。"听完他的话，我的内心深处被一种莫名的感情所触动，在这番质朴的话语中，我感受到一位佤族青年对家乡深深的热爱和牵挂，对父母无尽的关心和孝顺。

我又问他："为什么你会想当老师呢？"他说："这是我从小到大的一个梦想，当我在东佤读小学时，这个梦想就有了。"我问："这是为什么呢？"他回答说："因为我的哥哥、嫂子，还有一个姐姐都是老师，我很小的时候，我哥

哥就在竹塘乡中学教英语了。所以我一直想像哥哥一样，长大后能成为一名老师。“

说到现在的工作时，魏老师面带一丝的忧愁。刚进学校，魏老师就带了两个初二的班级，两个学期的课程下来，他感觉到学生的基础太差，上课的时候会很吃力，特别是这两个班的学生大多数都是拉祜族的，汉语水平低，更增加了教学的难度。有时候一个很基础的题目，讲了好几遍，学生都还不懂，班上的学习气氛也不太好，很多小孩不爱学习，就爱玩，很多家庭都不重视孩子的教育问题。我问他有没有什么办法可以克服这些困难时，魏老师立马接着说："我想了很久了，我觉得学生要学习好，首先要让他们喜欢老师，老师要有感染力。"我说："那学生们肯定都会喜欢你吧!""呵呵，是的，我上课比较灵活，平时经常带学生唱歌，做活动，还教他们弹吉他，学生都很喜欢，这就可以调动学生的学习气氛。"魏老师接着说："我还建议学校的语文老师给学生加强汉语的学习，只有汉语学好了，才能掌握好其他的知识。另外，上课的时候要有耐心，给基础不太好的学生多讲几遍，有时候，我还跟他们分享我的大学生活经历，讲讲外面世界的精彩，试着提高他们的学习积极性。"

作为一名刚入职的教师，魏老师的工资待遇一般。每月基本工资只有1760元，扣除住房公积金等费用后，只剩1500多元。再算上半年一次的绩效工资，每个月大约能有2100元左右的收入。在支出方面，由于住在学校宿舍，不用房租，用于吃饭生活费每个月大约200元，烟酒每个月大约300元，所以一个月通常能剩下来1000多元。本来他是计划好工作后每个月都给父母交600元的，但是刚参加工作一个多月，哥哥开车发生了交通事故，撞伤了人，需要赔给别人很大一笔钱，于是，他用工资贷款了3万元给哥哥，所以三年中，他每个月都要从工资里拿出1000元偿还贷款，剩下的钱就只够自己生活，因此，给父母生活费的事情只能三年后再实行。

当我问他那笔钱哥哥什么时候会还给他时，他开始有点儿激动地说："我是给我哥哥的，不用哥哥还。"我问他为什么，他解释说，从小学到大学，一直都是哥哥嫂子还有四姐供他读书，全力支持他上学，"如果没有哥嫂和四姐的支持，就没有今天的我。"魏老师面色庄重地说，"哥哥和嫂子一直都是我很崇敬的人，特别是我嫂子，是一位很善良的拉祜族妇女，她和我哥哥都是老师，哥哥教英语，她教语文。一直以来，她都很照顾我，支持我上学，有时候我问她要 100 元，她会给我 200 元，我很感激她。”虽然我们在文东乡的时候，没有机会见到魏老师的哥哥嫂子，但是一直到今天，我的脑海里都会浮现出他们的样子，他们和其他拉祜族、佤族人一样，有着一颗纯朴而善良的心，尽自己最大的努力让弟弟拥有更广阔的天空。

由于刚毕业一年，魏老师对自己的大学生活还很怀念。聊起大学最难忘的事，魏老师难掩兴奋地说起来：“那时候，刚进校园，我就参加了全校的唱歌大赛，唱的是佤族歌，这首歌是我自己改编的，当时得了二等奖。我们班的同学大多数是汉族，佤族只有我一个，我还因此得了一个外号叫‘佤哥’，我挺喜欢大家这样叫我的。我的爱好很多，但最喜欢唱歌，玩乐器，到大一下学期，我就和班里的另外三个人组成了一个乐队，我是鼓手，有时也是吉他手，吉他是高中时自学的。刚开始组队的时候，家里人怕影响我的学习，不同意我组乐队，也不给我钱买鼓，我就自己出去打工赚钱，发过传单，也当过家教。一个月后，我就用打工赚的钱，加上攒的生活费买了一套鼓。那时候，我一边上课，一边自学架子鼓，生活特别充实。我们乐队的演出特别多，只要学校有晚会，我们就会去。记得刚组队两个星期，我们就出去参加大型的比赛，得了玉溪赛区第二名，但是到昆明赛区时就被淘汰了，我们的乐队和那些专业的比起来差太远了。有时候我还会和另外一个乐队成员去酒吧驻唱，最多的时候一周去四次，一首歌可以得十元，最好的时候一个晚上唱八九首歌，赚的钱就当我们的生活费，后来大四的时候，大家都为前途奔波，我们就解散了。解散前，我们在学校大礼堂开了一个专场演唱会，当时礼堂坐满了人，我现在还记得当时的情景。毕业后，我们乐队成员还一直保持着联系，我很想念他们，上学时，有时候大家都没有了生活费，我们把身上的钱全凑起来，才够买一包泡面，一人一口，每次回忆大学的生活就会很开心，不想毕业。”聊到这里，魏老师望着窗外的雨，半晌没有说话。

谈到学习，魏老师直说专业课很难，并且感觉最难的就是理论力学和量子力学，所以经常请教老师。当时班上有几个外省的同学成绩特别好，所以有时也请教他们。当我问起他大学有没有谈恋爱时，他开始笑起来，笑完说道：“当然有，谈了几次呢，最长的是大四这一年的女朋友，原本我还想和她结婚的，但是毕业的时候我想回家乡工作，而她的家人要求她回自己的家乡，我们只能被迫分手了。”我说：“你是为了能在家乡从事教育事业而放弃了当时的爱情吗？”他想了一下说道：“嗯，算是吧。”我说：“你从外面上完学回到家，觉得外面的世界与家乡比起来，有什么不同?”魏老师思考了一会儿，说道：“我们佤族人比较老实，热心，外面的人心机多，防心重，不像我们农村人纯朴。不过外面挣钱的机会多，更好玩。”我问他：“那你现在向往去外面吗?”他说：“有时候是有点儿向往，但是割舍不下学生，我的学生大部分还是很爱学习，渴望知识的，所以想尽自己的一份心力。有的时候，我会想象很多年以后，当自己桃李满天下之时，心里该多美。自己教出去的学生有了出息，回来再叫我一声老师时，感觉会有多温暖!”

在采访的最后，我们谈到东佤寨的经济发展现状和将来，对此，魏老师也有自己的一番见解。他认为，佤族人的生活正在慢慢变好。就东佤寨来说，近几年，特别是2006年、2007年以来，经济发展比较迅速，而发展最快的就是2009年，全村的道路硬化，还新修了很多小楼房。他说，在他小时候，连油都吃不上，住的也是茅草房，现在的生活水平与那时比起来，提高非常多。问到经济发展的原因，魏老师说了四点：一是这些年来出去打工的人变多。打工的人多，带回来的钱也会变多，提高了村民的生活水平。另外，打工的人回来了出去，出去了再回来，会不断地带回来外面的新思想，开阔村民的眼界。二是村民知识水平的提高。以前，东佤寨的村民很大一部分都是小学文化水平，文盲也较多，现在，从他这一辈开始，绝大部分村民都是初中文化水平以上，其中包括20多名大学生，并有十几名已经毕业。文化水平的提高使村民掌握了更加先进的科学技术，促进当地农业的方展。三是归功于政府的政策优惠。上至中央，下到地方，各级政府部门都充分重视少数民族地区的经济发展和人民生活水平的提高，用各种政策上的优惠来给予关心，促进当地的发展。譬如说现在，东佤寨的村民修房子，政府就会给财力或者物力上的补贴，这在很久以前是没有的。四是本村出去工作的人变多。出去工作的人大多都在城市里的机关或企业里上班，生活条件变好，激励着村子里的人谋求更好的工作和生活。

以上这些原因促进了多依树村的发展，但是现在仍然存在一定的因素阻碍着村庄的经济发展，对此，魏老师也提出了自己的看法，他说：“我们这里农民主要收入是来源于农业生产，但是我们种植的作物种类太多，像甘蔗、花生、茶叶、水稻等等，什么都种，但是什么都不多，没有支柱产业，也没有什么特色产业，老百姓收入上不去，手上没有钱，就没有资金来扩大生产。但是我觉得再过几年，我们这里会变得越来越好的，老百姓会全部富起来的。”

对于村庄的发展，我本以为魏老师的想法不会太多，毕竟他才回村不到一年，但是当他眼神专注、侃侃而谈时，心中对他的敬佩之情油然而生，他让我感受到一位优秀的佤族青年对家乡未来发展的深深思考和关心。

在采访的最后，魏老师谈到自己今后的愿望，他目前最想做的事情就是想提高教学质量，提高本班的及格率；并希望与县城的老师增加交流，通过学习别人的经验，再结合当地情况，提高教育水平；并且希望自己教出的学生以后能有一番作为；另外，在谈及自己的人生规划时，他打算先好好工作，攒一些钱，过两年成家，现在虽然工资不是很高，但是他觉得自己生活得很自在和快乐，对自己现在的生活状态非常满意。

访谈结束后，魏老师带我去走访村长家。走在乡间小路上，魏老师的身影映在一片绿油油的田野中，在阳光中随着脚步不停的跳跃。这位年轻的佤族青年，大学毕业选择回到了家乡，选择为家乡的教育事业贡献自己的一份力量，也许，我们的身边还有这样的人，但是此刻，没有谁在我的心中形象是如此的深刻。在云南澜沧县这样一个偏远地区，生活条件艰苦，教育资源落后，需要的正是像魏老师这样一批又一批的专业人才，来发展当地的教育事业。为让更多的少数民族儿童接受更好的教育，我认为当地政府应当制订相关的政策，吸引更多的教育人才。同时，针对像魏老师这样的回乡大学生，当地政府应当考虑提高其工资待遇。百年大计，教育为本，可以说，教育事业的发展关系到一个民族的兴衰存亡。我们衷心地希望越来越多的佤族儿童能享受到更好的教学资源，佤族人民的生活越来越好。

十七、传统文化爱好者

（一）勤劳乐观的文化队长魏联新

第一次去文化队队长魏联新家里的时候，他家里没有人。我们只得在他干净的庭院里站着等，看见庭院下面一株石榴树正长势旺盛，上面挂着十几个大大的石榴，仿佛正在枝头守候着成熟时的喜悦，石榴红红的粒儿，露在外面，惹得我们不禁想上前摘下来，放入囊中。从他院子里，可以一览村里南边的家家户户，看着远处炊烟袅袅升起，人们在房前屋后忙忙碌碌，宛如正在欣赏一幅泼墨山水画。等了许久，还是不见有人要回来的迹象，只好返回，做好明日再来的准备。

第二天晚上，想着一天的农活儿也应该忙结束了，魏联新家里应该有人了，我们再次来到他家。果然，一进他家庭院，就听见了屋里的说话声，心中不禁喜悦。还未进入他家，就被大门上的十星文明户牌子给吸引住了，六颗红星打在上面，有团结星、爱国星、卫生星、义务星、计生星、友爱星，十星占六星，便足以见得这家是这个小组的模范家庭。一进他家，立马被他家收拾的干净整洁给震住了，以前见过本组别的农户家庭，家里都是杂乱无章地摆放着东西，地上也是好久没有扫过的样子，而文化队队长家里，床上的被子叠得整整齐齐，家具上井然有序地摆着杯子、茶壶等，椅子也收拾到一起，整齐地放在靠墙的一边，地上干干净净，让人住在这家，便有一种神清气爽的感觉。看着眼前的这一切，我对这家的兴趣已不仅仅停留在他家主人是文化队队长这个层面，而是被家里这种温馨干净的气氛所驱动，驱动我去寻找这里面的点滴幸福。

见我们来到，魏联新忙拿出椅子让我们坐，然后又起身给我们泡茶去，妻子则在一旁十分愧疚地用不是很标准的普通话对我们说，现在这个季节家里没有什么好吃的招待我们，十分不好意思。随即，便走出家门，我还以为她是因为害羞而不敢和我们多说话呢。十几分钟之后，当她提着刚买来的红牛和奶糖递给我们让我们随便吃时，我才知道，原来她是去商店了。一家人这般盛情款待我们，使得我们既觉得温暖，又觉得实在是不好意思。朴实的一家子，待人真是好！一阵寒暄之后，我们开始进入了正式话题。

魏联新，1968 年出生，家中共有 10 姊妹，8 男 2 女，在家中排行老八，因姊妹众多，家里负担沉重，他只读完小学六年级便辍学在家。妻子则比魏联新小 1 岁，家里共有 6 姊妹，4 男 2 女，在家中排行老二，因成绩不理想，妻子只读完小学二年级便回家了。

1989 年魏联新和妻子结婚，组建了这个家庭。当时他们是自由恋爱后才结婚的，魏联新见妻子心眼儿好，人又漂亮，十分喜欢她。在谈了半年的恋爱后俩人便结婚了。结婚那天，花了 2000 元请亲戚朋友吃饭，喝喜酒，吃喜糖。2000 元办喜宴在当时整个村算是办得最好的，虽然有 1000 元还是借的，但是魏联新觉得很值，人生就一次婚礼，不隆重点儿办实在是对不起妻子和自己。文化水平并不高的他们，为这个家辛勤劳动，创造幸福的家庭。

他们一直在家务农，家里主要靠田里的收入。虽然村里很多人都是这样，但是也并不如他们一家生活得好。说到底，这和魏联新不爱盲目干活儿，总爱思考有很大关系。他琢磨出了一套经济规律：村里大家都种的农作物，他家就少种，多种别人家不种的东西，这样就可以卖出个好价钱。又比如在种田的时候，要多依靠科学种田，不能种子下去之后，就放任不管了，该施肥的还是得施肥，该除草的还是得除草，该打药的照样得打农药。这样种田，田地里的收成自然是别人的好几倍，而且还能卖出个好价钱，收入不用愁了，家里的生活水平也跟上去了。

辛勤聪明的魏联新，有两个不错的儿子。大儿子现在 20 岁了，2010 年 2 月就去山西打工了，活儿主要是修复漏雨的屋顶，据说一个月有 1000 元的工资，但包吃不包住，一个月下来剩不了多少钱。大儿子虽然年纪不大，却在外面打拼了四年了，每年只有春节才回家。魏联新和妻子觉得儿子很辛苦，小小年纪就在外面一个人摸爬滚打，想到这些，他们很是心疼，经常劝儿子在外面要照顾好自己，每年拿回家多少钱不重要，关键是人要平安健康。儿子在外很听话，让他们很放心，打工的第一年就带回了 500 元，第三年则带回了 2000 元，虽然钱不多，但是儿子的心意让父母很知足。小儿子这个暑假刚初中毕业，中考后情绪一直很低落，魏联新估计是因为小儿子觉得这次考得不怎么理想。但是他却对小儿子充满信心，因小儿子在读初中的时候成绩一直在班上数一数二，老师对小儿子也很欣赏，觉得是可造之材。家里张贴的多张奖状，不用魏联新多说，我就能想到他的小儿子是个优秀的学生。问及是否会让小儿子继续读高中时，他告诉我，小儿子看见家里经济情况不好，不想给家里添负担，心里不想读了，但是作为父母，不管怎样，只要小儿子考得上高中就会支持他读下去。眼前这可敬的父母，不禁让我想起了一直支持我的爸妈，原来，天下所有的父母都一样，只要孩子有飞的梦想和能力，他们宁愿牺牲一切，也要为孩子插上飞的翅膀。

这和和睦睦的一家，有乖巧的儿子、贤惠的妻子和能干的他，自然算得上村里的模范家庭。其中有一个暖水瓶还是 2004 年 10 月文东乡妇联为这个“五好文明家庭”送的，其间妻子有大大的功劳。妻子贤惠持家，勤劳朴实，从不说张家长李家短，邻里关系处理得好，在文东乡是闻名四方的好媳妇儿。谈起这些，魏联新脸上总是大大的笑容，坐在一旁的妻子则羞涩地摇头称不敢当，其间的幸福滋味自是不言而喻。勤快的妻子，把这个家收拾得干干净净，门上挂着的十星文明户荣誉则是对这个妻子的好，对这个家庭的美满最好的说明。

如此善良美丽的妻子，也逃不了病魔的袭击。2007 年 7、8 月间，妻子患了结肠炎，在上允检查确诊后，回到文东乡住院，总共住了 15 天。在这 15 天里，妻子受尽了病痛的折磨，也享受到了家人对她的关爱。小儿子和魏联新每天都会去文东乡轮流照顾她，给她做好吃的，帮她排解心理压力。家人朴实的言语让她坚强起来，恢复得还算快。回到家后，妻子休养了 10 多天，以待身体完全康复。这个季节，恰恰是田里最忙的时候，魏联新在田地里干完活儿后，还得急匆匆地赶回家，照顾妻子，给她做饭，为她端茶递水。那段日子，魏联新都瘦了一圈儿，天天要忙田里还要照顾家里的病号儿，虽然辛苦，但是却从没抱怨过半句，夫妻情在病床前又得到了升华。看着一天比一天好的妻子，魏联新心里觉得十分高兴和激动。他对妻子的爱，都一点一滴表现在了行动上，写在了脸上。

家里现在住的房子很宽敞，总共有两套，其中一套是准备给大儿子结婚后用的。宽敞的砖瓦房，多了份现代气息，却少了佤族特色。魏联新一家以前住的是土墙房，50 平方米的地儿憋屈了一家人 10 多年。现在房子宽敞了，于 2001 年 5 月就盖好了，回想当时盖房子花的钱，基本都是买建筑材料了，共花了 1 万元，而施工费却没有花一分。这和魏联新一家平时乐于助人有着很大的联系。平时，村里有人盖房子的时候，他会主动无偿地帮人家忙，不求回报，现在轮到他家盖房子了，村里人都纷纷过来帮他盖房子，自然就没有了施工费。这种朴实的帮工，如果在大城市也能流行起来，不仅省了工钱，更重要的是，一来二往间大家的感情也加深了，楼上楼下又怎会不认识呢？淳朴的村民，总能让我们感受到乡间最朴实的温情和互动。

盖新房子和小儿子在澜沧县读初中，花了家里很多钱，也向外借了很多钱。算起外债来，差不多有 15000 元了，债务较多，但是家里人有信心在明年底还清。问及靠什么还这么多钱时，魏联新蛮有把握地说靠种甘蔗即可。2009 年，他们家把全部田地用来种甘蔗，本着科学种田的原则，加上运用在书上学习的很多种甘蔗的技术，甘蔗大丰收，产量颇丰，总共卖了 16000 元，如果明年继续种甘蔗，再多租种别人的一些田地，妻子和自己再更加辛勤劳动点儿，平时生活消费和还债的钱应该就不用愁了。魏联新满脸的自信，就像一个从没有打过败仗的将军，在下一次战役前仍信心满满的样子。待到明年，甘蔗丰收的时候，魏联新一家还清债务的时候，他们也就可以再好好规划一下家里以后的长远发展了，活着有奔头也是一种实实在在的幸福啊！

魏联新一家都很勤俭节约，家里的钱主要是供小儿子上学了，剩余的钱则用来添置生产生活用品。一年下来，家里每个人才在圣诞节买一套衣服，一般都是穿以前的旧衣服，并不在衣物上花多少钱。回想起这些年来，买的最贵的衣服还要算2009年妻子给他买的那件外套，花了80元。魏联新感慨，衣服贵不贵，穿着都一样，没必要再买这么贵的衣服了。勤劳朴实的农民从不在意穿的有多好，用的有多值钱，更不知道城里人的攀比和虚荣之心从何而来，他们只要能简单地生活下去就满足了。

家里的大彩电是2005年买的，花了850元，同时配置了一套音响，影碟机和话筒等，总共花了1800元。这可算是家里的巨额投资了，问及怎么会舍得买这么一套简单的家庭影音设备时，他告诉我，家里有孩子，平时没有其他的娱乐，就只好让他在家看电视了，另外，身为文化队队长，也需要开阔一下眼界，看看别的民族舞蹈是怎么排练的，再想想佤族舞蹈有没有可以创新的地方，这些都可以从看电视，看DVD中寻找到灵感。一套家庭影音设备，搁在别人家可能就只是无聊时用来消遣了，但是对魏联新家里的每个人来说，意义都是非凡和深刻的。

魏联新和妻子平时都在家务农，但自从2005年新教堂重新盖上后，大组长因魏联新稳重、老实、交际能力强，选拔他做了文化队队长后，于是他要一边务农，还要组织安排组里的大小文化活动，变得更加忙碌起来。每年圣诞节前夕，他都会组织组民到教堂进行跳歌等活动的排练。白天大家干完活儿后，晚上大家就在魏联新的号召下来到教堂，按照魏队长的指挥和安排进行排练。虽然白天一天的活儿忙完后，大家都很累，但是参加这种文艺活动却很积极，丝毫不言苦，反倒是越练越起劲儿。几天的排练调整后，大家都能有模有样儿地伴着优美的芦笙声跳起舞蹈来，队形也更整齐有致，只等在圣诞节那天，大家共同和远方的客人一同载歌载舞。圣诞节那天，乡里、县里的领导都会来到小组里的教堂，和老百姓一起庆祝圣诞节。领导看着活动组织得很好，百姓跳舞唱歌很尽兴很有序，每年都给予魏联新极高的赞扬，十分欣赏他训练出来的歌舞表演。领导的肯定，组民的支持和配合，让他在工作中找到了极大的乐趣，也极大发挥了自己的组织和领导能力，自然他是越发努力地工作。谈及这份工作有没有工资时，他摇摇头，告诉我尽管这份工作没有工资，也没有经费来源，但是却无法退却他对这份工作的热爱。每次和组民一起排练时，看着大家都高高兴兴的，忘记了白天劳动的辛苦，全身心投入到歌舞当中去的情景，他倍感满足，觉得大家的支持和配合就是给他的最好的回报。

2009 年 11 月基督教恢复 30 年，魏联新组织一批文艺演出来庆祝这个基督教徒的重大节日。在文艺演出的那天，西盟县许多佤族寨子的村民都过来和当地人一起庆祝这一节日，他们看着当地人热情的文艺表演，啧啧称赞，这给魏联新长了很大的面子。魏联新回忆起当时的场面，特别激动，立马站起身来，找出了当天录制的活动现场 DVD，播放给我看。从电视里看着当天的表演，我立马被当时喜悦的气氛给感染了，歌舞升平的教堂大操场前，每个人都笑逐颜开，欢快的歌声伴着喜庆的舞蹈，那一刻大家都没有了烦恼，共同享受着神赐予他们的力量和喜悦。

除了无偿地做文化队队长外，他还是教堂里无薪的保管员，负责保管教堂里的一切财产。琐碎的工作，占据了他大部分的时间，许多农田里的活儿就推给了妻子。妻子十分理解他，没有抱怨过半句，给了他很大的支持。他在教堂里工作时，在组织安排文艺排练时，并不用担心家里的情况，他相信贤惠勤劳的妻子一定早已处理妥当。妻子每年在家养五六头猪，还养一头牛用来耕地，种地的收入和卖猪的收入还算理想。以前家里养母牛，主要是用来生小牛卖钱，现在因家里没人空闲出来放牛，也就不再养母牛了。妻子和魏联新的分工协作，让这个家内部既一如既往的发展着，外面的工作和社会地位也都逐步提升。

在魏联新的感知里，这个家照此下去，一定会越来越好。将来再多种点儿甘蔗，多养几头猪，专心干这两样，既不苦，又能挣很多钱，家里的日子也越来越好。妻子和他以后除了种甘蔗养猪，就在家里好好闲着，至于两个儿子，魏联新则不会给他们太多心理压力，在外读书也好，打工也好，只要平安就好。言语间，不经意的闲适悠然总是惹得我好生羡慕，以后，他们就过上了隐居山间，率性洒脱的日子，田间地头，总有他们在共同收获着比蜜还甜的甘蔗。我想起了门前红而大的石榴，高高挂着，就像一个个小灯笼，点亮着这一家幸福而红火的日子。

（二）热衷民族音乐传播的魏忠明

“爱在心里，恋在梦里。夜来芳香，弥漫着玫瑰的芬芳，可是却没有你的脸庞。日夜思念着你哟，我亲爱的故乡，那美丽的佤山。”从小对民族文化的热爱，使他从小喜欢带有佤族风格的民族音乐，小时候无意间对吉他的触摸，使他与吉他产生了不解之缘。这就是24岁酷爱民族音乐的小学校长——魏忠明。

魏忠明1988年出生于多依树村多依树寨的一个农家里，父母都是佤族农家人，并没有读过书。家里艰苦的经济条件并不阻碍自己向知识的海洋遨游，这要归功于他父母亲辛苦的劳动，于是他很感激父母，感激父母为了自己而不断地付出。他说在多依树完小就读是他小时候最美好的时光，在这里他可以感受到淳朴的民俗文化，佤族小伙的月光下凤尾竹边的串姑娘、节日里吹响起悠扬的芦笙，这一切带动他对佤族民族文化萌发了兴趣。若说魏忠明对民族文化的热爱是与生俱来，那么他对吉他的结识是偶然中的必然。他的堂哥很喜欢音乐，弹出的吉他声是多么地诱人。据他的回忆，那是一个晴朗的午后，吃完饭，他便溜进堂哥的屋子，第一次看见吉他，第一次触摸吉他，从那时起他便对吉他产生了浓厚的兴趣，从此注定了他与吉他的不解之缘。

小学时他走的路径是那么的与众不同。一至四年级他在多依树完小就读，刻苦努力的精神不断驱使自己向知识的宝塔靠近。这时小小的村寨已不再是他心灵驰骋的牧场。由于成绩优异，五年级，他便去澜沧县民族小学就读。年幼的他开始背负着全家人的希望孤身一人在县城里求学。他聪明、好学，同时写得出一手好书法，他曾经在学校里参加书法比赛并获得了全校第一名的好成绩。初中、高中他都就读于澜沧县民族中学。由于自己表现优异，拿奖是他的家常便饭。三好学生、学习积极分子奖挂满了他小小的房屋。繁忙的中学学习生活并未阻止他对吉他的喜爱。就在这时，他遇见了对自己最有影响力的老师扎约。扎约老师是拉祜族现代最有影响力的民族歌手，还是获得2006年星光大道第一名的民族歌手，也就是魏忠明的初中音乐老师。扎约老师不仅带动了他喜欢上民族音乐，更是坚定了他选择音乐生涯的决心，坚定了他成为一位佤族民族歌手的信念。于是在初中忙碌的学习中他不忘抽出时间来学习吉他，终于在初中结束之时能弹出一手好的吉他。

问及高中的生活，他满眼回忆地对我说，对他影响较大的还是高中九位兄弟。当年他活泼、开朗、好交际、喜欢结识新朋友。这九位兄弟都是喜欢唱歌的哥们，大家都是住校生，因此交往比较多。九兄弟家庭背景各异，学习成绩参差不齐（其中一位目前还在云南师范大学攻读硕士研究生学位），但是老师对大家都特别信任，因此在学习之余大家可以抽出时间来讨论音乐、来做自己喜欢的音乐。在我们听起来，这是高中不可能完成的任务。高二时，在同学的生日上他为自己的同学谱写了一首歌——《为你生日唱首歌》，并在学校里一举成名。高考是人生一个叉路口，分数、专业对一个人的前程影响很大，有时可能决定了一个人以后要走的路。2006 年，他参加了那年的高考。高考报名时，他曾有过考艺校的想法，专攻自己的音乐梦想，然而读艺校高昂的学费让他望而却步。他认为应该先好好学习再说，以后自己有资本了可以返回来继续从事自己喜欢的事业。就这样，他报了云南师范大学法律专业。

大学期间，他以学习为重，认真刻苦学习，当然音乐一直都是他坚定的信念。为了给家人减轻经济负担，在学习空闲时间里他打过工。据他的回忆，那时学校附近的酒吧、酒店里少不了他的身影。在酒吧里打杂之时，他也会上台哼上自己喜欢的曲调，给客人带来几分与众不同的情调。打工的经历带给他坚强的意志，同时在这期间他认识了好多新朋友。大学的晚会，又怎能缺少他的身影，他会背起吉他，和校园里喜欢音乐的学生，在晚会舞台上放声歌唱，纵情演奏自己喜欢的曲子，同时也给自己增加不少掌声，为自己增添了不少人气，也为自己赢得“校园歌王”的称号。

四年丰富的大学生活，缤纷的色彩，各色的人物，然而佤山那幽美的歌谣，俊秀的景色时刻萦绕在他的脑海。大学 4 年的生活悄悄地落下了帷幕，又一次迎来了岔路口。毕业那年他想过回澜沧县参加司法考试，然而回到故乡，当他看着在外来文化的冲击下佤族文化不断衰落的景象，当他回头看看父母亲这几年为了自己读书不断地辛勤劳动而激增额头上的银发。看在眼里痛在心里，这一幕幕更是加强了自己返回佤乡的冲动。这一年，他坚定了自己回乡的想法，踏上回家的路。他报了文东乡的事业单位考试，并成功地考上了雪岭村完小的老师，并且当上了该小学的代理校长。回到乡里时，乡里的政府相关人士以及多依树村委会的相关人士都很吃惊为什么这么优秀的他又返回佤乡。对此我也像其他人一样吃惊，若想为家乡做事，我们知道不管身在何方只要心里装着家乡，肯定会回来报答家乡，人往高处走，成就越高的人回来报答的几率就越高。然而他的回答出乎了我们意料。

首先，当然是家庭的原因。父母已经50多岁了。他家有三个兄弟姐妹。姐姐读小学时，因为生病退学回家，长大出去打工遇见了姐夫，便相爱、结婚了，现在在缅甸打工。自己还有个弟弟，弟弟初中毕业由于家里经济的原因，早早辍学在家。不甘示弱的弟弟辍学不久就到澜沧县职业技术学院就读技术工程方面的专业，现在在文东乡开修理店。为了自己读书，姐姐和弟弟都放弃自己的学业。现在是他回来报答他们的时候了。父母亲为他付出的实在太多了，看着父母亲艰辛年迈的背影，他就只想留在身旁。

其次，是自己音乐梦想的原因。外面的世界太大，自己想过要从流行音乐做起，但是流行音乐竞争太强。目前我国的民族音乐才开始起步，从事的人还不算多。回来后他可以一边从事教育工作一边做自己喜欢的音乐，自己也可以从民族音乐这方面入手争取更好的发展平台。对于民族文化，他说民族文化可以流行，民族歌曲可以往流行音乐方面发展，这样更能跟上时代，符合目前青少年的追求，带动青少年的喜欢，促进青少年不断传承和发展自己的民族文化。他所追求的音乐是，可以有多重表示形式，但是不能丢了自己原本的追求，即在发展的过程中不能丢了民族文化的符号。在音乐上他认为，他的音乐会始终带上佤族特色的民族标识。他认为落后的生产力表示形式可以丢掉，但是精华必须保存。

最后，师范大学的学习生活氛围树立了他要做一名教师的信念。他说，做老师为人师表，就应该从最底层开始做起。如今，农村人大多数出去打工，人们已经知道村子成了“空心村”，若人人都想往高处走，放空底层，那么底层的未来是令人担忧的。怀着对民族的情怀，他就想回来带动更多的佤族小孩学习自己的民族文化。他喜欢给课文编上谱，伴着音乐，学生就能很快地记住课文；带着具有佤调的歌曲，就能唤起学生对民族文化的热爱。帅气、开朗的音乐天才老师受到同学们的极大的喜欢，他说他上的课很少有学生迟到。云南师范大学的校训“刚毅坚卓”给了他同样的个性。他知道拾起民族文化的过程是艰辛的，但是走自己喜欢的路，这样痛并快乐着。他天生就对民族音乐有独特的悟性，学得快，运用得灵活。回来后，他就与文东乡另外两位喜欢音乐的佤族朋友组成“佤三人”组合。开始时只是他们三人，现在人越来越多，不过名字还是原来的“佤三人”。他们的歌是自己编的。曲都是自己编自己写，歌大部分都是根据佤文化元素而改编。比如有些民俗不能一直使用，只能在过节过年时拿出来展示。每逢过年过节，乡里有活动时，他们几人都会有小小的传统文化演出活动。问及乐器，他说乐器是属于学校和政府的。可以算是自己借着用。然而乐队里的所有人都有自己的工作，基本上都是乡里的老师，分布在不同的村里。所以，排练的时间往往只有在假期和过年过节之前。

做自己喜欢的事情，呆在自己喜欢的人身边，谁不想拥有这样的生活。他很喜欢现在的生活，一方面在学校里从事管理和教育双重工作，可以学到很多东西，另一方面秉承民族文化工作的传承，用音乐带动民族文化的发展。对于以后的工作生活，他说他会努力追求教育和音乐的平衡。魏忠明认为，老师是他的本职工作，是基础，他会把基础打好。同时带动自己的音乐梦想。在音乐梦想方面他有自己的想法。

（三）热情活跃的文艺青年魏文跃

多依树村民向来就有早起劳作的习惯，为了赶在他们去地里干活之前，我们也一大早的就来到了一位农民的家里。这位农民名叫魏文跃，是多依树村东佤寨中较为活跃的一个人，在我们初次来到多依树的时候，他还曾经带我们跳过佤族舞蹈。

通过深入的访谈我们了解到，魏文跃于1958年出生在东佤寨。在他出生的那个年代，多依树大多数村民仍然生活在贫困中，文化水平也不高。魏文跃的父母并不认识多少字，所以在入学之前他都没有正规的名字，因为排行老六，所以一直以老六为名。直到1966年，8岁的魏文跃开始入学读书，学校的老师给他起了现在的名字。同那个时候的大多数孩子一样，魏文跃也选择了平掌小学。回忆起自己的读书岁月，魏文跃显得很是骄傲。在小学六年里，他从来没有留过级，还连续好几次被评为“三好学生”。由于平掌小学离家较远，他和其他同学每天都是很早就起床，再走很长一段距离的山路才能赶到学校，但是能够学习知识是他们最大的动力，条件艰苦也没有关系。结束了小学六年的学习之后，魏文跃选择了继续读书。1972年，14岁的魏文跃考到了文东乡中学读初中。由于时代背景的特殊性，上山下乡的大浪潮把一位来自上海的知青分配到了文东乡中学。魏文跃至今都仍然记得那位名叫马鸿章的老师，马老师给他留下了深刻的印象，也让他对学习抱有很大的热情。

提起马老师，魏文跃的眼神中流露出羡慕的神情，他说听别人讲现在的马老师人在加拿大。对于一个普通的农民来讲，加拿大是一个遥远的地方，他直夸马老师人聪明能干，言语中流露出对外面世界的向往。

初中三年毕业后，魏文跃选择了回到东佤寨。在刚回来的前两年，他在村里的夜校扫盲班教书，与此同时，他还负责村集体的碾米机管理。虽然没有多少工资，但是能够赚得工分，这让魏文跃觉得很自豪。后来不教书之后，魏文跃大部分时间都在干农活儿，偶尔也会参与村里的一些集体工作。比如，村里第一次修到乡上的弹石路时，魏文跃就参与到了其中。此后，魏文跃还种过树和蓖麻。那个时候他人还年轻，不甘于一直呆在村子里面，21 岁的时候，他和村里的其他年轻人一起参加了江城的招工，准备去外面的世界看看，可是在体检通过之后，他却没有分配到工作。在这一次尝试之后，魏文跃就一直呆在东佤村寨，直到今天，他大部分时间都是在家务农。

对于一个普通的农民来讲，成家务农就成了生活的主旋律。在访谈的过程中，魏文跃的妻子鲍小二一直坐在边上静静地听着。虽然不会讲普通话，但她能够听得懂我们在说什么，所以当魏文跃说到他们俩的爱情故事时，她也会在边上用佤族语言和魏文跃交流，似乎在提醒着他什么，脸上还泛出幸福的笑容。魏文跃告诉我们，妻子比他小六岁，但是生活中把他和孩子们照顾的特别周到，也很会持家。我们环顾了一下他们家里的室内环境，一切都打理得井井有条。与现在年轻人结婚彩礼不同，他们那个年代的人结婚时彩礼往往就是芭蕉等物品，女方的父母吃了芭蕉之后就代表同意了女儿嫁给男方。他说，回忆中唱情歌的样子最能打动人。佤族儿女有很多动听的情歌，对爱情的向往与赞颂构成了这个民族传统文化中不可或缺的部分，这给艰苦生活中的村民送去了心灵上的幸福。从 1982 年和妻子结婚至今，魏文跃夫妇两人当年的爱情故事让他们到现在仍然感情极好，从来没有吵过架。

魏文跃和妻子一共育有三个子女。长女魏春梅是家中最大的孩子，如今已经嫁人成家，由于娘家和婆家离得并不远，魏春梅很方便就回到娘家来探望父母，这也让魏文跃觉得很幸福。魏春梅的婆家过得比较富裕，是当地的种玉米大户，魏文跃提起这个也很高兴。除了长女之外，儿子和二女儿现在都没有结婚。年轻一代的他们现在都在外面打工，魏文跃也很支持他们这样，他说去见识一下外面的世界很好。说到高兴之处，魏文跃突然离开去了里屋，不一会儿他拿了一个相册出来，里面有他们一家人从20多年前至今的一些照片，最多的还是三个孩子的照片。魏文跃和妻子指着照片给我们介绍他的三个孩子，言语和表情之间都溢出以孩子为荣的骄傲。对于一个普通的农民家庭来说，孩子们的健康平安是对他们最大的慰藉。对于孩子，魏文跃两口子现在最大的希望就是儿子和二女儿能够早日成家过上幸福的日子。

除去做农活儿和照顾家庭之外，魏文跃最喜欢做的一件事儿就是看新闻和读报纸。与村里其他50多岁的人相比，魏文跃的普通话很流利，跟我们沟通起来很轻松。他说，这得益于自己平时看电视的积累，他会学习播音员的发音来练习普通话。在看新闻节目的时候，每当看到国家发展得越来越好，他自己对生活的信心也会极大的增强。此外，前几年，他还订阅了报纸，包括《云贵民兵》、《人民日报》。通过这些，他感觉到自己仍然在学习知识，也让他自己更加有信心来面对生活。

魏文跃算是村子上比较活跃的一位村民。这种活跃从我们在多依树呆的一段日子里就能感觉到，他是少有的几位常常主动跟我们聊天的人之一，没有丝毫的放不开。在务农之外，魏文跃喜欢文艺活动，对文艺活动的热爱也让他在村民中显得十分积极。佤族儿女自古以来就能歌善舞，而魏文跃正好传承了这一传统。说起乐器，魏文跃放下手中的水烟筒，从里屋拿出了一支笛子，当场给我们演奏起了两首笛子曲，一首是《南泥湾》，一首是佤族传统情歌《佤调》，婉转的旋律顿时响起在房间内，再加上清晨的鸟鸣啁啾，我们不禁沉浸在佤族的魅力风情中。笛曲演奏完毕，魏文跃跟我们介绍说，笛子是他最擅长的乐器，刚才的两首曲子也是他自学的，其中的《佤调》一曲一般是佤族人半夜回到家中或者去邻居家串门的时候吹的，表达的是一种高兴的心情，曲调清脆而悠扬。此外，寨子里有庆祝活动的时候，比如圣诞节（多依树村民中很大一部分信仰基督教）或者有外地人来访时，魏文跃也会主动承担起编排节目的重任，带领大家唱歌跳舞。对文艺活动的爱好让魏文跃的生活增添了很多乐趣，其实，在多依树村，不仅仅是魏文跃，很多村民也都比较擅长乐器或者舞蹈，这些非物质生活的存在让这个大山深处的村寨充满了民族风情和乐趣，也让这里的农民在艰苦的环境和辛苦的劳作之外拥有了一种享受快乐的独特方式。

在整个访谈过程中，魏文跃一直都面带笑容，满脸的乐观和幸福。其妻子鲍小二不仅仅给我们倒水，还拿出了家中的石榴和花生，尽显佤族儿女的热情好客与淳朴善良。我们祝福魏文跃能够一如既往的幸福和快乐，也祝福他们的生活在民族地区新农村建设的时代浪潮中越来越富裕！

（四）坚持做民族服装的魏永强

魏永强，2010 年 64 岁，佤族人，妻子魏小五，2010 年 57 岁，1958 年的时候，魏永强开始到多依树村东佤寨小学读小学，但因为家庭缺少劳动力，再加上当时的社会环境，魏永强只读了一年小学就只好辍学了，回家帮助父母放牛和干一些家务活。就这样，魏永强一直在家中放牛。有一次在放牛的途中，他看见了在田里干活的魏小五，结果魏永强立即被魏小五吸引住了，而这个时候，魏永强才 15 岁，魏小五还不到 10 岁。放牛回到家后，魏永强就告诉父母，要去魏小五家提亲。魏永强父母考虑到儿了才 15 岁，魏小五还不到 10 岁，就不太同意儿子的要求，认为儿子可能是一时兴起，过段时间就会放弃。但是，却让父母意外的是，魏永强见父母不同意，就自己准备了 12 串芭蕉[①]跑到魏小五家。魏小五的父母一看，当然不同意，女儿 10 岁都还不到，魏永强也才 15 岁，都太小了，但是倔强的魏永强看见魏小五父母不同意，就坑起来赖皮，不答应不走，最后魏小五的父母依旧没有答应。魏永强看自己能使的办法都已经使了，也就没辙了，就要了个小聪明，把芭蕉放在了魏小五窗前，就假装离开了。魏小五父母看见魏永强离开了，心也就一下子放轻松了，便去田地里干活了。魏小五和几个兄弟姐妹就在家里玩，玩到中午的时候，估计肚子有一点饿了，看见窗前有芭蕉，就拿过来和兄弟姐妹一起吃了。等到下午魏小五父母回来的时候，看见魏永强呆在家里和魏小五等几个一起玩，便感觉有一点不正常。果然，魏永强笑着出来迎接魏小五父母，并且告诉魏小五父母，说自己送的 12 串芭蕉已经被魏小五吃了个精光。既然作为信物的芭蕉都已经被吃了，就表示你们同意了我的提亲。魏小五父

---

① 在多依树村有一个习俗，当男子看上谁家的姑娘，就会拿上十二串芭蕉去姑娘家提亲，如果姑娘接了芭蕉并且吃了，就表示同意男子的提亲，接下来就可以正式订婚了。所以，芭蕉有提亲信物的作用。

母一听，知道被魏永强耍了赖皮，但是，芭蕉已经吃了，就不能再拒绝了，只能按照习俗同意了魏永强和魏小五两人的婚姻。于是，魏永强就回家，告诉了父母。父母一听，女方家都已经答应，自己也没有什么好说的了，就给魏永强准备了去定亲的东西，第二天就正式去魏小五家提亲了。就这样，魏永强和魏小五的亲事就这么定下来了。几个月之后，15 岁的魏永强就娶了不到 10 岁的魏小五。在当时，国家还没有不准早婚的法律，所以魏永强和魏小五的结婚是符合当时国家规定的，不过就算在那个时候，魏永强和魏小五两人也绝对称得上是早婚。

由于魏永强和妻子魏小五年龄都还很小，还不能有独立生活的能力，所以也就没有按照多依树村的习俗跟父母分家，还是跟父母一起生活①。不过魏永强不再放牛了，而是跟着父母一起去田里干农活，妻子魏小五由于年龄还小就呆在家里干一些家务活。1965 年，儿子魏文良出生，给这个家里添了一份热闹。魏文良七岁时，跟魏永强读书那会一样，也是到多依树村东佤寨小学读书。当时正是 20 世纪 70 年代，社会不太稳定，家里没钱，村民对读书都不太重视，社会环境不适合读书，所以魏文良读了小学两年，就不再读书了。他回家的结果跟父亲魏永强一样，也是放牛。魏文良稍微大了一点就去田里帮魏永强种田。大概十七八岁时，魏文良便和同村的一个姑娘定了亲事，一年之后就结婚了，然后就跟魏永强分了家，单过了。现在魏文良的孩子刚好初中毕业，现在正在犹豫是否还要读高中，魏文良的孩子经常开玩笑说爷爷只读了一年小学，爸爸读了两年小学，算是比爷爷有知识和文化，而我现在都读了初中，跟爷爷和爸爸比，那绝对算得上是有知识有文化的人了，所以就不需要再读高中了。

大概 1967 年、1968 年的时候，有一次魏永强去村里的一家裁缝店玩，看见裁缝师傅在做佤族衣服。不知道是什么原因，他就被迷住了。以后他就天天往裁缝店跑，看裁缝师傅怎么做衣服。裁缝店师傅看见魏永强天天往自己铺子里跑，就问魏永强想干什么。魏永强就说想学做佤族衣服，师傅一听就乐了，这么年纪轻轻的就想学做衣服，不过正好裁缝店差个帮手，就告诉魏

① 笔者注：按照多依树村的习俗，如果不是最小的儿子，结婚后就会跟父母分家出去单独过，分家后就没有了赡养父母的义务。赡养父母由最小的儿子负责，在分家的时候，最小的儿子所分到的财产就会比其他兄弟多一些。

永强说学可以，不过不能三心二意，半途而废，同时，在学的过程中还要帮着做一些事情，学费什么就免了。魏永强一听，马上就答应了，从此，只要有时间，魏永强就会跑到裁缝店学做衣服，由于对学做衣服有一种强烈的兴趣，再加上刻苦，很快，魏永强就上手了，能做一些衣服了。师傅一看，就告诉魏永强："得了，你这孩子已经学到家了，都已经超过我了，现在我也没有什么值得你去学习了，你可以自己开个裁缝店了。"于是，魏永强就回到家里，和家人商量了下，就去买了缝纫机和一些做衣服的布料，就算是开起了裁缝店，做起了佤族衣服来。周围邻居看见魏永强做的衣服样式好看，质量也不错，就纷纷请魏永强帮忙做衣服，做一套就给魏永强一些钱，算是帮工费，一年下来要做将近 100 套。就在自己学做衣服的时候，妻子魏小五也对做衣服有了兴趣，不过魏小五没有专门去找师傅学，而是自己试着做衣服，慢慢的，也学会了做衣服。魏小五做的衣服，样式和图案都新颖好看，自然请魏小五做的人也很多。就这样，魏永强和妻子魏小五一个做佤族男装，一个做佤族女装，做起了衣服来[①]。一般做一套衣服，布料什么都是邻居自己去买好了，然后拿到魏永强家，请帮忙做。做好了，不同的人会给魏永强不同的帮工费，多的会给个 30 多元，少的会给几元，但给多给少魏永强都不会介意。

魏永强告诉我们，佤族因居住地区不同，服饰也不完全相同。与汉族杂居或受汉族影响较深的佤族，其服饰已和当地汉族没有多大区别，与傣族杂居或受傣族影响较大的佤族，其服饰则接近傣族。沧源一带的佤族男子，一般较喜欢用黑布缠头，穿无领短衫，裤子短而宽，男青年颈上一般戴银项圈。耿马一带的佤族男子，头戴便帽或毡帽，年老者则多用黑布缠头，上穿对襟布纽黄黑色短衣，下着腰围宽大的黄色长裤，穿布鞋或胶鞋。聚居四排山、贺派、耿宜的佤族男子大多戴系有大绒球的黑色套帽，年老者多用黑布缠头，上穿斜襟圆领黑色短衣，银币做纽扣，下着宽裤筒大黑裤。而佤族妇女的服装鲜艳、美观。上着黑色或蓝色无领短衣，下穿漂亮的由红、蓝等多种图案制作的筒裙（多用自织的麻布制成）。筒裙图案多样，各地不一。裙边织有红、黄、蓝等颜色的花边，裙上绣有各种颜色组成的几种图案。图案近看交

① 笔者注：在多依树村佤族习俗中，男子的衣服必须由男子做，女子的衣服必须由女子做，忌讳衣服是由异性做的。

叉起伏，远看似波涛滚滚，似鱼鳞龙纹。佤族女孩子从出生起，每年都在腰间或小腿处加一藤竹烤制的竹圈。因此，从佤族妇女所戴的竹圈个数，便可判断出她的实际年龄。除此之外，佤族妇女还把戴竹圈当成是一种美的装饰。

魏永强还告诉我们，佤族人崇拜红色和黑色，服饰多以黑为质，以红为饰，基本上还保留着古老的山地民族特色。西盟地区的男子用黑布或红布缠头，上穿无领短衣，裤子短而宽，裤筒一般一尺二寸，喜欢赤足。青年男子身佩长刀，颈带竹藤圈，头戴银（或篾）夹，身挎背带，显得威风凛凛。他们喜爱装饰品，耳朵穿孔戴大圆耳环或坠银耳筒，颈带竹藤圈，手腕戴银镯银链。男青年串姑娘时，黑上衣内要多穿一件白衬衣，有的头上还加戴鲜花。佤族妇女多留长发，饰以银质发夹，有些地区用藤篾或麻线编织发夹。披肩的长发上常用马尾制作的发网网住，发网上饰有银珠。女子着黑衣、红裙，上衣十分短小，盖胸露腹，无领、对襟、短袖。裙子过膝，常以红色为底，间有黑白绿黄条纹。耳悬银质大耳环，银环一至三个不等，项带两、三个银质项圈和若干彩色珠料，再佩上两三串鸟骨或贝壳制成的项链，五光十色，十分耀眼。裸露的腰腹部缠绕若干竹圈藤圈，染成红或黑色，有的还雕饰有许多花纹。手臂戴两三个竹圈银圈，手腕佩银镯二只，小腿缠竹藤圈数围。

魏永强接着告诉我们，佤族的服饰可能与东南亚某些民族有历史渊源①。佤族有自制的布单和自外民族买来的棉毯，睡时作被，早晚冷时就披在身上。在新中国成立前，佤族妇女都从事家庭纺织。由于生产力水平低下，家庭纺织满足不了他们生活的需要。长期以来，佤族缺衣穿是很普遍的现象，有的妇女只穿一条麻布裙，有的男子只有一块遮羞布。所以，佤族每一个人都有衣服穿是新中国成立后的事情。新中国成立前，别说衣服，连鞋子都很少有人穿得起，所以一般都不穿鞋子，也不会做鞋子，后来习惯穿鞋子也都是新中国成立以后的事情。

从20世纪70年代初到现在，魏永强已经做了将近40年的衣服，在这40年里，魏永强见证了多依树村佤族在衣服上的变迁。70年代，由于各种原因，

---

① 笔者注：我国南北朝时期，对于东南亚的民族就有这样的一段记载："林邑……俗居处为洞，名曰干兰。……男女皆以横幅古贝绕腰而下，谓之干漫，亦曰都漫，穿耳贯小环。……自林邑，扶南以南诸国皆然也。"扶南至唐为真腊，发展到今日即现在的柬埔寨。柬埔寨的居民主要是孟高棉族，而佤语属南语系孟高棉语族，所以，佤族在服饰上与东南亚某些民族（如孟高棉族）的共同点，也可以说明佤族与他们在族源上的渊源关系。

多依树村的大多数居民温饱都还没有解决，所以，对衣服也就没有特别的要求，穿着耐用、暖和就行。到80年代，随着物质生活的改善，多依树村村民对衣服也开始重视起来，对衣服的布料开始有了要求。到了90年代，多依树村民开始注重其样式和图案起来。现在，多依树村的村民对于衣服，大都是花钱去商店或市场购买，各种衣服裤子都已经进入了村民家中，穿佤族衣服，一般只是在过节或者村民有什么活动时才穿。所以，现在魏永强每年做的衣服，从70年代每年大概三四十套增加到90年代的150多套，又减少到现在一年几十套。

从出生到现在的这65年间，最让魏永强感到自豪的事情就是自己娶了魏小五，现在魏永强只要向别人讲起此事，都会特别地高兴。当初因为就看了魏小五一眼，就喜欢上了魏小五，向她家去提亲，魏小五父母不答应，自己耍了个小阴谋，就娶到了漂亮的魏小五，这应该是魏永强一辈子最幸运的事情了。而最让魏永强感到高兴的事情就是做衣服，因为看着裁缝师傅做衣服，看着特别感兴趣，自己就去学着做，最后没想到自己也学的有模有样，自己也能做衣服了，并且还有很多乡邻都请魏永强做衣服，可以说，农闲的时候，在家里和妻子魏小五一起做衣服，她做女装，魏永强做男装，这是最让人感到惬意的事情了。而最让魏永强一想起就感到特别心酸的时光就是70年代，那时多依树村全村人都缺衣少食，没有穿的，没有足够的粮食，每天都要饿肚子。当时儿子魏文良才几岁，每天饿得只哭。魏永强看着全家挨饿的样子，也束手无策，只好去山上挖野菜，才勉强能够支撑下去。几个月后，全山的野菜差不多被多依树村民挖了个精光，野菜也没有了，于是就去挖竹笋吃。于是，每顿都光吃白开水煮的竹笋，吃了几个月，全村的竹笋也被挖的差不多了。没办法，魏永强跟着村民只好去缅甸、老挝去找亲戚，从亲戚家里背大米回来，背得多了，缅甸、老挝的亲戚也都没有了多余的粮食，这个时候魏永强和村民就只好拿钱买米，拿家里的东西换米或者乞讨。终于，全村村民熬过了那个最困难的三年，之后，生活开始好了起来。每当回忆起这段岁月，魏永强都感到特别揪心，都不知道当初是怎么坚持熬过来的。

而现在，魏永强和妻子魏小五，每天还是会去田里干些农活，只是把大部分田都分给了儿子，现在种的田刚好够魏永强夫妻俩吃，所以，每天也没有太多的农活要做，去田里干些农活回到家，一般会看看电视，出去找乡邻聊聊天，如果有人请做衣服的话，就会呆在家里做衣服，每天过的倒也悠闲。

对于今后的打算，魏永强觉得现在跟妻子魏小五都已经老了，去田里也干不了几年的农活了，所以，再过几年，就一分田也不种了，全给儿子去做。现在孙子已经18岁了，再过几年也就要结婚生子了，等孙子有了孩子之后，就帮孙子带带孩子，享受天伦之乐了。另外，魏永强现在最想做的事情就是想找一个跟他学做佤族男装的徒弟，尽管现在多依树村民穿佤族衣服越来越少，但过节的时候都必须得穿，同时，毕竟佤族服装是佤族特有的服饰，如果没有人继承下去，就会遗失掉。如果以后佤族没有了会做佤族服饰的人，那么对佤族来说绝对是一个很大的损失。不过，遗憾的是，现在多依树村的年轻男孩子，对学裁缝这种事情基本都不感兴趣，这让魏永强感到有些着急，所以现在想赶快物色一个继承人。

在采访结束时，魏永强把家中做好的佤族服装拿出来给我们看，并且还让我们穿上看看，我很高兴地穿上了一件佤族衣服，便感觉身上有了一种民族的味道。看着这个痴迷于做衣服的可爱老人，我们由衷的祝福他能够早日找到一个继承人。

（五）芦笙乐人魏荣德

那优美的芦笙声，悠悠扬扬地从东佤传来；那悠扬的芦笙哟，是谁把你吹响？那优美的芦笙哟，那是谁在用心把你经营？这悠悠扬扬的芦笙声音，俨然是来自一位曲婉多情的小伙子。借着芦笙的曲声，我们踏入魏荣德老人的家。1948年出生的他2010已经64岁，然而当他吹起芦笙，又轻轻地将人们带入佤族小伙子串姑娘的浪漫中。他说，只要口中的芦笙一响，他就沉入了那优美的声音，清清扬扬，幽幽静静，心中十分惬意。就这样他把我们带进了那美丽的夜晚，融入那美好的画面之中。芦笙之声也把魏荣德老人家带入过去的情景里，我也借机走进他的芦笙世界。

芦笙不仅是佤族的民族乐器，芦笙还是彝族、苗族、拉祜族、布朗族等民族的民族乐器，但是不同的民族的芦笙样式不同，吹出来的声音也不同。即使是同一个地区同一个民族也因人而异。魏荣德生于音乐家庭，其父亲是一名芦笙爱好者，在澜沧县里也是一名优秀的芦笙吹手。受到自己父亲的影响，魏荣德从小就能吹出一手好芦笙，魏荣德吹出的声音却与自己的父亲不同。按道理来说，芦笙的吹法是代传的，就像魏荣德的父亲也会吹芦笙，他应该继承父亲的吹法，但是魏荣德不仅会吹了父亲的吹法，他还向寨子的另外高手拜师。也许是听惯了父亲的芦笙声，他并不喜欢父亲吹出的芦笙声音。他说，芦笙吹出的声音，在他的耳朵里，就像人声一样有辨识度，因地而异，因民族而异，因人而异，因感情色彩而异。本寨子的芦笙吹法是从临沧传过来的，因此吹法与澜沧县的其他佤族地区不同，然而由本寨人改造后与临沧地区也有差别。魏荣德说每个人都可以根据自己喜欢的音乐形式来对芦笙进行改装，改调，唯有此，人与乐器才能融合为一体。

远在边疆，又由于那时的国民教育并不怎么好，因此魏荣德只接受到小学四年级的教育，但是他不仅会中文还懂佤文，多才多艺。因为兴趣，因为爱好，他主动担起了传承民族音乐的重任。据他本人的介绍，吹芦笙一定要有兴趣才行。也是因为兴趣的引导，他才不断地向芦笙音乐世界深入；也是兴趣的原因，他才乐此不疲。因为喜欢，因为热爱，他对这份工作爱不释手。魏荣德可以根据自己的感情吹出不同的优美的芦笙声，但是他说他本人并不会做芦笙，他只是会吹而且会根据自己的爱好改调。由于没有进过专门的音乐学校，因此他本人也并不识乐谱。然而他会根据自己的此时此刻的心情来吹出芦笙，在这里我们大为赞叹。他并不怎么懂音乐，但能用芦笙来诠释自己的感情，这才是所谓的音乐高手。

魏荣德有 8 个孩子，2 个儿子，6 个女儿，可以说个个精通音乐。虽然女儿们比男孩在音律方面稍逊色，但是女儿们的歌喉各个似夜莺，若女儿们一起唱歌，他说那是难得的女声合唱。魏荣德自己没有受到很高的教育，因此他非常重视孩子们的教育。2 个儿子中，大儿子 2012 年 45 岁，现在是文东乡中学的副校长，第四个女儿现在是竹塘乡的一名乡村小学教师，小儿子是竹塘乡的中学老师，教初中班的物理课。除了小儿子外，其他的孩子都因目前的家庭和事业放弃了对音乐方面的修养。小儿子会吹一点芦笙，但却是吉他高手。小儿子毕业于玉溪市师范学院，小时当放牛娃的时候会吹民族音乐，接触过芦笙，然而因为要出东佤寨去外地读书，因此错过了学习芦笙的好时机。然而就像学校里年轻人一样，小儿子对吉他也是很狂热，现在也是文东乡“佤三人”乐队的吉他高手。魏荣德说虽然小儿子没有继承自己的芦笙吹法，但是很高兴孩子在吉他方面有自己的一片天地。

到目前为止，魏荣德带过 3 个徒弟，整个寨子目前也只有 6 个人会吹，年龄都分布在 40～70 岁之间。佤族的传统乐器有芦笙，长笛，六孔竖笛、木鼓等。据他介绍，以前的佤族小伙子至少都会其中的一种乐器，这样夜幕降临，可以吹着芦笙去串姑娘，或者在过节过年时在广场上拿出来吹，这样不仅是一种娱乐活动，更是向自己心仪的姑娘表达爱慕的好时机。而长笛是放牛娃必须会的一种乐器，一是可以在放牛时当作消遣时用，二是久而久之牛也可以根据笛声来辨别主人，辨别时间，这样方便了放牛娃对牛的管理。他本人也认为现在对芦笙感兴趣的年轻人特别少，年轻人都转向吉他、架子鼓等西方乐器。面对这样的情况，我问他是否担心以后芦笙吹法会失去传人，然而他用乐观的表情告诉我他并不担心。他说以后学芦笙的人可能会少，但是并不代表会失传。他的理由如下：一是现在的年轻人有自己的爱好，可以跟着时代的步伐走，他本人也赞同年轻人学乐律性强的西洋乐器。音乐是相通的，学好了吉他等西洋乐器再转学芦笙可能容易些。二是佤族芦笙是用感情来吹的，并没有专门的芦笙曲子，因此要有专门的兴趣来学才学得精通，逼着孩子去学是学不好的。三是芦笙是佤族的民族乐器，逢年过节时都要有人吹，若不吹芦笙便没人跳舞，就没有节日的气氛。因此在这种节日氛围下，总会有人有兴趣去学，因此一定会有人继续传承这方面的民族乐器。四是过节时女子听见芦笙就能跟上曲调跳起集体舞，因此他认为为了吸引女孩子的眼球，年轻的伙子们一定会去学芦笙的。五是他本人认为现在国家特别注重民族文化的传承，他认为国家方面肯定会下发更多的人力物力用来拯救民族文化，面对这样的大背景，他相信会有喜欢民族文化的佤族年轻人前来向自己学芦笙吹法。而且如果有人向他学，他本人会不惜一切地向该人教授。目前他正在带着一个学生学习芦笙，但是该学生的年龄也有40岁。目前东佤寨在寨子里建立了一个文化传承基地，若有机会，他想在文化传承基地里开一个芦笙班，让喜欢芦笙的人前来学习。而且他自己也要向村委会甚至文东乡申请开个芦笙夜班，自己创造传授民族文化的机会。

然而在他乐观的外表下也藏着忧虑的一面。他说目前没有专门的芦笙曲子，芦笙是靠个人的感情去诠释的去吹响的，因此要培养一个芦笙高手并不是一件容易的事。此外，要想使芦笙走上舞台，像傣族乐器葫芦丝一样传播开来也存在很大的难度。据他本人的介绍，限制当地的佤族芦笙的推广有以下几点：一是芦笙的音色决定。芦笙声音悠扬，吹出的声音有时过于忧伤，民族性、地域性太强。不像葫芦丝那么轻快、明朗，音乐感情变化范围大。二是舞台效果性不强。由于芦笙没有专门的曲子，同时芦笙本身特有的旋律决定了其目前不能上大舞台边吹边伴舞。目前芦笙上舞台大部分只是当做一种摆设用。三是，由于芦笙靠个人感情来吹，学起来比葫芦丝难得多，这也让芦笙受众人群受限。四是，澜沧是拉祜族自治县，在澜沧拉祜族文化占主要地位，因此从一定程度上限制了佤族芦笙地发展。

魏荣德可以算是文东乡的芦笙高手，芦笙传承的带头人。他年轻时曾经到思茅地区参加过比赛，得过很多奖。逢年过节时，文东乡、多依树村东佤寨少不了他吹芦笙的身影。每逢演出时期，他都会到县里去吹芦笙，前前后后总共去了5次。他本人也经常接受来自北京、上海等大城市的媒体的采访。可以说他是澜沧县里的芦笙高手之一。然而由于自己受自身的文化素质的影响，他本身并没有主动与县里的相关音乐人士联系，也并没有参加相关的音乐协会。然而他的心态还是很开放的，只要有人向自己学习他就会教，只要有人要求他吹他就吹，只要有人来按照他吹的调子写出曲子他就愿意吹。他说，只要有机会他还是会继续往高处走，不断探索芦笙的奥秘。

芦笙悠悠，那是年轻的小伙子向心仪的女子表达爱意的声音；芦笙扬扬，那是东佤寨的佤族同胞们迎来了欢乐的节日；芦笙幽幽，那是背负着传承民族文化重任的魏荣德发出的声音。他吹出的芦笙的声音有时悠扬，仿佛他本人沉入了当年甜蜜的爱恋中，悠扬中免不了传来一丝丝温暖的爱意；有时欢乐，仿佛在他前面是一群美丽的佤族小姑娘在伴着他的节奏起舞，听着那明快的节奏，我们也仿佛身临火塘边起舞；但是他的芦笙声更多的是向我们传来他忧郁、惆怅的内心。是的，在现代化步伐快速前进的今天，开发、保护、传承民族文化本身就是一件苦差事，更何况整个寨子似乎只有少数的人来承担传承东佤寨佤族芦笙吹法的重任。芦笙悠悠，我们期待着更多的佤族年轻人前来学习芦笙吹法。

十八、退伍军人

（一）优秀老兵田荣新

在美丽的彩云之南，在中国的西南边境，在山的深处云的底端，坐落着一片美丽的佤族村寨，居住在这里的佤族人民勤劳智慧，纯朴善良。从我们调研团队一行人来到多依树村的第一天起，每个人都无时无刻不在感受着生活在这片土地上的佤族人民的热情。我们也在不断地探寻着村民身上的故事，感知着新时期新农村建设中佤族百姓日常生活的点点滴滴，从他们身上窥视一个村落发展的足迹。在这些质朴善良的佤族村民中，与老兵田荣新的结缘是从第一天入住多依树村就开始的。

与老兵的相识要从刚刚抵达多依树村说起，在乡上和村里的安排下我们调研小组一行人住在了东佤寨子，而入住东佤的第一天适逢中国人民解放军八一建军节。为了庆祝这个节日，表达对军人的敬意，晚上村里组织了退伍老兵的聚会活动，在村里的盛情邀约下，我们来到了老兵田荣新的家里参加这次聚会活动。田荣新是多依树村委会东佤寨一组的一名佤族村民，之所以称其为老兵，是因为他曾经当过五年兵，并且退伍后一直致力于村中退伍军人的优抚工作，时至今日也仍然在用一名军人的标准严格要求自己日常生活中的所言所行。一到田老兵的家里，我们就受到了他以及其他村民的热情接待。那天晚上虽然下着雨，但是因为大家的欢声笑语，田老兵家里的氛围就跟每个人的心情一样明亮畅快。后来，田老兵告诉我们，像今天晚上的活动其实是从 2009 年开始才组织起来的，之前已经有十多年都没有这种活动了。村里的退伍军人为数不少，有老兵也有退伍不久的人，大家退伍后都闲散在各自的家里，大多数人选择在家务农。虽然现在已经不是军人，但在部队时毕竟都为保卫边境做出过贡献，他觉得应该给这些退伍的兵们一些安慰，于是田老兵带头向乡上申请了活动资金，乡政府也予以批准并且每年批给他们 500 元的活动经费。提起这件事，田老兵显得自豪而欣慰。

虽然我们都是老兵老兵的称呼田荣新，但其实他看上去一点都不老。田荣新 1961 年出生在多依树村的东佤寨子，是一名土生土长的东佤人。将近 50 岁的他看上去就像 40 岁刚出头的样子，虽然体格很瘦，但是精神头儿却非常好，透露着军人的那种轻盈和矫健。他自己平常也喜欢看书，常拿笔杆子，看书看报的时候一戴上眼镜，让人觉得特别不像是个农民，倒像是个教书先生。虽然退伍后一直生活在农村里，但是田老兵一开口却能讲得一口流利的普通话。我问他为什么普通话会比其他同龄人讲得好，他说这大概得益于他的读书经历以及当兵期间的锻炼。此外，闲暇时爱看电视的他也跟着电视上的节目学到了不少普通话。

说起自己的读书经历，田荣新现在回忆起来仍然觉得那是一段印象很深刻的日子，他有5个兄弟姐妹，因为其他兄弟姐妹都不想读书，因此家里的负担还不是很大。1968年田荣新七岁，那年他开始上学读书，那个时候村里的小学只有一所，但是不在东佤，而在村里的另一个小组平掌。在平掌小学，他度过了5年的小学时光，给他印象最深刻的就是每天都得起很早，走很长一段距离的山路才能到达学校。1973年，因为成绩优秀，在学校推荐和考试通过的情况下，他顺利进入文东乡完小的初中班去读中学，回忆到初中时期，他说那个时候学生都没有课本，全班只有老师有一本，学生都是借老师的书来抄课本内容，那个时期的山区教育事业很是落后。初中毕业后，很多人都因为考不取或者家里条件差而辍学，田荣新成绩优秀又考上了县中学去读高中，当时整个东佤只有两个人考上了，这是让田荣新觉得颇为自豪的一件事儿。1978年，田荣新参加了高考，但是因为成绩不高没有考上。至此，田荣新结束了自己的求学时代。虽然最后没有考取大学，但是这在当时，在大山深处，在一个教育事业落后的村寨里，田荣新的读书程度已经是很高的了。

高中毕业后，田荣新在家呆了一年。1979年，县里征兵，田荣新觉得为国家奉献出自己的青春是一件很骄傲的事情，于是他报名参军，在云南文山州某部队开始了自己五年的当兵生涯，而这也成了他人生中又一段丰富的经历。从大山深处的村子出去，部队生活给了他增长见识的机会。回忆起那段时光，他说那是乐中有苦，苦中有乐。田荣新是在步兵团里成长起来的士兵，自己当过班长并且立过两次三等功。在谈到自己立功的经历时，田荣新立刻起身去拿自己多年来一直珍藏着的荣誉奖章，并且小心翼翼的把它们摆在我的面前，虽然那些奖章看上去已经陈旧，边角的地方也已经开始生锈，但它们让这个目前身处大山深处偏远农村的农民可以一直怀有军人的骄傲。这两次三等功，一次是田荣新在部队后勤服役的时候，用自己省吃俭用的钱给部队买了蔬菜而立的功，一次是在综合考评中表现优异而立的功。在部队中，他还因为打靶优秀而获得“神枪手”的荣誉称号。三年的时光很快过去，因表现优异，田荣新在部队多留了两年才退伍。当时，因为他自己也比较想回家，便没有申请做志愿兵，1984年他退伍回家。虽然最后没有留在部队，但部队生活让他养成了良好的习惯，让他时至今日仍然因为这段经历而感到自豪。

从部队退伍后，田荣新回到了老家。刚回来时，他报考了上允法庭、文东水利站的一些职务，但最终因为成绩、缺乏人际关系等许多原因而没能考取。部队也不给他们安排工作，他于是开始了在家务农的生活。虽然在部队后勤也干过农活儿，但是刚回到家的他并不习惯，特别在部队里过惯了组织生活，田荣新很不适应农村里闲散的生活。于是他于1985年6月在多依树村加入了中国共产党，从那时起就在干农活儿的同时也开始了党员生活，田荣新每年都能按时交纳党费，配合村里为数并不多的党员活动。2010年4月多依树村党支部成立了东佤支部，田荣新当选为党支部书记。自从任职以来，田荣新就积极组织支部里的30个党员开展了学习党章、评选支部先锋等活动，每个月开展一次。此外，田荣新还组织党员进行打扫卫生等义务活动。因自己平时树立了较高的威望，他与党员们之间的关系一直都很融洽，遇到做的不对的地方，大家都及时的进行批评与自我批评。田荣新说，在农村党组织的工作不像城市里那样，因为大部分村民信仰基督教，有些人甚至还是文盲，相对有觉悟的年轻人又大都外出打工不想入党等，农村里的党组织建设工作开展起来有很大难度。不过，田荣新对于党组织的工作又表现出极大的热情，如果有些人想入党，但不会写入党申请书，田荣新就会教他们写，他还会找年轻人谈话，争取多吸纳他们进来。田荣新说，他还有一个打算，那就是向乡上争取资金，争取在下一年建党节的时候，也能组织像建军节时候我们所见到过的那样的活动，让大家都能过上组织的生活。从田荣新的言语和眼睛中，我能看到他对基层党建的热情。作为大山深处的一位普通农民，或许在做这些的时候，他并没有体会到自己所作所为的意义，但田荣新的确是在用他自己的方式为这个边境村落的发展和新农村建设贡献着他力所能及的一份力量。

采访田荣新的时候，他的妻子后来也坐在了旁边。谈及家庭生活，田荣新说很满意。他和妻子陈金团是在他当兵那会儿回家探亲期间相识的。陈金团小他4岁，是一位长得很漂亮的佤族妇女，同时，人也很勤劳，虽然普通话讲的没有田荣新那么流利，但她一直都在尝试着和我交流，并且用手机放佤族音乐给我听，性格乐观开朗。二人感情一直很好，陈金团还一直夸田荣新年轻时候长的帅气，说这些话的时候，陈金团满脸都是掩藏不住的幸福和喜悦，田荣新也在边上夸奖妻子当年的漂亮。他们育有二子一女，大儿子田真是1985年出生，女儿田亚芳于1987年出生，二儿子田兵于1989年出生，现在三个孩子都在外面打工。说到孩子，田荣新立刻让妻子拿出了他们孩子的照片，一张张做介绍，言语之间透露着对孩子的想念。目前，他们的大儿子和女儿在山东的一家养鸡场打工，二儿子最小，在广东的一家玩具厂打工。因为交通不便，他们两年才回家一次，平时只能靠电话联系。大儿子是家中最大的孩子，2010年已经25岁，这在当地的农村算是大龄青年了，田荣新和妻子希望他早日成家立业，尤其是陈金团，特别想早点抱孙子。不过他们也意识到，时代在变化，观念在更新，自己孩子的思想观念已经不同于他们，田荣新说一切都会让孩子自由发展。陈金团一直在感慨，说自己的孩子都很好，很心疼父母，每年都会寄钱回家，这几年孩子们的打工收入也成了家中重要的经济来源。田荣新也感慨，他对孩子最大的期望就是他们可以平安快乐。

作为一家之主，田荣新把建设家庭当成自己不可推脱的重任。虽然说有过当兵的经历，并且在村里相对于其他村民也是一个较有文化的人，但是毕竟是生活在农村，务农是田荣新的主要生活，种植业和养殖业的收入也成了他们家的主要经济来源。田荣新和妻子两个人在家种地，2009年一年玉米种了6亩，甘蔗种了7亩，茶叶种了1亩，靠种植业每年能收入个近万元。和其他农户一样，田老兵家里也养殖了一些家禽牲畜，2009年一年田荣新和妻子一共养了11头猪，其中卖掉了9头，也给家庭带来了约6000元的收入。正是靠着他们两人的辛勤劳作，他们才有了现在的幸福生活。

谈及种植业的时候，田荣新有些无奈地告诉我，2009年5、6月的天气干旱，他们家都没有能够种上水稻，妻子陈金团也在边上摇头叹气。就多依树村而言，由于这个村子是依山势而建，并且海拔也比较高，村子基本上是位于山顶上。俗话说，靠山吃山，靠水吃水，多依树村的农田都是由这里的百姓在山地上开发出来的，并且田地都有一定的坡度。在整个文东乡，多依树都算是水源匮乏比较严重的一个村子。由于地形问题、距离问题等，饮水工程的建设也十分不易，村民们种地大部分是靠天降雨，尤其是种玉米和甘蔗等的旱地。虽然水稻的种植主要是靠引河流水进来，但是干旱也会直接导致河流水流量的减少，因此，和其他村民一样，田荣新家以前种水稻的那块地2010年就只能荒着，农业生产受到了很大的影响。除了自然灾害以外，田荣新说家里干活人手不够以及土地相对来说较少等都成了制约他们家收入增长的原因，对此，田荣新希望孩子们能够早点打工回家来，毕竟他和妻子的年龄在一天天增长，对繁重农活的承受能力也在降低。虽然干农活很辛苦，但想想收获的季节，田荣新也是十分欣慰的，把家庭建设得更加富裕是田荣新生活中的一个重要任务。这不禁让人感慨生活在这里的百姓的不易，虽然艰辛，但是勤劳的佤族人民还是靠自己的双手在不断克服大自然带来的不便，用他们的汗水浇开了美好生活之花。

田荣新在农闲时喜欢看书，也会打扑克牌跟打篮球。当我刚到田荣新家里的时候，田荣新正一个人在看报纸，戴着一副眼镜，颇有一副教书先生的样子。田荣新说，他平常闲暇在家的时候，做的最多的事情就是看书，我想，这肯定给他带来一种很愉悦的精神享受。在一旁坐着的妻子陈金团给我拿出了田荣新参加村里篮球比赛时候的照片，可能是爱运动的原因，田荣新看起来很年轻很精神。因为人缘好，田荣新家经常会有朋友来做客，高兴了还会喝上一场小酒。佤族人民崇尚以酒待客，这也是我们在东佤寨子期间最大最直观的感受之一，而酒也恰恰是佤族文化中的一个重要符号，是当地民风习俗中的一大特色。不过田荣新也意识到，酒喝多了对身体不好，现在他都是每天晚上喝两小杯。

说起自己一天的生活安排，田荣新说他每天一般六点钟起床，洗洗脸就出去地里干活了，九点半回来吃饭，十点半又出去干活，走的时候把自己午饭背到地里去①，下午 3 点直接在地里吃午饭，直到晚上六七点才回家。像这样的生活每天都在重复，只有礼拜日才休息。这也是作为一个普通农民的日常生活。从田荣新一天的生活中，我们也看到了大山深处农民耕作的艰辛，更看到了在恶劣的自然条件下人定胜天的生活毅力，相信在新农村建设不断推向前进的过程中，农民们的生活会享受到越来越多的阳光灿烂。

当和田荣新一起展望未来的美好生活时，田荣新说，他希望党组织的工作能够组织得好，发展更多的党员，同时希望党员活动能有更多的资金支持。作为一家之主，他说希望早点盖起两层楼。田荣新家目前的房子是 1996 年自己出钱出力盖的，住了 14 年之久，从外观上看，确实是陈旧了很多，室内的光线也不是很好，田荣新希望村里能给一块新的地皮让他盖起一栋二层小楼，等儿子结婚以后就可以给两个儿子分家了，楼上一家，楼下一家，这是他作为一家之主的最大心愿之一。

多依树是一个美丽的寨子，错落有致，那里的佤族群众也是一群勤劳

① 和村里的大多数佤族百姓一样，田荣新和妻子每天都得走很远的山路去地里干活儿，来回返家不方便，这里的农民都是带饭到地里去，一直撑到晚上才回家。

质朴的百姓，热爱生活。虽然目前的他们在生活上仍然很不便，生产劳动的条件也很艰苦，但是在新农村建设的大背景中，在自身的辛勤劳动中，我们祝愿并且相信越来越多的多依树村民都会跟田荣新一样，日子会越过越好！

（二）沉稳忠诚的魏发明

魏发明，男，44 岁，佤族，多依树行政村东佤族自然村寨第一小组的组长。性格沉稳，老实憨厚、乐于交际，这就是他给我的第一印象。边远贫困的东佤寨，物质的贫穷阻挡不了他们对党的尊重，对祖国的热爱。东佤寨特别重视对党员的培养，目前整个寨子有 35 个党员，2010 年培养了 5 个预备党员。老实憨厚的魏发明保留着一颗积极向上的心，这也许就是共产党员共同的特点，魏发明本人于 2003 年入党，目前是寨子的党员组长。魏发明思想精神一直跟着党走，按照党的指导精神严格做事，对党很忠诚，他本人认为要想发家致富，老百姓一定要跟着党走。他说自己的思想跟不上外面的时代，但是我想说的是他的思想是与时俱进的，“想发家致富，老百姓一定要跟着党走”，多么淳朴的一句话，然而是多么正确的一句话，正是这句话指明了中国的发展方向。他本人最喜欢的杂志就是《党的生活》，2008 年他被评为优秀党员。

魏发明才上小学就因家庭贫苦而退学。年轻时的他心中满腔热血。为了争取与别人不一样，18 岁时魏发明便去保山市武警部队当兵，1988 年退伍。魏发明从小就有吃苦耐劳的精神，当兵时，由于自己的良好表现，在部队里自己是副班长。与现在的军人相比，魏发明当兵时，福利并不怎么高，每个月的福利仅为 12 元。退伍回来时政府并没有给他分配工作。为了能找到工作，当兵回来后他便去政府部门等找工作，但未成功；于是转向到其他行业，自己想过买车搞运输业或养猪养羊等，但那时自己没有钱；由于某些条件的限制，自己又不能贷款，于是只有回到寨子结婚务农。

他的身影一直刻着军人那铁人般的形象，他走路时那笔直的身影告诉我们那是军人特有的味道。也正是这样的感觉，当他退伍回来，他于 1991 年被寨子的村民选上了寨子民兵的排长，一当就是十几年，直到 2007 年才退位。此期间他还是多依树村的治安主任，据他本人介绍，当治安主任的职责就是解决土地纠纷、打架斗殴等问题。2007年，他又被村民选上了寨子里第一小组的组长。整个寨子的5个小组组长中，只有魏发明本人是退伍军人，其他的组长都没有特别的经历，正是认知这一点村民愿意让他把这个职务一直承担下去。已经当了6年组长的魏发明认为小组的管理问题并不太难，只要考验人为村庄的服务能力。他本人认为组长的工作没有小组会计累，因为会计要具体负责小组的低保户统计以及人口登记等细活。由于这几年农产品价格不断上涨，然而由于村民小组组长的报酬较低，一年仅有300元，因此在上次换届时，也就是2009年，他家人反对自己当村民组长，嫌当村民组长误了自己务农的时间与精力，同时组长得到的报酬太低，这样无形降低了自己的收入。但由于投票选举，村民还是选到了自己。他本人认为这说明了村民对自己很信任，因此他不顾家人的反对，执意要继续当第一小组组长。

魏发明一家有7个兄弟，自己排行第四。魏发明的7个兄弟中有两人在缅甸的佤邦。由于地理等的原因，东佤寨的佤族和缅甸佤帮的有些部落同宗同源，有着深远的血缘关系，因此双方的交流没有问题，就这样东佤的同胞们可以凭借自己天生的语言优势进入缅甸的佤帮地区。问到两兄弟选择去佤邦的原因，魏发明的解释是由于这边每人分到的土地较少，而缅甸佤邦分到的土地较多，从经济方面考虑，两兄弟便去缅甸佤邦从事一些农活工作。问及这两位兄弟的户口问题时，他说两兄弟去佤邦时只办理了一些临时证件，但户口还是属于中国的，去佤邦算是出国打工。两兄弟的妻子也是东佤寨子人，妻子都跟着丈夫去缅甸工作。现在那两位兄弟的孩子也都在缅甸的学校里就读。这两位兄弟每两年会带妻子和孩子回一次家。另外的两兄弟已经去世，因此目前就只有三兄弟在东佤寨子。魏发明跟父母居住，目前家里有6口人，分别为魏发明的父母亲、妻子、一个儿子、一个女儿、还有他自己。他的父亲2010年76岁，母亲74岁，父母都是佤族，与寨子其他人一样，父母都是虔诚的基督教徒，由于那时的国民教育进行得并不像现在这么好，因此父母都没有读过书，都不会讲汉话，仅会佤语。魏发明的妻子2010年38岁，也是佤族，没有读过书，不会讲汉话。然而妻子的哥哥却是大学毕业，目前在文东乡中学当副校长，就是这一点他不断地用舅舅的经历激励自己的女儿努力学习。儿子2010年21岁，初中毕业后去江苏的一个车场打工。女儿2010年19岁，在澜沧县民中读高三，女儿的学习成绩挺好。魏发明从当兵的经历中知道受教育的重要性，因此他本人很希望女儿能考上大学。

由于父母年老，两孩子不在身边，全家的劳动力便只有自己和妻子。东佤寨划分土地时，每人分到3亩地，现在魏发明一家有18亩地，但是由于都是山地，因此不好种植农作物。此外自己家里的地分布较散，15亩地在寨子的附近，但是另外的3亩离寨子较远，对于两人来说，家里十分缺少劳动力，需要别人来帮忙。但是对儿子外出打工，他尊重儿子的选择，他认为毕竟年轻人在外闯荡较好，因此他并不强求自己的儿子回来帮自己从事务农。

从整个寨子来看，东佤寨子的经济并不好。对于整个寨子的经济收入情况，政府并没有特别的补助。但是对于整个寨子而言，每家都是低保户，然而每个寨子的低保户的数量有限，因此整个寨子每户人家轮流当低保户。2010年魏发明家被选为了低保户，登记名字时写上他自己和父亲的名字，每人每年可领到800元，两人总共领到1600元，可以为魏发明家减轻部分经济压力。

目前整个寨子种的经济作物有烟、菜、玉米、甘蔗、稻谷、花生等，此外养猪、养牛（有些家庭五六头）也可以为各个家庭增加不少的收入。从整个寨子来看，由于玉米种的较多，因此收入方面玉米挣的钱最多。现在魏发明家里的15亩地里种着玉米，其他的3亩地分别种上甘蔗、稻谷、花生、瓜子、姜等农作物，家里也养着几头猪以及几头牛。按照目前家里的经济收入来看，魏发明家的收入中，玉米排第一，其后是猪、甘蔗等。玉米的收成较好，一半的玉米用来卖，另一半用来喂自家猪。魏发明一家年收入最高可达到5万元，其中玉米为1.2万元，自家每年养猪七八头，七八个月便能卖，因此猪一年的收入为1.2万元，打工一年能赚1万多元，甘蔗1万元，牛每年能卖五六千元左右。然而他自己认为，自己家里还是入不敷出，2009年家里新盖了房子花了10万元，由于钱不够，其中的3万元是贷款得来。而一年的支出中，女儿的读书花了不少钱，一年为8000元左右。由于自己的身体不太好，每年的医疗费占到3000元左右。同时，种植经济作物也要用到肥料，每年买肥料的钱为5000~6000元。因此家里的经济情况并不景气。

对于种植的农产品的买卖问题，他本人说甘蔗有糖厂来收，不用担心甘蔗卖不出去。玉米分为两种，一种是自己运输自己拿出去外面卖，另一种是外面的玉米厂来收购玉米。他本人更喜欢后一种，虽然后一种的价格会低一些，但是这样省去了自己运输的麻烦。

由于家里的劳动力不足加上土地分布较散，因此魏发明和妻子只能从增加劳动的时间来增加工作量。两人基本上每天6：30出门开始劳作，晚上7点回家。但两人幸福而快乐地生活着。由于从2010年开始文东乡开始推广种植烟草，整个文东乡的烤烟房在东佤寨附近，离寨子有2里路，烟叶是四个寨子的村民来种，属于私人种植，私人经营。赶上这一时机，本人认为家里的经济以后可能会景气些。对于未来的打算，他本人认为以后种的经济作物、农作物等应该跟现在差不多，自己这一生可能就这样过去，然而他特别希望自己的女儿以后能考上好的大学，颇有一种把自己一生的希望都寄托给自己的女儿的感觉。

夕阳西下，魏发明喜欢拿着水烟筒一边看日落一边抽烟。他的表情没有悲喜的颜色，也许就是这样的表情刻出了他丰富的经历而道出的乐观豁达态度。他小学未毕业，但是他走出了一条属于自己的道路，属于男儿本性的道路。如果要拿一种植物来形容他，我觉得那是松——“风声一何盛，松枝一何劲”。

十九、妇女

（一）热情开朗的东佤妇女工作者陈春

东佤大寨，是我们到文东乡多依树村的落脚点。经过三四天的了解，我们对东佤非常熟悉。有幸约到东佤大寨妇女主任陈春，是在我们到达后的第5天晚上。因为妇女主任总是很忙，她和丈夫都为村子里做事。她家住在东佤大寨第三组，丈夫是他们组的组长，所以在东佤，他们俩算得上是大忙人，不仅要照顾家里的田地，要干自己的农活，而且还要做好自己在村子里担任的职务。东佤寨子虽然不大，但是要对每个家庭每个人都了解还是相当困难，因为大部分人都不会说普通话，甚至本地方的方言也不会说，他们只会说本民族的语言。这种现象在妇女群体中更为严重。我们是晚上去到陈春家访谈的，当时他们一家正在吃晚饭。刚进门，陈春非常热情，赶紧去拿碗筷，要给我们盛饭，被我们挡住了，因为我们刚刚吃过。陈春的妈妈也在他们家，他们同是东佤大寨的，但是属于不同的小组。她母亲已经年过五十，性格开朗大方，是上届东佤大寨的妇女主任。她的母亲在东佤连任了好几届，当了十几年的妇女主任，经验丰富。

陈春有一个幸福美满的家庭。陈春，1979年出生，佤族，高中文化程度，中共预备党员。陈春是个幸运儿，尽管当时家里人口多，生活并不富裕，但是勤劳能干的父母却坚持送她去读书，他们一致认为只有知识可以改变命运，可以改变东佤的旧面貌。不负众望的陈春从小就很懂事，自己的事情总能够完成得很好，从来不让父母多操心。1998年高中毕业后，陈春一直在村子里代课，为整个村的教育做出了贡献。2005年，陈春夫妇结婚，两年后，他们有了个可爱活泼的女儿。女儿的出生给整个家庭带来新鲜的活力，女儿是全家人的开心果。女儿出生后，母亲几乎每天都来家里帮忙，她不但要做饭，还要帮忙照顾女儿。她的丈夫是第三组的会计，虽然会计的活不多，但是家里的农活几乎是他一个人承担。而陈春既要和丈夫管理庄稼地，又要照顾孩子，还要完成自己的工作。她从不在乎报酬的多少，她在乎的是在工作中找到了乐趣。所以每当村里或者乡里交给她一项任务，她总是完成得很好，她在工作中兢兢业业，尽心尽力，即便有时招来个别村民的误解，她也从不介意。

陈春是东佤大寨妇女们的行为典范。据陈春向我们介绍，她上小学时，当时班上只有5个女孩子。初中毕业于文东乡中学，高中是到澜沧县城念完的。读到高中的时候，村子里没有一个同龄的女孩上学，就只剩她自己。那时候还是个重男轻女的年代，一个女孩子能念到高中实属不易。自己能读书，得益于父母开明的思想。她父母和其他人不一样，他们都是老党员，支持自己的子女上学。她从出生到现在，自己生活在一个非常好的家庭中，特别是母亲的一举一动，深深地印在自己的心里，于是下定决心以后要像母亲一样，在村子里有威望，很受人尊敬。父母的行为对一个家庭非常有影响，所以在陈春的心目中，父母是自己学习的榜样。因此，为了也像母亲一样，她在读书时，非常用心努力，一直担任班干部，荣获“优秀三好学生”“优秀班干部”等荣誉称号。陈春工作突出，获得了“人口与计划生育工作先进个人”“五好文明家庭”“优秀调解员”“妇女工作先进个人”等荣誉称号。陈春把以前母亲工作的经验和自己的工作经验总结得出，做妇女工作，始终要从一个女人的角度来看待妇女问题，这是能够深入妇女群众内部、深入人心的一个重要因素。作为妇女主任，陈春还认为，要做好妇女工作就应当注意处理好如下几方面的问题：一是要当好当地政府和妇女之间的桥梁，协调好村委和妇女们的关系；二是当出现家庭暴力时，及时协调好关系，既要让他们过好日子，又要维护好妇女的权益；三是加强团结，增强睦邻友好，协调好邻里关系；四是在农闲时教妇女们说汉语，让他们能与外界交流沟通；五是加强妇女技术培训，请专业老师在农闲时辅导妇女学习，提高妇女的生产技术能力。陈春认为，最主要的工作还是让社会普遍关注妇女的地位问题。她说以后过三八妇女节时，力求向政府争取一定的资金，让全村妇女过一个真正属于自己的节日，通过实际落实，让人们都知道，女人也有自己的节日。

陈春的踏实肯干得到东佤女人们的信任。由于陈春是有知识有文化的人，是村子里70后唯一的高中生，她能与外界很好的交流沟通，因此被大家推选为东佤大寨妇女主任。以前，整个村子里，在同龄的年轻妇女中，能与外界交流沟通的没有几个（即便有，几乎全部外出打工，不在家干活）。每当村里妇女们出现问题时，比如村子里妇女们生了妇科病、怀上孩子要去做检查，甚至是在生活上的不方便，她们首先想到的是陈春母女俩。在母亲担任妇女主任期间，陈春凭借自己多年的学校班干部工作经验不时地帮母亲出了不少的好点子，这一点让她的母亲非常欣慰。现在母亲人已老，大家伙就又把妇女主任这一职务交给了她。在刚接班时，她自己心里既高兴又担心，担心自己组织不好，把工作弄得一团糟，担心辜负了妇女们对她的信任。实践证明，她的这些担心是多余的，一是她得到母亲的大力支持。每当遇到自己很难着手处理的问题时，她都会及时请教母亲。她的母亲会就一件事情教她分析，教她该怎么处理。二是得到她丈夫的支持。她丈夫虽然年龄比她小，但是在工作经验上比她丰富。于是每当她遇到困难时，她丈夫都会鼓励她支持她。就这样，工作对她来说成为非常有趣的经历。聪颖的她还勤于思考，不但总结母亲多年来的工作经验，而且结合当前的实际情况，在本村很好地开展妇女工作。

陈春曾经的遗憾。1998年，陈春高中毕业后，一心想着要当一名教师。于是她就到本村大芒堆组当老师。当时村子里教学条件非常差，没有教师愿意去，在不顾父母的反对下，她去了大芒堆组。当时，她的学历只是高中生，没有参加过教师培训及其考试，所以不是正式老师。据她回忆，当初她有这个想法，一是看到村子里孩子们都不愿意读书，最严重的是，他们大部分孩子都不会说汉语。这些孩子在这个村子行，出去该怎么办？二是读书这么多年，花了父母的很多钱，自己想有一个稳定的工作来很好地回报父母。陈春认为她自己高中毕业后没有考上大学，很对不住父母，如今无论如何自己都要当个小小的老师。基于这两个想法，她才去代课。代课时，她的月工资为175元，而正式教师的工资是1000多元，这让她很受委屈。同别人一样，干同样的活，做同样的事情，就因为自己的学历不够，工资才这么低。于是她立志一定要考上正式的教师职位，当一个真正的老师。陈春就边教学边复习考试，经过三番五次的考试，花了4年的时间，她还是没有考上。随着形势的转变，村子里来了不少新老师，而她也不再代课了。回到家的她苦思冥想，自己要继续考试呢，还是要做别的其他事情。经过几天的反复思考，她觉得天无绝人之路，既然考不了教师，做其他的也行。于是她打算出去闯闯，到了上海打过半年的工。我们在和陈春交谈的过程中，看得出来她眼神里的遗憾。她开玩笑地说："如果那时我真考上了教师，那现在的我该着急升学率了，就不会有这么开心。现在，我很喜欢我的这份没有工资的工作。"

陈春是东佤村容整洁的带头人。目前的东佤大寨，入户便道通往每家每户，整个村全是水泥地，干干净净。尽管这样，要在农村保持每天的清洁卫生相当困难。为了响应新农村建设的要求，村里要求每家每户都要保持门前清洁干净。但是，有些村民不是很自觉，他们没有意识到村容整洁的重要性，以至于工作难以开展与维持，任务难以完成。陈春当选妇女主任后，她想了一系列的法子，让家家户户都干净起来。一是她通过开大会的形式，在每个小组选取积极向上、热爱劳动的妇女做代表，让她们每天都监督村民们扫地。陈春介绍道，只有一个组有一个监督的人，卫生工作才会落实。一般是自己家门口的自己家扫，通组便道和通户便道轮流值班扫地。二是以抽查的方式，突击组里的清洁卫生。她通知好每个小组的妇女代表，要求她们要组织好清洁工作。陈春也是有家、有自己的土地，不可能每天都在村子里转悠，她说她一般是以抽查的方式进行，就是一天只去一个组检查，到哪个组检查只有她自己知道，别人从来不知道。三是以警告、惩罚的方式进行。对于那些不认真完成工作的人，陈春所做的工作是：一旦发现，立即调查了解，先是每个小组的妇女代表调查了解工作者的情况，了解她不打扫的原因，一次警告，二次还是警告，三次就要罚多扫地。如果小组妇女代表不能搞定的，陈春才亲自出马。如果是思想的问题，那么陈春就耐心的做思想工作，直到她们配合为止。如果是生活上的问题，陈春就尽量想办法帮助解决。自从她的这一套方法落实后，没有哪一个妇女出现不完成工作的情况，因为有处罚措施，要是真正地被处罚，那人会觉得在村子里多没有面子。陈春为此感到非常高兴，她说虽然她的年纪比一般妇女的都还小，但是她们都很配合她，支持她的工作。

陈春是东佤人口计生政策宣传者。陈春在妇女工作中，还有一项最重要的内容，就是宣传国家人口计生的法律法规和政策。她不但要对村民们讲解政策，而且还要针对每家每户的情况做细致的工作，杜绝妇女超生抢生。一旦发现有超生抢生现象，她就立即上报。谈到这项工作时，陈春显得有些无奈，她说："就因为太认真执行国家政策了，所以在这项工作中经常得罪村民。有些村民在思想上还不开放，总想养个儿子来防老，但是这只能导致自己家里变得更穷。现在的女娃也能做事。"说完后，她还向我们请教我们地方是怎么做这项工作的。陈春不仅是国家政策的解释者，她还给妇女们传授优生的知识，包括如何怀孕、如何避孕、如何结扎等。村子里只要有妇女怀孕，她会提醒她们并带她们到乡里医院去检查。东佤大部分妇女都不会说汉话，因此不能很好的和别人沟通，所以很少去赶集。每当要做妇检或者是她们生病检查时，陈春不得不陪伴在她们的身边，带领她们办理手续，帮助她们翻译等。每当妇女们生孩子时，她会告知她们在家生产的危险性，要求她们尽量去乡卫生院生产。除此之外，陈春还宣传如何防止艾滋病、性病等疾病的传播。目前，佤族人民的耕作方式比较传统，他们是日出而作日落而归，所以在白天的时候见不到人在家，他们去自己的地里干活。当问及村干部如何开展工作时，陈春回答得很轻松，她说大部分是利用傍晚的时间。佤族人民有个很好的习惯就是喜欢吃过晚饭后扎堆聊天。因为那个时候，大家已干了一天的活，非常劳累，大家都想轻松说说话。能看懂电视的就去看电视，看不懂的就找人聊天。在东佤，大部分妇女都不识字，听不懂汉语，所以她们没法看电视。她们一般是吃过饭后，扎堆到一家门口聊天，村干部们就趁这个机会，进入她们中间，顺便宣传政策。除此之外，就是利用周末的时间。东佤的人们大部分都信仰基督教，所以周末不上山干活，周末做完礼拜后，就直接宣传政策。

陈春的打算——当东佤妇女们的汉语老师。在谈话中，陈春在不经意间谈到她对东佤妇女们的担忧。她认为，目前东佤妇女们的语言沟通是最严重的。她说如果在语言方面沟通不了，做什么事情都相当困难，比如上街买卖农产品、外出打工、了解外面的情况等，这些都需要有一定的汉语能力。但是在最近的几年中，生意人都是外来人，大家需要做好沟通才能做成生意。因此，她打算争取妇女们的同意，利用她们休闲时间给她们上基本的汉语，教她们汉语的基本发音和意思，让她们能够说出一些常见的词汇，比如钱、大米、用钱来买大米的语句的表达。当问及怎么培训时，陈春想了一会，她说她自己的想法还不成熟，而且还需要乡干部和村干部的支持配合才行。她目前能想到得两种培训形式，一是利用吃过晚饭后的聊天，二是在教堂正规培训。其他的她还没有想到。她还透露，村子里的妇女多，自己肯定教不过来，希望会说汉语的妇女能给与支持和帮助，她会非常感谢。

陈春的前途。目前，陈春所担任的工作是没有任何报酬的，当问及怎么愿意承担此任务时，陈春的回答令人意外。她说她自己也没有多么的伟大，其实她是想，从事这项工作不仅能给她带来乐趣，而且还有更多的机会接触上级领导。这样，她就能及时地知道当前的政策，了解当前的形势，知道村子外面发生些什么以及有什么机会可以发展等，甚至等待乡里要从村子里提拔干部的机会等。总之，从思想上来说，有工作的人就会常常更新观念。随时会提醒她该做什么不该做什么，让自己以及整个村子不落后于别人，这对于她的家庭和整个村子的发展都很有益处。

（二）突遭变故的坚强女子钟小四

钟小四家的房子算得上是村子里最好的，一栋三层的小洋楼，说实话，第一次去她家就是冲着她家的房子去的。在这么一个不算发展的特别好的农村，能建起这么一栋三层的楼，至少能说明这家人很能干，家里的条件也肯定很好。第一次去他们家，刚好是早饭时间，这么大一栋楼里边只有两三个小孩在家里玩耍。按我们之前的假设，这么大的一个家，早饭时间应该全家人都在家才对。没有大人在家，我们也有些不知道该怎么做了，还好有邻居的帮忙，帮我们叫来了钟小四。钟小四正在下边的厨房给孩子做饭，知道我们来到她家，就暂时放下了做饭的活上来招待我们。我们也了解了这么大的房子只有两个孩子玩耍的原因。原来钟小四的丈夫是个很能干的人，但是2009年因为车祸意外去世了，家里只留下了钟小四和两个孩子，听到这件事，我们也感到很意外，也很想了解他们家到底发生了什么。为了不影响钟小四给两个孩子做饭，我们决定当天晚上再过来他们家详细了解。

晚上再去钟小四家里的时候，钟小四正在给自己只有5个月大的儿子洗澡。看得出来她带孩子的技巧很好，孩子在她手里没有哭过一声，年纪不大却是个很称职的母亲。给孩子洗完澡后，她开始给我们讲了她自己和他们家的情况。钟小四是1980年生的，2010年30岁，她开始跟我们说她是1980年生的时，我们还跟她开玩笑说都是80后的人，没有代沟，可是感觉她经历的肯定比我们多，也显得比我们要成熟很多。去她们家那天，她得了感冒，一直在咳嗽，但是她也一直坚持着，说自己没办法，生病了只能是自己忍着，没有时间去看医生，孩子还小，根本离不开。钟小四就是多依树东佤本寨的人，小时候家里条件不好，家里一共有兄妹八个，自己还有两个哥哥，三个姐姐和一个妹妹，自己在家排行老六。他们的父母都是农民，两个农民要想养大这七个孩子，已经不是件容易的事了，更不用说给孩子多么好的生活。所以钟小四虽然是家里第二小的孩子，也没有上过学，父母只是供两个哥哥，家里的女孩都在家帮助父母做一些力所能及的事。七八岁，对一个孩子来说应该是高高兴兴地去学校里学习的年纪，但钟小四却从来没有体验过那种生活。说起学校，她的语气里总是透着向往，一直说很羡慕我们能够上学。七八岁时的她已经开始帮助家里放牛了，后来随着年纪的增长，慢慢开始帮助家里做一些其他的农活。钟小四的童年很苦，她说那时候家里孩子多，吃穿都不好，遇到收成不好的年份，甚至连饭都吃不饱。家里没有米，只能跟着母亲去二三十公里外的邻镇背米，每一次来回的七八个小时，虽然年纪小，只是背了一二十斤米，回来以后感觉就像骨头散了架一样，几天都恢复不过来。钟小四说到现在都没有怪过父母，父母也是没办法。小的时候她的想法也很单纯，只是想着以后长大了能嫁个好人家，过上好日子，自己小时候已经够苦了，希望以后能过得好点。1998年，对钟小四来说是重要的一年，这一年她结婚了，嫁给同村的一个男孩。男孩叫魏忠诚，比她大一岁，但是16岁就去了北京，在北京打过三年工。她和丈夫是闪婚，丈夫从北京回来以后跟他认识到结婚只是三个月，而两人真正的谈恋爱却只有简单的20多天。他们结婚那年，丈夫19岁，她18岁。虽然两人恋爱的时间不长，但是她说她很爱自己的丈夫。

她和丈夫结婚一个星期以后两人便一起去了北京打工。刚到北京的时候，她一点也不习惯北京的生活。北京的冬天很冷，而自己又没有什么好的衣服。她说，他们刚去北京的时候，除了他们夫妻俩没有其他的什么老乡，很孤独，而且自己以前从来没有出过远门，也不会说普通话，在北京的日子很难过。自己想过回家，但想想以后的生活，她又放弃了回家的想法。在北京打工发展的机会肯定要比回家多，只有坚持下去，才有可能改变自己的人生，不再吃小时候吃过的苦。刚到北京的时候，因为没有什么文化，普通话也不好，根本就找不到什么好的工作，只能在北京通州区的农村帮助当地的人种大棚，一个月工资 300 元，还不管吃不管住。为了节省开支，他和丈夫两个人只能挤在用塑料搭成的一个小棚子里，夏天很热，冬天很冷。就这样在北京通州的大棚干了快两年，丈夫在通州的一个马场找到一个打杂工的工作。那边的工作没有种大棚那么苦，工资也比种大棚要高一点，一个月能拿到 500 元，而自己还是找不到什么好工作，只能又去了另一个地方帮助人家种地。丈夫的工资慢慢提高了一点，家里的生活也慢慢的向好的方向发展。真正让他们家的生活发生质的改变是从 2001 年后半年开始的，丈夫因为马骑得好，被马场选为骑师，开始骑马比赛。丈夫开始比赛以后，工资也很快地涨了上来。丈夫做骑师没有几个月，工资就涨了五六千元（还不算奖金）。到 2006 年，丈夫每个月的收入都是上万元了。2006 年以后，她的丈夫去了新西兰，去那边作教练，一个月的工资能达到 15000 元。因此家里的生活条件自然也就好了，而钟小四也不用再去帮人家种大棚那么苦那么累，丈夫的工资足够两个人过上幸福的日子。

在丈夫做骑师没多久，钟小四便怀孕了。为了方便有人照顾，2002 年钟小四回了村子，安心养胎。2003 年 7 月，两人的第一个孩子出生了，一个漂亮的小女孩。有了属于自己的孩子，两个人都非常高兴。为了能早点见到自己的孩子，钟小四的丈夫一直希望钟小四能早点回北京。在丈夫的催促下，2004 年，钟小四带着不满一岁的女儿又去了北京。钟小四这次去北京的感受，跟第一次有了很大的不同，她已经习惯了北京，生活也不会像第一次那么苦，况且这回他们有了属于自己的小孩。带着这些快乐，他们一家三口在北京度过了最快乐的两年。2006 年，丈夫去新西兰后，她又带着孩子回到村子，等待丈夫的回来。2005 年，在外边小有成就的魏忠诚决定在村子里盖一栋漂亮的房子，一来以后回家有个舒服的落脚地，二来可以向全村人展示一下自己的成就，毕竟在外边打拼这么多年，盖个好点的房子也让家里人很有面子。房子是 2006 年建好的，建这栋三层的房子当时花了 20 多万元，都是钟小四的丈夫通过自己的努力攒下的。钟小四和丈夫都是很好很仗义的人，村里的年轻人大部分都是跟着他们家去北京打工的，光2004年，她们两夫妻就带了村子的60多个人去北京的马场打工。2008年，丈夫从新西兰回来以后去了北京房山的一个马场，钟小四也带着女儿再一次去北京和丈夫团聚。从新西兰回来以后的丈夫在事业上也是一帆风顺，最高的时候一个月比赛能够拿到8万元的工资和奖金，这个收入在北京也算得上相当不错了。事业上蒸蒸日上的丈夫已经打算在北京买房子，那样对孩子的以后的发展也好，一家人就要开始在北京正式生活了。但是人算不如天算，就在钟小四和丈夫开始为未来生活憧憬时，丈夫却出了交通意外。2009年7月2日，钟小四说她一辈子也忘不了那一天，自己记得很清楚那一天发生的一切。丈夫和一个老乡刚买了一辆新摩托车，就在骑摩托车回来的路上，发生了车祸，丈夫的老乡受了重伤，而丈夫却再也没能醒过来，永远地离开了她。说到丈夫的车祸时，她没能再控制住自己的情绪，流下了悲伤的泪水。丈夫的突然离去，对她的打击很大，对这个家的打击也很大。但是再难过她也得继续生活下去，因为她还有孩子，她一旦倒下了，孩子怎么办，孩子得多可怜，那段时间一直是孩子支持她坚强的生活下来。丈夫刚去世的时候，她刚怀上小儿子一个半月，当时很多人都劝她把孩子打掉，要不以后的负担会很重，但她从来没有想过要打掉这个孩子。她想再难也要生下这个孩子，把他养大，培养成像他父亲那样的人。说到这些事，她的眼泪又一次流了下来，她的丈夫很好，不管对自己，对孩子还是对待老乡和周围所有的人。说起丈夫，她总是很自豪，很骄傲。丈夫出事一年多了，但是丈夫的案子却还没有完全断清楚，她现在最希望的就是案子能快点了结，好给死去的丈夫一个交代。

为了缓和一下钟小四讲到丈夫时悲伤的情绪，我们开始问她一些自己觉得开心的事。她说她觉得自己活了30年最快乐的时光就是跟女儿丈夫在北京的日子，那时候一家三口在北京很幸福。她告诉我们她最喜欢北京的夏天，因为一到夏天，一家三口可以去北京到处游玩，虽然北京的夏天有点热，但对她来说，那确实是最值得开心的季节。说到和丈夫的开心事，钟小四明显开心了很多，也暂时把那些不开心和痛苦的事放在了脑后，语言也轻松了很多，还跟我们开起了玩笑。

钟小四说到自己的这30年，总是说自己命苦，从小就没有过过什么好点的生活，好不容易嫁对了丈夫，也享受了几年舒服日子，可就在日子过得最好的时候，命运却再次和她开了一个玩笑。钟小四也劝过丈夫回家，也不能老在外边漂着，但丈夫想让家里的日子过得更好，让孩子的将来也过得更好一些，没有听她的劝，一直想要在外边闯出自己的一片天地，最后出事了。丈夫没出事以前，家里的钱从来不会归钟小四管，有什么事也很少跟钟小四商量，但他对钟小四母女却真的很好，所以不管丈夫做什么，钟小四都会全力的支持，虽然自己帮不上什么忙，就算丈夫在外边有了别的女人，最后丈夫愿意回头，她也选择了原谅丈夫。丈夫出事以后，自己的家人也劝过自己把孩子打掉，但她还是没有同意，坚持生下丈夫留下的骨血，在她看来，有了孩子也就有了盼头。小儿子出生以后，丈夫的家人对自己都是不闻不问，只有自己的母亲和兄弟姐妹来照顾自己。丈夫出事后，丈夫的家人也想过把她赶出家，然后由他们来接管这一栋大房子，但是自己有两个孩子，不愿意，在自己的努力下，最终还是留了下来。丈夫出事以后，很多以前和钟小四家很亲近的人都变了，选择了远离她，不愿意帮助她们孤儿寡母，所以钟小四什么事都是自己一个人扛着。

现在，钟小四还有四五亩田地，她说以后就靠这四五亩田地养活这两个孩子了。因为还要带孩子没有什么时间，所以钟小四只是种了两亩地，没有种甘蔗，只是种了玉米，用来养猪，孩子还小，她也只能选择做一些比较轻松的。丈夫出车祸时，只给自己留下了两个月没领的工资，丈夫案子的赔偿方案也还没有最后定下来，以后这两个孩子的成长都得靠她自己。她也知道自己一个人带着这么小的两个孩子，以后的生活会很难，但是她没有想过其他的，走一步算一步，把孩子带好了，培养成才才能对得起丈夫。如果没有这个小儿子，她肯定会带着大女儿去北京打工，因为丈夫在那边有很多朋友可以帮助自己，但是现在有两个孩子，只能选择继续在村子里带大两个孩子了。

对于以后，钟小四说没有太长远的打算，最希望的是把孩子养大，让他们上学，自己是文盲，不想孩子以后还像自己一样是个文盲。看着孩子能健健康康地成大，是她现在最大的愿望。钟小四现在自己在家里开了一个小卖部，我们去她家的时候刚做了两个月，还没有挣到什么钱，但想着自己现在带孩子，做不了田地里的农活，在家里自己卖点东西也能贴补家用，另外孩子还小，也喜欢吃零食，与其让孩子去买别人家的，不如自己来做。自己以后都不会再出去了。丈夫的老板很讲义气，说希望她带着孩子过去，也方便照顾，但是现在孩子还小也出不去，以后情况可能就变了，自己更不想出去，还不如在家安安稳稳的把两个孩子养大。我们问她，现在自己一个人带着两个孩子很难，有没有想过再嫁时，她给我们的答案很坚决，自己绝不会再嫁了，别人也劝过自己，但不管被人怎么劝，自己都不会听。现在自己一个人带着孩子想怎么过就怎么过，以后再苦也会熬过去。现在给不了孩子什么，只能让他们吃饱饭，但是随着孩子一天天长大，她坚信他们家的日子会慢慢改变的。老天给了钟小四一个优秀的丈夫，却没有让她得到永远的幸福，她说自己命不好，但是有两个孩子在，她的命运以后一定会改变的，这么纯朴坚强的女人，她的以后肯定会更幸福。

（三）远嫁他乡的宗梅

我们调研所在的云南省普洱市澜沧拉祜族自治县，经济发展比较落后，特别是在农村地区，人们的生活水平长期以来处于国家贫困线以下。大约从20世纪90年代开始，这些边远山区的农民开始出来打工。刚开始的时候，外出打工的人并不多，但是后来，随着交通的便利以及打工所带来的经济效益的提高，出去打工的村民越来越多。文东乡多依树村东佤寨的宗梅，就是打工浪潮中走出了村子，并在后来远嫁河北，成为了东佤寨最早远嫁他乡的佤族妇女之一。

我们调研组到多依树村时，正好遇到宗梅回娘家看望父母亲。刚进东佤寨的那天，翻译老师带着我们到村子各处了解情况。当我们走到东佤小学下面的一排老旧的砖瓦房时，翻译老师指着前面一位正在门口洗衣服的妇女说："这是我们村嫁到北京去了的宗梅，你们需要访问她吗？"由于她背对着我们，我无法看清她的长相，于是便上前和她打招呼。她放下手中的活，起身转过来，才发现她比我想象的要年轻许多，大约二十几岁，打扮比较时尚，瓜子脸，长头发，满面笑容地望着我们，我上前向她表达了想对她进行专访的意愿，她一口答应下来，约好时间后，我们接着到村子的其他地方做问卷。

第二天傍晚吃过晚饭，天渐渐暗了下来，我拿着手电筒来到宗梅父母家，刚走进院子，就听见家里较吵闹，院子里几个小孩在玩耍，正屋坐了六七个人，正在商量着什么事。宗梅见到我，马上起身迎了出来，拿起板凳请我在屋外坐。未及开口，宗梅告诉我们家里大哥生病了，几个姐姐过来看望，商议着要把病人送去乡上看医生。我问现在是否方便作访谈，她笑着说："没关系，可以的。”访谈进行到一半时，宗梅的丈夫走过来，也加入了我们的谈话。

宗梅，1983年出生，父母亲都是地地道道的农民，家中除了她还有两个哥哥和四个姐姐。四个姐姐出嫁较早，全都嫁给了本地人。大哥在她12岁时分家，所以，从小她就和父母亲及二哥一起生活。六岁时，宗梅开始上学，在东佤小学读到四年级后辍学回家，问起辍学的原因时，宗梅说其实当时自己还是想继续读书的，但是那个时候家里的条件太差，干活的人少，只能供一个小孩上学，所以把这个机会让给了二哥。

辍学回家后，宗梅一直在家帮着父母干农活。2001年，通过在北京打工的四姐夫介绍，宗梅来到了北京，进入通州区一家玩具厂工作。玩具厂的工作很辛苦，每天工作12个小时，有时候晚上还要加班，但是因为是临时工，工资非常低，每个月只有300多元。虽然是住在厂里的，不用花住宿的钱，但是每个月除去200元左右的生活费，根本就攒不到钱，更别说寄钱回家了。到北京打工是宗梅出生以来第一次离开家乡，我问她刚到北京的时候有没有什么不习惯，她说：“刚去的时候，觉得什么都很新鲜，但是就是有点不太适应那个气候，北京太干燥了，不像我们这里，空气特别湿润。还有北京的生活节奏太快，跟我在家的时候比起来很不一样，我到北京大半年后才慢慢习惯。”我问她是怎么克服这种不习惯时，她笑了笑回答说：“认识的人多了，就习惯了。”宗梅是一位性格外向，性情温和的佤族女子，无论到哪里，她都能与别人和睦相处，并交到很多的朋友，所以一旦融入当地的人群，自然就很快融入他们的氛围了。

2002年初，宗梅认识了她现在的老公张小庆。张小庆是河北省承德市兴龙县人，两人认识的时候他在北京郊区的稻香村食品厂打工，工厂离宗梅所在的玩具厂很近。通过张小庆表姐的介绍，宗梅和他认识没多久就确定了恋爱关系，交往半年之后，张小庆的父母希望儿子回家工作。于是两人商量之后，宗梅和张小庆一起回到河北承德市。回到承德，宗梅进入一家服装厂打工，虽然每天依然要工作12个小时以上，但是工资有所提高，每月能拿到500元。我问她平时除了工作是否还有别的爱好，她说：“我喜欢和朋友出去玩，去逛街，去公园，觉得很开心，服装厂的工作很累，但是因为交到了很多的朋友，每天大家在一起生活，玩闹，也就不觉得辛苦了。”

2003年底，张小庆的父母催他们尽早结婚。宗梅打电话回家询问父母亲的意见，没想到却遭到了家人的反对，特别是宗妈妈，坚决反对把女儿嫁到那么远的地方。为了说服宗梅的母亲和家人，张小庆带着宗梅回到了云南老家，这是张小庆第一次到少数民族村寨。我问他当时对东佤寨的印象是什么时，他想了一下说道："我记得那个时候第一个感觉就是这里太穷了，这里的人们很勤劳，每天从早到晚的干活，但是他们的生活水平却很低，住的房子破，吃得也差，日子过得很苦。还有当时这里的交通非常不方便，就从县里到村里，我们坐了大约一天的车才到。"来到宗梅家之后，张小庆努力地劝说宗梅的父母亲，最终经过了他们的考验，获得了他们的认可。我问宗梅："妈妈不舍得你嫁那么远，但为何后来会同意婚事呢?"听到我的问题，她不好意思起来，望了望丈夫说道："我妈是觉得他人不错，才答应的。"说到这，张小庆看着宗梅，脸上也露出了幸福笑容。

由于两家相隔太远，经过商议，只能在云南和河北两地分别置办酒席。于是，趁着那次回家，两人先在宗梅家举办婚礼。婚礼完全按照佤族当地的习俗举办，男方给女方一定的彩金。在家住一个月之后，宗梅跟着张小庆回河北承德，于2004年1月10日在河北举办婚礼，宗梅的二哥作为女方代表参加。由于张小庆是家中独生子，结婚之后，两人与父母同住。由于宗梅勤快孝顺，很快就获得了父母的喜爱，所以一家人住在一起非常和睦开心。

婚后，张小庆开始自己做买卖，在县城小学附近开了一家餐馆，专卖早餐，宗梅也辞掉了服装厂的工作来小店帮忙。因为餐馆开在学校附近，所以学生上课时生意较好，每个月纯收入能有2000多元，但是每年寒暑假三个月中，收入只有八九百元。虽然收入不是很稳定，但比起在外打工，日子要过得宽裕很多，每天也不用那么辛苦。2004年9月，他们的儿子出生了，父亲给儿子取名张佳楠。我问他取这个名字有没有什么特别的意思时，他笑着说："翻字典翻到了，觉得好就取了。"儿子出生后，宗梅就专心在家带孩子，现在小孩到六岁了，在上学前班，我问宗梅满意现在的生活吗，她笑着说："满意啊，感觉挺幸福的。"

这次回老家，宗梅打算在家待一个月，好好陪陪父母亲。出去快十年了，宗梅一共才回东佤寨三次，第一次是2003年回家结婚，第二次回来是2007年，这是第三次回来，说到这时，宗梅的语气开始变得伤感。她说："我在外面什么都适应，就是想父母，一想到他们年龄越来越大，我就伤心。我给妈妈家里安装了电话，每个月都会打两三次电话回来问问他们的健康状况。我就希望父母能健健康康的，过得好点儿，家人都快乐幸福就行。”我问她出去那么久，回来是否还习惯这里，她说：“还是很习惯的，毕竟这里是我出生长大的地方，我的亲人也都还在这里。”说起未来的打算，宗梅想了想说：“我也没有什么打算，就是想好好带孩子，暂时也不想找工作，等孩子再大点儿再说。”

访谈进行到尾声，我们聊起到村庄的经济发展状况，宗梅的丈夫对此有很多的想法。他觉得这里的经济发展比较缓慢，究其原因，主要是这里的交通十分不便，2007 年到这里时，从乡上到村里还是石头路，这次从河北到这，每个人来回要花掉 1000 多元路费。交通不便使农民的肥料成本过高，买的东西贵，卖的东西却很便宜，这里的一吨甘蔗居然只能卖到 220 元，再加上运费高，农作物很难运出去，更别说发展其他产业了。另外，他认为村庄的经济落后还在于政府政策上照顾不够，国家以前给少数民族地区的经济补贴较少，村庄缺少发展的资本。还有一点就是这里的教育条件太差，教育设施落后，农民没有钱供孩子上学，自然影响村民文化素质的提高，不利于村庄未来的发展。要促进村庄经济的发展，他说：“路修不好就永远没有大发展，多依树村要想提高发展的速度，首先应该把路修好，我听说没多久从这到县城就只要两三个小时的车程，到时候，人们出去回来就会变得方便多了。另外，政府应该多给点补助，多给点优惠政策，像这样的少数民族地区，人民生活艰苦，更需要政府的支持和关心，我相信有了政府的关心，这里的生活水平会很快提高的。”

最后，我问宗梅：“你出去那么久，回来觉得家乡有什么变化没有？”宗梅想了想说：“上次回来还没有什么变化，这次感觉变化还是挺大的。人口变多了，生活条件也比以前强。村子里比以前更干净，特别是 2009 年村里修了水泥路，并且这次回来发现盖了很多新房子，大家的生活条件在慢慢变好了。但是和外面的世界相比，我们村子的人过得还是比较累，大家的收入都不高。以前我出去打工的时候，村里面出去的人还很少，现在出去打工的人变多了，很多人出去了也没有再回来。”

因为河北离老家太远，路费太贵，宗梅回家的次数较少，虽然不在父母身边，但是她每时每刻心里都记挂着父母，希望他们身体健康。这次回家，宗梅打算在家呆一个月，好好陪陪他们，尽一份做女儿的孝心。

访谈结束的时候，天已经全黑了，由于这几天下雨，天空被云朵遮住，看不见满天的繁星，也没有月亮，我们只能打着手电筒回宿舍。走在村中的水泥路上，两边的树叶在微风中飒飒作响，此刻，整个东佤寨沉浸在一片夏日夜晚的宁静中，我们一边行走，一边思索：在多依树村，有着许多像宗梅这样外出打工的佤族女性，在这些外出打工的人中，很大一部分出去了就不再回来，或是嫁出去，或是在外面自己闯荡，使她们的人生和生活发生很大的改变。有的人因此摆脱贫穷，有的人因此从农民变为城镇户口，她们的生活质量和父辈们相比，有了很大程度上的改变和提高，她们不再面朝土地背朝天，她们的视野变得开阔，当她们带着全新的面貌回到家乡省亲时，一定会对仍在村中的亲戚朋友们造成很大的影响。一方面，她们给村民们带来外面发达地区的信息，改变村民们的思想和观念，就有可能进一步改变他们的生活方式方法，激励着村中的人们改变旧观念，谋求更高的生活水平。另一方面，伴随着越来越多的本地妇女外出打工，村中的女性越来越少，男女比例越来越高，导致很多适龄未婚男性的出现。村里的女人变少，外面的人不愿嫁进来，男人到了该结婚的时候娶不到媳妇，一定程度上不利于整个村寨未来的发展。我们在当地调研期间就发现，每当晚饭后，山腰上的篮球场聚集了很多年轻的小伙子们，他们在这里打球，聊天，但是却很少有女孩过来玩。我问村长为什么村里的女孩都不出来时，村长告诉我们说："不是女孩不出来玩，而是她们都出去打工了，村里只剩一些男孩子。"我问："为什么男孩出去打工的人会比较少呢？"村长告诉我们，在多依树村，家家户户都以种地为生，这些男孩都是家庭的主要劳动力，所以一般家里是不让男孩子出去打工的，除非某些家庭的男孩子比较多。因此，要使村寨在未来能稳定健康的发展，我们必须正确对待和思考这个问题，探求更好的发展模式和状态。

（四）勤奋善良的东佤姐妹花魏寒梅、魏寒冬

东佤是个人杰地灵的村寨，相对于其他村寨来说，东佤是比较重视教育的。乡长说，从这个村寨走出去了不少的大学生，他们现在在各自的工作岗位上默默地奉献着自己的力量，为自己的家乡建设添砖加瓦。这让我们很惊诧。

遇到魏寒冬并不是我们刻意找寻的结果，确切地说是一次邂逅。那天我们一行人走在路上，偶然看到一位少女正在采花椒。比之于村寨里的其他人，这个少女从内到外的确与众不同。身材修长，眉宇间流露着智慧的气息，整

体给人的是一种“冷艳”之感。纵然她与众不同，我们也不敢冒昧打扰。晚上吃饭的时候我们和大组长提到了这样的一个少女，大组长脸上顿时浮现出一丝欣喜，并称我们遇到了一个特别的人，言语间充满着羡慕与自豪之感。就这样，大组长将那个少女的情况娓娓道来，她的神秘面纱也就此揭开。她就是魏寒冬，女，现年21岁，佤族。

那天早上我们早早地来到了魏寒冬的家，她的父亲因为脚伤在家，我们表明了来意之后，魏寒冬的父亲说女儿与其母亲到山中采茶叶，大概十点多钟才会回来。虽然还有很长的一段时间，但是魏寒冬的特殊身份使我们做出了等待的决定。就这样，我们一边与这位父亲闲谈（从大组长那里我们知道这位父亲是东佤寨小学的老师），一边坐在魏寒冬家的门口等待她的归来。果不其然，直到山中的云雾已经被阳光拨开，气温飙升时，才见魏寒冬随她的妈妈背着采茶叶用的竹篓归来。

魏寒冬是东佤寨少有的女大学生，现为云南大学政法学院政法专业的大三学生。魏寒冬在特殊的家庭环境中长大，教育在她家中备受重视。魏寒冬有两位舅舅接受过大学教育，一位现任雪岭初中的校长，一位在政府部门工作。父亲是东佤寨的老师，先是高中毕业，后读完了函授大专，很早便在寨子中当老师，因为寨子里面缺老师，所以父亲已有数十年的教龄。姐姐曾是云南大学英语专业的本科生，现已毕业两年，在上允镇（离东佤寨有半个小时的车程）政府做文秘工作。这里的人家庭贫困，接受教育要付出更多的努力，历程也非常辛苦，但是她和她的家人一直坚持下来。她小学四年级之前（包括）在东佤寨的小学读书，五、六年级在澜沧县民族小学就读，初中在澜沧县民族中学完成，在澜沧县一中完成高中学业，后考上云南大学政法专业。

魏寒梅、魏寒冬两姐妹勤奋、善良，是这美丽村寨里闪耀的一对姐妹花。姐妹两个从小就都是品学兼优的好学生。在村寨上完小学四年级之后，都参加考试，考到了县城的小学。姐姐那一届寨子里一共考取了四个人，妹妹那一届一共考取了三个人。姐妹俩从小学五年级开始就要到距村寨118公里的县城读书，小小的年纪就要远离父母，来到一个既陌生又充满新鲜感的地方，什么都要依靠自己生活。刚开始来到县城，对偌大的县城、生疏的学校，陌生的面孔，所有的一切都感觉到不习惯和不适应，想念妈妈做的菜饭，想念原来班级的伙伴，想念那个温暖的家。由于路途遥远、年龄小的缘故，姐妹两个只能在暑假和寒假回家，平常的节假日也只能留在学校里温习功课。每逢周六日，家住县城的孩子们都有家长带好多好吃的送到学校来，姐妹两个的思乡之情就更加浓重。

在外求学的日子是艰苦的，想家的心情也是难以克制的。姐妹俩刚去县城读书的时候，家里面条件也不好，没有装电话，就只能通过每个月一封信的方式跟父母联系。刚刚到县城的第一个月寒梅就收到了父亲的信。信上父亲只是叮嘱寒梅要注意身体，好好吃饭，简单朴实的语言，却常常让寒梅泪流满面。寒梅介绍说父亲是小学教师，虽然他平时对姐妹两个要求不太严格，但是两人从小心里就对父亲有那种对老师的敬畏之情，虽然父亲没有刻意嘱咐姐妹俩一定要考到什么名次，但他的言传身教早就在姐妹俩心中产生了潜移默化的影响。每月一封的信变成了与父母联系的纽带，姐妹两人就在期盼中将浓浓的思乡之情冲淡。寒冬说当时住校的时候自己的床是挨着窗边的，她很多次就借着明亮的月光，把父亲写的信拿出来翻来覆去地读了又读。

既然是从寨子里以优异的成绩考到县城里的，就应该更加好好珍惜这来之不易的机会，相比班级其他同学要付出更大的努力。姐妹俩虽然当时年纪还小，但却很懂事，知道自己跟县城里的孩子是不一样的，要更加勤奋才行。姐妹两个没有让寨子里的乡亲们失望，她们的成绩一直名列前茅，在学校各方面都表现出色。

在上大学之前，姐妹两个虽然都在县城读书，但是不在同一所学校，学校又都是封闭式管理，平常见面的机会也很少，也只能是寒暑假放假在家的时候待在一起。但这丝毫不会影响姐妹两个人之间的感情。两个人虽然平常不见面，但是只要凑到一起就不停地谈天说地，讲讲各自的学校生活、周围的朋友，总是有说不完的话题。

在寒冬眼里，姐姐是个非常上进的人，她从姐姐身上得到很多前进的动力和勇气。寒冬说，当年高考的时候，虽然大家都认为姐姐的成绩已经非常棒了，但是姐姐并没有满足，仍然坚持要复习一年，考取更好的学校。本来高三复习就是一段压力大的岁月，寒梅既要承受高三复习任务重的压力，又要承受作为一个复习生特有的心理压力，这需要不懈的坚持和强大的内心。寒冬说，在姐姐选择复习的那个暑假，姐姐每天天没亮就起床开始看书，像在学校一样有节奏有规律的进行复习，直到假期结束。功夫不负有心人，又经过一年的努力，寒梅考取了满意的成绩，成为云南大学英语系的一名学生。

寒梅优秀的成绩对妹妹来说既是鞭策又是压力，寒冬从姐姐的身上看到了勤奋、坚持，她很早就暗暗的在心里把姐姐当作学习的榜样，像姐姐一样不甘示弱，努力、刻苦。机会总是垂青有准备的人，寒冬于2009年以优异的成绩顺利进入云南大学法学院学习。

大学校园是精彩的，姐妹俩在云大尽情地呼吸着自由的空气，在知识的海洋里遨游，享受着丰富多彩的生活。姐妹俩始终记挂家中在地里劳作的母亲和身体不适仍站在三尺讲台上的父亲。她们一直在想如何能够减轻家中的负担，让母亲更轻松一些，让父亲的病尽快地好起来。大学期间，姐妹俩不间断地在做兼职，家教、促销员、服务员等，想早一点自己赚钱能够支付自己上学的花费。

谈到两人以后的打算时，寒梅说自己希望能够到曾经就读的市高中当一名英语老师，而寒冬则期待自己能把司法考试考过，进入法律系统工作。她们虽然很早就离开村寨读书，但是她们对村寨的感情是没有减弱的，她们非常希望毕业之后能为家乡的建设贡献自己的一份力量。

魏寒冬是佤族人，信仰的是基督教，可以说佤族语，但是从未有机会系统地学习佤族文字。她认为基督教给人的是一种修养，虽然会对自己的为人处事方面有很大的影响，但是并不会在深层次上影响自己的人生观。她从小就受到基督教文化的熏陶，基督教文化已经成为了一种习惯，这些习惯让她形成了一种比较诚实、热心的处事方式。她认为基督教对她的要求是多做好事，少做坏事，如果做了坏事要到教堂忏悔，这些忏悔还会成为对未来行为的一种告诫，而且，还需要懂得感恩。她自己认为上帝会看着自己在人世间的行为。

自己的民族身份和宗教信仰对她在学校的成长中有过不小的影响。在寨子里面读书的时候，因为大家都是佤族人，所以文化对于她的学习生活并无多大影响。在澜沧县民族小学读书的时候，因为班上还有一些佤族学生，所以学生之间的文化差异也不大，民族和宗教对她的影响甚微。但是到初中的时候，民族身份让她经历了一个自卑期。她说，“因为佤族人给同学们留下的印象是不爱干净、皮肤黑等，所以同学们对我有一些偏见，因此我显得比较自卑，不会参加学生活动，也很少交友。当时，当我听到同学对佤族的偏见的言论的时候，自己会很生气。我个人对本民族有较高的认同感，也很喜欢自己的民族。”到高中的时候，因为自己的思维也渐趋成熟，所以民族身份和宗教信仰对她的影响开始由不利转向有利。一方面，在她的心中，旁人对佤族的偏见少了，她俨然成为了一个具有多门语言能力的人。另一方面，基督教的信仰也让她赢得了很多朋友，而且她的处事方式也更加成熟。她高中的时候曾经因为成绩不好而失落过，但是为了生病的母亲，她奋然前行。英语成绩不好，她自己买来录音机，狠下心来边听边学。在大学中，她已经能够很好地融入到学校的生活当中，参加了很多的学生活动，充分发挥了自己的艺术特长。

魏寒冬的家庭环境与学业生涯可谓是东佤寨乃至整个文东乡少有的，十几年来，她有幸在学校中从学生的视角观察到了东佤寨的发展历程与沧桑巨变。在她还小的时候，东佤寨的小孩都非常的好学，家长对小孩的教育也是非常的支持，教育在东佤寨非常受重视。然而现在由于受到打工潮的影响，大部分的年轻人外出打工，很少能够顾及留守在寨子里接受教育的孩子，因此后来大多数的家长对教育都不是特别的重视，对孩子的要求也大大降低。在她初中毕业时，大多数的同学受到外出打工挣钱的观念的影响，很多人都放弃了继续读书的梦想而是出去挣钱。那时自己也受到打工潮流的影响，不过自己还算幸运，在多方因素的影响下很好地把握了学习的机会。首先，自己出生在一个特别重视教育的家庭。在外公的家族里，曾经出了数位接受过高等教育的人才，现在也已事业有成，外公也因此格外重视教育。

其次，自己的姐姐从小就非常的优秀，从小两姐妹就争强好胜，自己总想要和姐姐比，这样的心理形成了良性的竞争和激励。姐姐已经成为她的一个奋斗目标和榜样，为自己提供学习的动力，所以自己一直努力学习，用学习成绩获得家人的认可。再者，父亲是一位老师，有较好的教育理念。父亲一直在农村教书，能够设身处地地为儿女考虑，希望儿女能实现自己的梦想，所以对自己的教育都非常的支持。况且长期的贫穷让全家人都认为只有接受教育才能改变现状，也不希望自己和姐姐回到农村务农。对于年轻人外出打工，她也做了很多思考，感触颇多。她认为这只是眼前利益的实现。年轻的时候外出打工确实能够挣到钱，盖很漂亮的房子，但是这是对青春资本的挥霍。年轻的时候没有学到一技之长，同时又没有在寨子里学到农活，到老的时候回来也许就变得无所适从了。因为一直有这样的观念，魏寒冬对大学教育非常重视，也非常珍惜这样的机会，坚持要完成大学教育。

十几年来，魏寒冬和姐姐已经成为东佤寨的榜样。虽然很多的家长对教育的重视大不如前，对自己的子女也没有太多的要求，但对这对姐妹还是非常羡慕。魏寒冬对自己的未来也有一个非常清晰的规划。大四的魏寒冬希望在大四期间参加公务员考试，回到澜沧县或者上允镇加入公务员队伍，从事财务方面的工作。假如自己考公务员不成功，那么希望毕业之后能够边工作边准备研究生考试。她有着回馈家乡的梦想，但同时也认为不一定要回到东佤寨工作才能为家乡做贡献，只要有心，在哪里都可以做到，而且人都是往高处走，若自己以后能得到好的工作，以后回来帮助村民的可能性更大。对东佤寨，自己也有着一份担忧。十多年的沧桑巨变，确实给东佤寨带来很大的物质财富，但是在她眼里很珍贵的东西也在慢慢流逝。

首先，外来的理念与价值观的转变有可能会改变佤族人民淳朴勤快的性格。从她初三那年开始，村里面开始大量外出打工，然后建起小洋房。现在的年轻人大多数都外出打工，物质上的充裕俨然成为东佤寨大部分人的首要价值取向。而且东佤寨紧邻的寨子也给东佤寨一种警示。附近的寨子比较富裕，然而在富裕的同时也引发了懒惰的问题。附近寨子的村民甚至会嘲笑东佤寨的村民太不会享受生活，但是她认为在如今这样的生活轨迹中会比较充实和幸福，不希望东佤寨也朝着其他寨子的方向发展。

其次，东佤寨的教育环境变得更加的不利。一方面，村民自己已经慢慢地轻视了教育，对儿女放松了要求。另一方面，文东乡政府为了建文化传承基地，已经把原来的学校拆除了，现在的孩子只能在几公里外的多依树小学学习，学生走路上学很辛苦。她认为致富与文化的传承都要依赖教育，所以教育环境的不利倾向对东佤寨来说是一种损失。

最后，社会结构变迁并带来一系列的社会问题。大量的年轻人都外出打工，现在留在寨子里的大多数人都是中老年人和小孩，寨子里少了几分生气和活力。村里面也有很多的老人家庭面临着很大的困难，在这样的老龄社会会对政府的工作带来很大的压力。

当然，接受过大学教育的魏寒冬没有否认农村需要发展，并不认为现在东佤寨所面临的困难是农村发展的代价。她也表示，很支持村里面的一些变革。但是她认为现在东佤寨也可以从自己创业来开启财富之门。在她的印象中，还有一部分人并不是依靠外出打工挣钱的，比如开便利店、修车、做生意都实现了一部分人致富的梦。在她看来，外出打工则可能导致民族信仰的缺失。因为宗教信仰是教育与环境相结合的产物，如果年轻人长期远离民族环境，没有老一辈的人的影响，很容易导致他们对民族文化的疏离，甚至会放弃当前的信仰。所以她希望村民致富，但是应该通过更加合理合适的途径。

由于受到自己法律专业的影响，魏寒冬对于维持村寨的秩序有自己独到的见解。她本人并不否认寨子里有习惯法的存在，比如寨子里发生村民纠纷、打架斗殴等事情时，长老作为寨子里德高望重的人，有足够的权威来解决此方面的事情。然而她认为当前村寨所受到这种道德与宗教等非强制性的约束，只是能针对比较轻微的行为。因为非强制性的约束在受到人情的干扰之后就很难对“大错没有，小错不断”的人及其行为作出实质性的惩罚，这有可能造成村寨内部的疏离。她本人认为，当前，在维持东佤寨的秩序方面，宗教、道德、法律、社会结构、宗族的影响力依次减小。对此学法律的她并不认同，她认为，不管怎样，严苛的法律都应该在维持村寨的秩序中占主要的地位。

对于东佤寨的未来发展，虽然她无法用言语来完整表述，但也清晰地表达了自己的一份期许。她还特别提到了教堂，她希望教堂能够永远保存，因为信仰已经成为了一种习惯，对她来说宗教文化俨然是一种不成文、非强制的规则。同时她本人也希望1—4年级期间小孩子能在本寨子里面接受教育，因为这样小孩能从小就受到本民族文化的熏陶，这样更利于民族文化在教育与环境的相辅相成中传承下去。她希望东佤寨的村民能够敢于探索致富的合理途径，在发展的同时不要伤及民族与宗教信仰。

严格来说，正在接受大学教育的魏寒冬并不算是典型的熟谙农业生产的村民。然而在民族文化与宗教信仰的熏陶中，她与东佤寨挥之不去的情感联系，促使她时刻关注着这个与自身切身相关的村寨的发展。我想，从与我们有共同身份的同龄人眼中来了解这个村寨是本次调研所需要的，因为这样对家乡的切身之感来得比我们千言万语更加真切，然而这样的切身之感来源于对这个村寨强烈的归属感和责任感，并不是我们这些调研人员站在旁观的角度能够领略得到的。这也许就是魏寒冬能够提供给我们的最有价值的东西。

二十、青年

（一）敢闯敢做的佤族青年魏自强

要么通过学校的层层考试，进入公共部门工作，成为“吃皇粮”的人；要么留在家里务农，日出而作，日入而息，靠土地和自己的汗水吃饭，这就是15年前东佤人的人生轨迹的大致状况，也是我国很多农村地区社会面貌的真实写照。当然，能接受较高水平的教育，通过知识改变自己的命运，改善自己的生活状况的人毕竟只是少数。大部分人或因为自己不喜欢学习，或因为家庭条件的限制，只能继续留在家中，随着生命的规律走下去。在成家之后，他们通常会把希望寄托在下一代身上。而今，社会形势发生了巨大的变化，与父辈们相比，年轻的一代又多了一种外出务工的选择。随着城市经济的迅速发展，对外来务工人员的需求量急剧扩大，许多佤族青年离开了自己的家乡外出务工。在外出务工的过程中，他们的视野得到了拓展，知识和技能也在一定程度上得到了提高，许多人还会定期向家里面汇钱，改善了家中的经济状况。东佤寨的魏自强就是有着外出打工经历的众多佤族青年中的一个典型。

魏自强于1986出生在东佤的一个农民家中，是家里面的长子，还有一个弟弟和妹妹。他从小就十分懂事，懂得体谅父母，是父母和邻居眼中的好孩子。入学以后，他十分珍惜学习的机会，努力学好各科知识，加之自己天分较好，学习成绩一直名列前茅，深得老师的喜爱。课本不仅教给了他基本的知识，还让他看到了外面的多姿多彩的世界。好好读书，通过知识改变自己的命运，到外面走走看看的想法在他的心里深深地扎下了根。无奈，造化弄人，家中经济困难，难以负担他学习的费用，只好让他辍学回到家中，把学习的机会留给了弟弟和妹妹，也把希望寄托在他们身上了。当时，他初中还没念完，就成为家里面的劳动力之一，跟着父母来往于田间地头。事后老师曾多次来到他家，劝他回学校继续念书，争取考上高中，之后再考个好大学。但那时家里实在困难，负担不起高昂的学习费用，他就再也没回到学校，不过走出去闯一闯的愿望并没有成为泡影。

回家干了两年农活之后，他和几名同乡在2003年一起来到了北京，在通州的一个马场里找了一份工作，马场主要是通过举行赛马活动来盈利的。这就是他外出打工找的第一份工作了。因为村子里面已经有人在马场工作了，而且成为了骑师。对他们来说，第一次来到陌生的环境中，有熟人的话会更方便一些。他在马场主要负责喂马，劳动强度不低，但工资却很少，每个月只有540元。此外，吃的、住的还需自理，他就在马场附近租房子住，和别人搭伙做饭，每月食宿费用一共需要200多元。虽然一开始工资待遇很不理想，他们还是坚持了下来。主要是因为他们有成为骑师的机会。如果成为骑师之后，月薪就会提高到3000元以上。参与赛马危险性较大，有人在比赛过程中就摔下马来，被马踩死了。当时马场里有2000多个员工，被分成12个组，每组有一个外国教练。被教练看中的话，就有可能成为骑师，但这对员工的体格要求较大，体重不能超过120斤，身高要偏小。他最终没有被教练相中，因此半年以后他开始重新找份工作。不久以后，他在一家饭店里面上班了。一开始帮着饭店打打杂，一个月后他开始跟着河北的师傅学做菜，这个师傅对他很是关照。七个月之后他的厨艺也较为成熟了，开始独立做菜了。相比前一份工作，这一份工作的待遇好多了，而且吃住也都由饭店负责，起初的月薪是1000元，等他做了厨师以后是1500元。一年多以后，他要求饭店把他的工资涨到每月2000元，但老板没有同意。于是，他又到延庆县的另一家饭店上班了，吃住也由饭店负责，月薪2800元，这份工作一直做得比较顺利。

在北京生活的这几年，他的主要交往对象是同乡和一起工作的同事。平时，经常和老乡们聚在一起，生活开销也不小，其他人经济困难时，也要周济他们。因此，能攒下来的钱也很少。不过他确实学到了一门手艺，外出生活的能力也提高了很多，比起入不敷出、白白在城市的霓虹灯中浪费了几年青春的许多农村青年要强得多了。在这里，他还认识一个河南的女孩，两个人关系进展的也很好，还有了结婚的打算。但由于地域的缘故，家人并没有同意他们俩的事情。在饭店工作一年多以后，他回到了家乡。

回家之后不久，他和隔壁村的一个佤族姑娘结婚了。妻子的年龄和他一样大，人长得很漂亮，也很贤惠，和他从小就认识的。等到新婚的喜悦和激动之情稍稍减退之后，夫妻两人来到了江苏。他们在一家造船厂里找了一份工作，同样，一起来的还有几个同乡。在船厂工作，月工资1500元，这和一开始说的并不一样。他们主要负责给船身刮锈、刷漆，工作较为辛苦，对身体危害较大。此外，那边的生活条件也较为辛苦。如果成为了技术工的话，即给船身打眼，工资就会提到每月5000元，但这个难度很大。考虑到这些因素，他们不打算长期做下去了，由于船厂扣下了一个月的工资，他们不方便再去找其他工作。做了将近一年左右，临近圣诞节的时候，他们回到了家中。

按照当地的风俗，家中如果有几个男孩的话，父母会选择一个和自己一起生活，其余的成家以后就要独立生活了。从江苏回来之后，他和妻子就成立了自己的小家庭。他们分到了一亩田，四亩地，还有一头牛，和其他家庭相比，他家里面的田地偏少。每年可产2吨玉米，20多吨甘蔗，6袋稻谷。家里面的农活就由他和妻子来操持。他家里面的稻谷自然是不够一家人消费一年的，还需要买一点米。现在，他已经有了自己的孩子，是个女儿，一岁多。从一个单身的男青年，到成为了一个父亲，心头多了一份喜悦，肩上也多了一份责任。目前，他还任一组的会计，除了和组长一起处理本组的日常事务外，还负责整个寨子的水、电费事务。他是这个寨子里比较年轻的村组干部，因为见识较广，汉语水平较好，为人正直，深得村民们的信任和支持。成为村组干部之后，他一直尽职尽责，工作也做得很好。做村干部是没有报酬的，而且事情多的时候通常会耽误到自家的农活。但他从来没有抱怨过，认为既然大家信任自己，把公共事务托付给自己，就应该尽心尽力，把大家的事情办好。这种奉献精神是非常难能可贵的。

他今年26岁，还很年轻，未来的路还很长。因家里面的田地不多，发展前景不是很好，他还是想出去闯一闯。他从小生活在基督教文化氛围很浓的地方，自然也信仰基督教，圣诞节在他们心中的地位很神圣，节日期间很多外出工作的人都会赶回家来。因而，他想等圣诞节过后和自己的妻子以及一岁多的孩子再出去，家里面的土地则租给别人。他想找一个厨师的职位，因为以前做过，有一定的技术基础，自己也比较喜欢这个职业。他希望能找个条件稍微好一点，工作时间稍微短一点的工作，这样方便照顾孩子。此外，他这次不想去太远的地方，一家人毕竟不方便走得太远。等奋斗几年，有了足够的积累之后，他想自己开一个小餐馆，通过自己的努力，让一家人能过上好日子、平平安安。我们也相信努力会有回报，他的愿望不会落空的。

（二）命运多舛的青年魏老田

在访谈一位佤族农户时，遇见了一个比较常见的问题，佤族农户只会说佤族语，不会说普通话。而这个时候，翻译又正好不在。正不知道怎么办时，一个皮肤黝黑的年轻男子正好到我们正要访谈的农户家来玩，他高兴地用普通话和我们打招呼。他看见我们访谈遇见了困难，就自告奋勇地对我们说道，我来给你们当翻译。很快，在他的翻译下，我们对农户的访谈特别顺利。在农户访谈结束后，为了感谢他帮我们翻译，我们送给他一条毛巾。他很不好意思地接过了我们的礼物。我很好奇地问他："你普通话怎么说的这么流利？"

他笑着说："我去深圳打了四年工，2009 年才回来，在外面打工必须要说普通话，所以，在深圳打了四年工，没挣到多少钱，倒是学会了说普通话。"听他这么讲到，突然对他感起兴趣来，便征求是否可以对他做一个访谈，他有一点腼腆地接受了我们的要求。

通过访谈，我们才知道，他叫魏老田，佤族，2010 年 26 岁，还是单身。1986 年出生在多依树村的一个农民家里，1993 年，也就是六七岁的时候，进入多依树村小学开始上学，但是不幸运的是，小学才读了不到三年，母亲生了重病。尽管花了大量的医药费，但是还是没有救回魏老田的母亲，最终因病重医治无效去世。母亲的去世，对才刚满 8 岁的魏老田来说，影响特别大。失去了母亲后的魏老田，因为太过于想念母亲，每天哭得都不去上学，一直哭了一个多月。结果因为错过了太多的课，跟不上老师的进度，所以，就干脆不再去上学，就待在家帮父亲放牛。就这样，辍学在家的魏老田，就在家里放牛打发时间，也渐渐在成长。在家放了三年牛后，也就大概 13 岁的时候，多依树村有人从泰国、缅甸等国外打工回来，向村民等说泰国、缅甸等国外特别的好，生活环境好，打工的工资也特别高，打工的待遇也特别好。村民经不住诱惑，很多人都准备去泰国、缅甸打工。魏老田看见很多伙伴都准备去国外打工，心想，不能再在家里放牛了，我也得去国外闯荡一下，说不定能挣大钱，于是就向父亲魏天亮说了准备去国外，但却遭到了父亲的反对。魏老田父亲认为，国外肯定没有他们说的那么好，况且，魏老田现在才 12 岁，年纪太小，一个人出去也不太放心，就不同意让魏老田去。魏天亮的反对坚定了魏老田想去国外的决心，魏老田是铁了心的想去国外。在一天大清早，没有跟家里人打声招呼，魏老田就偷偷的和十几个伙伴跟村里从泰国打工回来的人去了泰国。魏老田当时想，等到了泰国挣了钱，就回家建房娶媳妇，父亲一定会很高兴的。

到了泰国，由于是外国人口，他们被泰国政府安排到了泰国地方学校学习泰语和汉语，包吃包住，一年之后组织考试，如果通过了考试，泰国政府就会安排工作。魏老田由于在国内本身只上了不到三年的小学，所以汉语就特别差，而泰语完全是陌生的东西，学习起来更是一塌糊涂。他们学了一年，也没有什么突破，只是会了一些简单的日常生活用语，所以在一年之后的考试中，汉语和泰语两门考试都没有达标。按照泰国的规定，考试不达标的就不会安排工作，要被遣返中国。其实，在泰国学校学习的一年中，泰国政府除了提供食宿外，没有再给魏老田他们其他什么东西。如果这个时候被遣返回中国，就相当于到泰国白混了一年，什么也没有捞着，更别说挣大钱。这个时候回家，一是肯定没有面子，被村里人笑话，二是父亲肯定也不会原谅，于是，魏老田和几个伙伴就去学校问，能不能不遣返中国，留在泰国。学校告诉魏老田，不想被遣返中国，可以去泰国军队当雇佣兵，包吃包住不说，还发补助，待遇特别好，就是训练有点苦。经过仔细考虑，在遣返中国和当雇佣兵两者之间，魏老田和几个伙伴选择了后者，给泰国军队当雇佣兵。就这样，在魏老田 15 岁左右的时候，就到泰国军队当了雇佣兵。到了军队，魏老田才知道被学校骗了，的确是包吃包住，还有补助，不过吃的住的都特别差，每个月才发 250 泰铢，相当于一个月才发人民币 30 元，期间还要被军队扣掉 150 泰铢的生活、军装等一系列费用，剩下的 100 泰铢，在买了牙膏等一些常用生活用品后，一分钱也没有剩下的了。同时，魏老田和伙伴每天早上四五点就被叫起来去训练，晚上十一二点才能休息，有时候深夜还要被拉出去训练。不过尽管这样，魏老田和伙伴心里还打着小算盘，心想不能输给泰国人。所以，再苦再累，魏老田和伙伴都坚持着，就这样训练了半年后。由于魏老田和伙伴们表现不错，被调到了炮兵连，成为一名炮手。

到 2001 年，魏老田和伙伴已经到泰国的第二个年头了，参加雇佣兵也有一年了。魏老田和伙伴已经适应了泰国军队的生活，除了训练苦点，每天和战友伙伴一起玩的比较快乐，大家都觉得这样的生活其实也很惬意。但是，这个平静的军队生活被突如其来的事情打碎了。2001 年 2 月 9 日的那天，缅甸政府军三个营大约 900 人，佤邦军 600 人追击蒙泰军进入泰国，在 9631 号边防站附近与泰国军队发生冲突。冲突规模迅速升级，缅甸军队一度攻到了泰国清莱的城郊。泰国政府为了打击侵略者，2 月 10 日，泰国陆军第 3 摩托化步兵旅奉命抵达该地区，拉开阵势就打击昨天侵入泰国的缅甸军队，第 3 摩托化旅的一个 M－60A3 坦克连的 11 辆坦克掩护着 14 台 M－113 装甲车正面顶住缅甸陆军的进攻。在眉赛地区，两军正式决战，M－60 坦克在前，坦克炮团在后，打击缅甸军，而这个坦克炮团就是魏老田所在的炮团，在魏老田所在的炮团的猛烈炮击下，缅甸军溃逃出了泰国境内，最终，缅甸军队被赶出了泰国境内。这次战争之前，魏老田和伙伴压根儿都没有想到会打仗，但战争爆发了，作为泰国的雇佣兵，他们不能不去打，只好跟大家硬着头皮和缅甸交火，最后这场战争打下来，魏老田所在的炮兵团，牺牲了几名士兵，不过比较幸运的是，魏老田和他的几个伙伴都平安无事。这次战争让魏老田第一次体会到战争的残酷性，开始萌发了退伍回到中国的想法。很快，2002年4月28日，泰国军队与缅甸游击队再次发生冲突，魏老田所在的炮兵团再次被调往前线参与战争，不久后，泰国与柬埔寨围绕边境古庙柏威夏寺庙的主权争议再次引发冲突，泰国牺牲88名士兵，其中魏老田所在的炮兵团就有三名。之后，泰国跟缅甸、柬埔寨、越南等几个国家又有了几次冲突，有一次冲突中，魏老田所在的炮兵团遭到了炮袭，牺牲了十几名士兵，其中就有一个魏老田的伙伴[①]。经历这次打击后，魏老田想回到中国、回到家里的想法更加迫切。终于，在2004年初的时候，魏老田向炮兵团提出了申请回到中国的要求。炮兵团进行了挽留，但魏老田此时去意已定，无法改变主意。炮兵团也考虑到魏老田已经当了四年的雇佣兵，打了四五次战争了，最后终于同意了魏老田离开炮兵团、回到中国的申请。离开时，泰国军方给了魏老田500元，还买了回中国的车票，给了魏老田一些路上吃的食品。就这样，魏老田从12岁离开家到泰国学习了一年，当了将近四年的泰国雇佣兵，总共在泰国呆了五年之后回到了中国，回到了家里。回到家时，泰国军方发的500元早已经用了个精光。五年前到泰国挣大钱的梦想就此破灭，跟五年前比，除了年龄增加了五岁，阅历增加了，其他什么都没有挣到。

回到家时，姐姐已经出嫁，大哥已经去了缅甸，在缅甸做上门女婿。二哥也已经结婚，在多依树村建了新房，和父亲分了家，家中就剩下了父亲。父亲看见魏老田去泰国什么钱都没有挣到，特别生气，但不久气就消了，最终原谅了魏老田。回到家中的魏老田帮助父亲去田里种甘蔗玉米。在家里呆了几个月后，从深圳打工回来的村民告诉大家，说深圳现在打工特别能挣钱，待遇特别好，这下，魏老田又动了去深圳打工的念头。父亲知道了魏老田的想法后，依旧是反对，认为魏老田出去打工，肯定不会挣到钱，还不如安心在家里种田，然后找个老婆好好过日子。向往外面世界的魏老田哪有那份呆在家里务农的耐心，终于还是跟老乡去了深圳，不过这次不是偷偷走的，因为父亲知道不能阻止魏老田，最后也就妥协了。

---

① 笔者注：由于历史等各种原因，泰国与邻国缅甸、越南、老挝、柬埔寨等都有领土纠纷，冲突不断，2000—2010年，短短十年间，泰国与缅甸、柬埔寨等国发生的冲突不下十次。

2004年夏天，魏老田到了深圳，经过老乡介绍，进入了一个家具厂，在家具厂干了三个月就不干了。干了三个月，因为家具厂老板一分钱都不发给魏老田等工人，所以大家一起商量决定去找劳动局的人来要工钱，但等劳动局的工作人员来时，家具厂的老板早都偷偷跑了。老板跑了，劳动局的工作人员也没有办法，工钱拿不到，大家都不想在家具厂干了，就离开了家具厂。他又经过老乡介绍，去了一家玩具厂。在玩具厂，工资按小时算，一个小时1.7元。为了多挣点钱，魏老田一般每天都要工作12个小时，但一天下来大概只能挣到20多元。由于工资太低，工作时间太长，于是，干了几个月后魏老田离开了这家玩具厂。到了东莞，魏老田依旧进了一家玩具厂，工资比深圳的那家玩具厂的高，工资依旧还是按小时算，一个小时给2.5元。为了多挣点，魏老田依旧是每天要干12个小时，在这家玩具厂一干就干了两年。期间他也想换个工厂，毕竟这个玩具厂工资不算高，还比较累，但是由于去了泰国五年，回到家只呆了几个月，没有来得及去办身份证，而进一些大的正规工厂都要身份证，所以魏老田只能接着在这种不正规的玩具厂干。2008年，魏老田终于决定不再在这家玩具厂干了，就跟几个老乡去了佛山，进了一个建筑公司，负责和混泥土，一个小时给5元，一天平均要干10个小时，一天下来大概能挣到个50多元。相对于前面几个工作，工资已经非常高了，所以，魏老田心想，一定好好在这个建筑公司干，但是魏老田没有想到的是，在建筑公司干了四个月就没有再干了。因为佛山的雨季到了，天天下雨，工程没法进行，没有工程，魏老田也就没有活可以干了。这个时候，魏老田已经出门快四年了。四年了好像挣了不少钱，但是也差不多用了个光，魏老田开始有了回家的念头，正好家里通知回家办第二代身份证，就决定不再找工作了，直接回云南了。2009年初，魏老田回到了昆明，正好遇见了当年一起去泰国的伙伴，现在正在昆明做茶叶生意，赚了不少钱，娶了个漂亮的媳妇，还在昆明买了套房子。魏老田这个时候才意识到自己这十年来白混了，在昆明呆了两个月后，终于回到了多依树村。

回到家里，魏老田父亲魏天亮看儿子出门四年，依旧是一分钱没挣到，还是个光棍，气得提出了要和魏老田分家。在魏老田回家一个月后，在村里长辈以及姐姐和二哥的见证下，魏天亮正式和魏老田分家。魏天亮跟二哥一起生活，把房子和田全都给了魏老田。魏天亮分家时，说从此以后不再管魏老田，以后魏老田爱怎么生活就怎么生活。这个时候，魏老田才意识到父亲真的对自己失望了。和父亲分家后，魏老田真是成了一个人吃饱，全家不饿了。在办了二代身份证后，魏老田有想过再出门打工，但后来也打消了这个想法，因为他在家呆了两个月发现，很多呆在村里的伙伴现在都结了婚，盖了小洋房，买了摩托车，生活得比较富裕和幸福。这说明呆在家里也能挣到钱，而自己出门将近十年，反而最后一分钱没剩。去深圳、佛山打工，工资是比呆在澜沧高，但是那些地方消费水平也高，买个菜，就能花掉一大半辛苦一天才挣到的钱，把房租、衣服等费用一扣掉，就没有了结余。而在澜沧，工资和挣到的钱是没有去深圳多，但是呆在家里，菜什么的都自己种，花不了什么钱，澜沧的生活水平跟深圳比，特别低，所以最后在澜沧，反而能存下钱。这么一想，魏老田就决定不再出门打工，就安心在家里务农，种甘蔗、玉米，然后去卖钱。

对于今后的打算，魏老田想的是，首先是等过两年种甘蔗、玉米赚了钱，把房子修修，然后准备娶个媳妇，毕竟现在都26岁了，在多依树村，26岁还没有娶到媳妇的，除了魏老田，没几个人了。而对这26年生活的总结，魏老田则说：“这26年，说短不短，说长也不长，8岁母亲去世，对我的影响真的很大，如果母亲不去世，我肯定会继续上学，至少小学会读完，这样也不至于现在没有知识。13岁多去了泰国，原本想去挣大钱，却没有想到一分钱没有挣到，倒差点把自己命留在了泰国。在泰国算是白白生活了5年，什么也没有落着。在泰国当兵的四年中，打了几次仗，才发现战争的残酷性，害怕战争，经历了战争才知道和平的重要性。从泰国回来的时候，本应该听我父亲的话，就留在多依树村，如果我当时听了父亲的话，我不敢说我会比当时留在村里的伙伴生活的好，但我也不会比他们差到哪里去。现在他们都已经结婚，盖了新房，娶了媳妇，而我现在还是个光棍。所以说，出去打工将近四年，回来一分钱没有，也算是白混了。现在就打算安心的留在多依树村，安心的种田，不要再有其他想法了，努力争取早日摆脱一人吃饱，全家不饿的情况，希望我现在的决定不再是错的了！”的确，26年，说长不长，说短不短，26岁，对于魏老田来说，正是人生新的起点，希望魏老田能够把握机会，实现幸福美满的人生！

（三）自强不息的陈凰峰

8月初这几天正好是多依树村佤族过火把节的日子，很多村民家里都很热闹大迎宾客，今天和同伴入户去做调查问卷，正好见到一家门口坐了很多人，我们随意的和其中一个看起来很健谈的村民聊了起来，发现他原来不是东佤寨而是平掌小组的，自己是个裁缝。当时听到这话我和同伴就很惊讶，因为之前一直听说有个平掌裁缝，手艺很好，人生历程曲折。最近平掌裁缝还娶了个很年轻的缅甸媳妇，村民们都很羡慕他的福气，难道就是他？这么好的专访对象，我们马上两眼放光提出要对他做人物专访的要求，他说自己马上就要回去了，但是非常乐意和我们详细聊聊并邀请我们和他一起回平掌他家，这样，我和同伴就坐上了机动三轮车来到了他家。

大概经过了十分钟的车程，车子停在了路边一家砖瓦平房前，房子看起来很新，应该没建多久。裁缝师傅把我们引到一间较小的房子里，看起来是他的工作室，里面满满的挂着各式民族服饰和一些年代比较久远的缝纫机器及小工具。在他安排好一切之后，就专心坐了下来向我们叙述这么多年的生活和工作经历。

陈凰峰，2010年48岁，说起名字，他自豪地跟我们说这个名字还是他自己看书后改过来的。他以前名字叫陈忠华，根据风水来讲，他的“华”字会给自己带来车祸，所以他翻熟了一本专门介绍起名的书，最后在2003年改名字为陈凰峰。陈凰峰因为以前患病，所以身材比一般人要矮小，身高不到1.5米。

就学历来讲，陈凰峰小学还差一年才毕业。1971年的时候，父亲去世，母亲在1976年的时候改嫁，跟着爷爷奶奶生活的陈凰峰因经济条件差而辍学。那时的爷爷奶奶靠种地，不仅要抚养陈凰峰，还有陈凰峰年幼的弟弟。可是连这样的情形也只维持了四年，1980年爷爷和奶奶双双去世，留下陈凰峰和弟弟二人相依为命。弟弟那时还不到十岁，陈凰峰一肩挑起了家里的大梁，靠着亲戚的资助两人饥一顿饱一顿的才活了下来。

1982年的时候，陈凰峰在村里干起了小生意，开始卖农药，想靠着额外的收入改善家里的生活，可是天不遂人愿，没有文化知识的陈凰峰在使用农药的时候出了纰漏，不小心农药中毒了。1984年的时候，陈凰峰下身全部瘫瘓无法行走。因为没钱，陈凰峰开始靠喝中草药，希望能把病治好，后来还迷信，求神拜佛，信鬼神，可是近两年过去了，丝毫没有进展。在村里，如果没有其他技术，不能种地干活等于就是废人一个。灰心的陈凰峰只能东借西凑，找亲戚借，卖了家里的牛，揣着 380 元，来到上允医院，走上了正规医院治疗之路，也开启了陈凰峰生命的转折按钮。

1986 年 3 月 11 日，陈凰峰正式住院接受治疗。8 个月后，陈凰峰开始可以拄着拐杖自己出门找东西吃，10 个月的时候，基本已经可以正常行走了。陈凰峰说，这次住院，给予他最大帮助的就是上允医院的沈医生。在治疗十个月后因为医院要结算医疗费，陈凰峰没有钱继续交押金，就只能出院。按照当时家里的条件，陈凰峰肯定是没办法还清医院的欠债，所以当陈凰峰听消息说他这种情况有机会可以通过村里、乡里、区里、医院开证明报销医疗费时，满怀希望的进行了申请。可是文东乡的文东医院以不符合条件为由拒绝了他的要求，不给盖章。沈医生同情陈凰峰的遭遇，就通过自己各方的关系，帮助陈凰峰拿到了文东医院的同意书。除此之外，沈医生还在治病之余，对陈凰峰的人生道路选择给出了中肯的建议。陈凰峰在治病期间，他无所事事，又想起与自己无缘的小学毕业证，所以决定利用在医院的时间学点什么东西。开始的时候，他自己想的是把佤语学好。沈医生注意到后，就给他建议说，“要学习文化，最好是把汉语学好，佤语的使用范围很小，你现在有能和村民沟通的能力就可以了，学好汉语之后，你以后发展的空间就更大了，可以活动的范围也更广了”。自那以后，陈凰峰在沈医生的帮助下学起了汉语。陈凰峰回忆说，那时候多亏了在医院认识的一些好心人。和陈凰峰同一个病房的有一个高中学历的病人，因为出了事故在医院住了几个月。在这几个月里，陈凰峰有很多学习上的问题都是请教他。另外，还有一个特别热心的护士，一有时间，就会去看看陈凰峰，尽量地给予帮助。加上陈凰峰自己的刻苦，每天勤翻字典，陈凰峰的汉语水平在医院时就可以达到小学毕业到初中的水准了。汉语比较熟稔以后，沈医生又建议陈凰峰可以每天写日记，记录自己的生活和感想，一方面可以锻炼自己的汉语，一方面又可以鼓励自己。说到这，陈凰峰进了里屋拿出三本厚厚的笔记本，说是他这些年写的日记，发生了什么事，哪天发生的，他都详细的做好了记录，还开玩笑说，完全可以当作小说素材，让我们给他写部传记。所以，作为平时说佤语小学都没有毕业的陈凰峰，现在能很熟练的说好汉语、写好汉语。

在上允住院期间，陈凰峰还抓紧时间学习了几门技术。瘫痪后的陈凰峰，腰背萎缩，虽然治病后能行走，但是已经不可能恢复到以前那样。干农活是不行了，他心里十分担忧，以后的生活该怎么办。刚刚一开始，陈凰峰还是在农事周围徘徊，准备回家多养些鸡，规模大一点，能给自己带来收入，所以陈凰峰在医院特意阅读了一些关于养鸡的书。后来又思考到养鸡要地方大点，自己就得去山上，像自己这种身体状况一个人待在山上很不安全，出了什么事叫天天不应，叫地地不灵，因此，他放弃第一个计划另谋出路。他第二个想到的职业是做一名钟表修理工，所以又看了一些关于钟表修理的书，但是了解这个职业之后，陈凰峰马上考虑到以村里人的经济条件，表都很难买得起，谁会拿表来修呢？第二个计划也不幸破产。最后，他决定学习做衣服当一名裁缝。吸取之前的经验，他充分考虑到了市场需求，他想着这每个人都要穿衣服，就去做衣服，这总不能错了把。拿定主意的陈凰峰开始正正经经的自学起当裁缝来，给自己日后的裁缝事业打好了基础。此时陈凰峰对生活充满了希望。

从上允医院出来后，陈凰峰在姨妈家住了两个月。后来因为病情反复，陈凰峰就赶紧去了文东医院，在文东医院没有好转，四个月后又转去了澜沧人民医院。疾病再一次阻断了陈凰峰的计划，让他的生活陷入每天无休止高消费的治疗。此时的陈凰峰非常失望和沮丧，现在家里是一点钱都没有了，他觉得这样下去生活根本就没有希望没有未来。之后的坏消息终于击垮了陈凰峰的意志。陈凰峰本来以为这次住院会和以前一样，医药费可以报销或者医院给予减免，但是不幸的是澜沧人民医院没有同意陈凰峰的请求。没有钱治病的陈凰峰万念俱灰，产生了轻生的想法。心情被乌云笼罩的陈凰峰写了一封遗书给院长办公室以后，准备跳楼自杀。万幸的是被两个护士发现，带了回来。当晚，很多平时照顾他的医生和护士都来给他安慰，开解他，医院也同意考虑他的情况减免医药费。夜深人静，陈凰峰一个人躺在床上想，我到底该怎么办？最后，心一狠，“我死都不怕了，还怕什么，我就不信能这天这地能把我给饿死了！我偏要活出个样子来！”自此以后，陈凰峰不再自怨自艾，抱怨老天不公，积极配合医生，终于稳定了病情又出了院。

命运终会眷顾有准备的人，出院后不久的陈凰峰就遇到了一个好机会。当时澜沧县民委正在实行一个针对少数民族培养人才的项目，村里的牧师知道后把这个消息告诉了陈凰峰。政府了解到陈凰峰的困境，加上陈凰峰自学过一段时间有点基础，就给了陈凰峰一个去县里免费学习裁缝的名额。刚刚进去的陈凰峰度过了一段比较难熬的时光。因为小学没毕业，数学基础很差，而裁缝要学很多剪裁度量的技术，用到算术的地方很多。因此，没有数学知识的陈凰峰要花出比同学多几倍的精力才能跟上班。陈凰峰回忆说，那个时候的自己真的很刻苦。从来都是当天任务当天毕，学的新东西，无论到晚上几点，不掌握，自己是不会睡觉的。每天坚持天不亮就起床。终于在一个月之后，自己能基本和同学保持学习进度，两个月之后已经能做到后来者居上了。除了意志坚定，自己刻苦之外，陈凰峰还非常胆大有主见。县里定的学习期限本来是三个月，但是学期结束之后，陈凰峰发现还有很多东西没有掌握，问起其他同学也有这种感受，因此他个人找到县民宗局的领导，要求延长学习时间，让大家多一点时间学习。最终，陈凰峰给那一期培训的同学多争取了一个月的时间。

1989 年学成之后，陈凰峰在老房子那开起了裁缝店。1990 年陈凰峰在弟弟结婚之后，就搬出了老房子，来到了现在开店的这个地方。陈凰峰借二手的缝纫机，后来发现没有梭边机，自己的客源少了很多。会打算的陈凰峰拿着自己的产品又去找了民宗局，咨询领导能不能资助一台梭边机。民宗局的人看着做工精巧的布料，就批给了陈凰峰 500 元。陈凰峰说，这 500 元之后也没要求他还。据陈凰峰介绍，现在摆在门面上的一台缝纫机和梭边机还是那个时候留下来的，这 20 来年，自己从来没换过。有问题了，就自己买着零件修好，机器一直都没有罢过工。

当时的乡下，还没有通电，这给陈凰峰的工作带来很大的限制，只有白天的时间能够做工。为了生计，在 1994 年，陈凰峰花了 1200 元，买了一部相机，做起了流浪的摄影师。陈凰峰背着相机一个村子一个村子的转，哪方有人要照相，陈凰峰就来到哪方。住宿都在外面，陈凰峰朋友比较多，在各个村子里都能找到朋友留住上个一两天。陈凰峰的摄影技术都是靠自己看书摸索着来，每张照片收入 3 元，一个月的纯利润能有几百元，相较以前要宽裕多了。他觉得虽然累，也很值得。在这段时间，虽然主要的工作是替人照相，陈凰峰也没有把自己的老本行落下，间间断断地接些裁缝活。随着电在农村的普及，2004 年的时候，陈凰峰照相和做衣服的时间比例差不多持平了。之后陈凰峰发现在这块地方，做民族服饰的市场非常大，每家人几乎都会购买，而且它需要一定的技术和手艺，自己继续干裁缝可能会有令人惊喜的情况发生。所以 2007 年开始，陈凰峰在垮了的土房子的基础之上，花 3 万元盖了栋新房子。2008 年，裁缝店正式开业。

陈凰峰的裁缝技术远近闻名，很是老道。现在，陈凰峰每年要做 700 ~ 800 套民族服饰，客源来自周围一大片的佤族居住区。像每年文东中学的民族服饰都会找他订做，上允乡、安康乡等邻乡有很多固定的老客户，缅甸的顾客每年也会有近 50 套的订购量。为什么这么多人都找他做衣服呢？他自己分析说可能有两个方面的原因。一是他这么些年在外面跑，认识了很多朋友，大家都知道他这个裁缝，有活了自然就找到他。二是他的手艺在附近确实数一数二，顾客都很信任。陈凰峰说，他的衣服，每年卖给各个地方的，从来不会重样。同一个地方，卖给他们的衣服他每年都会提供新的花样和样式，保持新鲜感。在做照相工作的时候，他已经把各个乡做民族服饰的同行与村民的需求摸了个遍，自己会根据佤族服饰的特点，加上自己这么多年做衣服的经验加以改进，迎合顾客的需要。因为生意兴隆，陈凰峰说，他每天都没有休息的时间，天天得熬夜做工，这两年，从来没有凌晨之前睡过觉。过年过节衣服要的紧的时候，做到天亮是常有的事情。平时就算没有人定衣服，自己也必须抓紧时间工作，以备不时之需。

陈凰峰的裁缝店，除了卖服装之外，还主要卖佤族的背包。这种背包，很多佤族姑娘和妇女都会做，陈凰峰把这些人做的初始包包采购回来，自己加上一些小零件像拉链、内置带、钥匙扣等再卖出去。没经过加工的包包只能供自己平常使用，没有市场。经过陈凰峰再加工后，摆到店铺上，卖价一提，他也能挣不少手工费。这样既没花自己额外的时间去织包，又增加了店里的产品种类和收入，这样看来，陈凰峰很会经营。

陈凰峰 48 岁了，却没有结婚。他自己表示，当初生病出院之后，自己一门心思想的就是学好技术挣钱，觉得只有自己有手艺了，可以给后代创造必要的生活条件之后才有资格结婚。所以这些年，他一直在外闯荡，经济条件虽然改善了，人生大事却从此耽搁，想结婚了，却很难找到对象。他现在家里，有个很年轻的女朋友，是在缅甸卖衣服的时候认识的。女方本来是中国人，跟随父母到缅甸之后，父母去世，就跟着叔叔长大。认识陈凰峰之后，被带了回来。陈凰峰为了准备两人的婚事，新添置了很多家具，买了全套液晶电视、影碟机、音箱和组合沙发，把家里粉刷一新。二人准备在明年初领结婚证。我们相信嫁给陈凰峰这样勤劳聪明的人，他女朋友的人生应该会轻松不少吧。

陈凰峰有一个很大的理想，他希望能有机会拍摄一个关于制作佤族服饰全程的录像，从收蚕丝织布到成衣。拍摄好之后制成碟片，向全国各地宣传。等有了成绩，希望自己能向民委和残联申请专项资金，开一个服装厂。他说，澜沧有很多少数民族，大部分的少数民族都是有自己的特色服饰分居在各个聚居区。但是在他们家乡，却没有一个组织把各种民族服饰集中起来，做成一个有规模的工厂，在大范围的市场上提供产品。自己想做第一人，而且在开厂以后，他也有能力做一个裁缝师傅，把自己这些年的经验手艺教给大家，传承下去。另外，陈凰峰说自己还有个爱好，就是写作。如果有能力，自己想继续学习，提高自己的知识水平，当一个作家，把自己的经历和感想告诉别人，让大家从他的经历中能有所收获。

已近知天命的陈凰峰依然活跃，2010 年的他申请入党了，他说，他能有今天，跟党和政府的扶持和帮助是分不开的。自己想当一个党员，起带头作用，作为党的一个联系人，向人民宣传党的思想和政策。以前的他，和现在的很多村民一样信迷信，不信科学。但是患病的过程让他醒悟，迷信是不可靠的，科学才是真理。成为党员之后，他要把党的科学理论发扬光大，少一些因迷信而耽误终生的人。这样坚强、上进、感恩的陈凰峰，一定会有更好的人生。

附　录

滇行日记

2010 年 8 月 3 日

到昆明已然 12 点多，下飞机便打车前往昆明南站，坐 2 点的车前往思茅(今之普洱)。昆明给我们的印象是风尘仆仆的建设，城市中一层淡淡的灰。

南行入山，眼界骤然开阔而明晰起来，苍苍青山，苍茫起伏，空中多云，阳光透过云朵漏在山坡上，明明灭灭的暗影，仿佛给群山披了层淡淡轻纱。梯田顺着山势层层开在山上，山下是畦畦翠田，黄黄绿绿的苗色，嫩嫩的清新可爱。虽是所谓高快，但由于限速，开得和普通车 样的速度，车内闷热，空调若无。

至晚，竟下起雨，窗外没有灯火，黑魆魆的暗，只是错车时的灯光照射下，清晰地现出雨点密密的行色来。晚行在山中，有一种孤单的味道在蔓延，心中也不着边际地胡思乱想起来，熟悉的人，陌生的事像过电影一样在心中闪过，神思便游离在这茫茫暗色中。

晚 10 点，终得入住。坐了一天的车，疲倦而困顿。当万家灯火在窗外点燃时，回归的感觉，温暖而亲切。

2010 年 8 月 4 日

倦得一夜无梦，骤然醒时已是晨 6 点，窗外黑蒙蒙的，丝毫没有清晨的味道。7 点 15 坐上开往澜沧的班车，昨夜休息得很好，坐在车上一身轻松。一路风景颇佳，满眼的绿顺着梯田，层层漫到山脚，翠色欲泻的流畅。山路弯曲，雾气缭绕，那雨也随着山路环曲起伏而时来时走。

途经澜沧江，只见水色混黄，滚滚而逝。班车刚开过澜沧江大桥就停车休息十分钟，于是借此机会拿上相机飞奔回桥上拍几张照片。最终发现实在小看了汽车的那一脚油门，害得我疲于奔命的往返，赶回车上，心跳得甚至觉得需要“速效救心丸”。

很喜欢山路，因为它的变幻是你所无法预测的，看山中云气升腾，白雾飘渺，山顶的树在雨雾中露出淡淡的疏影，雨点在车窗上划出一道道斜斜的横线，仿佛许多小小的音符跳跃在窗上。

真是：

云闲栖碧谷，雨急落窗花。

山风倏忽过，吹皱雾似纱。

车行4个多小时，远远看见山脚下一片鳞次栉比的小楼，知道澜沧到了。在县政府招待所住下，房子里却没有网线。

中午下了一场雨，雨过便抽闲到县政府招待所院子里乱转，忽然“砰”的一声响，抬眼发现地上掉了一个东西，近看原来是一个已泛黄的芒果，倒有些又惊又喜的味道。这时过来一个小伙子，他热情地告诉我这个能吃，并说这里每天都要掉下来十多个芒果呢。抬眼看芒果树真是很高，隐隐看见绿色的果实挂在其上，只能望果兴叹。小伙黑黑的皮肤，瘦小干练的样子，他是爬树能手，若不是刚下雨，树上湿滑，否则能爬上高高的芒果树。见我好奇，便带我小游了一下这个亦是旅游景点的政府招待所，还让我认识了这里的枇杷树，说公枇杷树的果子成熟后果实坚硬，没有果肉，而母枇杷树的果实则肉厚多浆，他上树摘了几个紫色的母果子，我尝了尝，虽不甚美味，但对于我这个好猎奇的人来说，实在是最有趣的体验。

下午，和县里联系了此行之事宜。晚上凑了一个饭局，在一个我们成了少数民族的地方，被灌了许多酒。

回到住处，身体疲倦却很放松，头脑虽有些迟缓但还清晰，或许这就是麻痹的感觉吧！忽然想人生真真假假真是很难分辨，以为真诚者却无从依靠，以为虚幻者却又历历在目，就像现在，不知是清醒还是醉。

2010年8月5日

下午和民宗局接洽对接事宜，晚餐定在澜沧县外的一个叫“老九”的哈尼族农家乐那里。农家乐在城边的山上，鹅卵石小路，窄而颠簸，路边长满了竹子和芭蕉，偶尔闪过两棵石榴树，红红的果实引得我窥探连连。

农家乐的主人很爽朗，抱着一个碗口粗细的竹筒吸着水烟，家里有一个上年纪的老人，穿着传统的哈尼族衣服。屋外的凉棚下，大家在打牌斗酒，酒是主人自酿的酒，度数很高，刚倒出来，那张扬的酒味便溢得满处，主人说酒是苞谷、水稻和其他粮食混杂而酿制的。旁边人说这个酒喝了不会难受，但对于我们这些刚受其累的人，是打死也不相信此话的，于是婉转谢绝。当地人酒量了得，就那么一口一口喝着，只余惊诧但不羡慕的我们。

2010年8月6日

早晨6点半左右，学生们抵达。屋外浓云密布，转瞬间急雨纷纷。

下午，外面阳光热烈，于是躲在屋内把积攒下来的一些记忆碎片整理出来。昨夜不知怎么没睡好，今天身体里漾着一股懒懒的倦怠，停笔之余，躺在床上看外面清澈的蓝天，想起朋友说起过的那个叫“真心话大冒险”的游戏。然而在现今充斥虚谎与浮躁的复杂社会，又有几人有足够的胆量把心事交付出去呢？又有几人能不计功利的诚心待人呢？就如感情，又有多少是纯澈美丽的长久，而不是昙花一现的猎奇。我们的真心似乎也就像这片蓝天，只是满腹心事的我们早已把那里涂鸦满了厚厚的云。

从澜沧到文东乡多依树之行颇多转折，因为恰逢云南雨季，路上道路常被滑脱的山体泥石所阻，于是班车经常停运，民宗局很热情，一直帮我们打听班车情况，稍等两日，听说路已通畅便通知我们，于是买票准备明日出发。

傍晚在院中芒果树下聊天，从天而降两个大芒果落在身侧，吓得我们一阵惊叫，定神后随之而来是一阵释然和惊喜。忽然想，生活就像这个片段，我们期望它处处会有“惊喜”。

2010年8月7日

据说出行那日还有雨，素来对自然心怀敬畏的我们心中颇有些忐忑，再加之遇到当地修路，车子得绕行前国道，时间徒增两倍，更增加了路上的不可知因素，于是心中只是暗暗祈祷一路平安。

早起，外面阳光很灿烂，照得满山的绿树油亮亮的泛着光。远远的青山外涌着许多白云，壮阔而磅礴。我发现澜沧的云非常值得一观，不论是浓厚的白云，还是阴沉的乌云，都是那么厚重而热烈，就像这块土地上热情好客的人民。车中除了三个当地居民外全是我们这些说着普通话的外乡人，浩浩荡荡的颇具声势，倒有些反客为主，占车为王的嚣张味道。司机是个汉族男子，岁数和我们相仿，据说已有十几年驾龄，想必技术过硬，于是略放下心。约一小时后车子拐下公路，向山下江边走去，江边的路很窄，据说是前国道，现已不大用。路面还算平整，只是隔一段便出现一个滑坡所致的土坡，和着山上流下的道道溪流，泥泞不堪，土堆被过往车辆碾出几道深沟，小车根本无法通过。幸好班车底盘高，再加之司机技术好，路况熟，尚可周旋而过。

因喜欢视野上的一览无余，于是争取到副驾位置，虽享受到无可遮拦的通透，但也更加亲历了道路的艰难，就像坐过山车，坐前排虽有早作准备的心理优势，但亦承担跌宕起伏的视觉尽值。于是在侧，看司机审量距离，调整方向盘，然后车子就扭曲着身体摇摇晃晃地驶上一道道土壑。一旁是浑黄的澜沧江，虽隔着丛丛绿竹，但奔腾咆哮之势依旧惊心动魄地掠耳而过，车子在土堆高处左滑右侧时，心下也是七上八下的忐忑。

终于，车子驶出峡谷，渐行上山，路也渐平，心也渐复。车内也活跃起来，学生们放着音乐，唱着歌。车外翠色满山，云色变幻，云朵有的如玉带般缠在山侧，有的如一片片棉絮撕了满处，有的就横卧在前路，当你过去时却又化成了层层薄雾散在身前……就这样，在皆处可见的云雾中，我们捉迷藏一样地翻山越岭，有了这些云雾的陪伴，倒也多了许多天马行空的遐想趣味。

行至山顶，浓云遮山，压顶而来，四野青山便也如着了淡墨般黯淡下来，只在云隙间漏下的微光处，方才见夏山如滴。云雾丝丝缕缕迎面而来，掠车而过，有的从开着的窗子挤进来，清凉湿润。径自体味间，雨点倏然而下，扫得窗前一片雨花绽放，因着这层层叠叠的雨点，窗前的景色仿若油画般层次分明起来

车随山绕，有时不知怎么就钻进一片云雾里，只见云气暗涌，爬上林梢，然后又消失在迷蒙的天空，我们像在一片混沌中，只身穿行，偶尔遇到一辆汽车，鸣笛而过，那昏黄的车灯闪过，带来些邂逅的温暖。在这清寂的大山里，一个路人，一辆车，一头闲走的牛，一丛鲜艳的山花，一声啁啾的鸟鸣，甚至只是松树上安放的收集松脂的袋子，都让我们感受到故人般的亲切，足以让我们微笑地忘却那长长的旅程。

山路弯曲，车子也左摇右晃，难得安定，学生们一路欢声笑语早已挥霍了大半精力，现都昏昏欲睡，只听见伴随车子转弯，头碰到窗玻璃上“咚咚”之声，司机紧张得从后视镜里频频张望。我喜欢这样静静地行路，在周围陌生的环境中，心反而沉静下来，临窗即景，心意初动，穷心极理，体同自然罢，倒生出些千里江湖的渺然思绪来。

就这样，一路攀爬翻越，时雨时晴，路边闪过一片片桉树林，高大挺拔，整齐地列在山巅，司机说这桉树破坏了当地的环境，语气间有点恨恨的感觉。我只知桉树速成，或许人们为了经济利益，种了速成的桉树，而伐掉经年长在山上的其他树木，而影响了当地植被的多样性吧！我不是农学家，只能这样不明就里地猜测。但看到满山整齐划一的桉树林，那样傲然覆盖在山上，颇具势力的样子，心下也起了些畏惧。

车行下山，进入村寨，鸡鸣犬吠之声渐闻，山侧细水潺潺，竹林修修，山间水田片片，映着青天白云，安然恬静的模样。竟有些失神，心中的田园似乎就是这样了，我们只身途经，辗转即离。

山间白溪逐层下，坡上青田次第苍。

竹散半野参差绿，云入心头落离伤。

过了上允，往文东前去，前边堵了一片车，据说前两日的雨把桥冲断了，正在抢修。路边是一大片稻田，稻子金黄，人们正在收割，远处，有一座小小的金色佛塔，雨过将晴，微润的天光照在佛塔上，鲜明而放着圣洁的光芒，心里也是一阵暖。不论怎样，一天的行旅即将结束，盼望着一个崭新的明天。

喜欢行在路的感觉，但从澜沧到文东多依树的路却走了近十个小时，却是少有遇到的，虽然颇多劳顿，但依然心怀“难得”之意，尤其那一路的云雾，更有些流连的味道。

晴天虽是一览无余的清明，但通透之余亦失落了些曲径通幽的况味。或许是审美有异于常，倒很享受那云气蒸腾的窗边风景。觉得这云路仿佛自己的心情，厚重时就是那抑郁的思绪，雾弥漫是那淡淡的忧伤，雾缥缈则是那乍暖还寒的心思了。

人生的路也总是这样，当一路通途时，却也错过了许多路边风景，而行色辗转中，却也让你享受到山色变幻的婉转趣味。我们的心也随着长路，越过山谷，穿过河流，到达梦想中的目的地，那么，多些云雾，多些时间又算什么呢？

2010 年 8 月 8 日

在文东乡多依树村东佤寨，晚上繁星满空的灿烂，忽然发现身前身后飞舞的萤火虫，惊艳的风景，惊喜的心情。

流星

星星是天空的流萤

飞在屋顶

飞在竹梢

萤火虫是流动的星

挂在田里

挂在池边

它们呵

都是我的风景

飞进眼眸

挂在心间

当我欣喜地告诉朋友我看到了星空，看到了流萤，朋友问："拍到了吗?"我哑然，对于我的照相机我似乎都没怎么钻研过，所以面对繁星只能望空兴叹，甚至自嘲地安慰自己，眼睛是最全能的摄影器。事后亦反思，可能我不是一个精益求精的人，无论对摄影抑或文字，总是随性而为的态度，所以总难有所建树吧。

但，对于美丽，我们都有留恋的心思，所以不论怎样，享受那美丽的心情便是对当下最完美的解释了。

2010 年 8 月 12 日　滇行忆人

小周

小周是我们在文东乡多依树村村委会遇到的一个小伙子，他当时借住在村委会院内的姨父家。小周长得很帅，人很安静，他只有 21 岁，甚至比我们带去的大部分学生还小，但在他那清澈的眼神中却总隐着一份成熟与干练。小周普通话很标准，出乎我们的意料，于是我主动上去和他聊天。

初和他在一起，他有些迟疑，开口便直言："我的经历说出来很多人不相信，但希望你们能相信。"听到这些话时，心里还有些奇怪，"小小年纪有什么经历?"带着些疑问听小周讲他的故事。

小周确切说是有双国籍的人。生在东佤，但 11 岁时便同离婚的父亲去了缅甸，小学未读完，便到了缅甸勐波县公安局工作，从洗碗扫地到大厅办证，从没有枪高就拿枪背手榴弹，到后来给局长当警卫，从 13 岁就能给父亲买起摩托车，到后来一年能拿十几万（人民币），从出手大方的朋友满处到吸毒后的落魄无助……没想到小小年纪的他竟沉淀了如此多的人间沧桑。最后，为了摆脱毒瘾困境，只身从缅甸骑摩托车偷渡回国，准备开始新的生活。

他讲得很平静，超出常龄的冷静与理性。尤其是他最后总结的一句话："人，最重要的，是要做真正的自己。"或许，他这句话的见识已然超越了我们这个社会中的许多人。

"我相信我一定会过得不比别人差，我相信我是一个无论精神还是物质皆富有的人！若以后我若成就，我请您给我写传记!"这是小周的愿望和梦想，但我相信他一定会实现，因为有一个准备给他写“传记”的人在遥远的地方默默地祝福他。

大组长

大组长是多依树村东佤寨的大组长，虽和村长同在一个寨子，但村长对他却甚为尊敬，所以在东佤的那些日子，我们就常常叨扰他。再加之东佤没有班利的生活便利，于是大组长便按多依村中长老的意思代表寨子在山顶教堂旁的屋子负责我们三餐。在我们看来，给村中添麻烦已有悖我们“不扰民”的初衷，何况让一个大男人给我们做饭更觉得过意不去。但长老一言九鼎，威望极高，不敢却其好意，于是若到饭点，我们便提早上去扫院，烧火，略尽己责，于是自然和大组长熟络起来。

大组长40出头，人很腼腆，是村里的养蚕大户。他结婚晚，找了个小缅甸媳妇，有个3岁的小男孩，老婆孩子不会汉语，他们之间只说佤语，每次帮厨都能看见他们一家，有时候总想简单交流，但努力几次，都以“意会”而终，最后只能凭借“糖果炮弹”的威力窃取了小孩子的信任。每遇语言障碍就连呼“上帝”，谁让他老人家看不过巴别塔通天之高，于是细化出语言，扰了世界大同，造成我们如“哑巴”一样的有名无实的交流。

想起大组长眼前便浮现出他的笑容，在他那棱角分明的脸上却有着儿童一样的纯真的笑容，让我记忆尤深。看到他们一家叽叽咕咕说着佤语，看着他的小缅甸媳妇望着他时安静而深情的眼神，看着他在灶火旁煮肉烧饭的样子，我忽然想他一定是个非常温柔的人，所以眼神中才会带着如此纯净而温暖的颜色，让家人感到一种力量与依靠。

小魏

小魏，是文东给我的惊艳。

当我们坐了10个小时的车抵达这个穿梭着云雾的山顶小镇落时，一眼就看到在路旁等候着的她，她在乡长身后，安静而美丽，像一朵盛开在云雾中的茶花。晚上是乡里的款待接风，在一个临着山崖的饭店，石栏外就是远山和层出不穷的云，临风把酒间颇有天上人间的意味。在这里又见到她，原来她是文东的副乡长。由于是第二次见面，大家彼此多了些脸熟的亲切。她依旧是安静，没有想象中纵横酒场的豪爽，这倒使我甚觉安心：毕竟我虽有酒德，却无酒量，只知认真地喝酒，却不会认真的劝酒，这点自知之明使我一遇应酬便开始忐忑地琢磨何时退场。所以，她让我感到一种“女人不为难女人”的保全与自在。于是闲下心来，在侧偷偷揣测端详：她的皮肤带着高原的健康颜色，但依旧遮不住她的精致与美丽，只是我总觉得她眉目间藏着一股淡淡的忧伤。她喝酒也很认真，几轮推杯换盏罢，已渐有酒意。

到了能歌善舞的少数民族地区，晚饭罢自然是歌舞盛宴。于是到了一处K歌的地方，大家各展歌喉，宾主皆欢。小魏说她不怎么唱歌，可能是前酒未去，后酒又接的缘故，或许是人在酒精的微醺感染下，理性和矜持便已放下，心灵渐敞的缘故，小魏唱了好几首歌，声音柔美，举座皆惊。我不善长歌，于是历来都是认真的铁杆听众，在人多嘈杂的地方更是坚持值守，毫不马虎地担当鼓掌献花的重任，倒也逃去许多“献丑”的机会，实在被逼不过，索性破罐子破摔，躲将出去。

外面月色清凉，星光满眼，远处人家的灯火微茫给山中的夜增了些温暖和热闹。这时，小魏也出来了，我们三个女人躲在黑沉沉的夜色里聊着天，夜幕倒成了我们心灵的舒缓剂，借着酒意，小魏说了些她的故事：她已离异，孤身一人，我们不好意思问其原因，只是觉得连这么娴静隐忍的女子都无法接受的婚姻真不知是什么味道！后来她亦有过一个中意的男子，但至今却没有结果，说到此话音里透出一种深深的无奈。我们不是当事人，不敢乱谈，但窃以为，其实女人需要的只是一种安定的感觉，有时候不做抉择不是时机的问题，更多的是这个男人没有给予她坚强的信念和可以依托的安全。

再见小魏，是去乡上查资料，上楼时偶遇到她。她埋着头，躲到一边。只我眼尖，还不识趣地喊住她，嘘寒问暖，她说，那晚她失态了，她从没喝过那么多酒，也从没如此唱过歌，实在不好意思见我们！听后，心下倒涌起些不好意思来，但身为女人，知道一反常态后最多的就是自责与后悔，于是宽慰她几句。

再后来，是在火把节里，应乡上邀请，入乡随俗地与民同乐，其间，我们溜出来参观这个山腰的寨子，闲看风景之际，也问及在这个以酒论情的地方她怎样处理，她淡然：“入乡随俗，不要把自己当女人就好了！”虽无此经历，但却能体会到她的感受，我想她一定是一个坚强的女子。

由于正值云南雨季，山雨常会冲毁山下小桥，于是到澜沧县的班车也没了准头，于是何时能走也是一个悬而未决的不定因素。傍晚上来一辆班车，即刻订票，走得匆忙，别的亦仓促。离开文东，不时会想起这个如山茶一样的女子，文东多云雾，而云雾亦养好茶，真心希望小魏在文东这片云雾仙境中成为一株美丽芬芳的茶树，愈古愈香。

后 记

美丽的多依树是个非常传统的社会。写到这里，我的脑海里不停地闪现出乡长、中学校长、村长、老牧师父子、大组长的身影，他们温暖的话语还在心中回荡。这些出自东佤寨的人们，正是推动村落发展变化的最重要的力量。这些人，有的已经活跃在外面的世界里，有的还扎根于这片土地上，各个经历不同，有着不同的政治地位和文化水平，在经济资源、社会关系、社区威信、办事能力等方面也具有各自相对的优势，但相同的是他们对这片热土深沉的爱。出于自身的利益诉求和浓厚的乡土情结的他们对家乡的建设与发展有较强的自我意识与参与意识，能赢得村民更多的尊重、关注与信任，他们的行为模式、价值观念以及与村民的互动等都会影响到村民的行动，也对村民具有较强的示范号召效应。因此，也是对当地的发展具有较大影响或推动作用的村民。

随着改革开放的发展，我国农村原来社会控制体系遭受前所未有的挑战。同时，随着我国城市化、工业化进程的发展，在农村人口向外流动的背景下，农村原有的社会阶层结构不断分化、流动。一方面，向城市或城镇流动的农村人口中有相当一大部分是原来农村精英层。近些年来，乡村精英通过升学、参军、提干、进城务工等渠道流出农村的情况相当普遍。从其客观效果来看，这些外出精英直接或间接地转移了大量农村剩余劳动力，缓解了农村的就业压力，并通过回寄资金、带回技术、传播现代观念、社会示范等方式，为促进农村经济社会发展做出了积极贡献。然而，乡村精英的大量、持续外流，对社会资本本来就十分匮乏的农村来说，不能不说是一种重大的损失。另一方面，农村内部在经济上也出现了新的流动和分层，一部分人成为农村的新富阶层。这两方面因素都对农村权力真空造成了重大影响。首先，大量农村精英的外流，使得农村缺少维护秩序的权威。其次，那些新富阶层多是经济上的“暴发户”，受其自身文化素质与社区关系等的影响，在社会地位、社会声望、权力方面还不能树立起村落的权威。因此，在传统的农村权威被打破，新的权威还未树立起来的时候，警惕农村权力真空，并通过采取一系列相应的措施重塑农村权威，对于农村秩序的维护，对于促进农村稳定以及基层民主的建设都具有重大意义。

人人都说，目前的乡村是空心村落，但我看到了他们，我感到了东佤寨的生命力。目前，大多数村庄的新农村建设尚处于起步阶段，一些村庄明显感觉存在动力不足的问题。中国农民自古就呈原子化分布，他们的自我代表能力与自我组织能力至今仍然很弱。如果能促成大量外出精英的乡土回归，发动这些精英成为农民参与市场的发起者、凝结点和推动力，必将成为新农村建设的重要引擎。我记得，乡长给儿子取了个佤族诗人的名字："魏爱思齐"。听他讲述放弃留在普洱的机会，听他唱着低沉的民族歌，听他吟着婉约的古体民谣，我感受到了爱家乡的生命之重。这样的情怀，恐怕只有普洱千年的古茶树才能笑纳。只有这样的人存在，才能真正推动村落的未来，才能真正让人看到希望。

踏上北上的汽车，望着窗外不断变换的格局，思绪在他乡的空中凝结。窗外辽阔的空间，无垠的田野，都不会使这种感情褪色：这就是乡土情结。离家久了，自然有点想家。在每一个人的心中都有一方土地，得意时想起它，失意时也想起它，每逢佳节，触景生情，随时随地的想起它，这也是乡土。"金窝银窝，不如家乡的老窝"，在外越久就体会得越深刻。不论时空怎样的变幻，不变的是我对乡土那份独有的思念和情怀。那里，留下我和同伴们快乐的身影。那里，记录我童年时候的点点滴滴。这些烙印，像春蚕作茧，紧紧地包着自己。又像藤子，紧紧地缠着自己，直到慢慢地老去。

2012 于北京，中央民大青年公寓